教育部职业教育与成人教育司推荐教材
职业教育电力技术类专业教学用书

单元机组运行

于国强　郑志刚　申爱兵　合编
杨建蒙　李子明　主审

中国电力出版社
CHINA ELECTRIC POWER PRESS

内 容 提 要

全书分为八个部分。绪论简述了单元机组的构成特点和集控运行的概念，介绍了单元机组的运行管理制度；单元机组的启动和停运主要讲述配汽包锅炉和配直流锅炉的单元机组冷、热态启动和停运；单元机组的运行调整介绍了单元机组的运行监视、运行调整、调峰运行以及经济运行；单元机组的控制与保护介绍了单元机组的负荷调节方式，单元机组负荷控制系统及运行方式的控制，汽轮机数字电液调节系统，锅炉燃烧器管理系统，简述了单元机组的各种安全保护方式；单元机组的试验介绍了单元机组的典型试验，单元机组的热力试验；单元机组的事故处理叙述了单元机组事故特点和处理原则，并且重点分析了单元机组的几个事故案例。单元机组记算机监控简述了计算机监控系统的优点、功能、组成及应用方式。

本书可作为高职高专学校热能动力工程专业和火电厂集控运行专业的教材，也可作为电力职工大学、高等院校成人教育、函授相应专业的教材，并可供有关专业技术人员参考。

图书在版编目（CIP）数据

单元机组运行/于国强，郑志刚，申爱兵合编．—北京：中国电力出版社，2005.9（2019.9 重印）
教育部职业教育与成人教育司推荐教材
ISBN 978-7-5083-2106-6

Ⅰ．单…　Ⅱ．①于…　②郑…　③申…　Ⅲ．火电厂-单元机组-电力系统运行-高等学校：技术学校-教材
Ⅳ．TM621.3

中国版本图书馆 CIP 数据核字（2005）第 086150 号

中国电力出版社出版、发行
（北京市东城区北京站西街 19 号　100005　http://www.cepp.sgcc.com.cn）
北京雁林吉兆印刷有限公司印刷
各地新华书店经售

*

2005 年 9 月第一版　　2019 年 9 月北京第十三次印刷
787 毫米×1092 毫米　16 开本　19.5 印张　415 千字
定价 **42.00** 元

前言

本书为教育部职业教育与成人教育司推荐教材，是根据教育部审定的电力技术类专业主干课程的教学大纲编写而成的，并列入教育部《2004~2007年职业教育教材开发编写计划》。本书经中国电力教育协会和中国电力出版社组织评审，同意列为全国电力高等职业教育规划教材，作为高等职业教育电力技术类专业教学用书。

本书体现了职业教育的性质、任务和培养目标；符合职业教育的课程教学基本要求和有关岗位资格和技术等级要求；具有思想性、科学性、适合国情的先进性和教学适应性；符合职业教育的特点和规律，具有明显的职业教育特色；符合国家有关部门颁发的技术质量标准。本书可以作为学历教育的教学用书，也可作为职业资格和岗位技能培训教材。

全书共包括八个部分：绪论、单元机组的启动和停运、单元机组的运行调整、单元机组的控制与保护、辅助系统运行、单元机组的试验、单元机组的事故处理、单元机组计算机监控。本书以300MW及以上机组为研究对象，尽可能地引入最新的技术知识，以反映单元机组运行方面的先进水平。

本书由保定电力职业技术学院于国强、哈尔滨电力职业技术学院郑志刚、沈阳工程学院申爱兵合编，于国强编写绪论、第一章、第二章的部分内容和第五章的部分内容；郑志刚编写第三章、第四章的部分内容和第六章的部分内容；申爱兵编写第七章及第二章的第四节、第四章的第三、四节、第五章第一节的电气部分、第六章第二节的电气部分及第三节。全书由于国强统稿。华北电力大学杨建蒙教授及大唐广东潮州电厂高工李子明担任本书主审。

本书在编写过程中，得到中国电力企业联合会动力类专业教研会、中国电力出版社、本院及相关院校的一些领导、老师和电力行业的朋友们的支持和帮助，在此一并表示感谢。

由于编者的水平有限，书中缺点和不妥之处在所难免，恳请广大读者批评指正。

编　者

2005年5月

目 录

绪　论

一、单元机组的构成和特点

随着国民经济的不断发展，电力需求随之增长，电力系统也在不断地扩大，为获得较高的经济性、安全可靠性及满足电力负荷的快速增长，大容量、高参数、高自动化技术的大机组的采用已成为电力发展的必然。

（一）单元机组的构成

现代大容量机组一般均采用蒸汽中间再热方式，中间再热机组必须采用单元制。即每台锅炉直接向所配合的一台汽轮机供汽，汽轮机驱动发电机，发电机发出的电功率直接经一台升压变压器送往电力系统，组成了炉—机—电纵向联系的独立单元。各独立单元之间没有大的横向联系，在机组正常运行时，本单元所需要的蒸汽和厂用电均取自本单元。这种独立单元系统的机组称为单元机组。非中间再热机组除可采用母管制系统外，也可以采用单元制系统，构成单元机组。

（二）单元机组的特点

与非单元制系统（母管制系统）相比，单元机组系统简单，管道短，发电机电压母线短，管道附件少，发电机电压回路的开关电器少，投资最为节省，系统本身事故的可能性也最少，操作方便，便于滑参数启、停，适合炉、机、电集中控制。

单元制系统的缺点是其中任一主要设备发生故障时，整个单元都要被迫停止运行，相邻单元之间不能互相支援，机炉之间也不能切换运行，运行的灵活性较差；当系统频率发生变化时，单元机组由于锅炉的热惯性大，故对负荷变化的适应性相对较差。

二、单元机组集控运行的概念和内容

（一）单元机组集控运行

单元机组的炉、机、电纵向联系相当密切，相互构成了一个不可分割的整体。因此在单元机组的运行中，必须把炉、机、电看成一个独立的整体来进行监视和控制，这就是所谓的单元机组集控运行。

集控运行的控制对象一般包括：锅炉及燃料供应系统、给水除氧系统、汽轮机及其冷却系统、抽汽回热加热系统、凝结水系统、润滑油系统、发电机—变压器组系统、高低压厂用电及直流电源系统等。升压母线及送出线电气系统视具体情况可在集控室内控制或另设网控室控制。

单元机组采用集控后，全厂公用系统如水处理系统、燃料运输系统等仍采用就地控制或车间集中控制。

单元机组集中控制便于运行管理和统一指挥，利于协调操作，因此有利于机组的安全和经济运行。单元机组集中控制不仅要分别考虑锅炉、汽轮机、电气等各专业的特殊要求，同时也需综合、全面地考虑它们之间的联系，以便完成对单元机组总体的监视与控制。为了满足这种需求，使得单元机组集中控制技术远比母管制小机组复杂。为了适应这种情况，要求集控运行人员在炉、机、电、化学、热控等各个专业方面有更高的技术水平。

(二) 单元机组集控运行的内容

单元机组集中控制应能满足以下要求：

(1) 对机组实现各种方式的启动、停运。

(2) 在机组正常运行时，对设备的运行情况进行监视、控制、维护以及对有关参数进行调整。

(3) 机组的紧急事故处理。

单元机组集控运行的内容如下：

(1) 自动检测。自动地检查和测量反映单元机组运行情况的各种参数和工作状态，监视单元机组运行的生产情况和趋势。

(2) 自动调节。自动地维持单元机组在规定的工况下安全、经济地运行。

(3) 程序控制。根据值班员的指令，自动完成整个机组或局部工艺系统的程序启停。

(4) 自动保护。当机组运行情况出现异常或参数超过允许值时，及时发出报警信号或进行必要的动作，以避免发生设备事故和危及人身安全。

三、单元机组的运行管理制度

为了保证单元机组的安全、经济运行，很好地完成上级调度部门安排的生产任务，电厂对单元机组集控运行制定了许多行之有效的运行管理制度。

1. 安全生产制度

为了确保机组安全发电、供电，保护国家、集体财产不受损失，保护人民生命安全和健康，运行人员必须贯彻执行“电力生产，安全第一”及“预防为主”的方针，对运行的各项操作应做到准确无误。

2. 交接班制度

交接班制度是保证交班、接班不出现漏洞以及保证安全发电的重要制度。交接班制度内容包括：①交接程序；②交接班的主要项目；③班前会、班后会和各个岗位的交接等。

3. 巡回检查制度

巡回检查是发现设备隐患、消灭隐性事故、保证设备安全的重要措施。根据巡回检查制度的要求，运行人员在值班期间，应该按照岗位分工的不同，定时地对设备按照固定巡回检查路线进行检查，巡回检查中要按照设备情况的变化有不同的检查重点。

4. 设备定期试验和切换制度

对运行中的设备进行定期检查、记录、试验和切换，是保证设备处于良好的运行状态和有效备用的重要措施。对于列入规程中的试验和切换的设备和系统，试验和切换的周期等都应该严格按照规程执行，执行中要做好事故预想和安全对策。

5. 工作票及设备验收制度

工作票是准许在设备上进行工作的书面命令卡。工作票是明确安全责任，向执行工作的人员进行安全交底，以及履行工作许可手续，工作间断、转移和终结手续，并且实施保证安全技术措施的书面依据。因此，在运行人员管理的设备上进行检修工作，都要办理工作票(事故处理和事故抢修除外)，严禁无票作业。运行设备检修完成后，先经检修人员检查合格，再由运行人员验收，质量不合格应返修直至合格。

6. 操作票联系制度

操作票是依据生产计划和上级调度的综合命令，为设备运行和作业安全措施而事先写好的工作程序卡，是保证安全操作具有程序性的操作命令，是避免发生事故的一项组织措施。操作票的填写和执行必须严格遵守《电业安全工作规程》有关规定，认真填票，确定操作人和监护人，操作时按照操作票步骤逐条进行。

7. 岗位责任制

发电厂根据岗位特点、设备状况及工作量的大小划分为若干个运行岗位，根据不同的工作岗位性质制定相应的岗位制度，使每个运行人员清楚本岗位职责，做好本职工作。岗位责任制的内容一般包括岗位职责、工作标准和任职条件。

8. 电网调度管理条例

电网运行实行统一调度、分级管理，认真执行《电网调度管理条例》是保障电网安全、保护用户利益、适应经济建设的重要措施。《电网调度管理条例》由国务院令发布。

《电网调度管理条例》规定：发电厂必须按照调度机构下达的调度计划和规定的电压范围运行，并且根据调度命令调整功率和电压；发电、供电设备的检修应当服从调度机构的统一安排；任何人不得操作调度机构管辖范围内的设备，但是当电网运行遇有危及人身及设备安全的情况时，值班人员可以按照有关规定处理，事后应立即报告有关调度机构。

设备检修申请应按照设备管理范围申报，锅炉、汽轮机、发电机、主变压器、高压母线、负荷开关等直接影响发电出力的设备归电网管理。

9. 运行规程

发电厂运行规程是发电厂运行方面的权威性技术文件，是保证设备安全经济运行的重要规章制度。运行规程由发电部有关专业工程师负责，由具有丰富运行经验的工人参加，参照《电力工业技术管理法规》、电力行业颁布的各个专业典型运行规程、安全规程、制造和设计资料、设备特性等有关资料，根据现场具体条件编写。规程由发电厂有关专业专责工程师审查，由总工程师批准公布。全体运行人员在运行工作中应该随时注意规程的正确性，发现问题应该及时向专责工程师、总工程师汇报。专责工程师应作好记录，作为修订规程的依据。对于规程的重要临时修改，应由厂总工程师批准，作为运行规程的临时措施。运行规程一般包括以下内容：

(1) 设备技术规范；

(2) 机组启动；

(3) 机组正常运行与参数调整；

(4) 机组停止；

(5) 机组事故处理；

(6) 定期工作、保护和连锁。

10. 运行分析制度

运行分析制度能够促进运行人员和各级生产管理人员掌握设备性能及其运行规律，是保证机组安全经济运行的重要措施。运行分析工作一般分为四种：岗位分析、定期分析、专题分析和异常（事故）分析。

11. 经济工作制度

机组运行是在保证安全生产的基础上，尽可能地提高其运行的经济性。通过开展群众性的运行小指标竞赛活动，促使运行人员在值班中认真监盘，合理地进行调整，节约燃料、蒸汽和厂用电。

12. 事故调查规程

在电业生产（包括电厂运行）中发生的事故，依照事故性质的严重程度及经济损失大小分为特大事故、重大事故、一般事故、障碍几类。事故调查和考核依照《电业生产事故调查规程》进行。生产中发生各类事故后，必须按照“三不放过”原则认真对待，即事故原因不清不放过，事故责任者和应受教育者没有受到教育不放过，没有采取防范措施不放过。

此外还包括培训管理制度、燃料管理制度、用水管理制度、消防系统管理制度、环保工作管理制度、五项技术监督管理制度等。

第一章

单元机组的启动和停运

单元机组的启动是指将静止状态的机组转变为运行状态的过程，包括锅炉点火、升温升压，汽轮机冲转升速、并网，升负荷直到带至额定负荷的全过程。单元机组的启动过程实质上是一个对设备部件的加热升温过程。停机则是指启动的逆过程。是指从带负荷运行状态到减去全部负荷，直至发电机与电网解列，汽轮机打闸，锅炉灭火，汽轮发电机组惰走停转及盘车，锅炉降压和机炉冷却等全过程。单元机组的停机过程实质上是一个对设备部件的冷却降温过程。

在机组启、停过程中，锅炉、汽轮机各部件与工质的温度不断变化，是一个不稳定的过程。启、停工况极为复杂，各部件的温度和承受的压力在启、停过程中变化很大，因此会产生热膨胀、热变形和热应力。温度的变化引起的物体变形称之为热变形。如果物体的热变形受到约束，则在物体内就会产生应力，这种应力称为热应力。特别是高参数、大容量机组，由于设备体积庞大，结构复杂，各个部件（如锅炉受热面、汽包，汽水管道，汽轮机汽室、汽缸、转子、法兰及螺栓等）所处的条件不同，火焰及工质对它们的加热或冷却速度也不同，因而各部件之间或部件本身沿金属壁厚方向产生明显的温差而导致膨胀或收缩不均，产生热应力。热应力随温差的变化使金属产生疲劳。当热应力超过允许的极限值时，会使部件产生裂纹乃至损坏。

在启停过程中，锅炉受热面内工质的流动不正常，有的受热面内工质流量很少，甚至在短时间内没有工质流动，因此这部分受热面不能被工质正常冷却，如果加热速度控制不当，就会造成部分受热面超温。而对于汽轮机，由于其结构复杂，又有高速旋转的转子，因而当汽缸和转子之间出现膨胀差时，会使本来就小的动静间隙进一步缩小，甚至产生摩擦，引起事故。实践证明，一些对设备最危险、最不利的工况往往出现在启停过程中。有些在启停过程中产生的问题虽不立即引起明显的设备损坏，却会给设备带来“隐患”，降低了设备使用寿命。因此，通过研究单元机组在启停过程中的热状态和热力特性，寻求合理的单元机组启停方式，就成为发电厂集控运行的一项重要任务。

所谓合理的启停方式就是寻求合理的加热或降温的方式，使启停过程中机组各部件的热应力、热变形、汽轮机转子与汽缸的胀差和转动部件的振动均维持在较好的水平上。

第一节　单元机组启停时锅炉、汽轮机的热状态

一、锅炉的热状态和热应力

（一）锅炉汽包的温差与热应力

1. 锅炉上水时汽包的温差与热应力

机组冷态启动时，锅炉汽包在上水之前，其金属温度接近环境温度。一定温度的给水进入汽包后，内壁温度随之升高，因汽包壁较厚（一般约 100mm 左右），外壁温升较内壁温升慢，从而形成内、外壁温差，产生热应力。另外，锅炉上水一般是欠热水，不会产生饱和蒸汽对上部汽包壁的凝结放热，只有水直接对汽包下部内壁加热，被给水浸没的部分受热、壁

温上升，使汽包下半部壁温高于上半部。汽包内外壁和上下壁存在着温差，温度高的部位金属膨胀量大，温度低的部位金属膨胀量小，而汽包是一个整体，其各部位间无相对位移的自由，因而汽包内侧和下半部受到压缩，外侧和上半部受到拉伸。汽包压缩部位产生压缩热应力，拉伸部位产生拉伸热应力，且温差愈大，所产生的热应力也愈大。该热应力与温差成正比关系，而温差的大小又取决于金属加热或冷却的速度和金属壁厚。

通过上述分析可知，在锅炉上水时，汽包的上下壁温差和内外壁温差，均使汽包下部内壁产生压缩热应力。为减小该热应力，在上水过程中应限制汽包上下壁、内外壁温差，其方法为限制上水温度和上水速度。一般规定冷态启动时，锅炉上水温度不高于90~100℃，热态上水时，水与汽包壁温差不大于40℃。锅炉上水速度是用开始上水到所规定水位的时间来控制。对高压以上锅炉，夏季上水时间不少于2h，冬季不少于4h，对有缺陷的锅炉应酌情减慢。另外，为安全起见，用常温水向锅炉上水时，上水温度必须高于汽包材料性能所规定的脆性转变温度（FATT）33℃以上。

2. 升压过程中汽包的温差和热应力

在升压过程中，汽包的温差和热应力，可分以下三个阶段加以分析。

（1）升压初期即锅炉点火后，投入燃料量很少，火焰在炉内充满程度差，水冷壁受热不均，工质吸热较少。在低压时工质的汽化潜热较大，这时产生的蒸汽量很少，水循环尚未正常建立，汽包下半部的水处于不流动或流动非常缓慢的状态，放热系数很小，使汽包下半部金属升温缓慢，而汽包上半部接触的是饱和蒸汽，其传热方式为凝结放热，放热系数要比下半部缓慢的对流传热大几倍，故上半部壁温升高较快。当压力升高时，上半部壁温很快达到对应压力下的饱和温度，这样就使汽包上半部壁温高于下半部壁温，形成上高下低的温差，产生热应力。随着压力的升高，温差加大，热应力也随之加大，在汽包上半部产生压缩热应力，而下半部则产生拉伸热应力，使汽包产生拱背变形，严重时会损坏汽包。上下壁温差与升压速度有关，升压速度越快，该温差越大，且压力越低时越明显。这主要是由于在低压时，压力升高对应的饱和温度上升较快的缘故。故在升压过程中应严格控制升压速度，这是防止汽包壁温差过大的根本措施。在此阶段内，应采取各种措施促进水冷壁的正常循环，以加强汽包内水的流动，从而减小汽包温差。为此，可在各水冷壁下联箱内设置邻炉蒸汽加热装置。在点火前先预热带压，不仅有利于水循环的建立，而且有利于缩短启动时间。另外，还可通过加强下联箱放水，以加快汽包内水的流动。

（2）随着锅炉燃料量投入的不断增多，锅炉受热加强，为升压的第二阶段，水循环渐趋正常。为了不使汽包内外壁、上下壁温差过大，仍应限制升温、升压速度。

（3）升压的第三阶段，为压力升到接近额定值的最后阶段，汽包金属的机械应力亦接近于设计预定值。这时若再有较大的热应力是危险的，故升温升压速度仍受限制。

为了防止过大的热应力损坏汽包，目前国内各高压和超高压锅炉的汽包上下壁温差及汽包筒体任意两点的温差均控制在35℃以下。汽包上下壁温差和内外壁温差的大小，在很大程度上决定于汽包内工质的升温升压速度。一般规定汽包内工质温度升高的平均速度不应超过1.5~2℃/min。升温升压应按规定的启动曲线进行。在升压过程中，除严格按照规定的升压曲线进行外，还应保持蒸汽压力稳定变化，不使蒸汽压力波动太大，蒸汽压力波动时要引起饱和温度的波动，从而引起汽包温差增大。当发现汽包壁温差过大时，应减慢升压速度或暂停升压。

3. 停炉时汽包壁温差

锅炉停止燃烧后，即进入降压和冷却阶段。锅炉停止和启动过程一样，汽包内饱和蒸汽压力和温度有较大幅度的变动，而且由于汽和水的热导率不同以及汽包结构的影响，汽包壁不同部位将存在温度差异，产生应力。对汽包锅炉来说，汽包热应力仍是限制停炉、冷却、降压速度的核心问题。在降压过程中，汽包壁靠内部工质进行冷却，如果冷却不均就会出现温差。由于汽包内锅水压力及对应的饱和温度下降，下汽包壁对锅水放热，使汽包壁得到较快的冷却；而上汽包壁与蒸汽接触，因压力降落，汽包内壁向蒸汽放热，在近壁面处是一层带有过热度的蒸汽，它的放热系数小，金属冷却缓慢，所以仍会出现上壁温度大于下壁温度，形成温差，降压速度越快，则温差越大。特别应注意，当压力降到低值时将出现较大的温差。因此在低压时，更应注意严格控制降压速度，一般在最初的4～8h时间内应关闭锅炉各处挡板，避免大量冷空气进入。此后如有必要，可逐渐打开烟道挡板及炉膛各门孔进行自然通风冷却，同时进行一次放水，促使内部水的流动，使各部分冷却均匀。在8～10h内，如有必要加强冷却，可开启引风机通风，并可适当增加进水、放水次数。

（二）锅炉受热面的温差与热应力

1. 水冷壁

在锅炉正常运行时，水冷壁管外壁受到高温火焰的辐射，内壁被汽水混合物冷却。汽水混合物的温度就只是汽包压力下的饱和温度，内外壁温差可达60～80℃，外壁承受压缩应力，内壁承受拉伸应力，这样在水冷壁管内产生了热应力。水冷壁管内外壁温差与壁厚成正比，壁越厚，温差越大，热应力越大，所以水冷壁壁厚不宜超过6mm。当压力更高时，则不采用增加壁厚的方法而采用强度更高的材料制造水冷壁管。目前，大部分锅炉水冷壁均采用15CrMo或15MnV等低合金钢。

停炉后，尽管在4～8h内关闭一切烟风挡板和检查孔，但由于烟囱会形成一定的抽力，冷空气很容易从不严密处漏入炉膛，对水冷壁的冷却速度也较快。若过早开启烟风挡板或锅水温度较高时就放掉，则会使水冷壁的冷却速度太快，热应力较大，长期下去会导致水冷壁损坏。

对多次强制循环锅炉，在启动过程中，由于使用强制循环泵进行强制循环，水冷壁管之间的温差很小，无需采取特殊措施来改善水冷壁的受热情况。

对采用螺旋管圈水冷壁的直流炉，因管内质量流速能保证，因而可防止膜态沸腾。工质焓较高的管带是在炉内热负荷较低的区域，故炉宽、炉深方向热负荷不均匀不会因热偏差增大而使管壁超温，故可不必采用内螺纹管；每根管子很长，流速较高，阻力大，水泵电耗大，但对水动力稳定有利，故回路进口可不装节流圈；水冷壁温度分布均匀，热膨胀舒畅，故可快速启动，缩短启动时间，不致带来不可接受的超温与热应力；不用下降管，少用或没有中间联箱，比较适合于机组的变压运行。

2. 过热器和再热器

锅炉正常运行时，过热器被高速蒸汽所冷却，管壁金属温度与蒸汽温度相差无几。但在启动过程中，情况则大不相同。在冷炉启动之前，部分立式过热器管内一般都有凝结水或水压试验后留下的积水。点火以后，这些积水将逐渐被蒸发，或被蒸汽流所排除。但在积水全部被蒸发或排除以前，某些管内没有蒸汽流过，管壁金属温度近于烟气温度。即使过热器内已完全没有积水，若蒸汽流量很小，管壁金属温度仍较接近烟气温度。因此，一般规定，在锅炉蒸发量小于10%额定值时，必须限制过热器入口烟温。控制烟温的方法主要是限制燃烧率（控制燃料）或调整火焰中心的位置（控制炉膛出口温度）。

随着压力的升高，过热器内蒸汽流量逐渐增大，管壁冷却得越来越好，这时可逐渐提高烟温，同时必须限制出口蒸汽温度。过热器出口汽温主要取决于当时锅炉的燃烧率及汽轮机启动加热状态，也与炉内火焰中心位置和过量空气系数有关。在启动过程中也可采用喷水减温，但要注意对喷水量的控制，以防喷水不能全部蒸发，使蒸汽带水，危害汽轮机。对于高中压合缸的汽轮机，其过热汽温与再热汽温是相匹配的。这些除通过调节锅炉燃烧率来控制外，还可通过控制旁路系统的流量来控制两者汽温。

启动过程中，再热器的安全主要与旁路系统的型式、受热面所处的烟气温度、启动方式（主要指汽轮机冲转的蒸汽参数）以及再热器所用的钢材性能有关。对于采用串联二级旁路系统的再热机组，启动期间锅炉产生的蒸汽可通过高压旁路流入再热器，然后经低压旁路流入凝汽器，使再热器得到充分冷却。对采用一级大旁路的系统，汽轮机冲转前再热器无蒸汽流过，再热器采用耐高温的金属材料，允许短时间干烧，但必须严格控制再热器烟温，使流经再热器的烟温小于540℃，以免烧坏再热器。有的锅炉使用烟气旁路来控制进入再热器的烟气量。再热器的安全与冲转参数有关，由于冲转参数的高低决定于锅炉的燃烧率，燃烧率又影响流经再热器的烟温，因此可以把使用一级旁路系统的单元制发电机组的冲转参数选得低一些。

3. 省煤器

汽包炉在点火后的一段时间内，不需进水或只需间断进水。在停止给水时，省煤器内局部的水可能汽化，如果产生的蒸汽停滞不动，该处管壁可能超温，其余管壁温度却很低，这样就容易形成较大的热应力。省煤器间断上水的过程中，省煤器内的水温间断地变化，使管壁金属产生交变热应力，导致金属和焊缝产生疲劳。自然循环锅炉绝大多数采用锅炉汽包与省煤器下联箱通过再循环管连通的措施，在锅炉启动期间或事故情况下需要停止进水时，关闭锅炉给水门，开启省煤器再循环门，由于省煤器和汽包之间存在一定的位差以及省煤器内工质吸收烟气热量，导致省煤器和汽包内工质的密度不同，这样，可形成经过省煤器的自然循环回路，靠锅水循环冷却省煤器。当需要上水时，应关闭再循环门，以防止给水从再循环管路直接进入汽包。对多次强制循环锅炉，在点火升压期间依靠锅水循环泵对省煤器进行强迫循环，循环压头高，循环水量大，省煤器内的水温波动较小。而且再循环门不需要进行频繁的开关操作，在启动时开启，待省煤器连续给水时关闭。

二、汽轮机启停时的热状态及寿命管理

（一）汽轮机的热膨胀

汽轮机在启停和工况变动时，各部件金属温度都将发生变化，要产生热膨胀。由于零部件的几何尺寸、材质及受热情况等的不同，其热膨胀程度不尽相同，致使动静部分的轴向间隙发生变化，有可能危害汽轮机的安全。为保证汽轮机有足够的轴向间隙，必须对汽轮机汽缸和转子的绝对热膨胀和相对热膨胀进行分析研究。

1. 汽缸和转子的绝对热膨胀

汽轮机从冷态启动到带额定负荷运行，金属温度的变化很大（在500℃以上），因此汽缸轴向、垂直和水平等各个方向的尺寸都会显著增大。汽轮机启停和工况变化时，汽缸的膨胀、收缩是否自由，直接决定机组能否正常运行。

滑销系统的合理布置和应用，可以保证汽缸在各个方向能自由膨胀和收缩，同时保证汽轮机、发电机各部件的相对位置的正确，从而保证机组安全运行。运行中应注意经常向滑动面之间注油，保证滑动面润滑及自由移动。有些机组在轴承箱与台板滑动面之间安装一层很薄的助滑垫，能很大程度地减小滑动面之间的摩擦力，保证汽缸自由膨胀与收缩。

启动时，汽缸膨胀的数值取决于汽缸的长度、材质和汽轮机的热力过程。由于汽缸的轴向尺寸大，故汽缸的轴向膨胀成为重要的监视指标。对大容量中间再热机组，汽轮机法兰比汽缸壁厚得多，因此汽缸的热膨胀往往取决于法兰的温度。在启动时，为了使汽缸得到充分膨胀，通常用法兰加热装置来控制汽缸和法兰的温差在允许范围内。

汽轮机正常运行时，沿轴向各级金属温度分布都有一定规律，因此总可以测出调节级处汽缸或法兰的金属温度与汽缸自由膨胀的对应关系，以便于运行监督。

随着汽轮机组容量的增大，其轴向长度也随之增加，转子和汽缸的绝对膨胀往往会达到相当大的数值，比如国产300MW汽轮机高中压缸总膨胀可达近40mm。所以在汽轮机启停和变工况过程中，要加强对汽缸绝对膨胀的监视，此外，还要防止汽缸左右两侧膨胀不均匀，造成卡涩和动静部分的磨损。为了保证汽缸左、右均匀膨胀，规定主蒸汽和再热蒸汽两侧温差一般不应超过28℃，调节级处法兰左、右温差应小于10℃。

汽轮机的轴向膨胀值，在汽轮机启停及正常运行中，要经常与正常值对照。当汽缸的膨胀值在膨胀或收缩过程中有跳跃式增加或减小时，则说明滑销系统存在卡涩现象，应查明原因予以处理。对汽缸上进汽和抽汽管道的合理布置也应予以重视，否则会发生膨胀不均匀及动静部分中心发生偏斜等现象。

2. 汽缸和转子的相对膨胀

汽轮机启停和工况变化时，由于流经转子和汽缸相应截面的蒸汽温度不同、蒸汽对转子表面的放热系数比对汽轮机汽缸室的放热系数大以及转子质面比（转子质量与传热表面积之比）小于汽缸的质面比等原因，转子随蒸汽温度的变化而产生的膨胀或收缩都更为迅速，使转子和汽缸之间明显存在温差。转子与汽缸沿轴向膨胀的差值，称为转子与汽缸的相对膨胀差，简称胀差。若转子轴向膨胀值大于汽缸，则称为正胀差；反之称为负胀差。对于单流程汽轮机（推力轴承一般放在前轴承箱内），汽轮机各级动叶片出汽侧的轴向间隙大于进汽侧间隙，故允许的正胀差大于负胀差。在稳定工况下汽缸和转子的温度趋于稳定值，相对胀差也趋于一个定值。在正常情况下，这一定值比较小。但在启停和工况变化时，由于转子和汽缸温度变化的速度不同，可能产生较大的胀差，这就意味着汽轮机动静部分相对间隙发生了较大变化。如果相对胀差值超过了规定值，就会使动静间的轴向间隙消失，发生动静摩擦，可能引起机组振动增大，甚至发生叶片断裂、大轴弯曲等事故，因此汽轮机启停过程中应严密监视和控制胀差。

为了测量绝对膨胀和高压外缸、中低压缸胀差，在高压转子前端（前轴承箱内）、中压转子后端和低压转子后端（均在相应的轴承箱内）装有膨胀传感器，在前轴承箱和高中压缸轴承箱基架上装有高中压缸热膨胀传感器。传感器输出信号供机头仪表柜和集控室内仪表显示及计算机和记录仪用。

总之，对不同类型的机组，其膨胀系统可能有些差异，但只要掌握了机组的结构及膨胀原理，就能正确判断汽缸和转子的膨胀方向和动静间隙的变化规律，防止通流部分发生碰磨。

(1) 启动时胀差的变化规律。汽轮机冷态启动前，汽缸一般要进行预热，轴封要供汽，此时汽轮机胀差总体表现为正胀差。从冲转到定速阶段，汽缸和转子温度要发生变化，由于转子加热快，汽轮机的正胀差呈上升趋势。但这一阶段蒸汽流量小，高压缸主要是调节级做功，金属的加热也主要在该级范围内，只要进汽温度无剧烈变化，相对胀差上升就是均匀的；对采取中压缸启动的机组，则这个阶段胀差的变化主要发生在中压缸。低压缸胀差的变化还要受摩擦鼓风热量、转子离心力等因素的影响。当机组并网接带负荷后，由于蒸汽温度的进一步提高、通过汽轮机蒸汽流量的增加，蒸汽与汽缸及转子的热交换加强，正胀差增加的幅度加大，对于启动性能较差的机组，在启动过程中要完成多次暖机，以缓解胀差大的矛盾。

(2) 汽轮机甩负荷、热态启动、停机时相对膨胀的变化规律。当汽轮机甩负荷或停机时，流过汽轮机通流部分的蒸汽温度会低于金属温度，转子比汽缸收缩得多，因而出现负胀差。

热态启动初始阶段，转子、汽缸的金属温度高，若冲转时蒸汽温度偏低，则蒸汽进入汽轮机后对转子和汽缸起冷却作用，也会出现负胀差，尤其对极热态启动，几乎不可避免地会出现负胀差。

汽轮机打闸停机后，由于没有蒸汽进入通流部分，转子鼓风摩擦产生的热量无法被蒸汽带走，使转子温度升高，加之转子（尤其是低压转子）的泊松效应，在惰走阶段胀差会有不同程度的增加。

(3) 影响胀差的因素。影响汽轮机胀差的因素主要有以下几点：

1) 蒸汽温度和流量变化速度的影响。蒸汽的温度或流量的变化速度大，转子与汽缸的温差加大，引起的胀差也就加大。因此，在汽轮机启停过程中，控制蒸汽温度和流量的变化速度，就可以达到控制胀差的目的。

2) 轴封供汽的影响。轴封供汽对胀差影响的程度，主要决定于轴封供汽温度，其次是供汽时间，供汽时间愈长对胀差影响愈大。现代大型机组轴封供汽除了低温汽源外，还设置了高温汽源。根据工况的变化情况，适时投用不同温度的轴封供汽汽源，可有效地控制胀差。冷态启动时为了不使胀差正值过大，应选择温度较低的汽源，并尽量缩短冲转前向轴封送汽的时间；热态启动时应合理地使用高温汽源，防止向轴封供汽后胀差出现负值；停机过程中，如出现负胀差过大，可向汽封送入高温汽源加热转子汽封段，控制转子收缩。

3) 汽缸法兰、螺栓加热装置的影响。汽轮机在启停过程中使用汽缸法兰和螺栓加热装置，可以提高或降低汽缸法兰和螺栓的温度，有效地减小汽缸内外壁、法兰内外壁、汽缸与法兰、法兰与螺栓之间的温差，加快汽缸的膨胀或收缩，达到控制胀差的目的。法兰加热装置使用要恰当，否则可能造成两侧加热不均匀或蒸汽在法兰内凝结。如果温度和压力控制不当，可能造成法兰变形和泄漏。

4) 凝汽器真空的影响。在汽轮机启动过程中，当机组维持一定转速或负荷时，改变凝汽器真空可以在一定范围内调整胀差。当真空降低时，欲保持机组转速或负荷不变，必须增加进汽量，使高压转子受热加快，其高压缸正胀差随之增大；由于进汽量的增大，中低压缸摩擦鼓风的热量被蒸汽带走，因而转子被加热的程度减小，正胀差减小。当凝汽器真空升高时，过程正好相反。应该指出，对不同的机组，不同的工况，凝汽器真空变化对汽轮机胀差的影响过程和程度是不同的。

（二）汽轮机的热变形

1. 上、下缸温差引起的热变形

在汽轮机启停过程中，上、下汽缸常存在着温差，通常是上缸温度高于下缸温度。上、下汽缸温差产生的主要原因是：

(1) 上、下汽缸具有不同的重量和散热面积，下缸布置有回热抽汽管道，不仅重量大，散热面积也大，故在同样的加热或冷却条件下，上缸的温度要高于下缸温度。

(2) 启动时，蒸汽在汽缸内凝结形成的疏水都流经下汽缸经疏水管排出，疏水形成的水膜降低了汽缸的受热条件，而较高温度的蒸汽上升凝结放热加热上汽缸，故上汽缸温度比下汽缸高。

(3) 停机后，转子在静止状态下，汽缸内残存蒸汽和进入的空气，在汽缸内对流流动，热汽（气）流聚积在上汽缸，冷汽（气）流在下汽缸，使上下汽缸的冷却程度不一样。

(4) 下汽缸处于运行平台之下，受到下面温度较低空气对流通风的影响，使下汽缸加速冷却。

(5) 下汽缸布置有许多管道，使其较难敷设保温层，加之保温层运行中易于脱落，致使下缸散热较上缸快。

上、下汽缸过大的温差就会造成汽缸向上弯曲的“拱背”热变形，俗称“猫拱背”，如图 1-1 所示。

汽缸的这种变形使下缸底部径向动静间隙减小甚至消失，造成动静部分摩擦，尤其当转子存在热弯曲时，动静部分摩擦的危险更大。汽缸发生猫拱背变形后，还会出现隔板和叶轮偏离正常时所在的垂直平面的现象，使轴向间隙发生变化，进而引起轴向摩擦。

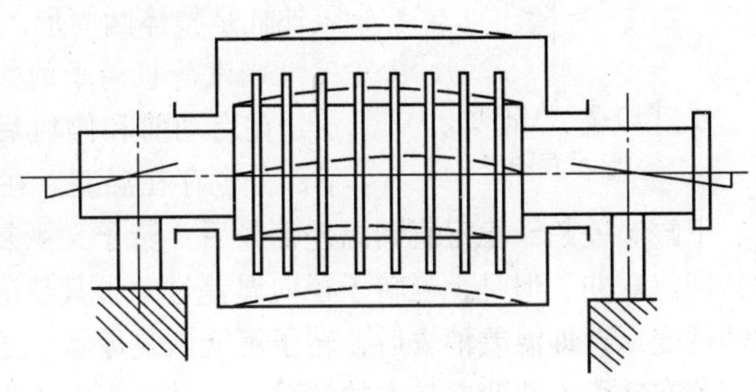

图 1-1　上、下温差造成汽缸向上弯曲的示意图

通常情况下，汽轮机出厂后都要给定汽缸上下缸温差的允许范围。对双层缸结构，内缸上下缸温差的要求与外缸的温差要求可能不一样，但通常的温差允许范围为 35～50℃。

为控制好上、下汽缸温差，必须严格控制温升速度；启动时尽可能同时投入高压加热器，开足下汽缸疏水门；安装或大修时，下缸应采用优质保温材料，或增厚下缸保温层；另外，还可在下缸装设挡风板，减小运行平台之下的冷风对下缸的冷却。

2. 汽缸法兰内外壁温差引起的热变形

大容量中间再热汽轮机高、中压缸的水平法兰厚度约为汽缸壁厚度的 4 倍。因此启动时，在法兰内、外壁会出现较大的温差，当法兰内、外壁温差过大时，将引起法兰水平方向和垂直方向的变形。

(1) 法兰在水平方向的变形。启动时，法兰内壁温度高于外壁温度，使法兰内壁金属的伸长大于外壁，从而使法兰在水平方向将产生如图 1-2（a）所示的热变形。法兰的这种热变形，使得汽缸中部截面 A－A 由圆变为立椭圆，如图 1-2（b）所示；而汽缸前后端部截面 B－B 由圆变为横椭圆，如图 1-2（c）所示。前者引起汽缸左、右径向间隙减小，后者引起汽缸上、下径向间隙减小。

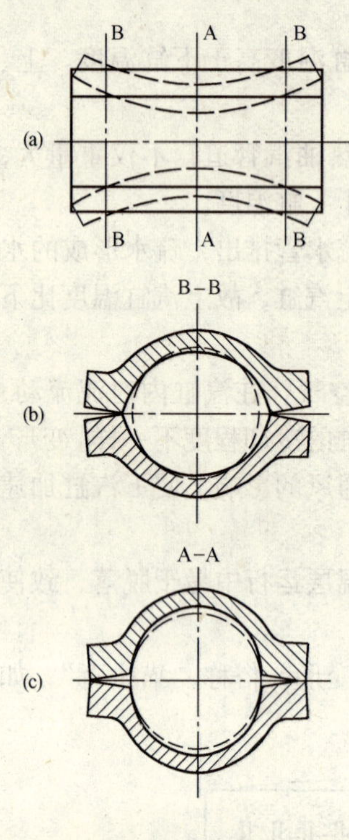

图 1-2 汽缸变形示意图

(2) 法兰在垂直方向的变形。法兰内外壁温差也会引起垂直方向上的变形。当法兰内壁温度高于外壁时，内壁金属膨胀多，增加了法兰结合面的热压应力，如果此热应力超过材料的屈服极限，金属就会产生塑性变形；当法兰内外壁温度趋于平稳时，原来为立椭圆情况的结合面会发生外张口，原为横椭圆情况的法兰结合面会发生内张口，造成运行中汽缸结合面漏汽，同时变形还会导致螺栓被拉断或螺帽结合面被压坏。

为缩短启动时间，减小法兰内外壁温差，国内外大容量中间再热汽轮机的高、中压缸装设有法兰螺栓加热装置。在启动和停机过程中，通过合理控制蒸汽温度的变化率，并采用法兰加热装置，将法兰内、外壁温差控制在30℃左右，可减小法兰和汽缸的变形。

对现代大功率机组，都是力求从汽缸的结构上加以改进，而不采用法兰、螺栓加热装置。目前，普遍采用的技术是选择窄高法兰或取消法兰，使汽缸成为圆筒形。如ABB公司生产的汽轮机内缸取消了法兰，采用套环紧箍；西门子公司生产的高压外缸是整体圆筒形。

3. 汽轮机转子的热弯曲

在启动前和停机后由于上、下汽缸存在温差，使转子上、下部分也存在温差。在此温差作用下，会引起转子热弯曲。当上、下缸温差趋于稳定直到温差消失后，转子又恢复原状，变形消失，这种弯曲称为弹性弯曲，即热弯曲。但是，当转子径向温差过大，其热应力超过材料的屈服极限时，将造成转子的塑性变形，即温差消失后，转子不能恢复原状，这种弯曲称为永久弯曲。

若在转子的热弯曲较大的情况下启动机组，不但会产生动静部分摩擦，而且其偏心值产生的不平衡离心力将使机组产生强烈振动。局部摩擦的结果是该部位金属表面温度急剧升高，与周围金属形成很大的温差，最终导致转子永久弯曲变形，造成汽轮机大轴弯曲事故。因此，规定高参数、大容量机组的热弯曲最大值为0.03～0.04mm。

减少转子热弯曲最有效的办法是：

(1) 控制好轴封供汽的温度和时间。

(2) 正确投入盘车装置。

(3) 启动时采取全周进汽并控制好蒸汽参数变化。

(4) 启动过程中汽缸要充分疏水，保持上下缸温差在允许范围内。

大型汽轮机都装有转子挠度指示器，可直接测量大轴的弯曲值。无此装置的发电机组应监视转子的振动，比较先进的发电机组可直接测量轴的振动。目前现场常用装设在前轴承盖上的千分表来测量转子的热弯曲值。用千分表测量转子热弯曲的示意图见图 1-3。

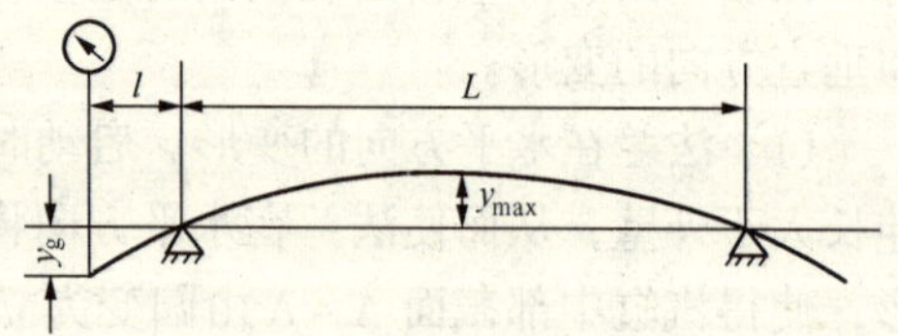

图 1-3 用千分表测量转子热弯曲的示意图

用千分表测得热弯曲值 y_g 后，转子中心处的热弯曲值 y_{max} 可近似地由下式确定：

$$y_{max} = 0.25 \frac{l}{L} y_g \tag{1-1}$$

式中 y_g——千分表测得的热弯曲值，μm；

L——两轴承间转子长度，mm；

l——千分表位置与轴承间的距离，mm。

（三）汽轮机的热应力

在汽轮机启停和工况变化时，掠过转子和汽缸表面的蒸汽的温度是不断变化的，导致了转子和汽缸内部温度分布的不均匀且随工况而变化。正是由于这种不均匀的温度分布，使得转子和汽缸内部产生了热应力。蒸汽温升率越大，金属部件内的温度分布越不均匀，造成的温差越大，产生的热应力也就越大。当热应力超过一定值后，会使金属部件产生塑性变形，从而引起较大的疲劳损伤。

对于汽轮机转子来说，在机组启停或变工况条件下，高、中压缸的进汽部位要发生较大的温度变化，往往在调节级后或调节级前汽封处产生的热应力最大，因此在变工况条件下热应力与离心应力合成可能使总应力大大升高；对反动式机组来说，由于其转子结构上的特殊性，其最大热应力点与离心应力点往往不在相同的部位，这对减小汽轮机转子的总应力是有利的。

近年来，一批无中心孔的汽轮机转子相继投入使用。采用无中心孔转子的优点之一是降低了转子的工作应力，这主要是因为无中心孔时心部的离心应力比有中心孔时要小得多；无中心孔转子的另一个优点就是缩短制造周期、降低生产成本。无中心孔转子的应用前景取决于两个因素，一是金属冶炼、加工及热处理水平的提高，这主要反映在转子钢中硫、磷等有害杂质和氢等气体含量已大大降低，转子钢的脆性转变温度也大大降低；二是提高超声波探伤技术，解决自外表面服役中转子进行全体积探伤的难题。

1. 汽轮机冷态启动时的热应力

汽轮机的冷态启动过程，对汽轮机转子和汽缸等金属部件来说是个加热过程，随着汽轮机转速或负荷的提高，金属部件的温度不断升高。对于汽缸来说，随着蒸汽温度的升高，汽缸内壁温度首先升高，内壁温度要高于外壁温度，内壁的热膨胀由于受到外壁的制约而产生压应力，而外壁由于受到内壁热膨胀的影响而产生拉应力。同样，对于转子，当蒸汽温度升高时，外表面首先被加热，使得外表面和中心孔面形成温差，外表面产生压应力，中心孔表面产生拉应力。

2. 汽轮机停机过程的热应力

停机过程实际上是汽轮机零部件冷却的过程，随着蒸汽温度的降低和流量的减小，汽缸内壁和转子表面首先被冷却，汽缸内壁温度低于外壁温度，转子表面温度低于中心孔面温度。与启动情况相反，汽缸内壁和转子外表面产生拉应力；汽缸外壁和转子中心孔面产生压应力。

因此汽轮机从启动、稳定工况下运行至停机过程，转子和汽缸上各点的热应力都要经历一个拉—压应力循环。

3. 汽轮机热态启动时的热应力

汽轮机热态启动时，调节级处的蒸汽温度可能低于该区段汽缸或转子的金属温度，会使汽缸和转子受到冷却，在转子表面和汽缸的内表面产生拉应力。随着转速的升高及接带负荷，该处的蒸汽温度将迅速提高，高出金属温度，并在随后的过程中保持该趋势直到启动过程结束。在后面一阶段，由于蒸汽温度比金属温度高，转子表面及汽缸内壁温度将产生压应力，这样在整个热态启动过程中，汽轮机部件的热应力要经历一个拉—压循环。

4. 负荷变动时的热应力

汽轮机负荷在35%～100%额定负荷范围内变动时，调节级后的汽温变化可达100℃，因此，在负荷变动时，转子和汽缸上将产生温差和热应力。降负荷时，蒸汽温度降低，转子表面和汽缸内壁产生拉应力；增负荷时，情况与之相反。因此汽轮机经历一个降负荷和增负荷循环，其主要部件将承受一个拉—压循环。应该指出，对于现代大型汽轮机，降负荷运行一般都采用变压运行方式（复合变压运行），采用这种运行方式在低负荷期间汽轮机通流部分温度变化不大，其主要部件的热应力也不大。

汽轮机在冷态启动、热态启动、停机和负荷变化等过渡工况下，转子热应力的变化见图1-4。

现代大型汽轮机在启、停或变工况时，主要靠监视转子的热应力来判断发电机组的整体热应力水平，进而确定机组的启、停方式，其主要依据是转子的热应力和工作应力都要大于汽缸。

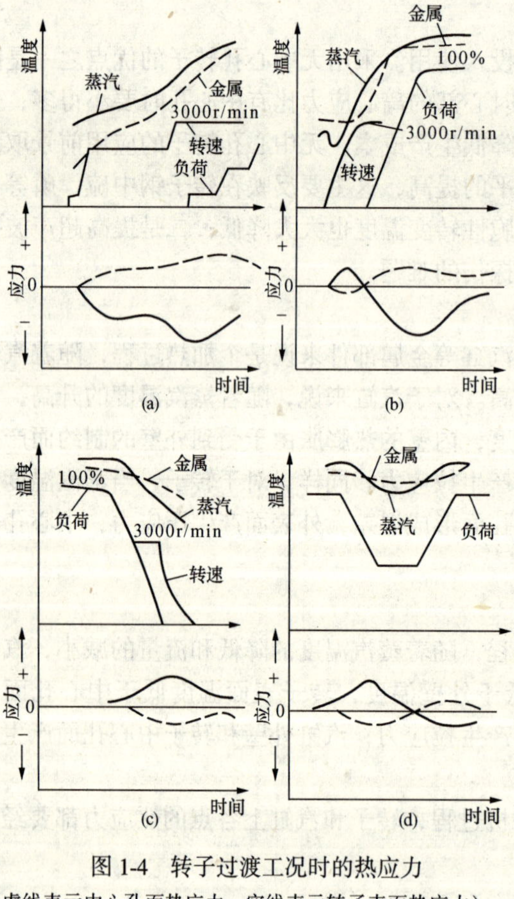

图1-4 转子过渡工况时的热应力
（虚线表示中心孔面热应力；实线表示转子表面热应力）
(a) 冷态启动；(b) 热态启动；(c) 停机；(d) 负荷变化

转子和汽缸都承受两种应力，一种是热应力，另一种是工作应力。转子是高速旋转的，其换热系数远大于汽缸的换热系数。同时，现代大型汽轮机转子直径增大很多，转子表面到中心孔的厚度已超过了汽缸的内外壁的厚度，故转子表面和中心的温差要大于汽缸内外壁的温差。另外，汽缸的工作应力为蒸汽压力，而转子的工作应力是转动时产生的离心力。显然，转子的离心力要远大于蒸汽对汽缸产生的压力。所以，目前大型机组的寿命管理以转子为管理对象，把转子的应力作为启动过程中判断状态变化的重要依据。

（四）汽轮机的寿命管理

汽轮机部件中，转子的工作条件最恶劣，转子的裂纹断裂与汽缸等部件相比将是灾难性的，汽轮机的寿命决定于转子的寿命。汽轮机组的寿命管理，是实现汽轮机组运行科学管理的一项重要工作。汽轮机的运行使用寿命控制的主要内容，就是在汽轮机启停、运行及工况变动时，控制其蒸汽温度水平、蒸汽温度变化幅度、变化速率，限制金属部件内的热应力，使机组寿命消耗率不超过要求的技术指标，保证机组在有效使用期内，其部件不致过早地产生变形裂纹和及时地进行检查处理，防止机组设备发生灾难性的断轴事故。

1. 影响汽轮机寿命的主要因素

汽轮机的寿命是指转子从第一次投运开始，直至应力集中处产生第一条通过低倍放大，用肉眼可观察到的微小宏观裂纹（称工程裂纹，约0.5mm长、0.15mm深）所经受的循环次数（或总的工作时间）。

影响汽轮机寿命的因素有许多，但总的来说汽轮机寿命由两部分组成，即受到高温和工作应力的作用而产生的蠕变损耗，以及受到交变应力作用引起的低周疲劳寿命损耗。

(1) 材料的高温蠕变对寿命的损耗。金属在一定的温度和应力作用下，随着时间的增加，缓慢地发生塑性变形的现象，称为蠕变。对于同一种金属材料，影响蠕变最主要的因素是承受的应力和工作温度。在同一温度水平下，部件承受的应力值越大，蠕变越激烈。同一应力水平下，温度越高，蠕变越激烈。故运行中应严格控制超温运行，并保持正常的应力水平，以延长转子的蠕变寿命。

长期的蠕变积累导致裂纹发生。通常用蠕变寿命损耗率 Φ_c 来表示蠕变对金属材料寿命的损耗，可表示为下式：

$$\Phi_c = \frac{t}{t_a} \tag{1-2}$$

式中 t——运行的累积时间，h；

t_a——在运行温度和工作应力下，部件材料蠕变断裂时间（在启动过程中，部件金属温度较低，一般不考虑蠕变损耗），h。

(2) 低周疲劳对转子寿命的损耗。在汽轮机启动、正常运行、停机、再启动，或正常运行中的负荷变动，部件都将经历一个温度循环，在这个温度循环中，转子承受交变应力，每一次循环，都将引起部件寿命损耗。这种循环损耗被称为低周疲劳损耗。尤其是调峰机组，由于其频繁的启停和变工况，对汽轮机的寿命影响就更大。

对于确定的转子，在一定的工作温度下，材料承受热应力愈大，导致裂纹的产生所需的低周循环次数（N_h）愈少，而每次循环引起的疲劳损伤愈大。

每次循环疲劳损伤率为 N_i，部件总的疲劳损伤率为

$$\Phi_f = \frac{1}{N_1} + \frac{1}{N_2} + \cdots + \frac{1}{N_n} \tag{1-3}$$

高温部件长期运行后老化的机理是很复杂的，通常采用的寿命损伤累积方法认为，部件寿命总损伤率为疲劳损伤率和蠕变损伤率之和，即

$$\Phi_n = \Phi_f + \Phi_c \tag{1-4}$$

如果 Φ_n 达到100%，则表明部件寿命已经损耗完了，有可能出现裂纹。

根据上述多次温度循环变化引起疲劳损伤的累积导致产生裂纹的原理，可制定某些具体汽轮机转子寿命损耗曲线。图1-5给出了某300MW机组高压转子的寿命损耗曲线，横坐标为转子金属温度变化量，纵坐标为金属温度的变化率。如果给定金属温度变化量和变化率，就可从其交点查出该次的寿命损耗。应该说明，转子温度不易直接测量，通常用内缸金属表

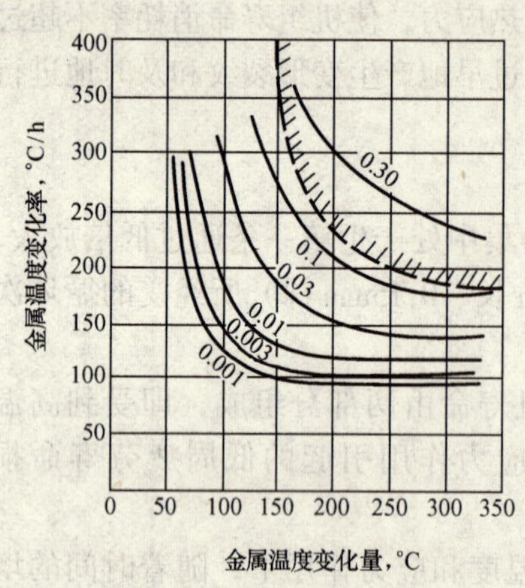

图 1-5 转子寿命消耗曲线

线上数值表示每一应变循环寿命消率，阴影部分为中心孔应力极限区，运行中不要进入该范围

面温度来近似代替，当然在制定寿命损耗曲线时，横坐标和纵坐标也可用蒸汽温度来代替，这样更便于使用。从曲线上可以看出，转子温度变化幅度越大，温度变化率越大，引起转子内部热应力也越大，损耗转子寿命的百分数也越大。另外还可看出，金属温度变化率越小，允许的金属温度变化量便可大一些。图中的阴影部分为转子中心孔部分应力限制区，主要考虑转子表面裂纹比较容易发现和处理，而轴孔膛容易产生裂纹又不易发现，且转子中心部位在冶炼过程中易产生缺陷。在汽轮机启停及工况变化时，要控制好蒸汽温度的变化情况，严防寿命损耗率落入限制区。

2. 汽轮机的寿命管理

寿命管理就是寻求机组合理的启停方式及变工况运行时合理地控制各种参数的变化及其变化率。

汽轮机的寿命管理通常包括两个方面：一是对汽轮机在总的运行年限内的使用情况作出明确的切合实际的规划，也就是确定汽轮机的寿命分配方案，即在整个运行年限内的启动类型及启停次数以及工况变化、甩负荷次数等；另一个是根据寿命分配的方案，制订出汽轮机启停的最佳启动及变工况运行方案，保证在寿命损耗不超限的前提下，使汽轮机的启动最迅速，经济性最好。

(1) 合理分配和使用汽轮机寿命

1) 汽轮机的寿命分配一般取决于汽轮机的结构和使用特点、启停次数、启停方式、工况变化、甩负荷带厂用电的次数等。要根据不同机型及其运行方式进行分配。

2) 在汽轮机设计寿命年限内，根据制造厂提供的寿命管理曲线，一般分配蠕变寿命损耗占20%，疲劳寿命损耗占80%。汽轮机寿命分配要留有余地，一般情况下寿命损耗只分配80%左右，其余20%以备突发性事故。汽轮机寿命分配示例见表1-1～表1-4。

表 1-1 《机械工程手册（调峰篇）》推荐的寿命分配数据 （以设计寿命 30 年计算）

运行方式	损耗率（%）	年运行次数	累计运行次数	寿命损耗累积（%）
冷态启动	0.05	4	120	6
温态启动	0.01	1	30	0.3
热态启动	0.01	200	6000	60
大修前停机	0.05	3年一次	10	0.5
甩负荷带厂用电	0.10	3年二次	20	2
大幅度变负荷 40%	0.005	50	1500	7.5
小幅度变负荷 25%	0.0025	~530	~16500	4
Σ				80.3

表 1-2　美国 GE 公司对正常启动运行方式制定的汽轮机寿命分配数据（以设计寿命 20 年计算）

运行方式		损耗率（%）	累计运行次数	寿命损耗累积（%）
冷态启动		0.15	100	15
热态启动	周末停机	0.01	500	5
	停机 8h	0.01	2000	20
	停机 2h	0.05	100	5
负荷变动	大幅度	0.01	3000	30
	小幅度	0.00025	20000	5
Σ				80

表 1-3　上海汽轮机厂 300MW 汽轮机寿命分配设想数据（以设计寿命 30 年计算）

运行方式	损耗率（%）	累计运行次数	寿命损耗累积（%）	运行方式	损耗率（%）	累计运行次数	寿命损耗累积（%）
冷态启动	0.1	120	12	其他	—	—	8
热态启、停	0.01	6000	60	Σ			80

表 1-4　日本三菱公司 350MW 汽轮机寿命分配数据（按设计寿命 30 年计算）

运行方式	温度变化量（℃）	温度变化时间（min）	允许操作次数	寿命损耗率（%）	累计运行次数	寿命损耗累积（%）
冷态启动	500	300	10000	0.01	100	1.0
温态启动	300	200	10000	0.01	1000	10.0
热态启动	200	100	11000	0.0091	3000	27.3
极热态启动	180	30	3500	0.029	10	0.3
正常停机	100	60	50000	0.002	4000	8.0
紧急停机	170	180	40000	0.0025	100	0.3
正常负荷变化	80	30	40000	0.0025	12000	30.0
甩负荷带厂用电	180	20	3000	0.033	10	0.3
Σ						77.2

3）带基本负荷的汽轮机，每次冷态启动的寿命损耗率可以分配得大一些，一般控制在 0.05%/次；调峰机组的寿命损耗主要消耗在热态启停中，每次启停的寿命损耗率可分配得小一些，一般为 0.01%/次。

（2）汽轮机转子寿命的监测与管理

1）每台汽轮机应以制造厂提供的汽轮机寿命管理曲线为依据，绘制各种工况启动曲线。

2）每台汽轮机应建立并逐步完善转子寿命损耗数据库，根据制造厂提供的寿命管理曲线进行控制，使汽轮机寿命损耗处于受控状态，以便指导运行人员进行启停机操作和运行参数调整及对异常工况的处理。

（3）减少汽轮机转子寿命损耗的原则

1）启动中预防汽轮机转子脆性损伤。①启动时应根据汽缸金属温度水平合理选择冲转蒸汽参数和轴封供汽温度，严格控制金属温升率。②一般以中压缸进汽口处金属温度或蒸汽温度为参考，判断转子金属温度，特别是中压转子中心孔金属温度是否已超过金属低温脆性转变温度。③汽轮机冷态启动时，有条件的可在盘车状态下进行转子预热，变冷态启动为热态启动。④如制造厂允许，可以采用冷态中压缸启动方式，以改善汽轮机启动条件。⑤危急保安器超速试验，必须待中压转子末级中心孔金属温度达到脆性转变温度以上方可进行，一般规定汽轮发电机组带10%～25%额定负荷稳定暖机至少4h。

2）运行中减少汽轮机转子寿命损耗。①避免短时间内负荷大幅度变动，严格控制运行中转子表面工质温度变化率在最大允许范围内。②严格控制汽轮机甩负荷后空转运行时间。③防止主、再热蒸汽温度及轴封供汽温度与转子表面金属温度严重失配。④在汽轮机启动、运行、停机及停机后未完全冷却之前，均应严防湿蒸汽、冷气和水进入汽缸。

目前，由于科学技术的发展和计算机技术的开发应用，大型单元机组均装有设备应力及寿命在线监测装置，对寿命进行实时管理。利用计算机实时应力计算，指导运行人员在机组启动、变工况运行及停机过程中保持应力接近许可最大值进行升速、升负荷或降负荷，可以在不增加额外寿命消耗的情况下缩短启动和停机时间，增加发电量，降低能耗。

另外，对汽轮机转子温度、应力场的实时计算，可以得到每次负荷变化的寿命消耗，到目前为止的寿命累积和消耗，自动报警；对老机组，可估算出转子的剩余寿命，根据运行要求决定不同的启动和变工况情况下的许可寿命消耗及相应应力许可值。随着单元机组控制水平的不断提高，大型单元机组已实现计算机自启停控制。

第二节 单元机组的启动和停运方式

一、单元机组的启动方式

（一）按启动前汽轮机金属温度（内缸或转子表面温度）高低分类

对锅炉和汽轮机冷态、热态启动的规定，各国及各制造厂家的标准不尽相同。

1. 冷态启动

一般在停机一周后，调节级处下汽缸金属温度在低于150～200℃情况下启动。

2. 温态启动

一般在停机48h后，调节级处下缸金属温度在200～350℃左右情况下启动。

3. 热态启动

一般在停机8h后，调节级处下缸金属温度在350℃以上情况下启动。

4. 极热态启动

一般在停机2h后，调节级处下缸金属温度在400℃以上情况下启动。

关于冷态、温态、热态及极热态的划分原则主要是考虑汽轮机转子材料的性能。试验研究表明：转子金属材料的冲击韧性随温度的下降而显著降低，呈现冷脆性，这时即使在较低的应力作用下，转子也有可能发生脆性断裂破坏。热态启动时金属温度已超过转子材料的脆性转变温度，它可以避免产生转子的脆性破坏事故。故对冷态启动，在升速过程中，必须安排一定时间的中速暖机，以便高、中压转子度过低温脆性转变温度和防止因加热不均，而引起过大的热应力和胀差。而对于温态、热态及极热态启动，冲转前要注意上下缸温差和大轴晃度要符合规定值，冲转后在低速下进行全面检查，无须中速暖机，直接尽快升速到额定值（或缸温相应的负荷数值）。

(二) 按高、中压缸进汽情况分类

1. 高、中压缸启动

启动时，高、中压缸同时进汽，冲动转子，升速，带负荷。这种启动方式可使合缸机组分缸处均匀加热，减小热应力，并能缩短启动时间。

2. 中压缸启动

中压缸启动是指在机组启动冲转过程中，汽轮机高压缸不进汽，只向中压缸进汽冲动转子，待机组达到一定转速或带到一定负荷后，再切换为高、中压缸共同进汽的方式，直至机组带预定负荷运行。它具有启动时间短、燃料消耗少、汽轮机零部件受热均匀、寿命损耗小以及对空负荷、低负荷和带厂用电等特殊运行方式的适应性强这一系列优点，特别适用于大型调峰机组。

3. 高中压缸启动为主、中压缸启动为辅

冷态时，为高、中压缸同时进汽，主汽阀启动方式；热态时（带旁路），可采用中压缸进汽方式启动。

(三) 按控制进汽量的阀门分类

1. 调节汽门冲转

冲转前电动主汽门和自动主汽门全部开启，冲转时由调节汽门控制进入汽轮机的蒸汽流量。国内大容量机组过去较多采用这种方式。该方式可减少对蒸汽的节流，但冲转时只有部分调节汽门开启，蒸汽只通过汽缸喷嘴的某一弧段，易使汽缸受热不均，各部温差较大，而产生热应力。优点是启动过程中都用调节汽门控制，操作方便灵活。

2. 自动主汽门或电动主汽门的旁路门冲转

冲转前调节汽门全开，用自动主汽门或电动主汽门的旁路门来控制进入汽轮机的蒸汽流量。这种启动方式不仅便于控制升温速度，而且能全周进汽，在所有通道里，蒸汽的流动均匀分布，加热均匀。但由于需要进行阀切换（冲至一定转速或加至一定负荷后，将蒸汽流量控制机构由自动主汽门或电动主汽门的旁路门切换为调节汽门），因而对控制系统和操作的要求都比较高。另外，用自动主汽门冲转的缺点是易造成自动主汽门被冲刷而关闭不严，降低了自动主汽门的保护作用，因而对自动主汽门的材质提出了更高的要求。用电动主汽门的旁路门冲转可避免对自动主汽门的冲刷，缺点是系统复杂、设备投资增加、操作不灵活。

3. 自动主汽门预启门冲转

冲转前，调节汽门、电动主汽门全开，用自动主汽门的预启门控制蒸汽流量，机头受热均匀，但阀门加工比较困难。

(四) 按新蒸汽参数分类

1. 额定参数启动

额定参数启动是指从冲转到机组带额定负荷的整个启动过程中，汽轮机自动主汽门前的蒸汽参数（压力和温度）始终为额定值的启动方式。新蒸汽与汽缸、转子等金属部件的温差大，需控制很小的进汽量来保证机组不产生过大的热应力和热变形，这样节流损失增加，同时汽轮机必须延长升速和暖机的时间，并网时间较迟，致使经济性降低。汽轮机调节级后温度变化剧烈，零部件受到很大的热冲击，热应力也大，各部件受热不均易产生热弯曲。在锅炉升温升压过程中，由于没有很大的蒸汽负荷，锅炉水循环差，使汽包产生较大的温差和热应力。为冷却过热器，必须不断放汽到大气，造成工质和热量的损失。另外，锅炉还需将蒸汽参数达到额定值后，汽轮机才能冲转。在整个启动过程中将损失大量的燃料和工质，降低发电厂的效益，所以额定参数启动仅用于母管配汽的机组，而不适用于单元制的大容量发电机组。

2. 滑参数启动

滑参数启动方式就是在锅炉点火、升温升压的过程中，利用低温低压蒸汽进行暖管、冲转升速、暖机、定速并网及带负荷，并随着汽温汽压的升高，逐步增加机组的负荷，直至锅炉达到额定参数，汽轮发电机组达到额定出力。由于汽轮机自动主汽门前的蒸汽参数（温度和压力）是随着机组转速或负荷的变化而滑升的，故这种启动方式称为滑参数启动。

汽轮机暖管、暖机与锅炉升压、升温过程同时进行，具有经济性好，能均匀加热零部件等优点，故在现代大型机组启动中，得到广泛的应用。

按冲转时主汽门前的压力大小，滑参数启动又可分为真空法启动和压力法启动。

（1）真空法滑参数启动。锅炉点火前，把锅炉与汽轮机之间主蒸汽管道上的空气阀、直通疏水阀和汽包、过热器及再热器的空气阀全部关闭，全开汽轮机电动主汽门、自动主汽门和调节汽门，凝汽器抽真空，待真空能使汽包、过热器及再热器内积水直通凝汽器，即真空达40~50kPa时，锅炉开始点火，锅水在真空状态下汽化，在不到0.1MPa的汽压下就可冲动汽轮机。随着锅炉燃料量的增大，一方面提高汽温汽压，另一方面汽轮机进行升速、暖机、并网及带负荷。由于这种启动方式是用低参数蒸汽暖管、暖机、升速和带负荷，汽温是从低到高逐渐上升，所以允许通汽流量大，有利于暖管、暖机，可使过热器和再热器得到充分冷却，促进锅炉水循环及减小汽包壁的温差，也可使锅炉产生的蒸汽得以充分利用，所以比较安全、经济。但由于真空法启动存在疏水困难，蒸汽过热度低，转速难以控制，易引起水击，启动前建立真空的系统庞大等缺点，对中间再热机组更为不利，故目前一般不采用这一方法，而采用压力法滑参数启动。

（2）压力法滑参数启动。所谓压力法滑参数启动是指待锅炉所产生的蒸汽具有一定的压力和温度后，才冲动汽轮机。汽轮机启动前，在抽真空和投盘车时，主汽门和调节汽门处于关闭状态。待锅炉点火，升温、升压至主汽门前温度达220~250℃，压力达到0.8~1.5MPa时，才开始冲转升速。

一些国外机组，启动前采用盘车预热的方法提高高压缸温度，启动时主蒸汽参数较高，可达4~6MPa，300~500℃，称为中参数启动，但亦属压力法滑参数启动。这一方式便于用计算机程序控制。

3. 滑压启动

这种方式主要应用于机组“两班制”运行的热态启动。保持锅炉停用时的剩余压力，锅炉点火后通过汽轮机的旁路系统将自动主汽门前的蒸汽温度提升到与汽轮机金属温度相匹配的温度（450~500℃）。然后逐渐开大调节汽门进行升速、并网、带负荷。调节汽门全开后，由锅炉调节燃烧提升新汽压力，逐步提升至额定出力。

二、单元机组的停运方式

（一）按停机目的分类

根据停机目的不同，单元机组的停机方式可分为正常停机和事故停机两种。

1. 正常停机

根据电网生产计划的安排，有准备的停机称为正常停机。正常停机有备用停机和检修停机两种情况。由于外界负荷减小，经计划调度，要求机组处于备用状态时的停机称为备用停机。根据备用时间的长短，备用停机又可分为热备用停机和冷备用停机。检修停机是指按预定计划进行机组大小修，以提高或恢复机组运行性能的停机。

2. 事故停机

事故停机是指因电网或运行设备故障使发电机组迅速从电力系统中解列出来，然后根据事故情况决定重新带负荷还是停机。根据事故的严重程度，事故停机又分为紧急停机和故障停机。紧急停机是指所发生的异常情况已严重威胁机组的安全运行，必须采取措施立即停机。故障停机是指所发生的异常情况，还不会对机组的设备及系统造成严重后果，但机组已不宜继续运行，必须在一定时间内停机。

(二) 按停机过程中蒸汽参数变化分类

根据停机过程中蒸汽参数是否变化，又可分为额定参数停机、滑参数停机和变压停机。

1. 额定参数停机

额定参数停机是指整个过程基本上在额定参数下进行的停机。停机过程中，保持主蒸汽参数不变，用关小调节汽门，减少进入汽轮机蒸汽流量来降低机组负荷，发电机解列，打闸停机。该方式多用于设备和系统有一些小缺陷处理，但只需短时间停机，待缺陷处理后就可立即恢复运行。这种情况除事故设备需冷却到检修条件外，其余设备并不希望降温降压，以便重新启动时节省时间。大多数汽轮机都可以在30min内均匀地减负荷至安全停机，而不产生过大热应力。但是大容量中间再热机组在减负荷过程中，锅炉始终维持额定参数给运行调整带来很大困难，同时也造成燃料浪费，因而，大容量中间再热机组极少采用这种方式。

2. 滑参数停机

保持调节汽门接近全开位置，逐渐降低主蒸汽和再热蒸汽参数来降低负荷，发电机解列，打闸停机。该方式多用于计划大修停机，以求停机后缸温低，提早开工。

3. 变压停机

调节汽门保持一定开度，由锅炉调整燃烧，降低主蒸汽压力，减负荷，而主、再热蒸汽温度保持基本不变。该方式主要是为了在消除缺陷后或调峰要求再次启动时，汽轮机与锅炉的金属温度水平都较高，启动或加负荷的温度变化较小，即使有较大的温升率，汽缸和转子的热应力也不会超过允许值，从而不仅缩短了启动时间，而且增加了机组的灵活性。

三、滑参数启停方式的主要优点

单元机组的启停是炉、机、电之间互相联系、互相配合、协调一致的操作过程。在这一过程中机组内部工况的变化极其复杂。机组的启停，在保证安全可靠的前提下，应尽量缩短时间，并有效地降低热能、电能及工质损失。

在滑参数启停的整个过程中，蒸汽参数是变化的，这种启停方式的优点可表现在下列方面。

1. 安全可靠性好

滑参数启动时，整个机组的加热过程是从较低参数开始的，因而各部件的受热膨胀比较均匀。对锅炉而言，滑参数启动可使水循环工况得到改善，汽包壁温差减小，过热器冷却条件变好；对汽轮机而言，开始启动时进入的是低压、低温蒸汽，其容积流量大，流速高，可使汽轮机各部件加热均匀、温升平稳，热应力小。对于汽轮机的低压段，由于通过汽轮机的蒸汽流量大，可使其得到有效地冷却，使排汽温度不致升高，有利于排汽缸的正常工作。

滑参数停机时，由于蒸汽流量大，对汽缸冷却较均匀，使汽轮机热变形和热应力较小。

2. 经济性高

单元机组滑参数启动的过程中，因主蒸汽管道上所有的阀门在大部分时间里均处于全开的状态，减少了节流损失，主蒸汽的热能几乎全部用来暖管、暖机；自锅炉点火至发电机并网发电的时间短，可多发电，辅机耗电也相应减少；锅炉不必向空大量排汽，减少了工质和热量的损失，从而也减少了燃料消耗。

采用滑参数停机，可减少停机过程的热量和汽水损失；锅炉的余汽、余热可被充分用来发电；滑参数停机对叶片、喷嘴还有清洗作用，使汽轮机效率得以提高。

3. 提高设备的利用率和增加运行调度的灵活性

采用滑参数启动，可缩短启动时间，提前并网发电。采用滑参数停机，余汽余热被用来发电的同时，也加速了汽轮机的冷却过程，所以可以提前揭缸，缩短检修工期，增加了设备利用小时数。这样就提高了设备利用率，增加了运行调度的灵活性。

4. 操作简化

在滑参数启动过程中，当汽轮机采用全周进汽时，调节阀门处于全开位置，操作简化。而且给水加热器可随主机进行滑参数运行，也简化了操作。这些都在一定程度上为实现机组自动化顺序启停创造了条件。

现代大容量单元机组的启动均采用滑参数启动方式而不采用额定参数启动方式，滑参数启动是目前单元机组采取的最经济的启动方式。而单元机组的停机则可根据不同情况和不同要求，选择不同的方式，或采用滑参数停机，或采用额定参数停机。

第三节　配汽包锅炉的单元机组冷态滑参数启动

一、配自然循环汽包锅炉的单元机组冷态滑参数启动

（一）启动前的准备工作

单元机组启动前的准备工作是关系到启动工作能否安全和顺利进行的重要条件。准备工作的任务是使设备和系统处于最佳启动状态，以达到随时可投入运行的条件。它所包括的主要内容为对所有设备和系统进行详细检查和局部试验正常后列为备用，同时需与其他专业进行联系：联系化学专业人员，要求准备充足的除盐水供启动使用；联系燃料人员上满燃料；联系热工和计算机人员使各种仪器、仪表、操作装置及计算机系统处于正常的工作状态；联系电气人员对所有电气设备测量绝缘，确认无误后送上电源。然后进行机组辅助设备及系统投运，如厂用电系统投运、凝结水系统投运、除氧器加热等。进行锅炉水压试验、锅炉上水、连锁试验；汽轮机润滑油提升油温、油泵联动试验、调节及保安系统试验、大轴挠度测量；断路器传动装置试验、各继电保护及自动装置整定合格、母线室及电缆检查良好、直流电源以及蓄电池室完好、发电机—变压器组恢复备用等。

单元机组是一个整体，要求在启动前的准备工作中必须加强各专业之间的联系，与采用母管制的小机组相比，单元机组容量大，系统复杂，其准备工作有它自己的突出特点：

（1）大容量单元机组锅炉出口一般不设阀门或不能加装临时堵板，锅炉水压试验时，水压一直打到汽轮机主汽门前，要求主汽门一定关严；锅炉水压试验结束后，锅炉放水至低水位，而主蒸汽管道放水要在锅炉点火之前完成，以防可能引起的主蒸汽管道的水冲击。

(2) 对于中间再热机组来说，调节系统的静态试验必须在锅炉点火前进行。否则当锅炉点火后，蒸汽旁路系统投入，再热蒸汽系统已充汽，由于中压缸进汽管没有截止阀，若此时中压调节汽阀一旦开启，就有可能由于中压缸进汽而冲动汽轮机转子。

(3) 单元机组均设置一系列保证安全的保护装置，在滑参数启动中除低汽温保护（滑参数启动中汽温低）和低真空保护（启动过程中真空系统往往不稳定）等因启动过程的特殊条件不能投入外，其他各项保护均应在冲转前全部投入。

(4) 高参数大容量汽轮机转子的临界转速偏低，当转速为最低临界转速的两倍以上时，易发生油膜振荡。油温调节不当并偏低时，也容易使稳定裕度不大的机组发生油膜振荡，因此，要求油温不低于40℃。为了增加其稳定性，可维持油温为45℃。

(5) 发电机—变压器组恢复备用一定要在汽轮机冲转前完成。若汽轮机一经冲转，整个发电机—变压器组回路即认为"带电"，这一点对热态启动尤为重要。因为热态启动过程所需时间很短，电气的准备工作一定要提前完成，才不至于影响整个启动过程。

(6) 值长或单元长应提前组织好外围各专业的准备工作，有些工作还需与检修等共同配合做好启动前的准备。

实践证明，由于启动前的准备工作不全面、不细致，对某些设备缺陷或隐患未能及时发现，将造成启动持续时间长，启动损失大，设备的可靠性差，同时还易使运行操作人员发生误操作的几率增加，使启动自动化的问题变得复杂化等，所以在启动前必须认真仔细地对设备及系统进行检查，对设备的保护装置和主要辅机都要按照有关规程所规定的内容进行认真地试验，以确保其性能良好，减少启动操作次数，提高机组的可靠性。

(二) 锅炉点火及升温升压

1. 锅炉点火前的吹扫

点火前应对炉膛及烟道进行吹扫，以清除可能残存的可燃物，防止点火时发生炉内爆燃。吹扫时炉内通风的容积流量应大于25%～30%额定风量，吹扫通风时间不少于5～10min。对于煤粉炉的一次风管亦应吹扫，吹扫时应逐根进行，每根风管吹扫时间约为2～3min。

锅炉点火前，应先启动空气预热器，然后顺序启动引风机和送风机各一台，以满足炉膛、烟道及空气预热器的吹扫要求，并可防止点火后回转式空气预热器由于受热不均而发生严重变形的问题。先启动引风机，后启动送风机，以保证炉内有一定负压，防止正压出现。

2. 锅炉点火

锅炉点火是单元机组启动操作的正式开始。目前国内不少大电厂用轻油点火（轻油容易燃烧，对锅炉受热面的沾污也较小，但其价格较重油贵得多），用重油作为锅炉点火到机组带20%～30%额定负荷的主要燃料。其点火方式有：用轻油点火器分别点燃重油及煤粉燃烧器；有的则采用轻油点火器点燃重油燃烧器，再由重油燃烧器点燃煤粉燃烧器；也有一些电厂采用轻油直接点燃煤粉燃烧器的点火方式。而轻油点火器的轻油是靠高能点火器来引燃的。无论采用哪种点火方式，锅炉点火前都必须进行轻、重油系统的泄漏试验，以检查快关阀及炉前油系统泄漏是否合格。

在轻油或重油投运后，炉温逐渐升高。对于煤粉炉，为使煤粉能稳定着火燃烧，要求炉内具有一定的热负荷（有相应的轻油量或重油量），一般要求锅炉具有20%以上的额定热负荷，并要求热空气温度在150℃以上，才允许投运煤粉燃烧器。

无论是点火油枪或主燃烧器，最初投入时最好不少于两只，其目的是使炉膛温度场尽量均匀。每层初投的对角油枪运行一段时间后，应切换至另一对角运行。切换原则为“先投后停”。投油枪的顺序是先下排后上排，目的是使燃烧稳定，水冷壁管子受热均匀。投煤粉时，应先投油枪上面或紧靠油枪的煤粉燃烧器，这样对煤粉引燃有利。如果点火失败或发生炉膛熄火，应立即切断燃料，并按点火前的要求对炉膛进行重新吹扫后再点火，以防发生炉内爆燃事故。

3. 锅炉升温升压

锅炉点火后，各部分温度逐渐升高，锅水温度也相应升高。锅水汽化后，汽压逐渐升高。锅炉从点火到汽压升至工作压力的过程，称为升压过程。

由于水和蒸汽在饱和状态下，其温度和压力是存在一定对应关系的，所以升压过程也就是升温过程。通常以控制升压速度来控制升温速度，温升过快，将引起较大的热应力。锅炉启动时的升温升压速度主要是通过调整燃烧率来控制的。

升温升压速度不仅受到汽包、水冷壁、省煤器及过热器、再热器热应力的限制，同时由于汽轮机的暖机、升速和接带负荷也限制了锅炉的升压速度。为了加快启动速度，减少启动损失，对不同的单元制发电机组应根据具体条件，通过启动试验，绘制出最佳的升压曲线，以指导发电机组的优化启动。

在升压过程中，有一些操作，如增加燃料量，开大旁路系统阀门及校验安全门，都会引起汽包水位的波动，加之这阶段给水流量小，汽包水位较难控制。汽包水位过高，会影响汽包内汽水分离装置的正常工作，造成蒸汽中水分过多，使过热器管壁和汽轮机通流部分结垢，严重时使汽轮机发生水冲击而损坏汽轮机叶片；汽包水位过低，则会破坏水循环，甚至引起水冷壁破裂和烧干锅等重大事故。因此在启动中，应严格加强对汽包水位的监视和控制。

（三）暖管与暖阀

1. 暖管

冷态启动前，主蒸汽管道、再热蒸汽管道、自动主汽门到调节汽门的导汽管、电动主汽门、自动主汽门及调节汽门等的温度均相当于室温。锅炉点火后利用所产生的低温蒸汽对上述设备和管道进行预热，称为暖管。暖管的目的在于均匀地加热低温管道，逐渐将管道金属温度提升到接近于启动时蒸汽的温度，防止产生过大的热应力。

滑参数启动的锅炉点火、升温升压和暖管同时进行，这时锅炉汽包至汽轮机电动主汽门之间的蒸汽管道上所有的阀门在全开位置，电动主汽门及旁路门处于全关位置。再热机组通过汽轮机旁路系统对再热蒸汽管道进行暖管。管道上的疏水门、放水门全部打开，进行疏水。

暖管时应注意以下几点：

(1) 暖管时应注意疏水，如不及时排除暖管产生的凝结水，当高速汽流通过时便会发生水冲击，引起管道振动；如果凝结水被带入汽轮机会发生水冲击事故。疏水合理还可帮助提高汽温、加快暖管速度。

(2) 汽轮机本体、蒸汽管道、蒸汽联箱等的疏水一般经疏水扩容器排入凝汽器内，汽轮机旁路的投运也使凝汽器带热负荷。所以循环水泵、凝结水泵和抽气器应在暖管前就投入运行。控制排汽缸温度在60～70℃。

(3) 在暖管过程中，为防止热应力过大而产生裂缝，暖管时温升速度一般不超过3~5℃/min。

2. 暖阀及汽轮机倒暖

大容量机组的自动主汽门和调节汽门体积大、形状复杂，加热后若温度场分布不均匀就易引起较大热应力而产生裂纹，因此在启动前必须对主汽门、调节汽门进行预热暖阀。如国产600MW机组就明确规定：在主汽温度高于汽轮机进口处的蒸汽管金属温度50~100℃时，汽轮机开启主汽门（调节汽门关闭），缓慢地加热高中压蒸汽阀室，通过高中压阀室的疏水管排放疏水。同时也可检查调节汽门的严密性，若此时转子转速大于盘车转速，则说明调节汽门严密性不合格。暖阀的速度一般是4~6℃/min。

汽轮机倒暖一般是在盘车状态下通入蒸汽，使汽轮机转子和汽缸在冲转前进行预热，使汽轮机转子温度达到150℃以上（即转子材料脆性转变温度以上），这样可以大大减小蒸汽与金属的温差，使汽缸和转子的热应力减小，同时节省了启动时间。对转子直径较大的反动式汽轮机，采用盘车预热，易于利用凝结放热的形式在较低温度下加热高、中压转子，可避免高温蒸汽的热冲击。另外，可以使用更高的冲转参数，汽温高可提高加热速度，汽压高有利于滑压启动、简化操作。

在盘车状态下，倒暖与汽轮机的暖管、暖阀同时进行。如500MW发电机组锅炉点火后，开启阀室前部的暖管回汽门，当主蒸汽温度大于阀室温度30~50℃后开启主汽门进行暖阀；当主蒸汽温度大于汽缸内壁温度60℃后，开启高压缸排汽逆止门的旁路门，利用高旁后的蒸汽对高压缸进行倒暖。

(四) 汽轮机冲转

1. 冲转条件

(1) 锅炉点火之前投入连续盘车，时间不少于4h，主轴晃度不大于原始值0.02mm。

(2) 凝汽器真空的高低，对启动过程有很大的影响。在冲转的瞬间，大量的蒸汽进入汽轮机内，因蒸汽的凝结需要一个过程，所以真空要有所下降。如真空过低，在冲转的瞬间，就会使排汽安全门动作。另外真空过低，排汽室温度较高，会造成凝汽器冷却水管胀口松弛，引起凝汽器泄漏。若真空过高，则启动时间延长，同时进汽量减少对暖机也不利，所以真空不宜过高或过低，一般冲转前真空保持在70kPa左右。

(3) 油系统工作正常，油温、油压应符合制造厂家的规定要求。为提高稳定性，一般油温控制在40~45℃之间。

(4) 高压外缸及中压缸上下壁温差<50℃；高压内缸上下壁温差<35℃。

(5) 确认机组各疏水门已开启并且疏水畅通；机组各部疏水已充分疏尽。

(6) 必要的保护和连锁已经投入。

(7) 蒸汽已达冲转参数，蒸汽过热度大于50℃，且与汽轮机各部件温度相匹配。

2. 冲转参数的选择

冲转时主蒸汽压力的选择，要从便于维持启动参数的稳定出发，尽量简化锅炉操作，在锅炉不增加燃烧率、不进行过多调整的情况下，蒸汽量应能满足冲转、升速、顺利通过临界转速，并达到定速和进行超速试验，且有一定余量。由此要求主蒸汽压力高一些。另一方面，对采用调节汽门冲转的国产中间再热机组，为了增加进汽度和容积流量以利于金属均匀加热，又希望启动冲转压力低些。综合以上因素，对于国产机组的冷态压力法滑参数启动，冲转压力一般选用1~1.5MPa。

冲转时主蒸汽温度的选择，主要考虑在保证主蒸汽压力下，要有足够高的过热度，以防止末几级叶片处蒸汽湿度过大，同时防止启动时因锅炉操作不当而使蒸汽进入饱和区，因带有湿度的饱和蒸汽的放热系数比过热蒸汽大得多，使金属内外温差扩大，影响安全。另一方面，金属温度在冷态启动前比较低，为了不出现过大的蒸汽与金属的温差，以减少热冲击，则要求主蒸汽温度低些为好，但过低汽温又会延长启动时间。综合上述因素，要求进入汽轮机内的蒸汽温度比金属温度高50℃左右；要求蒸汽至少有50℃的过热度。

从国外引进的机组，其启动冲转压力一般选择较高，为4~8MPa。国外机组一般设置全周进汽、多层汽缸、窄汽缸法兰等，使汽轮机部件受热不均及热应力过大等问题有所改善。在热应力许可的条件下，冲转压力选得高一些，可以使启动冲转流量增大，又可提高蒸汽放热系数，缩短启动时间，节约启动费用。

汽轮机启动时，主、再热蒸汽压力和温度应满足制造厂提供的有关启动曲线的要求。如无规定，应根据冲转前汽轮机缸温选择冲转主汽温度，使进入汽轮机第一级蒸汽温度与调节级后金属温度相匹配。蒸汽至少有50℃的过热度（相应压力下）。双管道蒸汽温度差一般不大于17℃。主、再热蒸汽温差，高、中压合缸机组一般为28℃，短时可达42℃。表1-5为几种类型机组在不同启动状态下的冲转参数的推荐值。

表1-5　几种类型机组的冲转参数

机组类型	启动状态	冲转前缸温（℃）	推荐的冲转参数			
			主蒸汽参数		再热蒸汽参数	
			p（MPa）	t（℃）	p（MPa）	t（℃）
国产 N300-165/550/550	冷态	<200	0.98~1.47	250~300	—	>200
	温态	200~370	2.45~2.94	高于缸温50	—	不低于中压缸缸温
	热态	>370	2.45~2.94	过热度不低于50	—	不低于中压缸缸温
国产 N200-130/535/535	冷态	<150	1.37~1.56	240~250	—	>120
				高于缸温50~100	—	高于缸温30~50
	热态	>150	—	过热度不低于50	—	过热度不低于50
国产 N125-135/550/550	冷态	<150	0.784~0.98（根据启动前缸温定）	220~250（根据启动前缸温定）	—	接近主蒸汽温度
	热态	>150			—	
宝钢电厂 日本产三菱350MW 机组	冷态	<120	5.88	360	—	—
	温态	200~300	7.84	360		
	热态	300~400	11.76	430		
	极热态	>400	13.72	480		

（五）暖机

汽轮机冷态启动时，蒸汽与设备各部件的温差较大。为防止汽轮机各部件受热不均匀而产生过大的热应力和热变形，在冲转后到转速升至额定转速前，需要一定的暖机过程。其目的是防止金属材料脆性破坏和避免过大的热应力。

暖机转速越高则蒸汽对金属的放热系数越大，加热越剧烈，这时会因离心应力过大而带来脆性破坏的危险。反之加热速度较慢，延长了启动时间并增加启动损失。所以按不同类型的机组，可选择不同的暖机转速和暖机时间。对于国产高参数、大容量机组常采用1000~1400r/min的中速暖机，有时还需要在2000~2400r/min下进行高速暖机。

在定速暖机中应注意以下几个问题：

(1) 暖机转速应避开临界转速。大型汽轮发电机组轴系长，为挠性转子，临界转速分散，往往找不到合适的高速暖机的转速。所以通常是在中速暖机之后，以100~150r/min的速度，升至额定转速暖机。

(2) 在大型反动式汽轮机中，暖机的主要目的是提高高、中压转子的温度，防止其脆性破坏。暖机转速一般在2000r/min左右。

(3) 暖机结束后，应检查汽缸膨胀情况及各处的胀差值。如膨胀不足、胀差增大时，应查明原因，及时解决，以免在继续升速过程中出现异常振动等情况。暖机的结束主要以高中压转子的温度来确定（一般为150℃左右）。

(六) 升速

冲转条件满足后，即可冲动转子。转子一经冲动，应立即关闭冲转的阀门，在断流的情况下，用听针或其他专用设备检查汽缸内有无动静摩擦，确信无异常后，重新开启冲转阀门，保持转子在500~600r/min运转，进行全面检查。检查结束后，继续升速。

在升速过程中应注意以下几个问题：

(1) 升速率：现代大容量机组自动化程度高，采用2~3个升速率，其数值由计算机进行设定控制。如国产某300MW机组在过临界转速时，升速率设为400r/min，而在其他的情况下，升速率设为100r/min。

(2) 过临界转速：此时应开大冲转阀门，使机组迅速而又平稳地越过临界转速，不得停留，但也不要太快，以免失去控制而造成设备损坏。

(3) 轴承振动：在升速过程中，对各轴承的振动值应严格监测，并与以往启动时的振动值相比较，如有异常应查明原因并处理，有问题时严禁硬闯临界转速。

(4) 当转速升至2800r/min以上时，要注意检查主油泵是否投入工作。

有的机组的启动是采用电动主汽门的旁路门或用带有预启阀的主汽门进行冲转、升速。当转速升至2900r/min左右时，进行“阀切换”，即由主汽门的旁路门或预启阀控制切换到调节汽门控制。

定速后，根据金属温度、温差、胀差和振动情况决定是进行额定转速暖机还是进行并网操作。

(七) 发电机组并网与接带负荷

1. 并网

汽轮机升速至额定转速后，经检查确认设备运转正常，完成规定的试验项目即可进行发电机的并网操作。并网操作采用准同期法，要严防非同期并列。发电机与系统并网时的要求有：

(1) 主断路器合闸时没有冲击电流；

(2) 并网后能保持稳定的同步运行。

为满足上述要求，准同期并网必须满足三个条件：发电机与系统的电压相等；频率相等；电压相位一致。如果电压不等，并网后，会出现发电机和系统间有无功性质的冲击电流；如果频率不等，将产生拍振电压和拍振电流，在发电机轴上产生力矩，从而发生机械振动，甚至使发电机并入时不能同步；若电压相位不一致，其后果可能产生很大的冲击电流，使发电机烧毁或使发电机端部受到巨大电动力作用而破坏。准同期法并网的优点是发电机没有冲击电流，对系统没有什么影响。

准同期法分自动准同期、半自动准同期及手动准同期三种。调频率、调电压及合主断路器全由运行人员手动操作的称手动准同期；三项操作全由自动装置来完成的，称自动准同期；三项操作中有一项或两项为自动的，即为半自动准同期。

大型发电机组一般都采用自动准同期法并网。它能够根据系统的频率，调整机组的转速，使机组的转速达到比系统高出一个预先整定的数值，然后，当待并发电机电压与系统的电压差值在±10%以内时，装置就在一个预先整定好的超前时间发出脉冲，合上主断路器，完成并列。

2. 升负荷

(1) 初负荷暖机。并网后，为使机组不产生逆功率，应强迫带上一定的初负荷（5%～10%额定负荷）。同定速暖机相比，由于蒸汽流量的加大，会使得转子与汽缸间的温差增大，故需进行一段时间的初负荷暖机，暖机时间一般为30min左右。

(2) 升负荷率的控制。初负荷暖机之后，随着负荷的增加，蒸汽量增大，蒸汽对金属的放热系数越来越大，对汽轮机金属部件加热增强。为防止汽缸、转子温差过大，仍应按热应力来控制升负荷率的大小。

(3) 对机炉操作的要求。当升至一定负荷后，汽轮机调节汽门接近90%额定阀位（100%额定阀位对应额定负荷），进入下滑点，机组进入滑压段运行。锅炉开始加强燃烧，按冷态滑参数启动曲线升温升压，此时亦应严格控制升温升压速度，以一定的升负荷率，增加负荷。当负荷增至约到90%额定负荷时，主蒸汽压力、温度均升至额定值，锅炉滑参数增加负荷的过程即告结束。此后则逐渐开大调节汽阀把负荷增至额定负荷。

(4) 对发电机操作的要求。发电机并网后先带部分无功，有功负荷增加的速度决定于锅炉和汽轮机。对于直接冷却的汽轮发电机，此项速度不应超过在正常运行方式下有功负荷的增长速度，制造厂另有规定者应遵守制造厂规定。然后根据机组有功调节无功负荷，调节时应注意发电机电压及无功的调节速度。应对发电机冷却介质温升、铁芯温度、绕组温度以及电刷、励磁装置的工作情况等进行监视。

水内冷发电机未通水前，任何情况下都不得加励磁和带负荷。在并列和升负荷的过程中，应特别注意水压、水量和水温等的变化，并加强监视定子端部应无渗漏现象、端盖螺丝应无异常情况、线圈及引线接头应无过热、垫块无松动、发电机各部件温度应正常。

(5) 在整个升负荷过程中，要相应地进行有关操作。下面是某厂300MW机组在升负荷过程中的一些主要操作：

1) 升负荷至60MW。负荷达30MW时，根据需要暖机4h后，降负荷解列做超速试验，合格后重新冲转并网，带至30MW；启动制粉系统，负荷升至60MW时，进行6kV厂用电切换，即将6kV工作母线由启/备变供电倒由高厂变供电。

2) 升负荷至120MW。四抽压力大于0.147MPa，除氧器汽源由辅助汽源供汽切换为本机供汽，除氧器由定压运行进入滑压运行阶段；给水量大于20%额定蒸发量时，锅炉给水由启动旁路切至主路，汽包水位由电动给水泵转速调节。当给水量大于25%额定蒸发量时，给水控制自动由单冲量切至三冲量；负荷升至120 MW，启动一台汽动给水泵运行。

3) 升负荷至180MW。负荷升至150MW时，轴封供汽汽源可切至高压轴封漏汽供给的自密封方式；负荷升至180MW时，启动另一台汽动给水泵，完成汽泵并泵及汽泵与电泵的切换工作。

4）升负荷至300MW。四抽压力达0.7MPa时，进行辅汽汽源切换；负荷升至225MW稳定运行后，做真空严密性试验；当主蒸汽参数达到额定值时，滑参数启动过程结束，机组转为定压运行直至带上额定负荷，此时阀门由单阀控制转换为顺序阀控制，以提高运行经济性。

在整个升负荷过程中，汽轮机应与锅炉密切配合，根据锅炉要求设定合适目标负荷及负荷变化率，以保持负荷与蒸汽压力、温度参数匹配。以某300MW机组为例，在升负荷时，主要参数应达到表1-6所示的数值。

表1-6　国产某300MW机组负荷与蒸汽参数的匹配关系

负荷（MW）	主蒸汽压力（MPa）	主蒸汽温度（℃）	再热蒸汽温度（℃）	负荷（MW）	主蒸汽压力（MPa）	主蒸汽温度（℃）	再热蒸汽温度（℃）
15	4.0	320	250	150	11.9	530	490
30	4.9	335	280	255	16.7	537	537
60	6.7	380	320	300	16.7	537	537
90	8.4	450	400				

（八）单元机组冷态滑参数启动实例

1. 冷态滑参数启动曲线

单元机组冷态滑参数启动过程中，汽轮机的加热和膨胀过程较复杂，也易出问题，锅炉的升温升压及加负荷速度主要取决于汽轮机。为保证汽轮机启动顺利进行，防止由于加热不均使金属部件产生过大的热应力、热变形，以及由此引起的动静摩擦，在启动过程中应对蒸汽的温升速度、金属的温升速度、上下缸温差、汽缸内外壁温差、法兰和螺栓的温差、胀差等加以控制，尤其是必须严格控制蒸汽的温升速度。汽轮机的暖管、暖机、升速及升负荷对温升速度的要求限制了锅炉的升压速度。为了达到安全经济及快速启动的目的，每种型号的汽轮机应以制造厂提供的汽轮机寿命管理曲线为依据，绘制各种工况的启动曲线。

2. 单元机组冷态滑参数启动实例

图1-6为300MW机组冷态滑参数启动曲线。

300MW机组冷态滑参数启动主要过程如下：

（1）冲转参数：冲转压力为6.0MPa，主蒸汽温度为330℃（调节级金属温度为100℃）。

（2）启动方式：高、中压缸联合启动。

（3）低速检查：转速达500r/min时，迅速切断进汽，应在5min内进行摩擦检查，仔细倾听汽轮机内部声音，确认通流部分无摩擦、各轴承回油正常，方可升速。

（4）暖机：以每分钟100r/min的升速率升至2000r/min，停留120min进行高速暖机。暖机结束后，可继续升速，当转速升至3000 r/min时，进行并网前的有关操作及并网准备。

升速过程中，应注意机组迅速平稳地通过轴系各阶临界转速（在临界转速内，升速率自动设定为400r/min/min），过临界转速时瓦振、轴振应符合标准，暖机过程中应注意监视高中压缸膨胀、高中压缸胀差值。

（5）并网及接带初负荷：并网后机组自动带上5%额定负荷，进行约30min的低负荷暖机。

(6) 升负荷：初负荷暖机结束后，启动制粉系统，锅炉开始加强燃烧，按冷态滑参数启动曲线升温升压，以一定的升负荷率（如 1MW/min）升负荷，当负荷升至 40%额定负荷时，主蒸汽温度达到额定值 538℃；负荷升至 80%额定负荷时，主蒸汽压力达到额定值 16.5MPa，机组滑参数升负荷过程即告结束。以后则用增加调节汽门的开度来增加负荷（定压运行）。

从冷态滑参数启动曲线可以看出，自冲转至额定负荷共经历了约 255min 的时间。

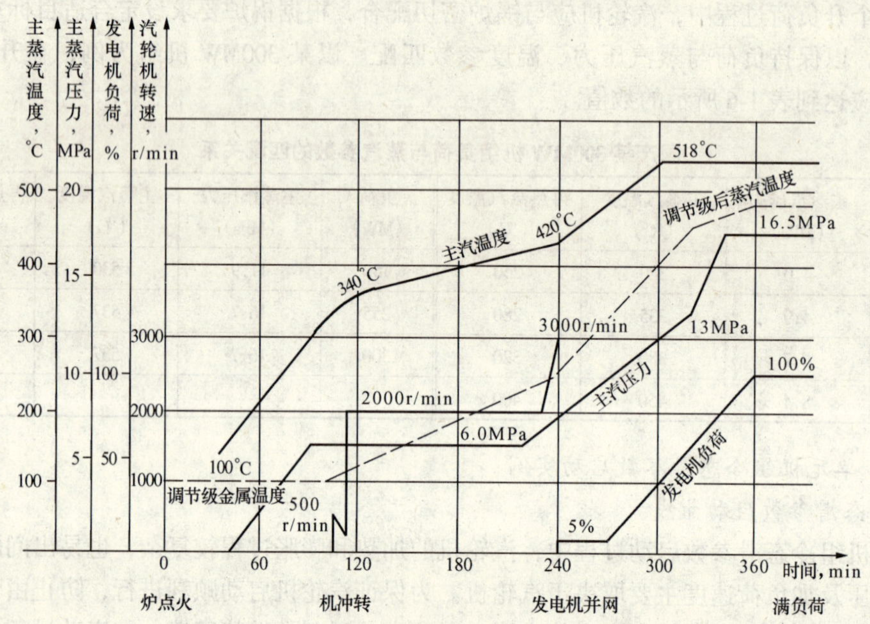

图 1-6　300MW 机组冷态滑参数启动曲线

二、配多次强制循环锅炉的单元制发电机组启动特点

配多次强制循环锅炉的单元制发电机组，其启动程序与自然循环汽包炉的单元制发电机组基本相同。但由于多次强制循环锅炉蒸发系统配备了锅水循环泵，启动时，与自然循环锅炉相比有以下特点。

1. 升压过程中汽包工作安全

由于多次强制循环锅炉汽包内部有弧形衬板，汽水混合物由汽包顶部引入，沿弧形衬板与汽包壁之间自上而下流动，进入汽水分离装置，因而汽包上、下半部之间几乎没有温差。点火前，锅水循环泵就已启动，建立了水循环，点火一开始，汽包受热就比较均匀，有利于升压速度的提高，缩短启动时间。

2. 水冷壁和省煤器不需采取其他保护措施

由于强制循环锅炉使用锅水循环泵进行强制循环，使得水冷壁管内流量与启动燃烧工况没有直接关系。从点火到带满负荷，水循环完全可靠，启动初期循环倍率较大，管内有足够水量循环，锅水温度均匀，所以锅炉在点火启动过程中无需特殊措施，也能保护水冷壁的安全。

多次强制循环锅炉的省煤器再循环回路的循环压头较高，循环水量大，省煤器内的水温由于循环水量大而波动较小，因此在锅炉 30%热负荷之前，再循环门可保持全开状态；在锅炉热负荷大于 30%后，应关闭再循环门。

对于多次强制循环锅炉，锅水循环泵的启动及安全运行是锅炉安全运行的重要保证。锅水循环泵启动时应注意以下方面：

(1) 启动前，必须先注水排除空气。

(2) 启动及运行时，严格监视锅水循环泵的压差变化和电机外壳温度。启动前，电机外壳温度必须小于60℃，否则不准启动。

(3) 启动时要确认汽包水位正常。

(4) 锅水循环泵投运后，要确保电动机冷却水系统正常。

第四节　配直流锅炉的单元机组的冷态滑参数启动

一、直流锅炉启动特点

直流锅炉与汽包锅炉相比，其启动方式和启动系统有如下特点。

(一) 直流锅炉配有专门的启动旁路系统

蒸汽参数进入超临界压力范围以后，工质在锅炉中不可能形成自然循环，这时与汽轮机组配套的锅炉均须为直流锅炉。

直流锅炉，不论超临界压力参数或亚临界压力参数，点火启动负荷均须为30%的额定负荷，以保证启动时锅炉辐射受热面的安全运行。这个蒸汽量大大超过汽包锅炉点火启动负荷。如果运用通常的汽轮机旁路系统进行机组的启动，将损失很多的热量。为了减少启动热损失，并能在各种不同热状态下实行启动，提高单元制机组运行的机动性，超临界压力参数机组以及所有的直流炉都装备有专用的启动旁路系统。

1. 启动旁路系统的作用

(1) 建立启动压力和启动流量，保证给水连续地通过省煤器和水冷壁，尤其是保证水冷壁的足够冷却和水动力的稳定性。

(2) 回收锅炉启动初期排出的热水、汽水混合物、饱和蒸汽以及过热度不足的过热蒸汽，以实现工质和热量的回收。

(3) 在机组启动过程中，实现锅炉各受热面之间和锅炉与汽轮机之间工质状态的配合。单元机组启动过程初期，汽轮机处于冷态，为了防止温度不高的蒸汽进入汽轮机后凝结成水滴，造成叶片的水击，启动系统应起到固定蒸发受热面终点、实现汽水分离的作用。从而使给水量调节、汽温调节和燃烧量调节相对独立，互不干扰。

需要指出的是，启动旁路系统不仅在启动过程中需要，而且在停运和事故情况下也是必需的。

2. 启动旁路系统的分类及特点

直流锅炉的启动旁路系统，主要是指启动分离器及与之相连的汽水管道、阀门等，严格说还应包括高、低压旁路系统。按启动分离器正常运行时是否参与系统工作可以分为具有外置式分离器的启动旁路系统和具有内置式分离器的启动旁路系统。

(1) 具有外置式分离器的启动旁路系统的特点。具有外置式分离器的启动旁路系统只在启动和低负荷时投用，正常直流运行中切除。

当启动进行到一定阶段后，需进行“切分”操作（使分离器与锅炉汽水系统解列），但很难达到理论上的“等焓切换”，由此引起锅炉汽温下跌或超温，影响安全运行。正常运行时分离器是冷态，停炉过程进行到一定时间需投入分离器时，会产生较大的热冲击。

启动系统复杂，启停操作频繁，难以实现程控和自控，更难以适应调峰要求。适用于定压运行机组。

(2) 具有内置式分离器的启动旁路系统的特点。具有内置式分离器的启动旁路系统是指在启动和低于直流负荷运行时，分离器如同汽包一样，起到汽水分离作用，在高于直流负荷运行（即直流运行）时，汽水分离器为干态运行，仅起一连接通道的作用。

内置式启动分离器设置在蒸发段与过热段之间，没有任何隔绝门。其优点是操作简单，不需切除分离器，但分离器要承受锅炉全压，对其强度和热应力要求较高。具有内置式分离器的启动旁路系统适用于变压运行锅炉。系统简单，操作方便，能适应不同运行方式（如频繁启停、中间负荷、低负荷及变压运行）的需要。

3. 几种典型的启动旁路系统

(1) 启动分离器和启动分离水箱。具有外置式分离器的启动旁路系统见图 1-7，当启动分离器压力达到额定值时，机组负荷已达约 30% 额定负荷，即可切除启动分离器，但仍处于备用状态，以备启动过程中甩负荷时用。国外采用的超临界压力机组的启动系统中，有的将汽水分离器与启动分离水箱合为一体。国内第一台 600MW 超临界压力机组（上海石洞口第二电厂）采用一个汽水分离器，内径 ϕ850mm、壁厚 94mm、高 24430mm。而有的公司设计则采用 4 个汽水分离器合用一个启动分离水箱，这样可以减少分离器的直径和壁厚，减少热应力，有利快速负荷变化和频繁启停。对于滑压运行的机组，汽水分离器要在超临界压力到亚临界压力范围内运行，所以采用高强度钢材以减少壁厚是很有必要的，而且一般还装设壁

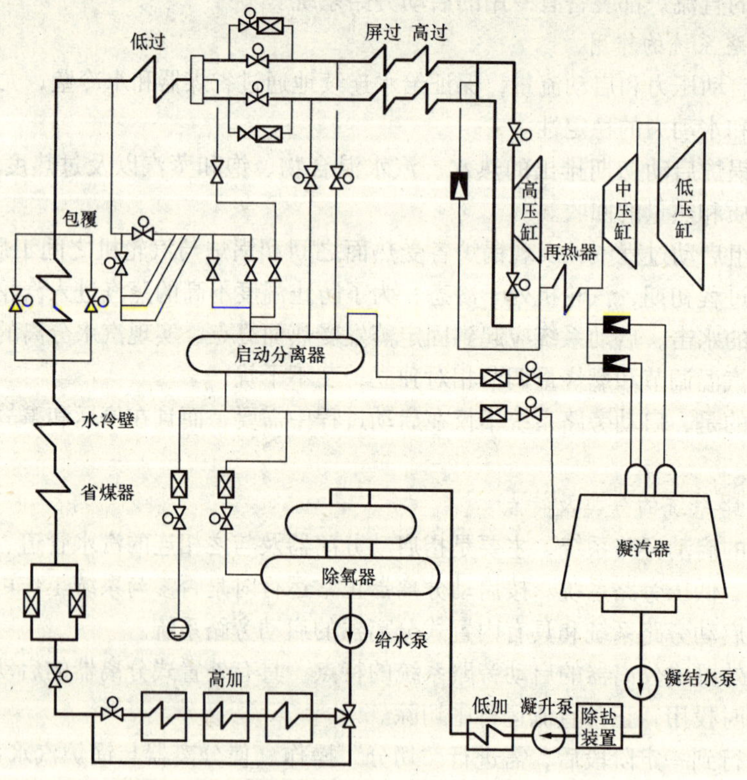

图 1-7 300WM 亚临界压力机组锅炉启动旁路系统

温测点，以监视寿命消耗。

(2) 再循环泵。再循环泵用以确保炉膛管圈中的质量流速，保证启停和低负荷运行的安全性，再循环泵仅在直流负荷以下时运行。早期超临界压力机组一般装设两台再循环泵，一台运行，一台备用。由于目前采用的再循环泵比较安全可靠，有的机组已采用一台，紧急时炉膛水冷壁的给水流量全由给水泵供应。再循环泵布置在启动分离水箱的下方，以保证吸入压头，防止发生泵的汽蚀。如果直流运行最低负荷为25%MCR，再循环量和给水流量的控制原则是使在启动和低负荷运行时，水冷壁工作流量为25%MCR。点火后，锅炉蒸发量随机组负荷增加而增加，再循环流量逐渐减少，高压加热器来的给水量逐渐增加，保持水冷壁内的最低的工质流量（25%MCR）。带再循环泵的启动旁路系统见图1-8。

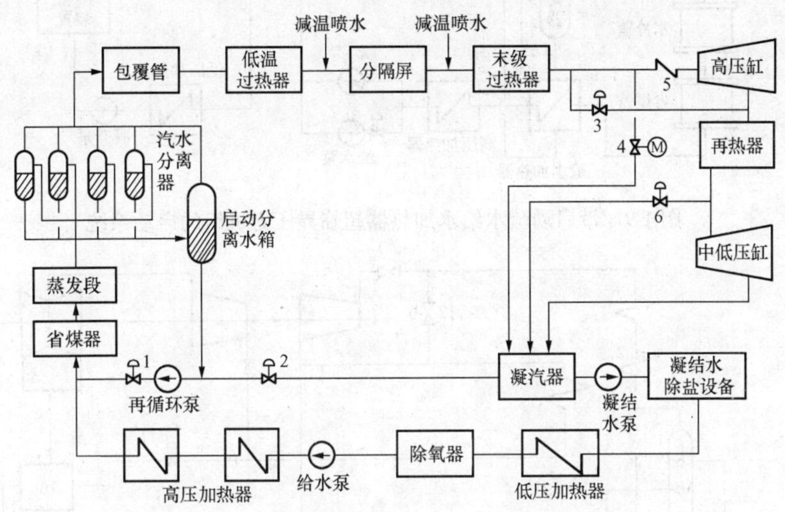

图1-8　带再循环泵的超临界压力机组的启动系统

1—锅炉再循环流量控制阀（Q阀）；2—启动分离水箱水位控制阀（P阀）；3—汽机高压旁路控制阀；4—主蒸汽管疏水阀（MSPD）；5—汽机主汽阀（MSV）；6—汽机低压旁路控制阀

(3) 启动疏水给水加热器。启动疏水给水加热器系统的最大优点是没有转动机械，投资也较低。当汽水分离器压力超过除氧器压力时（滑压启动），疏水经启动疏水加热器对高压加热器出口给水加热，然后进入除氧器，再经给水泵、高压加热器进入省煤器，完成再循环。启动初期汽水分离器的疏水排入凝汽器。由于设置启动再循环泵或启动疏水给水加热器，大大降低了启动时的热损失。带启动疏水给水加热器的启动旁路系统见图1-9。

(4) 大气式扩容器。从汽水分离器分离下来的疏水进入除氧器及大气式扩容器，进入除氧器的疏水量受除氧器压力的限制。疏水进入大气扩容器，经扩容器水箱及疏水泵，排至凝汽器。大气式扩容器系统最简单，投资最低，对于带基本负荷或不是两班制运行的机组可以采用这种系统。国内石洞口第二电厂超临界压力机组就是采用这种系统。这种系统虽投资低，启动损失要比前两种系统大。带大气式扩容器的启动旁路系统见图1-10。

大气式扩容器型启动系统低负荷运行及频繁启停特性较差，适用于带基本负荷的电厂。疏水热交换器型启动系统与再循环泵型启动系统低负荷运行特性及频繁启停特性则相对较好，适用于带中间负荷或两班制运行。

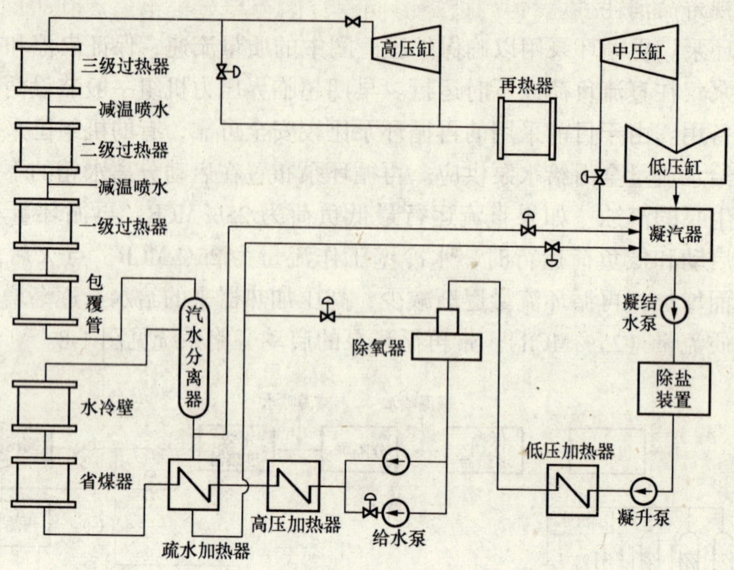

图 1-9　带启动疏水给水加热器超临界压力机组的启动系统

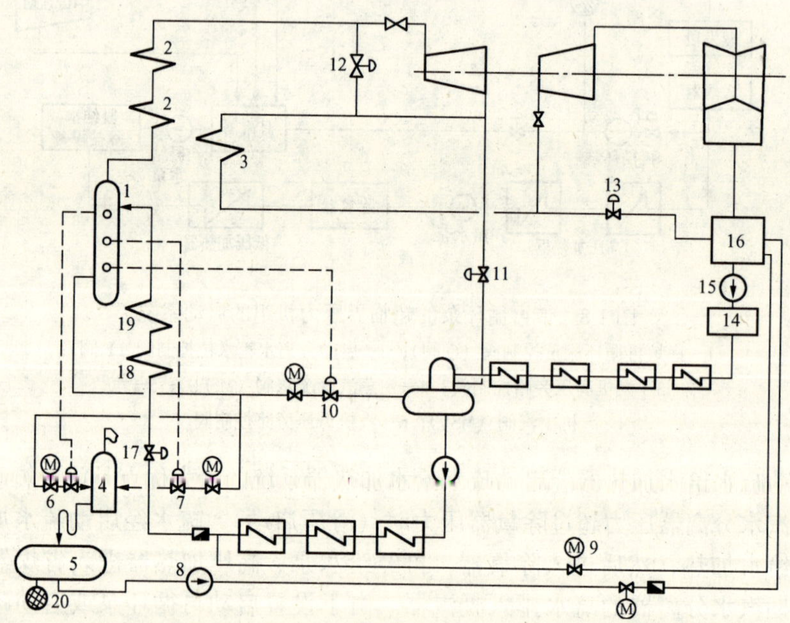

图 1-10　带大气式扩容器超临界压力机组的启动旁路系统

1—汽水分离器；2—过热器；3—再热器；4—扩容器；5—扩容器水箱；6—分离器疏水阀；7—分离器水位控制旁路阀；8—输水泵，9—锅炉清洗再循环管；10—分离器水位控制阀；11—除氧器压力控制阀；12—汽机高压旁路；13—汽机低压旁路；14—除盐装置；15—凝结水泵；16—凝汽器；17—给水控制阀；18—省煤器；19—水冷壁；20—地沟

（二）直流锅炉启动速度快

直流锅炉没有汽包，其承压的厚壁部件一般是联箱和阀门，受热较均匀，故可快速升温升压，使机组启动时间大为缩短。如某水平围绕管圈式直流锅炉的冷态启动，从点火到锅炉参数达到额定值只需 45min。但由于大型直流锅炉都与汽轮机相配套组成单元机组，汽轮机

暖机和启动持续时间较直流锅炉的启动时间长，因而单元机组的启动时间仍受汽轮机的限制。

(三) 冷态和热态清洗

由于汽包锅炉可以用定期排污的方法来去除锅水中的杂质，所以受热面一般不用清洗。而直流锅炉由于水一次蒸发完毕，为了清除沉积在受热面上的污垢，需要进行冷态和热态清洗。

冷态清洗是点火前用80~100℃的除氧水进行循环清洗。为防止其他设备及管道内的污物进入炉内，清洗可分步进行。首先进行给水泵前低压系统的循环清洗，水质合格后再进行高压系统的循环清洗。

点火后，随着工质温度的上升，当水中含铁量超过规定时，应进行热态清洗。铁的沉淀温度约在260~290℃，故规定锅炉升温过程中应在这一温度范围进行热态清洗，以避免水中铁的氧化物重新发生沉积现象。

(四) 启动时应建立一定的启动压力和流量

直流锅炉启动时，依靠不间断地向锅炉进水，以保证给水连续地强迫流经所有受热面，来达到对受热面冷却和不受热部件进行加热的目的。因此，直流锅炉在点火之前必须建立一定的启动压力和启动流量。

1. 启动压力

自然循环汽包锅炉在点火前无压力，点火后工质被加热产生蒸汽，压力逐渐提高。直流锅炉由于要保证水动力稳定性等要求，在点火前就要建立一定的压力。启动压力是指在启动过程中锅炉本体受热面内工质所具有的压力。启动压力的大小将影响以下几个方面：

(1) 工质流动的稳定性。启动压力越高，汽水状态越接近，能改善和避免水动力的不稳定，减轻或消除水冷壁垂直管屏内的脉动和停滞等水动力不稳定现象。

(2) 工质膨胀量的大小。由于压力高汽水比容差小，因而在启动过程中工质的膨胀量将随压力的增高而减小，提高启动压力将有利于锅炉膨胀过程的控制。

(3) 启动时的能量消耗。在启动过程中给水泵的电耗将随着启动压力的增高而增加。

(4) 调节阀的振动和磨损。在一定的启动分离器压力条件下，启动压力越高，启动分离器进口各调节阀的压降越大，它的振动和磨损情况也越严重，尤其是工质温度较低时则更为严重。

综上分析，启动压力的选择应由工质流动稳定性、膨胀量大小、启动经济性及阀门运行条件等各种因素综合考虑而定，目前300MW机组配套的直流锅炉，启动压力为7MPa。

2. 启动流量

启动流量是指在启动过程中锅炉的给水流量。为了确保直流锅炉受热面在启动时的冷却，就要求有足够的流量流经各受热面。启动流量的大小决定了工质在受热面中的重量流速，其值将影响以下几个方面：

(1) 启动时间。燃料量一定时，启动流量大，在启动过程中达到各阶段参数所需的时间就长，整个启动时间也随之增加。

(2) 启动损失。启动流量越大，启动分离器排泄的水量将越多，既增加了启动过程中的热损失又增加了凝汽器的负担。同时给水泵的能量消耗也将随着启动流量的增加而增加。此外，启动流量越大，达到各阶段参数要求的燃料量也越大，将增加启动燃料的消耗量。

(3) 膨胀量。启动流量越大，锅炉内工质的流速越快，相应膨胀量也越大。

(4) 受热面超温。启动流量越大，要求燃料量也相应增加。由于启动阶段炉膛断面热负荷的不均匀程度将随着燃料量的增加而增大，对水冷壁、屏式过热器等受热面的壁温控制不利。

(5) 水冷壁管屏中工质流动的稳定性。启动流量越大，越能防止水冷壁管屏中脉动、停滞、倒流现象的发生。

(6) 受热面的冷却能力。启动流量越大，受热面中工质的重量流速也越大，对受热面的冷却能力就越强。

由上述分析可知，启动流量大，对水冷壁工作的安全性是有利的，但相应启动损失将增加，并且易导致受热面的超温。实践证明合理的启动流量一般为额定蒸发量的30%左右。300MW机组配套的直流锅炉，启动流量为300t/h。

(五) 启动中的工质膨胀

工质膨胀现象是指直流锅炉在启动过程中，直流锅炉水冷壁内工质温度逐渐升高而达到饱和温度，水变成蒸汽时比容急剧增大，使锅炉排出的汽水混合物量在一段时间内大大超过给水量，并使局部压力升高的现象。

1. 直流锅炉启动过程中出现工质膨胀现象的原因

在直流锅炉中，水的加热、蒸发、过热三个区段无固定的分界点，各段受热面是在启动过程中逐步形成的，整个过程历经三个阶段：

第一阶段为工质的加热阶段。在这个阶段中，锅炉本体全部受热面都起加热水的作用，工质温度逐步升高，但工质的相态没有发生变化，从锅炉排出的是加热的水，其数量等于锅炉的给水流量。

第二阶段为工质膨胀阶段。此阶段的情况比较复杂，由于低负荷时水冷壁的吸热量比对流受热面的吸热量要大，当锅内某处的工质温度达到饱和温度（沸腾点）时，便开始汽化，产生蒸汽，但其后部受热面内的工质仍为水，由于蒸汽比容大，引起局部压力升高，将后部的水挤压出去。这时锅炉出口的流量将大大超过锅炉的给水流量。当沸腾点后部受热面中的水全部被汽水混合物代替后，锅炉排出的流量才恢复到和给水流量一致。此时，锅炉本体受热面即分为水的加热和蒸发两个区段。

第三阶段为锅炉出口工质的过热阶段。随着燃料量的增加，汽温继续上升，当锅炉本体出口工质变成过热蒸汽时，锅炉本体受热面就开始形成水的加热、蒸发和蒸汽过热三个区段。这个阶段锅炉排出的流量等于锅炉的给水流量。

从以上分析可知，产生膨胀的原因是：在加热过程中，高热负荷区域内的工质首先汽化，体积突然增大，引起局部压力突然升高，猛烈地把后部工质推向出口，造成锅炉瞬时排出量大大增加。因此膨胀现象的基本原因是由于蒸汽与水的比容不同而造成的。

2. 影响工质膨胀的主要因素

(1) 启动分离器的位置。膨胀发生时，汽水混合物的排出量以及膨胀持续的时间都与汽水分离器前的蓄水量有关。汽水分离器越靠近锅炉水冷壁出口，即参与膨胀的受热面越少，也就是分离器前的蓄水量愈少，总的膨胀量就小，膨胀持续时间就愈短。汽水分离器距锅炉水冷壁出口越远，膨胀量越大。

(2) 启动压力的影响。汽水比容不同是引起直流锅炉工质膨胀现象的物理原因。启动压力高，汽水比容差小，膨胀量就小。相反，启动压力越低，则膨胀现象越严重。这是因为：一方面启动压力低，对应的饱和温度也低，因而膨胀开始得较早，沸腾点出现于受热面的较前部位，其后受热面中的水量大，因此膨胀量越大；另一方面压力越低，汽水的比容差越大，汽化时局部压力的升高也越大，膨胀也就越猛烈。

(3) 给水温度的影响。给水温度越高，在相同的热负荷条件下工质进入锅炉水冷壁受热面的焓值越高，使水冷壁中加热水至沸腾点的受热面积减少，即汽化点位置前移，使其后的受热面增大量增多，故膨胀量越大。

(4) 燃烧强度增加速度的影响。燃烧强度的增加速度是指投入燃料量的增加速度。增加速度越快，燃烧强度增加越剧烈，工质温升越快，蒸发点前移，其后受热面的贮水量增多，膨胀量就越大。同时由于燃料投入速度快，蒸发受热面内产汽量多，使局部压力升得高，因而锅炉出口瞬时的排出量也就大。

直流锅炉的工质膨胀现象对启动时的安全将带来不利影响。如膨胀量过大，将使锅炉内的工质压力和启动分离器水位都一时难以控制。

二、配直流锅炉单元机组的冷态滑参数启动

配直流锅炉的单元机组，其启动前的准备工作、汽轮发电机组及其系统等的操作，与配汽包锅炉的单元机组类似，故以下在介绍600MW超临界压力直流锅炉的冷态滑参数启动过程中，则更突出了直流锅炉的启动特点。

（一）冷态循环清洗

1. 低压系统的清洗

(1) 凝汽器冲洗。冲洗流程：补给水箱→凝汽器→凝结水泵→精除盐装置→轴封加热器→凝汽器再循环门→凝汽器→地沟。水循环一段时间后，将水从凝汽器放水门排入地沟。如果凝汽器本身比较脏，可以向凝汽器补水后直接放掉，第二次进水后再进行冲洗。如果初次启动凝结水泵，水质较差的话，可使精除盐装置走旁路。

(2) 低压加热器系统冲洗。冲洗流程：凝结水泵→精除盐装置→轴封加热器→低压加热器→地沟。低压加热器先冲洗旁路，水质合格后，再进入低压加热器内冲洗，冲洗时应注意流量大小，流量太小，冲洗效果不好，流量太大，则凝汽器水位不易控制。

(3) 除氧器冲洗。低压加热器冲洗合格后，凝结水可进入除氧器，冲洗后从放水门排入地沟。

2. 高压系统的清洗

(1) 给水管道冲洗。流程：除氧器→给水泵→高压加热器→地沟。冲洗前，电动给水泵必须具备启动条件。冲洗时，开启电动给水泵向高压加热器进水，先冲洗高压加热器旁路，待水质合格后，进入高压加热器水侧，然后从高压加热器出口放水，冲洗时应注意除氧器水位。

(2) 锅炉本体冲洗。流程：补给水箱→凝汽器→凝结水泵→轴封加热器→低压加热器→除氧器→给水泵→高压加热器→省煤器→螺旋管水冷壁→汽水分离器→扩容器疏水箱→地沟。

3. 机组启动中的汽水品质要求

(1) 凝结水循环水质要求。凝结水泵出口含铁量大于200μg/L，不投用精除盐设备，凝结水走旁路。除氧器出口含铁量大于200μg/L，排放地沟；小于200μg/L后，允许启动给水

泵。

(2) 给水循环水质要求。汽水分离器进口含铁量大于200μg/L，排放地沟；汽水分离器进口含铁量小于200μg/L，回收至凝汽器。

(3) 锅炉点火时的水质标准见表1-7。

表1-7 锅炉点火时的水质标准（省煤器入口）

电导率（μS/cm）	<1.0	O_2（μg/L）	<100
pH值	<9.0	Fe（μg/L）	<50
SiO_2（μg/L）	<30	Cu（μg/L）	<10

由上述分析可知，锅炉水冲洗就是在启动前用除盐水冲洗系统的管道及锅炉本体，冲洗的水不断排放，以除去杂质和锈蚀。直至化验锅炉的水质达到要求后，方可允许锅炉点火。

（二）锅炉点火及升温升压

维持锅炉省煤器入口给水流量645t/h，尽可能提高给水温度并保持给水温度在100℃以上，锅炉总风量大于35%额定风量，并使凝汽器背压低于-70kPa，低压旁路复置，高压旁路控制方式置启动位置，锅炉可点火。锅炉点火方式为三级点火：高能点火装置点燃轻油点火器，轻油点火器点燃相应重油燃烧器，重油燃烧器点燃煤粉燃烧器。

锅炉点火后，燃料燃烧放热使锅炉各部分逐渐受热，锅水温度逐渐升高。由于过热器和再热器内还没有蒸汽或有少量蒸汽通过，处于“干烧”状态，故一般根据这两个受热面所用钢材来限制受热面前的烟气温度。另外，还需控制管系的温升速度，一般都在低燃烧率下维持一定时间。

启动分离器内最初无压，随着燃料量的增加，水冷壁出口工质温度逐渐上升，当工质温度超过大气压下的饱和温度时，启动分离器中即开始产生蒸汽并开始起压。随着燃料量的继续投入，分离器内的压力逐渐升高，在锅炉的升压过程中应严格控制升压率。

（三）热态清洗

当水冷壁内水的温度和压力逐渐提高时，高温的水又会将残留在系统内的杂质（主要是氧化铁、硅化物等）冲洗出来，使水中杂质增加。运行经验表明，锅炉启动过程中铁的沉淀大约发生在260~290℃之间。故目前规定260~290℃为热态清洗的温度范围，在这个范围内，保持水温稳定，随着含铁量增加，不断放水，不断补水，进行热态冲洗。一直清洗到水中的含铁量达到规定要求，才能继续升温。

（四）汽轮机冲转、并网及带初负荷

调节燃料量，锅炉继续升温升压，当主蒸汽压力达到8.0MPa、主蒸汽温度为400℃、再热蒸汽压力为1.8 MPa、再热蒸汽温度为380℃时，蒸汽参数符合汽轮机冲转条件，蒸汽品质合格，汽轮机冲转前的其他条件均满足。此时高压旁路为定压运行方式，保持主蒸汽压力恒定在8.0MPa。汽轮机冲转、暖机、升速至3000r/min，然后发电机并网带初负荷。

（五）锅炉通过膨胀

随着启动过程燃料量的增加，工质温度逐步上升，炉内辐射受热面（水冷壁）某处先达到该压力下的饱和温度，工质开始膨胀，大量工质进入汽水分离器。而当出口温度也达到其压力下的饱和温度时，膨胀高峰已过。当该出口工质温度开始过热时，则工质膨胀结束。

从水冷壁某一部位工质开始汽化，到分离器前受热面出口处工质达到饱和温度，这一过渡过程称为渡膨胀过程。渡膨胀过程的时间选择要恰当，机炉配合要紧密。一般认为冷态启动时宜先冲转升速并列，后渡膨胀；而热态启动时则宜先渡膨胀，后冲转升速并列。

冷态启动时，通常在汽轮发电机并列及第一次低负荷暖机后进行渡膨胀，其主要优点有：

(1) 可以利用锅炉热态清洗时间暖管冲转，利用渡膨胀时间发电，经济性好；

(2) 渡膨胀前，燃料量较少，再热器不易超温；

(3) 渡膨胀前主蒸汽温度较低，易控制汽轮机热应力和热膨胀。

锅炉渡膨胀时，主蒸汽温度和再热汽温都有所提高，将引起高压胀差、中压胀差及中压缸金属温差的升高。为此要求在渡膨胀前汽轮机要进行第一次低负荷暖机，在渡膨胀时汽轮机要注意监视有关技术指标，锅炉应努力维持参数的稳定。

热态启动时，应先渡膨胀，后冲转。这样冲转时汽温较高，能满足汽轮机热应力的要求，此外，锅炉渡膨胀后操作工作量小，可把注意力集中于汽轮机方面，进行汽轮机的冲转、升速和并网带负荷。

需要指出的是，炉内辐射受热面（水冷壁）中首先达到饱和温度的“位置”，实际上是不可能精确知道的。因为水冷壁中压力、温度的测点和表计不可能沿受热面的高度连续装设，所以一般只能近似地以某一辐射区出口温度达到饱和温度来判定膨胀的开始。并且由于每台锅炉的燃烧室结构及燃烧器布置不同，其膨胀开始点也不相同。

为合理地控制工质膨胀，操作中主要是控制好燃料的投入速度和给水温度。即燃料投入的速度不宜过快、过大，尽可能避免在膨胀阶段会引起给水温度突然升高的操作。

（六）汽水分离器的干、湿态转换

1. 汽水分离器的水位控制

如图 1-11 所示，机组启动阶段，分离器的疏水由 AA、AN、ANB 阀排至疏水扩容器及除氧器。这三个阀前都有一个电动隔绝阀，当符合一定条件后，电动隔绝阀会自动连锁打开或关闭。AA、AN、ANB 阀是液压调节阀，都是由一套液压控制系统控制的。这几个阀门在启动过程中的功能如下：

(1) AA 阀：冷态启动当水质不合格和冷态、温态启动过程中，可将进入启动分离器的疏水排至大气式疏水扩容器。冷态和温态启动时，控制启动分离器的水位使之不超过最高水位，以防止启动分离器满水以致水冲入过热器，危及过热器甚至汽轮机的安全。

(2) AN 阀：冷态和温态启动时，辅助 AA 阀排放启动分离器的疏水。当 AA 阀关闭后，由 AN 和 ANB 阀共同排除启动分离器疏水，并控制启动分离器水位。

(3) ANB 阀：回收工质和热量，即使在冷态启动工况下，只要水质合格和满足 ANB 阀的开启条件，即可通过 ANB 疏水进入除氧器水箱。ANB 阀保持启动分离器的最低水位。

图 1-11 所示为水位控制原理图及三个阀的开度曲线。

由此可见，当测得的分离器水位上升至 1.2m 时，ANB 阀首先动作开启，直到水位达到 4m 时全开；AA 阀在水位 6.7m 时开始开启，至水位 11.2m 时全开，而且三个阀门在动作开度上都有一定的重叠度，以改善水位控制疏水排放的特性。

在水位信号测量后，要经过一个汽水分离器的压力修正，即经过一个 $f(x)$ 信号修正，然后分别去控制三个液压控制阀。

锅炉在湿态运行时，汽水分离器内的水位由 ANB 阀自动维持，当汽水分离器的水位高

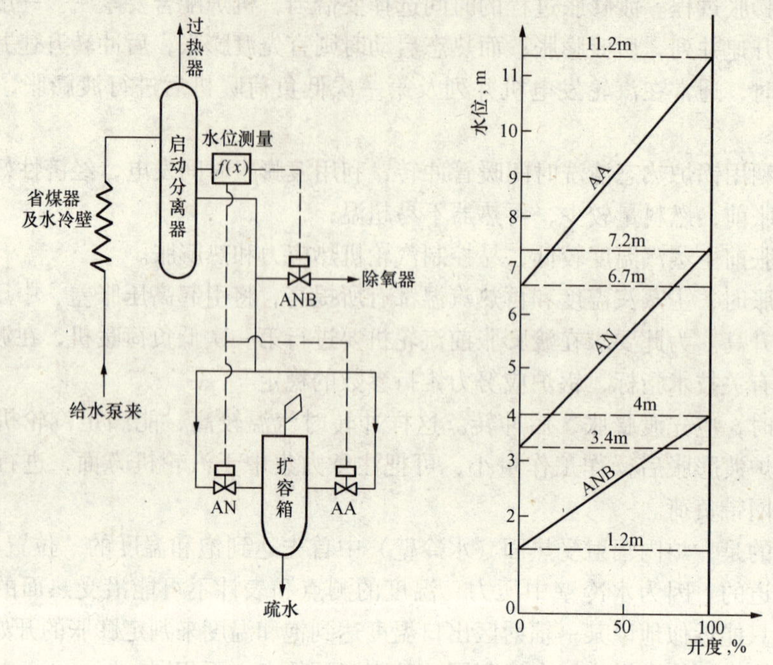

图 1-11 水位控制原理图及阀开度曲线

于 ANB 阀的调节范围时（如锅炉汽水膨胀），再由 AN 阀、AA 阀相继参与调节，以维持分离器的正常水位；当水位下降时，AA 阀先行关闭，然后 AN 阀关闭，最后再由 ANB 阀调节和维持分离器的正常水位。

2. 汽水分离器的干、湿态转换

锅炉启动时，只要锅炉的产汽量小于 40%MCR，就会有剩余的饱和水通过汽水分离器排入除氧器或扩容器。换言之，当负荷小于 40%MCR 时，汽水分离器是处于有水位状态，即湿态运行。此时锅炉的控制方式为分离器水位控制及最小给水流量控制，其控制相当于汽包锅炉控制方式。当负荷上升至等于或大于 40%MCR 时，给水流量与锅炉产汽量相等，为直流运行方式，汽水分离器已无疏水，进入干态运行，汽水分离器变为蒸汽联箱用。此时，锅炉的控制方式转为温度控制及给水流量控制。

锅炉的控制方式从分离器水位及最小流量控制转换为蒸汽温度控制及给水流量控制，应该是很平稳地进行的。但直流锅炉的过热蒸汽温度与给水流量有密切关系，如果控制方式转换得不好，将会造成蒸汽温度的剧烈变化。

要平稳地实现这个转换，必须首先增加燃料量，而给水流量保持不变，这样过热器入口焓值随之上升，当过热器入口焓值上升到定值时，温度控制器参与调节使给水流量增加，从而使蒸汽温度达到与给水流量的平衡（煤水比控制蒸汽温度）。升负荷过程中，分离器从湿态向干态转换过程，如图 1-12 所示。

对湿、干态转换过程图的说明：

(1) 第一阶段Ⅰ，保持最小给水流量 40%MCR，燃料量逐渐增加，使分离器出口饱和蒸汽产量也随之增加，疏水量逐渐减少，过热器入口蒸汽的焓值增加。

(2) 第一点“1”，水冷壁出口蒸汽焓值升至饱和蒸汽焓，即蒸汽干度为 1，此时纯饱和

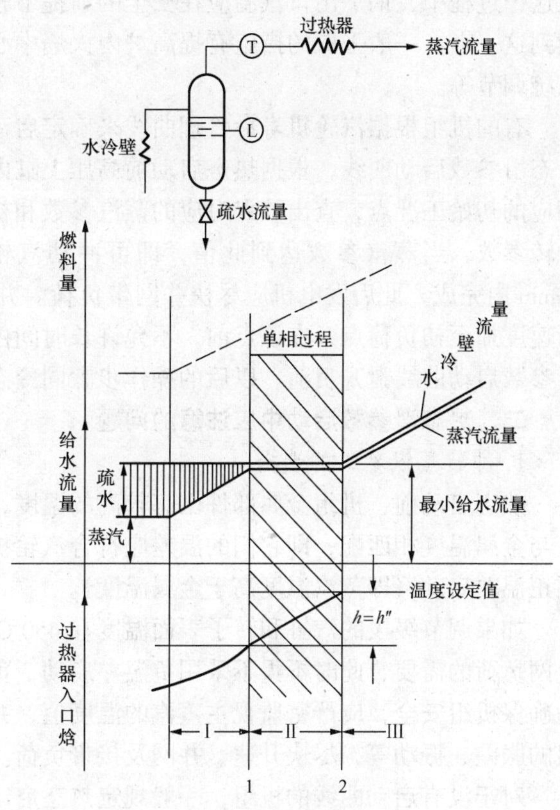

图 1-12　湿、干态转换过程图

蒸汽进入汽水分离器，没有疏水被分离而使分离器的疏水门关闭，汽水分离器仅是起到通道的作用。

(3) 第二阶段Ⅱ，给水流量仍保持最小流量 40% MCR，随着燃料量的进一步增加，汽水分离器中的蒸汽逐渐过热，过热器入口蒸汽焓继续上升，但还没达到设定值。此时大部分燃料的增加已不是用以增加产汽量，而是用来使蒸汽达到直流运行所需的较高能量水平(蒸汽焓的上升)。

(4) 第二点“2”，过热器入口蒸汽焓上升至设定值。

(5) 第三阶段Ⅲ，连续的燃料量增加，使蒸汽温度超过设定值，温度控制器参与调节，使给水量增加，即温度控制器投入运行。

(七) 升负荷至额定值

在负荷升至 40% MCR 后，转入纯直流运行。此后，进入分离器的流量随燃烧率的逐渐增大而不断增加，蒸汽压力、温度不断提高，按滑压方式继续增加锅炉负荷至 89% MCR，然后定压升负荷。直至 600MW 运行。

第五节　单元机组的热态滑参数启动

随着大容量机组在电力系统内数量的增加及用电构成的变化，大容量机组参与电力系统调峰已属常见。在机组的使用寿命年限内，热态启动的累计运行次数及寿命损耗累积所占份额最大，这就意味着运行人员必须熟练地掌握机组热态启动的操作要领，以满足机组频繁的热态启动要求。

高参数大容量单元机组的热态启动均采用压力法滑参数的启动方式。热态与冷态启动的区别在于，机组冲转前金属部件温度的起始点不同。热态启动时，金属温度水平高，已超过转子材料的脆性转变温度，故可避免转子的脆性破坏事故；可以迅速达到并网、带负荷。但如果操作不当，机炉配合不好，也会发生重大的设备损坏事故。

一、单元机组热态滑参数启动的特点和方法

热态滑参数启动特点是：启动前机组金属温度水平高；汽轮机进汽的冲转参数高；启动时间短。

热态启动时，锅炉开始供出的蒸汽温度往往较低，故先将机炉之间隔绝起来，点火后锅炉产生的蒸汽可经旁路系统送入凝汽器或对空排汽，直到蒸汽的参数满足要求时才能冲转。

在这个过程中，锅炉出口汽温应在安全的前提下较快升高，而压力则相对上升得慢一些。为做到这一点，一般采取的措施有提高炉内火焰中心位置，加大过量空气系数及用汽轮机旁路系统调节等。

有的机组根据汽轮机寿命管理曲线来确定启动参数和控制指标。如没有该曲线，可利用冷态滑参数启动曲线，根据热态启动前高压上缸内壁金属温度在冷态滑参数启动曲线上找到相应的初始工况点，查出该点对应的蒸汽参数和初始负荷值，该蒸汽参数即作为热态启动的冲转参数，当蒸汽参数达到此值，即可冲动汽轮机。冲转、升速至3000r/min一般在5~10min内完成，此后发电机应尽快并网带负荷。并网后以每分钟5%~10%额定负荷的升负荷速度加至初负荷点，在该点前，不允许长时间停留，以免冷却汽轮机金属。其后可按冷态滑参数启动曲线滑升负荷，以后的操作步骤同冷态滑参数启动一样。

二、热态滑参数启动中应注意的问题

1. 冲转蒸汽参数的选择

热态启动前，机组金属部件已有较高的温度，只有选择较高的冲转参数，才能使蒸汽温度与金属温度相匹配，即它们的温差应符合汽轮机的热应力、热变形和胀差的要求，一般采用正温差启动（即蒸汽温度高于金属温度）。

如果调节级段的汽缸和转子表面温度在450℃以上，要求正温差启动有困难，为了满足电网负荷的需要，此时不得不采用负温差启动，负温差启动增加了机组的寿命损耗。启动中为确保机组安全，应严密监视主蒸汽的温度值，并尽快提高汽轮机的进汽温度，密切监视机组的胀差、振动等，尽快升速、并网及接带负荷。

对于没有启动曲线的机组，一般规定热态启动时，主蒸汽温度高于调节级处高压上缸内壁金属温度50~100℃，并且要有50℃以上的过热度，但最高不得超过额定蒸汽温度。这样可以保证主蒸汽经冲转阀门节流和调节级膨胀后，调节级后汽室的蒸汽温度不低于该处的金属温度。

冲转时的蒸汽压力宜采用较高的数值，一般不低于3~5MPa，以便冲转温度能满足要求，并且能使汽轮机迅速达到初始负荷点，中途无须调整汽压。

热态启动时，再热汽温也应与中压缸金属温度相配合。对于高中压合缸机组，还应保持再热汽温与主蒸汽温度相接近，这样既减少汽缸的轴向温差，又保证中压缸不致受到低温蒸汽的冲击。但是，由于再热蒸汽管道容积比主蒸汽管道大，再热蒸汽压力低，排汽、疏水能力差，所以当主蒸汽温度达到冲转要求时，再热汽温往往还没有达到要求。但由于热态启动时再热汽压并不高，蒸汽对缸壁的放热系数较小，因此某种程度上可以允许一定的负温差。

2. 上、下缸温差及转子的弯曲

汽轮机停机后，金属从高温状态逐渐冷却的过程中，下缸比上缸冷却得快，上、下汽缸金属将出现较大的温差，并使汽轮机出现“猫拱背”状变形，将使调节级下部动静径向间隙减小，甚至消失。所以热态启动时，对上、下缸温差应作出明确的规定，一般规定调节级处上、下缸温差不得超过50℃，双层缸内缸上、下缸温差不得超过35℃。

停机后，如果盘车装置使用不当，则会由于上、下缸温差的存在而使转子产生热弯曲。在转子存在弹性弯曲时启动汽轮机，转子重心与旋转中心偏离，高速旋转将产生更大的离心力，使转子弯曲增大，并出现动静部件之间的径向摩擦和轴向摩擦，摩擦部位温度急剧升高，又促使转子进一步弯曲，而弯曲增大，又引起摩擦加剧，这种恶性循环有可能导致汽轮机大轴永久弯曲。

在热态冲转前消除转子热弯曲是机组热态启动的关键条件。为消除转子暂时性热弯曲，要求冲转前连续盘车时间不应少于4h。若启动前转子挠度超过规定值，则应延长盘车时间。连续盘车期间应避免盘车中断，如有中断，则应按规定延长盘车时间。在盘车时要仔细听音，检查轴封处有无金属摩擦声，也可从盘车电动机电流的摆动情况来分析判断有无摩擦，如有摩擦，则必须停止启动，并采取措施消除后再启动。

3. 轴封供汽问题

启动过程中，轴封是受热冲击最严重的部件之一。热态启动时，轴封处转子温度很高，若轴封供汽温度与金属温度失配，或使大量低温蒸汽、冷空气经轴封段进入汽缸，则会使轴封段转子受冷却而收缩，不仅在转子上引起较大热应力，还会引起前几级的轴向间隙减小，严重时将导致动静部件的摩擦。故热态启动时，应先向轴封供汽，后抽真空，这是与冷态启动的主要区别之一。

高参数大容量机组除配置低温轴封汽源外，还有高温轴封汽源，以保证热态启动时轴封供汽温度与金属温度相匹配。采用高温轴封汽源，不仅可以保护转子轴封段免受冷却，而且能有效地控制高压胀差。

轴封供汽装置投入前要充分暖管、疏水。具有高、低温轴封汽源的机组，在汽源切换时要慎重，避免切换太快，引起热冲击及胀差显著变化。

三、热态滑参数启动实例

图1-13为某300MW机组热态滑参数启动曲线。

由图1-13可以看出，此次热态滑参数启动的主要过程为：

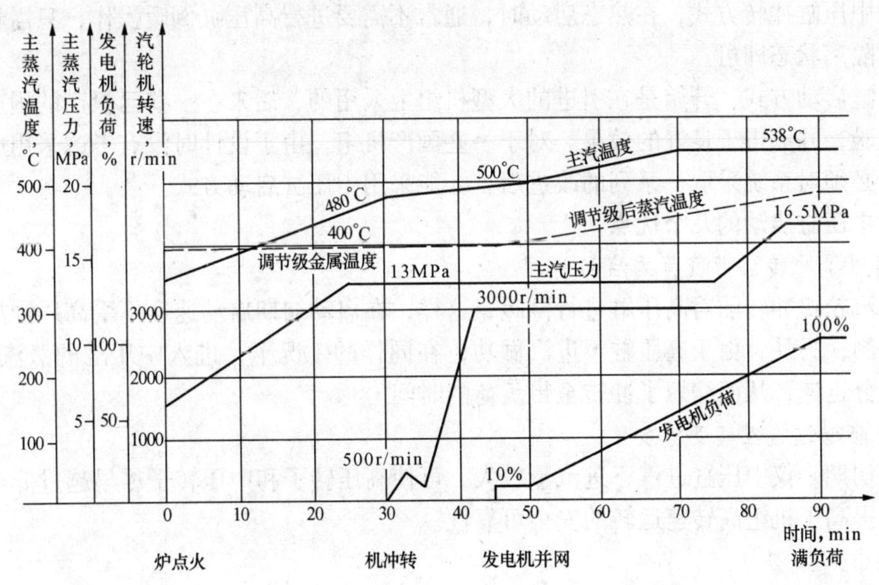

图1-13　300MW机组热态滑参数启动曲线

(1) 冲转参数：冲转压力为13MPa、主蒸汽温度为480℃（调节级金属温度为400℃）。

(2) 启动方式：高、中压缸联合启动。

(3) 低速检查：冲转至500r/min，经摩擦检查无异常方可升速，升速率一般不小于200r/

min。

(4) 并网及接带初负荷：以每分钟不低于200r/min的升速率升至3000r/min，准备并网。并网后机组立即带上10%额定负荷。

(5) 升负荷：按热态滑参数启动曲线升温升压，以一定的升负荷率（如4MW/min）升负荷，当负荷升至约50%额定负荷时，主蒸汽温度达到额定值538℃；当负荷升至约70%额定负荷时，进入滑压升负荷阶段；负荷升至约90%额定负荷时，主蒸汽压力达到额定值16.5MPa，机组滑参数升负荷过程即告结束。以后则用增加调节汽阀的开度来增加负荷（定压运行）。

从热态启动曲线可以看出，自冲转至额定负荷共经历了约60min的时间。

第六节 中压缸启动

中压缸启动是指汽轮机从冲转至一定转速或带初始负荷期间，只有中压缸进汽，高压缸处于预暖或隔离状态的一种启动方式。

大型中间再热机组冷态启动时，在冲转前倒暖高压缸，但启动初期高压缸不进汽，新蒸汽经一级旁路和再热器进入中压缸，冲动转子，升速、带负荷。机组带到10%～15%额定负荷（根据机组核算工况而定）后，再切换到常规的高、中压缸联合进汽方式，直到机组带至预定负荷，切换进汽时的负荷称为切换负荷。有些机组不是在带负荷后切换启动方式，而只是在机组中速暖机（转速为2000～2500r/min）后，即切换成高、中压缸联合进汽方式，这种方式也称中压缸启动方式，其目的是满足机组快速启动的要求。

采用中压缸冲转方式，在热态启动时，通常不需要进行高压缸倒暖操作，只需将高压缸处于真空隔离状态即可。

中压缸启动方式，开始是在引进的大型机组上采用的，后来在一些已投产的国产机组上进行了试验，并取得了良好的效果。对于一些国产机组，由于设计时没有考虑采用中压缸启动方式，必须对系统采取一系列的改进后，才能采用中压缸启动方式。

一、中压缸启动的几个优点

1. 缩短了冲转至带负荷的启动时间

由于汽轮机冲转前对高压缸进行倒暖，这样，在启动初期启动速度不受高压缸热应力和胀差的限制；另外，由于高压缸不进汽做功，在同样的工况下，进入中压缸的蒸汽流量大，暖机更充分迅速，从而缩短了冲转至带负荷的时间。

2. 提前越过脆性转变温度

启动初期，仅中压缸进汽，进汽量较大，可使高压转子和中压转子尽早越过低温脆性转变温度，提高了机组高转速运转的安全可靠性。

3. 汽缸加热均匀

中压缸启动时，高中压缸加热均匀，温升合理，汽缸易于胀出，胀差小。与常规的高、中压缸联合启动方式相比，虽然多了一个切换操作，但从整体上可提高启动的安全性和灵活性。

4. 对特殊工况具有良好的适应性

主要体现在空负荷和极低负荷运行方面。机组在并网前或并网过程中，常常遇到要在额定转速下长时间空负荷运行的情况，在采用高、中压缸联合启动方式时，即使是冷态启动，也会带来诸如高压缸超温等方面的问题。然而采用中压启动方式，只要关闭高排逆止门，维持高压缸真空，汽轮机即可安全地长时间空负荷运行。汽轮机在极低负荷下运行时，采用中压缸进汽方式，只要打开旁路，隔离高压缸，即可保持长时间安全地运行。电力系统故障时，在单机带厂用电的情况下，也可以采用该方式运行，这样，一旦事故排除后，就能迅速重新带负荷。

5. 可维持较低的低压缸尾部温度

采用中压缸进汽，启动初期经低压缸的蒸汽流量较大，可有效地带走低压缸尾部由于鼓风产生的热量，保持低压缸尾部温度在较低的水平。

二、启动程序

以“北重”生产的330MW机组为例，简要介绍冷、热态中压缸启动的主要步骤，其他机组上的启动程序与此类似。图1-14为中压缸启动系统图。

（一）冷态启动

冷态启动时缸温低，因此在冲转前要对高压缸进行预暖。预暖的方法是通过开启高压缸排汽可控逆止阀及有关疏水门来进行倒暖，然后打开低压旁路系统，锅炉升温、升压，直到规定的冲转参数，再用中压缸冲转、升速、带初始负荷，并进行负荷切换，高压缸进汽，升负荷。主要程序如下。

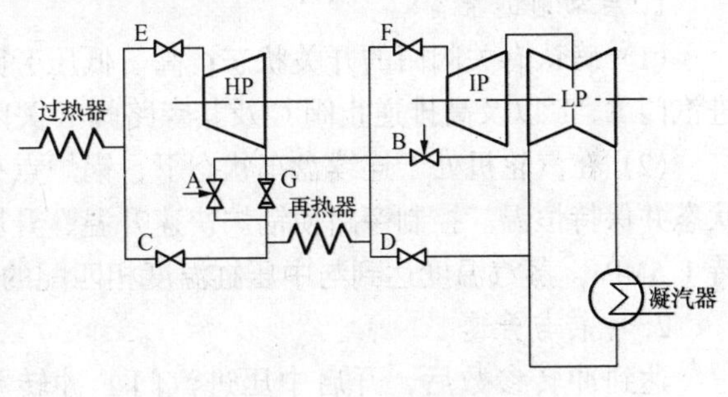

图1-14 中压缸启动系统简图

HP—高压缸；IP—中压缸；LP—低压缸

1. 启动前的准备

（1）汽轮机投盘车。

（2）确认有关阀门的开关状态：管道及汽缸疏水门和高、低压旁路阀C、D开启；高排逆止门旁路阀A，高、中压进汽门E、F和通风阀B关闭。

2. 锅炉点火

（1）凝汽器抽真空。

（2）待再热器冷段蒸汽温度达到一定数值后（一般比高压内缸温度高50℃左右），即可打开高压缸排汽逆止门的旁路阀A，对高压缸进行倒暖。

（3）锅炉升温、升压，直至达到冲转参数。

3. 冲转与升速

（1）开启中压缸进汽门F，汽轮机冲转，并升速至1000r/min进行暖机。

（2）高压缸缸温达190℃时，暖缸结束，高排旁路阀A自动关闭，通风阀B自动开启，使高压缸处于真空状态，控制其温度水平。

（3）升速至3000r/min。

4. 并网与带负荷

（1）机组并网，逐步开大中压进汽门F加负荷。这时应注意调节低压旁路阀D，使再热器压力恒定在1.5MPa。当低压旁路阀全关闭时，就用中压进汽门F来调节蒸汽压力，使机组负荷带至12%～15%额定负荷。

(2) 进汽方式的切换。当高压主汽门前的蒸汽压力和温度达到规定值，以及再热器压力维持在不超过 1.5MPa 时，可进行进汽方式的切换。高压进汽门 E 自动开启，高压缸的排汽通风阀自动关闭，高压旁路阀 C 逐渐关闭，将蒸汽切换到高压缸，即完成了由中压缸进汽向高、中压缸联合进汽方式的切换。然后，高压缸很快进入滑压升压状态，在 2～3min 内，高压缸排汽压力超过 1.5MPa，高排逆止阀 G 自然打开，高压缸开始带负荷。

(3) 升负荷。中压进汽门进一步开大，低压旁路阀全关闭，汽轮机进入正常带负荷运行。滑压运行至额定压力，并转入定压运行，负荷加至额定值。

(二) 热态启动

热态启动是调峰机组最常见的启动方式。其特点是锅炉已经冷却，而汽轮机缸温仍然较高。这时的启动可以在一定的再热汽压下，以较大的旁通流量，快速提高蒸汽温度。达到冲转参数值后，在高压缸处于真空状态下，用中压缸冲转、升速、带负荷。这一过程可以较快地进行，而不用考虑高压缸的热应力。启动程序如下。

1. 启动前的准备

(1) 确认有关阀门的开关状态：高、低压旁路阀 C 和 D，以及通风阀 B 开启；高、中压进汽门 E、F 以及高排逆止阀 G 及其旁路阀 A 关闭。

(2) 在汽轮机处于连续盘车状态下，锅炉点火，凝汽器抽真空。这时，高压缸处于真空状态并保持恒温。控制旁路使锅炉快速升温、升压。直至中压主汽门前的蒸汽压力达到并保持 1.5MPa，蒸汽温度达到与中压缸温度相匹配的程度。

2. 冲转与升速

达到冲转参数后，开启中压进汽门 F 冲转并升速至 3000r/min，并网带负荷至 12%～15%额定负荷。这时高压进汽门 E 仍然关闭，高压缸处于真空状态，并保持恒温。

3. 升负荷

(1) 通过旁路阀的调整，使高压进汽门前的蒸汽压力和温度与高压缸的温度相匹配，并维持再热汽压力为 1.5MPa。

(2) 进汽方式的切换。切换方法及切换后的加负荷程序均与冷态启动时相同。

(三) 停机

运行中减负荷直至停机，则采用与启动时相反的程序。负荷降至规定值时，新蒸汽通过高压旁路从高压缸切换至中压缸，高压缸进入真空状态，中、低压缸带低负荷运行，直至停机。

第七节 单元机组的停运

单元机组的停运对机组零部件来说是一个冷却过程。停运时的主要问题是防止由于机组零部件冷却不均而产生过大的热应力、热变形和胀差。根据不同的需要，可以选择不同的停机方式。

额定参数停机时，汽轮机的冷却作用仅来自于通流部分蒸汽量的减小和蒸汽节流降温，减负荷时间短，停机后汽缸温度可以维持在较高水平。滑压停机时，负荷随主蒸汽压力的逐渐降低而逐渐下降，主、再热蒸汽温度基本不变，故停机后，机组的金属温度水平也较高。这两种停机方式适用于调峰机组夜间或周末低负荷停机、消除设备缺陷的短时间停机以及其他短时间停机后的再次快速启动。滑参数停机时，负荷随主蒸汽参数的逐渐降低而逐渐下降，停机后金属温度可以降低到很低的水平，可提前进行检修，缩短检修工期。在滑参数停机的操作方法上，有的电厂习惯于一开始就按照滑参数停机曲线进行滑参数降负荷；另一些电厂则先用调节汽阀减去一定负荷，并进行必要的设备系统切换，然后再降温降压减负荷，这种方式也被称作复合滑参数停机。

综上所述，由于停机的目的不同，停机后需要保持的汽缸金属温度水平也不同，在运行操作上也有所不同。无论用何种方式停机，均要求各金属部件能够均匀冷却。额定参数停机时，金属温度变化小，易于控制；而滑参数停机时，无论是蒸汽温度还是金属温度变化都较大，因而滑参数停机操作要比额定参数停机操作难度大，操作复杂。下面以滑参数停机为例介绍停机的一般过程。

一、滑参数停机

滑参数停机是指在调节汽门全开的状态下，借助于锅炉降低蒸汽参数来减小汽轮机负荷和冷却机组的停机方式。

（一）停机前的准备工作

停机前准备工作的好坏，是机组能否顺利停下来的关键，准备工作包括具体措施的拟定以及停机前必要的试验项目。

（1）试验辅助油泵。停机过程中主要通过辅助油泵来确保转子惰走、盘车时轴承润滑和轴颈冷却的用油，因此，停机前要对交流、直流润滑油泵进行试验和油压联动回路的试验，发现问题时，要及时处理，否则不允许停机。

（2）进行盘车装置电动机和顶轴油泵试验。盘车装置电动机应转动正常，顶轴油泵运转正常，以保证停机过程中，当转子静止时，能顺利地投入连续盘车运行。

（3）检查各主汽门、调节汽门无卡涩。用活动试验阀对主汽门和调节汽门进行活动试验，确保各阀门无卡涩现象。

（4）旁路系统检查。滑参数停机过程中，要用旁路系统调整锅炉蒸汽参数以及维持锅炉最低稳燃负荷，因此必须检查旁路系统，保证其动作正常。

（5）切换密封油泵。射油器供给发电机密封油时，应提前切换为密封油泵运行，并检查密封油自动调整装置工作正常。

（6）停炉应做好油燃烧器投入前的控制准备工作，以备在减负荷过程中用以助燃，防止炉膛燃烧不稳定和灭火。

（7）对于长时间停机的机组，在停运前应停止向原煤仓上煤。一般要求将原煤仓的煤用完，以防止自燃。

（8）锅炉在停运前应对受热面进行全面吹扫，以保持受热面在停炉后处于清洁状态。

（二）减负荷

1. 减负荷的操作步骤

带额定负荷的机组在额定蒸汽参数下先减去15%～20%额定负荷，随后将参数降到正常允许值的下限。随着参数的下降，调节汽门逐渐开大，并使机组在此条件下运行一段时间。当金属温度降低，部件金属温差减少后，再按滑参数停机曲线要求逐渐减弱燃烧，滑降蒸汽参数和机组负荷。

其具体做法是：首先降低主蒸汽压力，保持主蒸汽温度不变，将调节汽阀接近全开，然后按规程规定的速率降压、降温。降温时，应使高压缸调节级和中压缸第一级处的蒸汽温度低于该处金属温度20~50℃。因再热汽温下降滞后于主汽温的下降，所以应待再热汽温下降后，再进行下一阶段的降压降温。待金属温度下降速度减缓，蒸汽的过热度接近50℃时，就可以0.05~0.1MPa/min的速度降低蒸汽压力。伴随着每一阶段的降压降温，部件受到蒸汽冷却，金属温度逐渐下降，机组负荷也相应下降。每一阶段汽温约下降20~40℃，并且应控制主、再热蒸汽温差不宜过大，对于合缸机组，主、再热蒸汽温差要控制在30℃以内。当降到一定负荷后，应停留一段时间，待金属温降速度减缓，温差减小后再按上述方法降温降压，如此重复进行，一直降到较低负荷为止。随后锅炉灭火，利用锅炉余热产生的蒸汽继续发电，此时蒸汽参数仍在继续下降，机组负荷逐步滑降到零。

将负荷、蒸汽参数滑降到足够低时，锅炉再灭火，这是出于安全和经济两方面的考虑。如果在锅炉灭火时负荷仍较高，则一经灭火，汽压及饱和温度将迅速下降；另外负荷高要求的补充水也多，会使汽包上下壁温差增大，不安全。如果负荷降到很低时再灭火，可充分利用锅炉余热，但锅炉释放余热是相当缓慢的，这必然要延长滑停时间，但如果滑停时间短，大量余热将得不到利用。停机后汽压回升，回升值越大，表明锅炉余热利用越不充分，汽压回升值超过规定值时势必要排汽，更不经济。

在减负荷过程中，应随时进行系统的投切和辅助设备的停用。

(1) 在有功负荷下降过程中，应调整无功负荷，以维持发电机端电压不变。减负荷后发电机定子和转子电流相应减小，绕组和铁芯温度降低，应及时调整气体冷却器的冷却水量、氢冷发电机组的发电机轴端密封油压和氢气压力。

(2) 根据负荷需要，逐渐停运磨煤机。在负荷下降过程中，视锅炉燃烧情况，及时投用油枪，以保证锅炉燃烧稳定。

(3) 调整、切换轴封汽源，以减少胀差和保持真空。

(4) 当除氧器压力降至定压运行的压力值时，将除氧器汽源切换为辅助汽源供给，并转入定压运行。

(5) 对于随机停运的加热器系统，应随时检查加热器水位并保持水位调整装置正常。对于定负荷停运的加热器，达到规程规定的负荷后，应逐步从高压加热器依次停止。

(6) 负荷至50%以下时，应相应停止部分半容量回转设备，保持一台设备运行。

(7) 负荷降至影响锅炉稳定燃烧时，应及时投入旁路系统，保证锅炉最低稳定燃烧负荷，同时保证汽轮机的进汽品质。对不具备热备用性能的旁路系统，投入时要做好充分的暖管工作。

(8) 对于小汽轮机拖动给水泵的机组，当负荷降至30%~50%额定负荷时，应切换为电动备用给水泵运行。

(9) 切换厂用变压器。

(10) 按规程规定开启各部疏水。

2. 减负荷过程应注意的问题

(1) 严格控制滑参数停机时的温降率。在停机过程中，主、再热蒸汽的下降速度是机组各金属部件能否均匀冷却的先决条件，也是滑参数停机成功与否的关键。此外，由于在降温过程中，转子表面受热拉应力和机械应力的叠加应力，因此，蒸汽温降率要小于启动时的蒸汽温升率。除此之外，在机组减负荷过程中还必须严格监视胀差、缸胀、轴向位移、振动等数值的变化情况。

(2) 滑参数停机过程各阶段温度、压力下降速度是不同的。一般在较高负荷时，汽温、汽压的下降速度可快些；负荷较低时，汽温、汽压的下降速度应减缓，这样就能保证汽轮机金属温度的变化比较平稳。

(3) 滑参数停机过程比额定参数停机过程容易出现较大的负胀差，因此当主蒸汽温度低于汽缸法兰内壁金属温度时，对装有法兰螺栓加热装置的机组，可适时投入，以加速法兰的冷却。

(4) 滑参数停机过程中，严禁进行汽轮机超速试验。因为滑停至发电机解列时，主、再热蒸汽参数已经很低，若进行超速试验就必须采用关小调节汽阀的方法来提高蒸汽压力，随着压力的提高，蒸汽过热度相应减小，以致有可能使温度低于该压力下的饱和温度，造成蒸汽带水，此时进行超速试验将使汽轮机进水，这是非常危险的。

(5) 随着锅炉燃烧率的不断减少，送风量也应当减少，但最低风量不少于总风量的30%。为保持炉内火焰稳定，在减少燃烧率时应减少风箱和炉膛之间的压差，直至允许的最小值。在全部磨煤机停运后，燃油油枪才允许停用，让炉膛完全熄灭。

(6) 锅炉灭火时，要及时停用减温水，以防汽温骤降，汽包炉还应注意保持汽包水位。

(三) 发电机解列与转子惰走

汽轮机降至最低负荷后，迅速减负荷到零，汽轮机打闸，检查自动主汽门、调节汽门、各段抽汽逆止门以及高压缸排汽逆止门关闭，确认汽轮机处于逆功率状态时方可解列发电机，这时汽轮机转速应下降。随着转速的下降，汽轮机的高压部分因转子比汽缸收缩得快而出现负胀差；中低压部分由于转子泊桑效应和鼓风摩擦而出现正胀差，故在汽轮机打闸前要注意监视各部分胀差。若打闸前某部分胀差较大，则应采取措施（如适当降低真空等），以防打闸后出现动静间隙小，甚至产生金属摩擦事故。

发电机有功负荷降到零时应迅速解列发电机，并将励磁电流减为零，断开励磁开关的同时，要注意控制转速，以防超速。停止汽轮机的进汽时须先关小自动主汽门，以减轻打闸时自动主汽阀门芯落座的冲击。然后打闸断汽检查主汽门、调节汽门及抽汽逆止门是否已关严。

汽轮发电机组在打闸解列后，转子依靠自己的惯性继续转动的现象称为惰走。但由于转子在旋转时遇到摩擦、鼓风损失的阻力和带动主油泵的阻力作用，转速将逐渐降低到零。从打闸断汽到转子完全静止的一段时间，称为汽轮机的惰走时间。在惰走时间内转速与时间的关系曲线称为惰走曲线。新机组投运一段时间或机组大修后，待各部件工作正常，即可在停机时绘制惰走曲线，此曲线可作为该机组的标准惰走曲线。绘制这条曲线要在汽轮机停机过程中控制凝汽器真空以一定速度降低，或者在凝汽器真空一定的情况下进行。

汽轮机转子惰走曲线如图 1-15 所示，从图中可以看出，惰走曲线大致分为三个阶段：

第一阶段，转速下降较快，这是因为刚打闸后，汽轮发电机转子在惯性的作用下，速度仍很高，鼓风摩擦损失的能量很大，这部分能量损耗约与转速的三次方成正比。因此转速从3000r/min 到 1500r/min 的阶段只用很短的时间。

第二阶段，也即在转速较低的情况下，转子的能量损失主要消耗在克服主油泵、轴承等的摩擦阻力上，与高转速下鼓风摩擦损失相比，这些机械损耗要少得多，并随转速降低更趋减少。故这段时间内转速降低缓慢，转子惰走的大部分时间被这个阶段所占据。

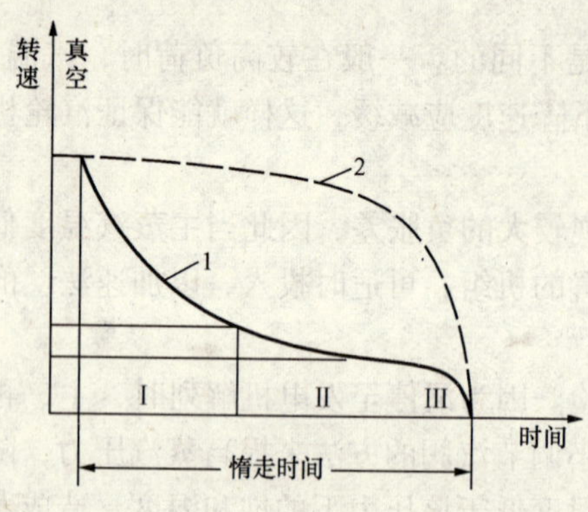

图 1-15 汽轮机停机时的转子惰走曲线和真空变化曲线

1—惰走曲线；2—真空变化曲线

第三阶段是转子即将静止阶段，由于油膜的破坏，轴承处的摩擦阻力迅速增大，转子的转速迅速下降，直至达到静止状态。

每次停机都应记录转子惰走的时间，并检查转子的惰走情况。通过把惰走时间、惰走情况与该机组的标准惰走曲线相比较，可以发现机组惰走时出现的问题。如果转子惰走的时间急剧减少，可能是轴承已经磨损或机组动静部分有摩擦。如果惰走时间显著增加，则可能是主汽门或调节汽门关闭不严，或抽汽逆止门漏汽所致。

机组惰走过程中，除事故紧急停机外，不应破坏真空，而采取调整抽气器出力或关小抽空气门的办法降低真空，使转速到零，真空也到零，再停止轴封供汽。轴封供汽不能停用过早，否则冷空气将从轴端被吸入汽缸内，使轴封段转子急剧冷却，造成转子变形，甚至发生动静摩擦。但若转子静止后仍不停用轴封供汽，则又会使上、下缸温差加大，并造成转子热弯曲。轴封进汽量过大还会引起汽缸内部压力升高，排汽缸大气安全门动作。

在转子惰走阶段应使凝汽器保持一定的真空，汽轮机叶片处在一定的真空条件下转动，可以减少末几级叶片因鼓风摩擦损失所产生的热量，有利于限制停机过程中排汽温度的升高，同时也有利于汽缸内部积水的排出，减少停机后对汽轮机金属的腐蚀。

转子静止后，应立即启动盘车装置，投入连续盘车。盘车运行期间，若发现转子偏心度超过最高允许值或有清楚的金属摩擦声，应停止连续盘车，改为间断盘车，查明原因并予以消除，待偏心度恢复至正常值后再投入连续盘车运行。

当汽缸内缸的上半内壁金属温度低于 200℃以下时，转为定期盘车，即每 30min 左右将转子盘动 180°。汽缸内缸的上半内壁金属温度低于 150℃时，可以停止盘车运行。

转子静止后，要立即测量定子线圈、转子回路的绝缘电阻；检查励磁回路变阻器和灭磁开关上的各接点；检查发电机冷却通风系统等。

锅炉灭火后，即进入降压和冷却阶段。为防止汽包等厚壁金属部件产生过大的热应力，应根据锅炉冷却的特点使其缓慢冷却。

（四）滑参数停机实例

图 1-16 为某 300MW 机组滑参数停机曲线。机组由 100%额定负荷开始减负荷至发电机从电网解列，经历了约 40min 的时间。负荷降至 80%额定负荷后，锅炉开始降压；当负荷降至 60%额定负荷后，锅炉开始降温。从 80%至 60%额定负荷期间，主蒸汽压降速度较快。主蒸汽压力由 16.5MPa 降至 13MPa 只花费约 15min，平均降压速率约为 0.87MPa/min；负荷由 60%额定负荷降至零只用了 12min；主蒸汽温度从 538℃降至 460℃，经历了大约 60min，即主蒸汽的平均降温速率为 1.3℃/min，符合规程规定的降温速率 1～1.5℃/min。机组自电网解列，到锅炉熄火、转子静止，经历了约 50min。

从曲线上可看出，机组自额定负荷减负荷开始直至锅炉熄火、转子静止，共经历了约 90min 的时间，停机后的调节级金属温度约为 380℃。

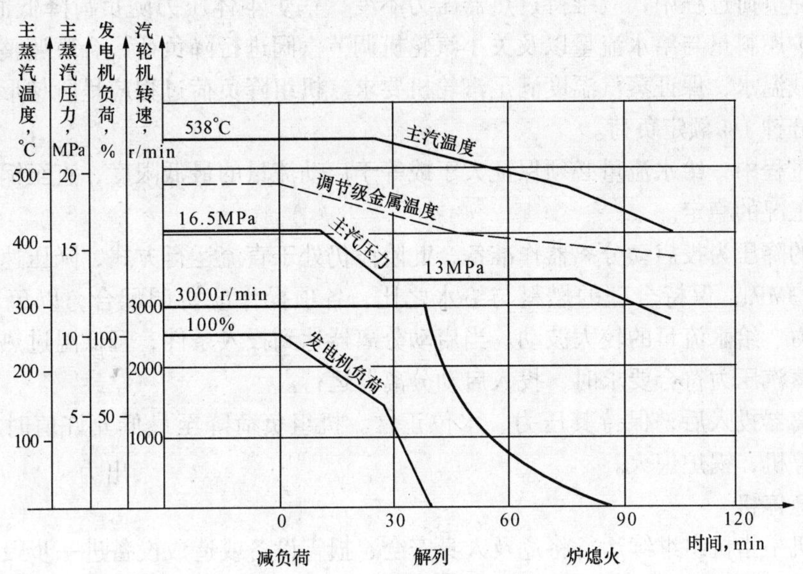

图 1-16　300MW 机组滑参数停机曲线

二、额定参数停机

当要求停机后保持机组金属具有较高温度水平时可采用额定参数停机。在停机过程中，主蒸汽的压力和温度基本保持为额定值。

停机前，需要做好必要的准备工作，对设备系统进行全面检查和进行相关的试验等。

额定参数停机的简要步骤为：锅炉逐渐减少燃料，汽轮机逐渐关小调节阀减少进汽量，使负荷下降至零，并进行必要的系统切除及辅助设备的停用。在减负荷过程中，必须严格控制机组金属的温降率，通常要求降温速率在 1～1.5℃/min 之内，目的是使汽缸和转子的热应力、热变形及胀差控制在规定范围内。因此每减一定负荷后，应停留一段时间，使汽缸和转子温度均匀下降。

打闸停机前，可先将主汽门关小，以防主汽门的冲击和磨损。打闸后，检查主汽门、调节汽门、抽汽逆止门等是否处于关闭位置，同时注意监视胀差的变化。发电机自电网解列，汽轮机停止进汽，转子惰走。当转子静止后，应立即投入盘车，为减少盘车启动力矩及轴承磨损，对设有顶轴油泵的机组，投入盘车前应先启动顶轴油泵。通常当机组金属温度达250℃以下时，停止盘车。

三、直流锅炉正常停运

直流锅炉的正常停炉应根据制造厂提供的正常停炉曲线要求进行参数控制和相应操作。现场规程中应有机组停运的操作程序及要求。直流锅炉停炉一般应投入启动分离器。

直流锅炉投入启动分离器正常停炉，应遵守下列程序：

(1) 定压降负荷至规定值；

(2) 过热器降压及投入启动分离器；

(3) 发电机解列和汽轮机停机；

(4) 锅炉熄火。

在整个停炉过程中，应合理进行燃烧调整，将降温、降压速率控制在规定范围内。

在定压降负荷过程中，应维持过热器压力不变，锅炉本体压力随负荷降低而逐渐降低，通过逐步减少燃料量与给水流量以及关小汽轮机调节汽阀进行降负荷，合理调整燃料与给水比例，辅以减温水，保证蒸汽温度满足汽轮机要求。机组降负荷过程应呈阶梯形，降负荷速率一般为每分钟1%额定负荷。

降负荷过程中，给水流量必须保证大于或等于启动流量的最低限度，直至锅炉熄火，以确保水动力工况的稳定。

过热器的降压为投启动分离器作准备，此阶段仍处于直流运行方式，降压速率不大于每分钟0.2~0.3MPa；保持合理的燃料与给水之比，各项操作应协调配合，以免造成蒸汽温度、蒸汽压力、给水流量的较大波动。当启动分离器达到投入条件，且低温过热器出口蒸汽温度、过热蒸汽压力符合要求时，投入启动分离器运行。

启动分离器投入后，保持其压力、水位正常。机组负荷降至最低允许值时，发电机解列，汽轮机停机，锅炉熄火。

四、紧急停机

紧急停机是指机组继续运行将危及人身安全、损害设备或造成设备进一步毁坏时的被迫停机。紧急停机时，机组的金属温度变化不易控制，这对机组的使用寿命影响较大，而且操作紧张，容易导致顾此失彼，以致损坏设备，因此除非突发严重故障，应尽量避免采用紧急停机方式。

（一）紧急停机的条件

1. 需破坏真空的紧急停机

（1）汽轮机转速上升至危急保安器动作转速而危急保安器未动作；

（2）汽轮机突然发生强烈振动或超过跳闸值；

（3）机内有清楚的金属摩擦声或撞击声；

（4）轴向位移达到极限值或推力瓦块金属温度超限；

（5）润滑油供油中断或油压下降至极限值，备用泵启动仍无效；

（6）润滑油箱油位下降至极限值，补油无效；

（7）汽轮机任一轴承乌金温度突然升高，超过规定的极限值；

（8）汽轮机发生水冲击，上下缸温差超限，10min内主、再热汽温急剧下降50℃；

（9）汽轮机轴封摩擦产生火花或冒烟；

（10）汽轮机油系统着火，且不能很快扑灭，严重威胁机组安全；

（11）发电机或励磁机冒烟、着火或氢气爆炸。

2. 不需破坏真空的紧急停机

（1）锅炉灭火；

（2）锅炉严重满水或缺水，汽包水位达到厂家规定的限值；

（3）直流锅炉所有给水流量表损坏，造成过热蒸汽温度不正常或过热蒸汽温度虽正常，但0.5h内给水流量表未恢复；

（4）直流锅炉给水中断或给水量在一定时间内小于规定值；

（5）主给水、主蒸汽、再热蒸汽管道发生爆破，威胁人身或设备安全；

（6）炉膛烟道内发生爆炸，或尾部烟道发生二次燃烧；

（7）凝汽器真空低于极限值，或循环水中断；

(8) 机组保护具备跳闸条件而保护拒动;

(9) 发电机定子绕组冷却水中断超过30s;

(10) 机组逆功率状态运行超过1min;

(11) 发电机定子及引线冷却水管严重漏水或断开;

(12) 主变压器、励磁变压器及高压厂用变压器发生严重故障;

(13) 厂用电全部失去;

(14) 热工仪表电源中断、控制电源中断、热控系统故障、空压机及系统故障造成控制汽源压力低或消失，电源及汽源无法及时恢复，机组无法维持原运行状态;

(15) 当热控DCS系统全部操作员站出现故障(所有上位机“黑屏”或“死机”)，且无可靠的后备操作监视手段;

(16) 直流系统故障，不能正常断开并网用断路器。

(二) 紧急停机的主要操作过程

1. 出现紧急停炉的条件

紧急停炉条件之一出现时，若属保护条件的，则保护应动作，若保护未动作或非保护条件应立即手按MFT紧急停炉按钮，切断炉膛所有燃料供给，开启汽轮机润滑油泵。若MFT拒动，则手动停止一次风机、给煤机、制粉系统，关闭燃油跳闸阀，关闭过热器、再热器减温水门。

发生MFT后的手动处理原则:

(1) 启动电动给水泵，停运汽动给水泵，注意给水调节，维持汽包水位正常。

(2) 当汽温低于510℃时，开启过热器、再热器疏水。

(3) 直流锅炉应停止向锅炉进水。

(4) 维持额定风量的30%，保持炉膛压力正常，进行通风吹扫。燃煤锅炉通风吹扫时间不少于5min，燃气炉通风时间不少于10min(若因尾部烟道二次燃烧停炉时，禁止通风;若炉管爆破停炉时，应保留一台引风机运行)。

(5) 根据自动调节系统的性能，必要时切换至手动。

(6) 当MFT动作原因消除后，锅炉可重新点火启动。

2. 出现紧急停机的条件

紧急停机条件之一出现后，若属保护条件的，则保护应动作，若保护未动作或为非保护条件，汽轮机手动打闸，联跳发电机主开关，立即开启主机润滑油泵，检查确认发电机功率为零，手切主开关与系统解列。锅炉联跳或手动紧急停炉。

(1) 厂用电备用电源应自投，否则立即手动抢合备用电源开关，但工作开关必须在分位。

(2) 检查确认各主汽门、调节汽门、各段抽汽逆止门及高排逆止门均已迅速关闭，轴封供汽自动切换成辅助汽源供给，除氧器辅助汽源门联开，小汽轮机自动切换为高压辅助汽源供汽，高、低压加热器进汽电动门关闭，高压加热器水侧解列，联关轴封漏汽至除氧器电动门，各程控疏水门自动开启，停运氢冷升压泵。注意上述过程自动未完成时，立即手操完成。如果机组打闸后，因主汽门未全部关闭，汽轮机转速未下降，则应紧急停用全部抗燃油泵，就地再进行一次打闸操作。

(3) 如果为破坏凝汽器真空条件停机时，一般降速到2000r/min后破坏真空，停止射水泵，关闭向凝汽器排放热汽、热水的阀门。

(4) 立即启动电动给水泵，给水出力移至电动给水泵后，可停止汽动给水泵运行。

(5) 如果由于发电机出口封闭母线外壳的氢气含量超过1%而紧急停机时，必须立即向封闭母线外壳内充入惰性气体，并且不必等待发电机停转即开始发电机紧急事故排氢。

(6) 其他操作按照机组正常停机的有关规定进行。

五、机组停运后的冷却

为了提高机组的可用率，以充分发挥机组的效益，缩短检修工期是一项重要的措施。随着机组容量增大，蒸汽参数的不断提高，保温条件改善，使得停机后自然冷却时间也越来越长。为缩短冷却时间，很多电厂采用了强迫冷却的方式。下面以300MW机组为例，介绍机组停运后的冷却。

(一) 停炉后的冷却与放水

1. 自然循环锅炉停炉后的冷却与放水

(1) 自然循环锅炉停炉后的自然冷却。自然循环锅炉停炉后一般采用自然冷却方式。在锅炉自然冷却状态下，汽包壁温大于90℃时，应尽量保持汽包高水位。一般停炉6h后，开启引风机出、入口门进行自然通风冷却；18h后可启动引风机进行通风冷却，当烟温符合要求时，停止引风机。整个冷却过程中，汽包壁温差应在允许范围内。

(2) 自然循环锅炉停炉后的快速冷却。自然循环锅炉快速冷却过程中，工质温度、厚壁部件的金属温度难以控制，且易产生热偏差及各种应力，影响锅炉寿命，所以只有在特殊情况下（如有关受热面需进行抢修）才允许使用，若无特殊情况，均应采用自然冷却。自然循环锅炉视具体情况可采用不同的快速冷却方法，但应在规程中详细规定，采取可靠的安全措施，严格控制降温、降压速率。当汽包任意两点间的壁温差接近或有超过规定值的趋势时，应立即停止快冷。

(3) 锅炉放水方式。一种为汽包压力降至大气压力、汽包壁温达90℃时的无压（表压力）放水方式，采用该放水方式，应同时进行充氮保养；一种为汽包压力在0.8MPa（表压力）以下、汽包壁温符合制造厂要求时进行的带压放水方式。正常停炉检修时，一般采用带压放水。

2. 控制循环锅炉停炉后的冷却与放水

(1) 停炉热备用时，通风系统全部停止后，锅炉密封，保持锅水循环泵继续运行30min，然后停止，保持汽包水位上限。

(2) 停炉后正常冷却时，按正常冷却曲线降温、降压。通常停炉4~6h后，启动一台引风机通风冷却，保持正常汽包水位及至少一台锅水循环泵运行，锅水温度降至150℃以下时，可以停止全部锅水循环泵。

(3) 停炉后需快速冷却时，保持两台锅水循环泵运行，保持汽包水位正常，锅水温降速率在规定范围内，保持60%~70%的额定风量，进行炉膛通风。当锅水温度达93℃以下时，停止通风及停运全部锅水循环泵。锅水温度小于93℃时锅炉可以放水，并同时放尽锅水循环泵泵壳内的锅水。

3. 直流锅炉停炉后的冷却

(1) 直流锅炉停炉后的自然冷却。直流锅炉停炉后一般应采用自然冷却方式，并严格监视包覆过热器和水冷壁的降温、降压速率。停炉后立即开启过热器及再热器有关疏水阀，以规定的速率降低过热蒸汽和再热蒸汽压力至规定值，然后用过热器、再热器向空排汽阀将余压泄除。停炉4h后，开启有关的烟、风挡板进行自然通风冷却，同时调整炉本体有关疏水阀，以规定的速率降低包覆过热器压力至规定值，开炉本体空气门，将余压泄除。停炉6h后，根据需要可启动一台引风机进行通风冷却。当一级混合器工质温度达到要求时，进行省煤器、水冷壁、包覆过热器管系和低温过热器放水。放水时停止通风冷却。放水结束1h后，方可继续通风冷却。

(2) 直流锅炉停炉后的快速冷却。直流锅炉停炉后如需快速冷却时，可将给水流量减少至60～100t/h，进行循环冷却。快速冷却时，应装有监视表计，将包覆过热器、水冷壁管屏之间的温差严格控制在40℃以内。若降温、降压速率超过上述数值，应立即调整通风量和进水量，若调整无效时，应立即停止快速冷却。当工质温度降至需要温度时，停止进水循环，停用启动分离器。

(二) 汽轮机停机后的控温快速冷却

汽轮机停机后的强制冷却是用蒸汽或空气作为冷却介质，冷却汽轮机汽缸及转子。大型汽轮机由于采用优质保温材料，停机后的冷却时间很长，且随机组容量的增大，自然冷却时间更长，见表1-8。

表1-8　大型机组自然冷却时间

功率（MW）	600～700	250	125
自然冷却时间（h）	105～170	90	60

为缩短检修工期，尤其机组故障停机处理时，应设法缩短停机后的冷却时间。控温快速冷却是最有效的方法，目前在我国采用的快速冷却方法有蒸汽控温快速冷却方法和空气控温快速冷却方法。

1. 蒸汽控温快速冷却

(1) 蒸汽逆流控温快速冷却。这种冷却方法一般是利用邻机蒸汽来冷却汽轮机。冷却蒸汽由高压汽缸排汽管引入，一部分经过高压汽缸通流部分，从汽缸调节级疏水、外缸疏水、高压导管疏水、轴封一次漏汽、电动主汽门后疏水等管道排入凝汽器；另一部分冷却蒸汽流经再热器、中压自动主汽门、调节汽门、中压汽缸，最后排入凝汽器。

(2) 蒸汽顺流快速冷却。这种冷却法是利用停炉后锅炉的余热、邻机或邻炉的蒸汽，对锅炉底部加热产生少量蒸汽，流经过热器等受热面后，保持主蒸汽具有一定的过热度，供入汽轮机，使汽轮机在低速下运行，带走汽轮机内部的热量，将缸体温度控温冷却至要求的温度水平。蒸汽顺流冷却时，热力系统基本上保持不变。邻机（炉）来汽接入锅炉底部加热联箱。

2. 压缩空气控温快速冷却

(1) 压缩空气顺流快速冷却。压缩空气顺流冷却是目前普遍采用的一种冷却方法。顺流冷却时，需隔断锅炉过热器和再热器，冷却空气从高压调节汽门前导管疏水管引入，经高压调节汽门进入高压缸，从高排联络管上的排汽门排出。中压汽缸的冷却空气从中压调节汽门前导管疏水管引入，经中压调节汽门进入中压缸，排汽门安装在进入低压缸的进汽管上。

(2) 压缩空气逆流快速冷却。通常高压缸为逆流冷却，冷却空气流程与顺流冷却时相反。实践表明，空气逆流冷却由于逆流空气阻力较大，高排逆止门漏气大，且压缩空气的温度控制直观性较差等原因，目前已很少使用。

对控温快速冷却的要求，应严格控制冷却速度，冷却系统及操作力求简单，防止产生过大的温差、胀差及变形。应做好防止大轴弯曲的技术措施。冷却全过程必须保证盘车连续运行，严禁在转子静止状态下引入冷却介质。强迫冷却结束，为保证转子及汽缸冷却均匀，至少再连续盘车8h。

六、机组停运后的保养

（一）锅炉停运后的保养与防冻

1. 锅炉停运后的保养

锅炉停用后，若不进行保养，溶解在水中的氧和外界漏入锅炉的空气中所含的氧和二氧化碳，都会对金属产生腐蚀（主要是氧腐蚀）。锅炉保养的方法都是通过尽量减少锅炉水中的溶解氧和外界空气的漏入来减轻锅炉的腐蚀。

锅炉防腐的基本原则：不让空气进入锅炉汽水系统内；保持停用锅炉汽水系统金属表面的干燥；在金属表面造成具有防腐蚀作用的薄膜，以隔绝空气；使金属表面浸泡在含有除氧剂或其他保护剂的水溶液中。

较常见的保养方法一般可分成两大类：湿法保养和干法保养。根据所用水溶液组成的不同，湿法保养可分为二甲基酮肟法、联氨法、氨液法、碱液法、磷酸三钠和亚硝酸混合溶液等保护方法；干法保养是使锅炉金属表面经常保持干燥，或使金属表面与空气隔绝，以达到防止金属腐蚀的目的，其具体做法有充氮或充气相缓蚀剂防腐法、余热烘干防腐法、真空干燥法等。

（1）湿式保养。这类方法是用具有保护性的水溶液充满锅炉，以杜绝空气中的氧进入锅内，可防止锅炉水侧的氧腐蚀。

（2）充氮或充气相缓蚀剂防腐。充氮置换法是利用化学性质较稳定的氮气充满锅炉，并维持一定压力，防止外界空气进入炉内，从而达到防腐的目的。对于气温会降至0℃以下的地区，此方法较为适用。采用这种方法时，锅炉各部分的水必须完全放尽，而且保证空气湿度维持最低。此法可用于锅炉的长期防腐。

（3）余热烘干防腐。这种方法是在汽包锅炉停运后，当其压力降至一定值时，采用带压放水。利用锅炉余热，烘干锅炉，保持锅炉汽水系统金属表面的干燥，以避免腐蚀。直流锅炉采用此法时应在去压后进行。当锅炉本体需进行检修或不具备其他保养条件时使用此法。

（4）真空干燥防腐。真空干燥防腐是在锅炉采用热炉放水，余热干燥后，再利用汽轮机的真空系统对锅炉受热面抽真空，使其中残余的水分进一步蒸发和抽干，从而达到防止金属腐蚀的目的。

2. 锅炉停运后的防冻

为了防止冻坏管道和阀门，在冬季要考虑锅炉的防冻问题。由于停用的锅炉本身不再产生热量，且管道内的水处于静止状态，当气温低于0℃时，对于露天或半露天布置的锅炉，管道和阀门易冻坏。

为防止冻坏管道和阀门，冬季停炉时，将所有疏水放水阀门开启，把锅水和仪表管路内的存水全部放掉，以防止积水的存在；尽可能采用干法保养；将厂房及辅机室门窗关闭严密，保证设备系统的各处保温完好；将锅炉各部分的伴热系统、各辅机油箱加热装置、各处取暖装置投入运行。

(二) 汽轮机停运后的保养

为保证汽轮机设备的安全经济运行，对停机 7 天以上的机组，即应采取适当的措施，对设备进行必要的维护与保养，以避免热力设备锈蚀损坏。

停（备）用设备防锈蚀方法的选择，应根据停用设备所处的状态、停用期限的长短、防锈蚀材料药剂的供应及其质量情况、设备系统的严密程度、周围环境温度和防锈蚀方法本身的工艺要求等综合因素确定。

停（备）用汽轮机防锈蚀方法一般有以下两种：

(1) 热风干燥法。停机后，隔离全部可能进入汽缸和凝汽器汽侧的汽水系统，排尽汽缸和抽汽管道内的积水，当汽缸金属温度降至 80℃以下时，向汽缸内送入温度为 50～80℃的热风，汽缸内风压应小于 0.04MPa，定时测量从汽缸排出气体的湿度，其值应低于 70%（室温值）或等于环境的相对湿度。

(2) 干燥剂去湿法。本方法适用于周围湿度较低（大气湿度不高于 70%）、汽缸内无积水的汽轮机封存保养。停机后先经热风干燥法干燥合格后，汽缸内放入干燥剂。保养期间应经常检查干燥剂吸湿情况，发现失效应及时更换。放入的干燥剂应记录数量，解除保养时必须如数取出。

(三) 发电机—变压器组停运后的保养

发电机—变压器组的保养应根据自身特点、环境和系统等制定具体的保养措施。

对于氢冷发电机，在发电机组停运期间，须考虑排氢或降低氢压。对于定子绕组用水冷却的发电机组，在冬季停运期间，应保证机房内的温度不得低于 5℃，否则应启动一台定子冷却水泵，用通水循环方法防冻，或将水排放干净，并用压缩空气冲洗干净。

变压器作为室外设备，在停运时无需特别维护，但应根据环境情况考虑各部件的防潮问题。若环境温度过低时则应投入冷却风扇，对某些气温过低有影响的设备（如变送器等），则应可靠地投入加热系统。

第二章

单元机组的运行调节

单元机组自建成投产后，绝大部分时间处于正常运行状态。单元机组的正常运行是单元机组运行的基础。

单元机组是炉、机、电纵向串联构成的一个不可分割的整体，其中任何一个环节运行状态的改变都将引起其他环节运行状态的改变，所以炉、机、电的运行维护与调整是互相联系着的。但正常运行中各环节的工作又都有其特点：锅炉侧重于调节；汽轮机侧重于监视；而电气部分则与单元机组的其他环节以及外部电力系统紧密联系。

第一节　汽包锅炉的运行调节

一、汽包锅炉运行调节的特点及任务

锅炉的运行，应与外界负荷相适应。当锅炉负荷变动时，必须对锅炉进行一系列的调整操作，变动锅炉的燃料量、空气量与给水量等，保持锅炉的汽温、汽压和水位在一定的允许范围内，使锅炉的蒸发量与外界负荷相适应。另外，即使外界负荷稳定不变，锅炉内部工况也随时会发生变化，如煤质变化、煤粉细度变化、给水温度变化等，均会引起锅炉运行参数的变化，因而也需对锅炉进行必要的调节。只有严格地监视锅炉的运行工况，及时正确地进行调节，才能保证锅炉的安全经济运行。

运行中对锅炉进行监视和调整的主要任务是：

(1) 使锅炉的蒸发量随时适应外界负荷的需要；

(2) 均衡给水，维持汽包正常水位；

(3) 将蒸汽温度和压力稳定在规定值的范围内；

(4) 保证合格的蒸汽品质；

(5) 维持经济的燃烧，尽量减少各种热损失，提高锅炉热效率。

(6) 降低污染物的排放。

为完成上述任务，现代大型机组都配有先进的自动调节装置，同时也要求运行人员要不断提高分析判断能力与实际操作技能，掌握锅炉运行的变化规律，精通设备与系统，认真、严格地按照运行规程进行调节操作。

二、水位调节

维持汽包的正常水位，是保证汽包锅炉安全运行的重要条件之一。

汽包水位过高时，由于蒸汽空间高度减小，蒸汽带水增加，蒸汽品质恶化，导致在过热器管内沉积盐垢，使管子过热，金属强度降低而发生爆管。严重满水时，会造成蒸汽大量带水，除造成汽温急剧下降外，还会引起蒸汽管道和汽轮机内严重的水冲击，造成设备损坏。

汽包水位过低时，对于自然循环锅炉，将破坏其正常的水循环；对于强制循环锅炉，会使锅水循环泵入口汽化，泵组剧烈振动，最终都将导致水冷壁管超温过热。当严重缺水时，如处理不当，还可能导致水冷壁爆管。

现代大容量锅炉，汽包中的存水量与蒸发量相比是不多的，容许变动的水量就更少。如

给水中断，可能在几秒内水位就会降低到危险值甚至消失。即使不是给水中断，只是给水量与蒸发量的不平衡，也会在几分钟之内发生水位事故。由此可见，锅炉运行中保持水位的正常是一项极为重要的工作。

(一) 影响水位变化的主要因素

锅炉运行中，汽包水位是经常变化的。引起水位变化的原因有两个：一是物质平衡遭到破坏，即给水量与蒸发量的不平衡引起的水位变化；二是工质的状态发生改变，如当炉内热量改变时，将引起蒸汽压力和饱和温度的变化，从而使水和蒸汽的比体积以及水容积中汽泡数量发生变化，由此将引起水位变化。

1. 锅炉负荷

汽包水位是否稳定，首先取决于锅炉负荷即蒸发量的变动量及其变化速度。因为负荷变动不仅影响蒸发设备中水的消耗量，而且还会造成压力变化，引起锅炉水状态的变化。

当负荷变化缓慢，锅炉的燃烧调整和给水调整配合较好时，水位变化是不明显的。但当负荷突然变化时，水位会迅速波动。例如，当锅炉负荷突然增加时，在给水量和燃烧工况不变时，汽压将迅速下降，这时一方面使汽水混合物比容增大，另一方面使饱和温度降低，锅水和蒸发部件金属放出部分热量，产生附加蒸汽，水中汽泡数量剧增，汽水混合物体积膨胀，使水位上升，形成“虚假水位”。虚假水位是暂时的，因为负荷增加，锅水消耗增加，锅水中的汽泡逐渐逸出水面后，汽水混合物体积又将收缩，所以如给水量未随负荷增加而增加，则水位将下降。因此，当负荷突然增加时，汽包的水位变化为先高后低。

反之，当负荷突然降低时，在给水和燃烧工况未调整之前，汽包水位将出现先低后高的现象。

2. 燃烧工况

在锅炉负荷和给水量不变的情况下，炉内燃烧工况的变化将引起水位的变化。如当炉内燃料量突然增多时，燃烧加强，炉内放热量增加，锅水吸热量增加，汽泡增多，使水位暂时上升。由于产生的蒸汽量不断增加而使汽压升高，饱和温度也相应升高，锅水中汽泡数量将减少，又导致水位下降。汽压升高会引起蒸汽流量增大，在调节汽门未动作之前，发电机有功负荷增大，如果不加干预，水位将进一步降低。实际发电机功率是根据电力系统统一安排的，因此炉、机、电应统一协调，以维持汽包水位的稳定。当燃料量突然减少时，水位变化情况与上述相反。

3. 给水压力

给水压力变化将使给水流量发生变化，破坏了给水量与蒸发量的平衡，从而引起汽包水位的变化。在其他条件不变的情况下，当给水压力增加时，给水量增大，水位上升；当给水压力降低时，给水量减小，水位下降。

4. 锅水循环泵的启停及运行工况

强制循环锅炉在启动锅水循环泵前，汽包水位线以上的水冷壁出口至汽包的导管均是空的，所以启动锅水循环泵时，汽包水位将急剧下降。当锅水循环泵全部停运后，这部分水又全部返回到汽包和水冷壁中，而使汽包水位上升。此外，锅水循环泵的运行工况，也将对汽包水位产生一定的影响。

(二) 水位调节

在锅炉运行过程中，要控制好水位，首先要做好对水位的监视工作。对汽包水位的监视应以就地水位计为准，其他水位计与其核对，并参照给水、蒸汽流量及时进行调整。另外，在水位监视中要注意一次水位计所指示的水位高度要比汽包中实际水位高度低，这是因为汽包中的水与水位计中的水的密度不同而造成的，其偏差随着汽包工作压力的增高而增大。因此应进行水位修正。

影响汽包水位变化的因素很多，是一个复杂的过程。运行中若出现“虚假水位”现象，则应先增加燃料量和风量，恢复汽压，然后再适当增加给水量，恢复正常水位。在监视水位时必须注意给水流量与蒸汽流量是否平衡，注意给水压力变化。此外，在定期排污、切换给水泵及给水系统工况变动、安全阀动作、燃烧工况变动时，都应加强对水位的监视与调整。

汽包水位的控制，正常情况应依靠给水自动装置改变给水调节阀的开度或改变给水泵的转速来改变给水流量，从而实现汽包水位的自动控制。对大容量机组来说，多采用由单冲量和三冲量调节系统组成的给水自动控制系统。在锅炉启停时，由于汽水流量不平衡，低负荷时蒸汽流量的检测误差较大，故给水自动调节采用单冲量调节系统，仅引进水位冲量，根据水位变化调整给水流量。当机组负荷升至额定负荷的25%～30%以上时，可采用三冲量调节系统，利用蒸汽流量信号作为先行信号，给水流量作为反馈信号，进行粗调，然后用水位信号进行校正。

投入给水自动控制系统后，也应加强对水位的监视，若水位自动调节失灵，应迅速切换为手动调节。

三、汽温调节

（一）蒸汽温度调节的必要性

锅炉正常运行中，蒸汽温度将随着机组负荷、锅炉出力、给水温度、风量、汽压以及燃烧工况等的变化而变化，蒸汽温度偏离额定值过大时，会影响锅炉和汽轮机运行的安全性和经济性。

1. 汽温过高

汽温越高，则机组循环热效率越高，但过高的汽温会使锅炉受热面及蒸汽管道金属材料的蠕变速度加快，影响使用寿命。若受热面严重超温，则会因材料强度的急剧下降而导致管子发生爆破。同时，当汽温过高，超过允许值时，还会使汽轮机的汽缸、主汽门、调节汽门、前几级喷嘴和叶片等部件的机械强度降低，部件温差、热应力、热变形增大，将导致设备的损坏或使用寿命的缩短。

2. 汽温过低

汽温过低会引起机组循环热效率降低，汽耗率增大。同时，过低的汽温还会使汽轮机末几级叶片的湿度增大，这不仅使汽轮机内效率降低，而且还会造成汽轮机末几级叶片的侵蚀加剧。汽温下降超过规定值时，需限制机组的出力，不允许机组继续带额定负荷运行。汽温的大幅度的快速下降会造成汽轮机金属部件产生过大的热应力、热变形，甚至会产生动静部件的摩擦，严重时可能会导致汽轮机水击事故的发生，造成通流部分、推力轴承严重损坏，对机组的安全运行是很不利的。

3. 汽温波动幅度过大

过热汽温和再热汽温变化幅度过大，除使管材及有关部件产生蠕变和疲劳损坏外，还将引起汽轮机胀差的变化，甚至导致机组的强烈振动，危及机组的安全运行。

4. 汽温两侧偏差过大

过热汽温和再热汽温两侧偏差过大，将使汽轮机的高压缸和中压缸两侧受热不均，导致热膨胀不均，影响汽轮机的安全运行。

现代大型电站锅炉对过热蒸汽温度和再热蒸汽温度有严格要求，通常要求蒸汽温度与额定汽温之间的偏差在－10～＋5℃范围内。保持额定汽温的负荷范围：对燃用煤粉的汽包锅炉为60%～100%额定负荷，直流锅炉为30%～100%额定负荷。在规定允许偏差值的同时还需限制锅炉在允许偏差值下的累计运行时间，并且为防止过快的蒸汽温度变化速率造成某些高温工作部件内产生较大热应力，导致材料热疲劳甚至宏观裂纹，对厚壁蒸汽管道和联箱还规定了允许的温度变化速率，一般应限制在3℃/min内。

(二) 影响蒸汽温度变化的因素

运行时影响过热汽温和再热汽温的主要因素有：锅炉负荷、给水温度、燃料特性、炉膛出口过量空气系数、炉膛出口烟温及受热面污染情况等，锅炉给水量、燃料量和送风量的扰动也会引起锅炉汽温波动。以过热器系统呈对流特性的高压煤粉锅炉为例，各种因素对汽温的影响见表2-1。对于一般锅炉，对流过热器的吸热是主要的，过热汽温的变化具有对流特性。

表2-1　过热器呈对流特性时各种因素对汽温的影响

影响因素	锅炉负荷 ±10%	炉膛过量空气系数 ±10%	给水温度 ±10℃	燃煤水分 ±1%	燃煤灰分 ±10%
汽温变化（℃）	±10	±（10～20）	±（4～5）	±1.5	±5

1. 锅炉负荷

锅炉负荷变化时，对流过热器和辐射过热器的汽温变化特性相反，分别称这两种汽温特性为对流特性和辐射特性。

对于对流式过热器，当锅炉负荷增加时，燃料量增加，烟气流速增加，烟气侧对流换热系数和传热温差增大，导致对流吸热量大于负荷增加量而使单位质量蒸汽焓增增大，出口汽温增加。当锅炉负荷降低时，对流式过热器出口的蒸汽温度降低。

对于辐射式过热器，当锅炉负荷增加时，燃料消耗量和过热器内蒸汽流量都相应增大，但炉膛温度增高较少，辐射式受热面吸热量增加不多，小于蒸汽流量的增加比例，因此每kg蒸汽获得的热量减少，辐射式过热器出口的蒸汽温度反而降低。当锅炉负荷降低时，辐射式过热器出口的蒸汽温度升高。

再热器的汽温变化特性由于其布置位置的不同，也可分为对流式和辐射式两种，但一般都采用纯对流式布置，而且布置在烟温较低的区域。其汽温特性基本与过热器的汽温变化特性相同。

2. 燃料特性

燃料特性的变化，主要是指煤中灰分、水分和挥发分的变化对过热汽温的影响。如灰分和水分增加，燃料发热量降低，则要达到同样的负荷必须增加燃料量，水分蒸发也使烟气容积增大，导致流过过热器的烟气流速憎加，对流换热加强；同时灰分和水分增加还会使炉膛温度降低，炉膛辐射传热量减少，炉膛出口烟温增高。这些因素导致对流过热器的传热系数增大，吸热量增大，从而使出口汽温升高，尽管辐射过热器由于炉内辐射传热量减少而使出口汽温降低，但由于一般锅炉的过热器系统以对流特性为主，最终的出口过热汽温还是升高了。

煤中挥发分降低、含碳量增加或煤粉变粗时，由于煤粉着火延迟，煤粉在炉内燃尽所需时间延长，导致火焰中心上移，炉膛辐射吸热份额减少，炉膛出口烟温升高，从而引起具有对流特性的过热系统传热温压增加，出口汽温升高。

3. 火焰中心位置

试验表明，炉内绝大部分可燃物是在炉膛中燃烧器标高附近燃烧的，此区域内火焰温度也最高，一般可认为炉内火焰温度最高点在燃烧器组中心位置附近，但由于燃烧器的结构型式、布置方式、配风方式、燃料性质等因素的变化，火焰温度最高点往往会偏离燃烧器组中心位置。

火焰中心上移时，炉内辐射吸热比例减少，对流式过热器和再热器的对流吸热份额增加，使出口汽温增加；反之，出口汽温下降。

4. 炉内过量空气系数

当送风量和漏风量增加时，炉内过量空气系数增加，炉膛温度降低，炉膛水冷壁和布置在炉内的辐射式过热器和再热器等辐射式受热面的吸热份额减少，从而使炉膛出口烟温升高，同时过量空气系数增大还使燃烧生成的烟气量增多，烟气流速增大，对流换热加强。由于传热温压和传热系数增加，使具有对流汽温特性的过热器和再热器出口汽温升高。

炉内空气量不足会产生燃料在炉内燃烧不完全而在烟道内燃烧的现象，称为二次燃烧。二次燃烧现象也会引起过热器出口汽温升高，并可能造成过热器超温破坏。当发生二次燃烧现象时，应立即进行调整，如调整无效，排烟温度高于250℃时，则应立即停炉，以防止由于空气预热器和引风机承受不了过高的排烟温度而发生破坏事故。

锅炉运行中有时采用增加炉内过量空气系数的方法来提高汽温，但过大的过量空气系数会导致锅炉排烟损失大幅度增加，从而使锅炉效率降低。

当炉内过量空气系数减小时，具有对流汽温特性的过热器和再热器出口汽温下降。

5. 受热面积灰或结渣

当炉膛水冷壁结渣时，吸热量减少，使离开炉膛的烟温增加，过热器、再热器出口汽温随之增加。当过热器和再热器本身结渣或积灰时，传热系数下降，吸热量下降，导致过热器和再热器出口汽温下降。

6. 给水温度

当给水温度降低时，如果此时进入炉膛的燃料量不变，则蒸发量必然下降，而过热器吸热量基本不变，导致过热器出口汽温升高。若保持锅炉负荷不变，则必须增加进入炉膛的燃料量，使炉内烟气量和炉膛出口烟温都提高，使对流式过热器和再热器出口蒸汽温度增加。

对于一般锅炉，过热器和再热器总体呈对流汽温特性，因此给水温度降低很多，可能会引起过热器超温，通常需采用降负荷保证过热器安全。高压加热器解列是造成电厂效率大幅降低的主要因素，也是造成给水温度下降的重要原因，高压加热器不投入会使给水温度下降100℃左右，使过热汽温上升50℃左右。

当给水温度升高时，对流式过热器和再热器出口蒸汽温度下降。辐射式过热器和再热器出口汽温受给水温度变化影响很小。

7. 饱和蒸汽用量

锅炉采用饱和蒸汽吹灰时，为保证负荷需要，必须增加燃料量，导致对流式过热器和再热器出口汽温升高。

8. 饱和蒸汽湿度

对于汽包锅炉，从汽包出来的饱和蒸汽总含有少量水分，在正常情况下，进入过热器的饱和蒸汽湿度一般变化很小，饱和蒸汽的温度保持不变。但运行工况变动时，特别是负荷突增、汽包水位过高或锅水含盐浓度太大而发生汽水共腾时，将会使饱和蒸汽的湿度大大增加。饱和蒸汽中增加的水分要在过热器中汽化吸热，在燃烧工况不变的情况下，用于过热蒸汽的热量将减少，使过热汽温降低。

9. 减温水温度及流量

当减温器中减温水温度和流量发生变化时，会影响汽温变化。当减温水温度降低或减温水量增加时，会使汽温降低。反之，会使汽温升高。

10. 过热蒸汽压力

过热蒸汽压力升高时，对应的饱和蒸汽焓增增大，如炉内燃料消耗量未发生改变，则锅水中部分蒸汽因压力升高而凝结，导致锅炉的蒸发量瞬时减少，进入过热器的蒸汽量减少，在过热器总吸热量基本不变的情况下，过热蒸汽温度会上升。当蒸汽压力降低时，过热汽温下降。

11. 烟气流量

对于锅炉尾部竖井烟道分隔成低温过热器侧和低温再热器侧的锅炉，利用挡板改变两侧烟道的烟气量，可以改变两侧烟道内受热面的吸热量，从而达到改变过热、再热蒸汽温度的目的。若某侧烟气量增大，则该侧受热面吸热量增大，出口温度升高；同时另一侧因烟气量减少，出口温度下降。

由以上论述可知，影响汽温变化的因素很多，并且这些因素可能会同时产生影响，但总体可分为两大类，即烟气侧传热工况的改变和蒸汽侧传热工况的改变。

（三）蒸汽温度的调节

为使汽温保持在规定的范围内波动，必须采用适当的汽温调节手段。由于汽温的变化是由蒸汽侧和烟气侧两方面的原因造成的，因此，汽温的调节方式也可分为蒸汽侧调节和烟气侧调节两大类。对各类汽温调节方式的基本要求为：调节范围广；调节惯性小，灵敏度好；结构简单可靠，维护工作量小；附加的金属消耗量和能量消耗量小；对电站效率影响小。

蒸汽侧汽温调节就是利用减温器来降低蒸汽的焓值，使汽温降低到需要的温度。这种调节方式的优点是调节精确度高。减温器结构设计合理时，可使过热器各蛇形管中得到均匀温度的蒸汽，合理布置减温器的位置还能起到保护受热面的作用。其缺点主要是只能使蒸汽降温而不能升温，因此锅炉按额定负荷设计时，必须先增设过热器的面积，使过热器在额定负荷下多吸收一些热量，再用减温器来降低蒸汽温度。由于锅炉过热器汽温特性多偏于对流特性，因此锅炉降负荷时，汽温随之下降，此时逐步减小减温器的减温能力，直至减温器解列，蒸汽侧调温方式就失去了调温能力。由于蒸汽侧减温方式的这种特性，导致锅炉过热器的钢材耗量有所增加。

在烟气侧调节汽温时，通常有两种途径，即改变通过过热器的烟气流量，和改变过热器进口的烟气温度。烟气侧调温时，汽温可按需要升高或降低，不需要增加额外的受热面，但这种调节方式的调节精确度较低，一般用作汽温的粗调。

蒸汽侧调节汽温的方法有采用面式减温器、喷水减温器、蒸汽旁通、汽—汽交换器等。烟气侧调节汽温的方法有改变烟气再循环流量、调节火焰中心位置或调节分隔烟道挡板等。

高参数以上大型锅炉，一般同时采用蒸汽侧和烟气侧调节手段，为减少喷水减温所用水量，从发展趋势看，以采用烟气侧调温为主，约占调节量的2/3，蒸汽侧调温作为细调，约占调节量的1/3。

1. 过热汽温的调节

(1) 利用喷水减温器调节过热汽温

喷水减温器是将减温水直接喷入过热蒸汽中，吸收过热蒸汽的热量，完成水的加热、蒸发和过热，从而使过热蒸汽温度降低，以达到调节过热汽温的目的。由于喷水减温器是根据将水汽直接接触的原理工作的，故其调节幅度大、惯性小、调节灵敏，易于自动化。加上其结构简单，因此在过热蒸汽调节中得到广泛的应用，作为调节过热汽温的主要手段。在喷水减温中，喷入的水与蒸汽直接混合，因而对水质的要求很高。通常用给水泵出口的给水作为减温水，利用给水与减温器之间的压差，达到有效喷射的目的。

现代大型锅炉通常设计两级以上喷水减温器，第一级布置在屏式过热器入口之前，以保护屏式过热器安全，并作为过热汽温的粗调。在末级过热器前一般也装设喷水减温器，对汽温进行细调，以保证过热器出口汽温达到额定值。喷水减温器装在末级过热器之前，可以保证高温过热器的安全，同时可以减少时滞，提高调节的灵敏度。

由于汽温动态特性的时滞和惯性较大，给调节带来一定的困难，故自动控制系统中除了以被调信号作为主调节信号外，一般还用减温器后某点的汽温或汽温变化率的信号来及时反映调节的作用，如图2-1所示，该点的汽温或汽温的变化率能迅速反应喷水量的变化。如果该点的汽温 θ_1 能保持一定，该级过热器出口汽温 θ_2 就能基本稳定，从而改善了喷水减温的效果。为了进一步提高调节质量，有的调温系统中还加入能提前反映汽温变化的信号，如锅炉负荷、汽轮发电机功率等。

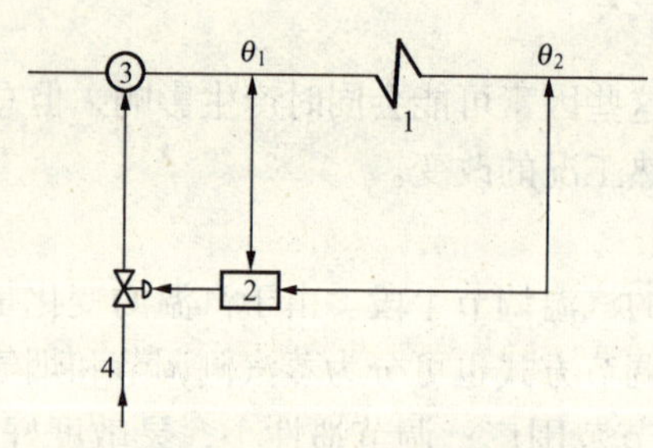

图2-1 汽温调节示意图
1—某段过热器；2—调节装置；3—减温器；4—减温喷水

实际运行过程中，除了严密监视各级过热器出口汽温，特别是末级过热器出口汽温为规定值外，还要特别注意监视各减温器后的温度，当各减温器后温度大幅度变化时就应进行相应的调整，如果当过热器出口汽温变化时才作调整，则调温幅度大，汽温也不易稳定。

(2) 改变火焰中心位置

由于利用喷水减温调节汽温只能使蒸汽温度降低，所以当汽温低于规定值，而减温水门已全部关闭时，就必须采用其他的辅助手段。

改变火焰中心位置是很有效的辅助调节手段，它可以改变炉内辐射吸热量和炉膛出口烟温，从而达到调节过热汽温的目的。

改变火焰中心位置的方法主要有：

1）改变摆动式燃烧器的倾角。摆动式燃烧器喷口可以上下摆动调节火焰中心，使炉膛辐射吸热量与总吸热量之比以及炉膛出口烟温发生变化，从而达到调节汽温的目的。此方法多用于四角布置的燃烧方式。其优点是：调温幅度大，时滞性小，调节灵敏，设备简单，没有功率消耗。缺点是摆角过大会造成结渣和不完全燃烧损失增加。一般锅炉燃烧器上、下摆动角度为±（20°～30°）。

2）改变燃烧器的运行方式。如果沿着炉膛高度布置有多排燃烧器时，投入或停用不同高度的燃烧器可改变火焰中心位置，而达到调节汽温的目的。

3）改变配风工况。在总风量不变的情况下，改变上、下排二次风的比例可改变火焰中心位置。当汽温高时，开大上排二次风，关小下排二次风，以压低火焰中心，使汽温下降。汽温低时，操作情况则与上述相反。

4）利用吹灰的方法调节过热汽温。发现汽温偏低时，应及时加强对过热器的吹灰；发现汽温升高时，则应加强对炉膛水冷壁及省煤器的吹灰，并在确保燃烧完全的前提下尽量减少锅炉的总风量。

2. 再热汽温的调节

（1）再热汽温调节特点

和过热蒸汽温度的调节相比，再热蒸汽温度的调节有如下特点：

1）再热蒸汽压力一般为过热蒸汽压力的1/5~1/4。由于蒸汽压力低，再热蒸汽的比热较过热蒸汽的小，吸收同样热量时再热汽温的变化大。因此当工况变动时，再热汽温的反应就比较敏感，且变化幅度也较过热蒸汽为大，导致再热汽温的调节幅度也较过热汽温大。

2）对于过热器，当负荷变化时，过热器入口的工质温度保持不变，等于工质的饱和温度；而对于再热器，在定压运行方式下，负荷变化时，锅炉出口的主蒸汽温度和压力都保持不变。机组负荷降低时，汽轮机各级排汽压力和温度都随蒸汽流量的降低而下降，一般负荷从额定值下降到70%时，再热器进口汽温下降约30~50℃，因此对流式再热器汽温随负荷降低而降低的幅度要比对流式过热器的大一些，而辐射式再热器的汽温随负荷降低而升高的幅度要比辐射式过热器的平缓一些。

在变压运行方式下，负荷降低，过热器和再热器内蒸汽压力随之降低，蒸汽比热减少，加热到额定出口温度所需的热量减少，而且再热器入口的蒸汽温度基本不随负荷变化，因此负荷降低时，过热汽温和再热汽温比定压运行时更容易保持稳定。

3）再热汽温调节不宜采用喷水减温方法，否则会使机组运行的经济性下降。若再热汽温采用喷水调节，则势必会增大汽轮机中、低压缸的功率与流量，若机组总功率不变，高压缸的功率与流量则相应减少，这就相当于用部分低压蒸汽循环代替高压蒸汽循环，导致整个单元机组循环热效率降低，热经济性变差。实际计算表明，喷入1%额定蒸发量的喷水至再热器，将使循环热效率降低0.1%~0.2%。因此再热汽温调节方法一般以采用烟气侧调节为主，即采用摆动燃烧器倾角、改变烟气再循环流量或调节分隔烟道挡板等方法。但为了保护再热器，在事故状态下避免因过热而烧坏，在再热器进口处设置事故喷水减温器，作为辅助调温手段。当再热器进口汽温采用烟气侧调节无法使汽温降低时，则要用事故喷水来保护再热器管壁不超温，以保证再热器的安全。

（2）再热汽温调节

1）烟气再循环。烟气再循环方法是通过再循环风机抽取省煤器后温度为250~350℃的一部分烟气送入炉膛，改变辐射受热面与对流受热面的吸热量比例，从而达到调节汽温的目的。烟气再循环通常用于过热器和再热器具有明显对流换热特性的锅炉的汽温调节。

当再循环烟气从炉膛下部送入时，炉膛温度降低，炉膛辐射吸热量减少，炉膛出口烟温基本不变。由于进入对流受热面的烟气量增加，吸热量随之增加，而且沿着烟气流程越往后，吸热量增加越多，通常再热器布置在烟温较低的对流烟道中，因此采用烟气再循环调节再热汽温效果很好。烟气抽出位置的烟温越高，调温效果越好，但再循环风机工作条件恶化，可靠性降低，风机电耗也增加。

再循环烟气也可从炉膛上部送入，此时炉膛吸热量变化很小，但炉膛出口烟温降低很多，使布置在靠近炉膛出口的高温过热器的传热温压降低，吸热量减少。对于沿烟气流程往后的受热面，由于烟气量增加，强化传热的作用逐渐大于传热温差减少的影响，吸热量有所增加。这种烟气再循环方式对再热汽温调节影响不大，而主要用于降低和均匀炉膛出口烟温，起到减轻屏式过热器和对流过热器结渣和减少热偏差的作用，这对大型电站锅炉安全运行是非常重要的。

因此，可将再循环烟气同时接入炉膛的上部和下部，低负荷时，从炉膛下部送入，起到调温作用；高负荷时，则从炉膛上部送入，起到保护对流受热面的作用。

烟气再循环调温方式可在低负荷投入而在高负荷停用，因此该方式不像减温器需要额外增加一部分受热面以供汽温调节，节约了金属耗量。烟气再循环还可用于限制炉内热负荷，防止炉内结渣及水冷壁传热恶化，并且可抑制炉内氮氧化物等大气污染物的生成。

烟气再循环的主要缺点是要增加再循环风机，增加了厂用电。再循环风机工作于高烟温中，燃用煤粉时还要受到高浓度飞灰磨损，工作条件差，维护费用高，还会使锅炉排烟热损失有所增加。对于低挥发分煤，不宜使用烟气再循环，以免造成炉内燃烧恶化；燃用高灰分煤时，采用烟气再循环会加大受热面磨损，应在再循环风机前加装除尘器。

2）分隔烟道的烟气挡板调节方法。用分隔烟道改变烟气挡板角度来调节再热汽温的方法，是利用分隔墙把竖井烟道分隔成两个平行烟道，在主烟道布置低温过热器，在旁路烟道布置低温再热器。烟气挡板一般布置在省煤器之后，空气预热器之前。如图 2-2 所示。

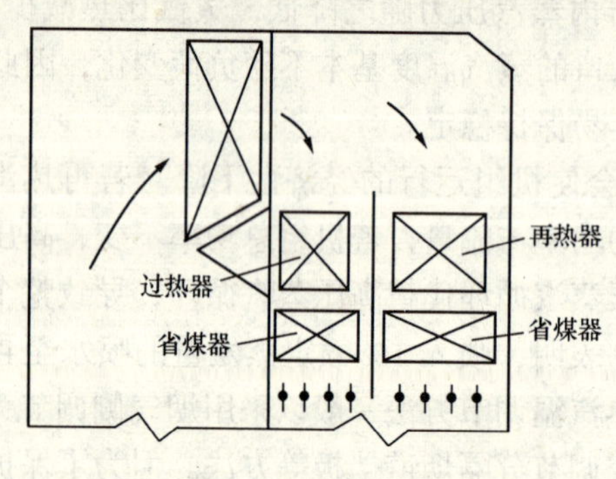

图 2-2 分隔烟气挡板布置方式

当锅炉出力改变或其他工况条件发生变动而引起再热汽温变化时，通过调节烟气挡板的开度改变流经两个烟道的烟气流量分配，达到调温的目的。烟气挡板使流经两个烟道的烟气量变化的情况如图 2-3 所示。

主烟道和旁路烟道的挡板采用反向联动调节方式，两角度之和保持为 90°，在锅炉负荷变化范围之内，主烟道的理论调节角度范围为 40°～60°。当再热汽温降低时，开大低温再热器侧的烟气挡板，烟气量增加，再热汽温上升。与此同时低温过热器侧的烟气挡板关小，过热汽温下降，过热汽温的变化再通过喷水减温器的喷水量调节来维持过热汽温。

这种调节方法的优点是结构简单，操作方便。主要缺点是挡板的开度与汽温变化不成线性关系，调节时对主汽温度也会造成一定的影响。此外，挡板布置在烟道中，易产生磨损与积灰，为防止挡板产生热变形，还必须采用耐热钢板。另外利用挡板调节汽温，灵敏度也较差，因此一般宜与其他调节方法联合使用。

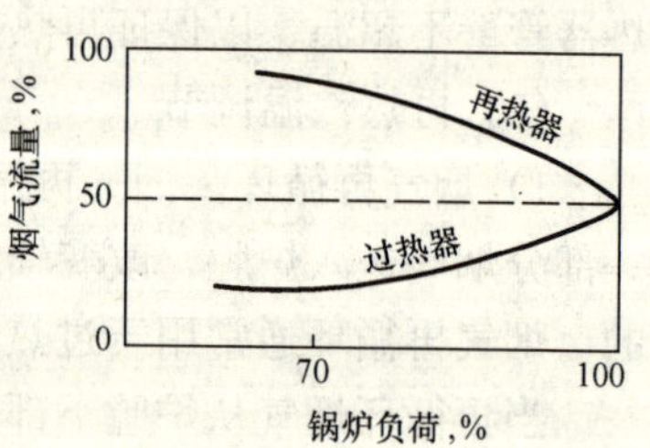

图 2-3 挡板调节时，烟气量随锅炉负荷的变化

烟道挡板调温比较适用于采用前后墙对冲燃烧的锅炉，

对于四角切圆燃烧锅炉，炉膛出口扭转残余控制不好时，炉膛出口烟气偏差会一直影响到尾部烟道，烟气挡板往往成为运行中纠正锅炉尾部烟道烟气偏差的手段，大大削弱了预定的调温效果。

3）改变炉膛火焰中心的高度。改变炉膛火焰中心的高度，可以改变炉膛出口烟温，即改变炉内辐射传热量和烟道中对流传热量的分配比例，从而达到调节再热汽温的目的。改变火焰中心高度的方法有：改变燃烧器倾角；改变上、下层燃烧器的负荷；调节上、下层二次风量等。再热器一般为偏于对流的汽温特性，炉膛火焰中心上移时，再热汽温上升，反之，再热汽温下降。

四、汽压调节

蒸汽压力是锅炉安全和经济运行的重要指标之一，它反映的是锅炉蒸发量与外界负荷之间的平衡关系。蒸汽压力调节就是通过保持锅炉出力与汽轮机所需蒸汽量的平衡来实现蒸汽压力的稳定。

（一）蒸汽压力调节的必要性

1. 汽压过高

汽压过高将导致各承压部件内机械应力增大，影响安全性，如安全门发生故障，还会导致爆炸。汽压波动严重时会导致安全门经常动作，不但会排出大量蒸汽，造成工质损失，影响经济性，而且安全门频繁动作也会发生磨损等，待安全门回座时关闭不严，导致经常性漏汽，严重时甚至发生安全门无法回座而被迫停炉的后果。

2. 汽压过低

汽压降低，会使蒸汽做功能力降低，负荷不变时，汽耗量将增大，发电厂运行的经济性降低。同时汽压降低，为了维持机组负荷不变，则必须加大汽轮机的进汽量，会使汽轮机轴向推力增加，易发生推力瓦烧坏等事故。若汽压降低过多时，会迫使汽轮机减负荷。

3. 汽压波动幅度过大

（1）汽压变化速度对锅炉安全性的影响

汽压的大幅度波动，容易导致锅炉满水或缺水等水位事故的发生，此外，还可能造成下降管入口汽化或循环倍率下降等影响锅炉水循环安全性的情况发生。运行中汽压经常反复地变化，会使承压部件受到交变的机械应力的作用，若此时再加上温度应力的影响，则将导致受热面金属的疲劳损坏。

（2）影响汽压变化速度的因素

汽压变化速度体现了锅炉抗内、外扰动能力的大小。它主要同扰动量的大小、锅炉的蓄热能力、燃烧设备的惯性和燃料种类等有关。

1）扰动量的大小。扰动量越大，则汽压变化的速度就越快，变化幅度也就越大。

2）锅炉的蓄热能力。所谓锅炉的蓄热能力，是指当外界负荷变动而燃烧工况不变时，锅炉能够放出或吸收的热量的大小。蓄热能力越大，则外界负荷发生变化时保持汽压稳定的能力越大，即汽压的变化速度越慢；反之，蓄热能力越小，则汽压的变化速度就越快。

3）燃烧设备的惯性。燃烧设备的惯性是指从燃料量开始变化到炉内建立起新的热负荷平衡所需要的时间。若燃烧设备的惯性大，则当负荷变化时，恢复汽压的速度就慢。反之，则汽压恢复速度快。燃烧设备的惯性与燃料种类、调节系统灵敏性及制粉系统的型式等有关。油的着火和燃烧都比煤快，其惯性就较小；调节系统灵敏，惯性小；直吹式制粉系统由于从改变给煤量到进入炉膛的煤粉量发生变化，需要一定的时间，而中间储仓式制粉系统由于有煤粉仓，故只要增大给粉量就能很快适应负荷的要求，所以直吹式制粉系统比中间储仓式制粉系统的惯性大。

（二）影响汽压变化的因素

引起汽压变化的原因可归纳为两方面：一是锅炉外部的因素，称为“外扰”；二是锅炉内部的因素，称为“内扰”。

1. 外扰

外扰是指非锅炉本身的设备或运行原因所造成的扰动。对于单元机组来说，主要表现在外界负荷的正常增减及事故情况下的大幅度甩负荷，具体反映为汽轮机所需蒸汽量的变化。

2. 内扰

内扰一般是指由锅炉本身设备或运行工况变化而引起的扰动。当炉内燃烧工况变化时，如送入炉内的燃料量、煤粉细度、煤质或风量等发生变化，都会产生内扰。在外界负荷不变的情况下，汽压的稳定主要取决于炉内燃烧工况的稳定。此外，炉内热交换情况的改变也会影响汽压的稳定，如管壁结垢、炉膛结渣等将会引起蒸汽量的变化，从而导致汽压的变化。

无论是内扰还是外扰，汽压的变化总与蒸汽流量的变化密切相关。一般情况下，当汽压与蒸汽流量的变化方向相反时，可判断为外扰；汽压与蒸汽流量的变化方向相同时，可判断为内扰。

（三）蒸汽压力的调节

汽压的调节是以改变锅炉蒸发量作为基本的调节手段的，而锅炉蒸发量的大小决定于送入炉内燃料量的多少和燃烧情况的好坏，因此调节汽压实质上就是调节锅炉的燃烧。当汽压下降时，应强化燃烧，即增加燃料量和风量。反之，当汽压升高时，则应减弱燃烧，即减少燃料量和风量。同时还要相应地改变给水量以保持正常水位，改变减温水量以维持过热汽温。

在调节燃料量和送风量的操作中，为了提高燃烧的经济性，当增加负荷时，一般情况下是先增加风量，然后再增加燃料量。如果先增加燃料量而后增加风量，则将造成燃料的不完全燃烧。但是，由于炉膛中总是保持有一定的过量空气，所以在某些实际操作中，当负荷增加较大或增加的速度较快时，为了保持汽压不致有大幅度的下降，也可以先增加燃料量，紧接着再增加风量。低负荷情况下，由于炉膛中的过量空气相对较多，在增加负荷时也可先增加燃料量，紧接着再增加风量；反之，锅炉减负荷时，应先减燃料量，后减风量。

在异常情况下，汽压突然升高，用正常的操作方法无法维持时，可采用开启过热器或再热器安全门或向空排汽门的办法，以尽快降压。

五、燃烧调节

炉内燃烧过程是否稳定，直接关系到整个单元机组运行的安全可靠性。如果燃烧过程不稳定，将引起蒸汽参数的波动，甚至发生炉膛灭火事故。若炉膛温度过高或火焰中心偏斜将引起水冷壁及炉膛出口受热面结渣，并可能会加大过热器的热偏差，使局部管壁超温，甚至爆管。所以燃烧器调节适当，确保燃烧工况稳定，是单元机组安全可靠运行的重要条件。

燃烧过程的好坏还影响着锅炉运行的经济性。这就要求保持合理的风粉配合，一、二次风配合和送、引风配合，还要求保持适当高的炉膛温度。合理的风粉配合就是要保持最佳的过量空气系数；合理的一、二次风配合就是要保证着火迅速、稳定，燃烧完全；合理的送、引风配合就是要保持适当的炉膛负压，减少漏风。当运行工况改变时，若这些配合调节得当，就可以减少燃烧损失，提高锅炉效率。

所以在运行中，锅炉燃烧调整的目的是：在保证满足汽轮机对锅炉参数要求的前提下，调整燃烧器各层的燃料分配，调整一、二次风的分配，以达到炉膛热负荷均匀、炉膛受热面不结渣、火焰不冲刷水冷壁，减少不完全燃烧热损失，尽量减少污染物的生成，使锅炉在最安全、经济的条件下稳定运行。

为达到上述燃烧调节的目的，在运行操作方面应注意燃烧器的一、二、三次风出口风率和风速，各燃烧器之间的负荷分配和运行方式，炉膛的风量（氧量值）、燃料量和煤粉细度等参数的调节，使其达到最佳值。

(一) 燃料量的调节

1. 配中间储仓式制粉系统的煤粉炉

配中间储仓式制粉系统运行工况的变化与锅炉负荷不存在直接关系。燃料量的调节可通过投、停燃烧器只数，改变给粉机转速或调节给粉机下粉插板的开度来实现。

当负荷变化不大时，可采用调节给粉机的转速来改变进入锅炉的燃料量。当负荷变化较大，超出给粉机正常调节范围时，则应先采用改变给粉机的运行台数，即投、停给粉机，以较大幅度地调整燃料量，对燃烧进行粗调，再以改变给粉机转速对燃烧进行细调。

调整给粉机的转速时，应尽量保持同层燃烧器的粉量一致，以便于配风。给粉机转速的调节范围不宜过大。若给粉机转速过高，则不但会因煤粉浓度过大堵塞一次风管，而且容易使给粉机超负荷和引起不完全燃烧；若给粉机转速过低，则在炉膛温度不太高的情况下，由于煤粉浓度小，着火不稳，易发生炉膛灭火。

当需要投入备用的喷燃器和给粉机时，应先开启一次风门至所需开度，对一次风管进行吹扫。待风压指示正常后，方可启动给粉机进行给粉，并开启二次风，观察着火情况是否正常。当停用喷燃器时，应先停止给粉机，并关闭二次风，而一次风应继续吹扫数分钟后再关闭，以防止一次风管内产生煤粉沉积。为防止停用的喷燃器因过热而烧坏，其一、二次风门应保持微小的开度，以冷却喷口。

2. 配直吹式制粉系统的锅炉

配直吹式制粉系统的出力大小将直接影响到锅炉的蒸发量。若锅炉负荷变化不大，则可通过调节运行制粉系统的出力来满足。当锅炉负荷增加，要求制粉系统出力增加时，应先开大磨煤机及一次风机的入口挡板，增加磨煤机的通风量，以利用磨煤机内的存煤量作为增加负荷开始的缓冲调节。然后再增加给煤量，同时开大相应的二次风门。反之，当锅炉负荷降低时，则应减少给煤量和磨煤机通风量以及相应的二次风量。在调节给煤量和风门开度时，应注意辅机的电流变化、挡板的开度指示、风压变化等，防止发生电流超限和堵管等异常情况。

当负荷变化较大，则需投、停整套制粉系统。此时须考虑燃烧器组合运行工况的合理性，投运燃烧器应均衡，保持各燃烧器特别是四角切圆燃烧的燃烧器风粉均匀配合，防止燃烧不均或火焰偏斜。

为了使锅炉有一定的适应负荷变化和调节汽压的能力，运行的给粉机或给煤机应保持一定的余量，给煤机调节的速度也不宜过快，以减少对汽温和水位的冲击。

(二) 风量的调节

风量的调节是维持炉内正常燃烧工况的主要手段。根据不同燃烧器的结构特性、不同燃料品种，通过调整试验确定合理的一、二、三次风风速、风率。根据炉前入炉燃料的种类及其主要成分（挥发分、水分、灰分等）、发热量和灰熔点，调整控制一、二、三次风风压，达到合理配风的要求，组织炉内良好的燃烧工况。

正常运行时，应及时调整送风机、引风机风量，以维持正常的炉膛压力，使锅炉上部不向外冒黑烟。同时应维持最佳的炉膛出口过量空气系数。

1. 送风量的调节

当外界负荷变化而需调节锅炉出力时，随着燃料量的改变，对锅炉的风量也需做相应的调节。

送风量的大小应与燃料量成比例，以维持最佳的炉膛出口过量空气系数，保持炉内完全燃烧。一般过量空气系数随锅炉负荷的变化而变化，低负荷时过量空气系数较大，高负荷时相对较小。

锅炉总风量的调节，是通过改变送风机的风量来实现的。对于离心式送风机，通常是改变进口导向挡板的开度；对轴流式送风机，一般是通过改变风机动叶角度来调节的。

现代大容量的锅炉都装有两台送风机，当两台送风机都在运行状态，又需要调节送风量时，一般应同时改变两台送风机的风量，以使烟道两侧的烟气流动工况均匀。

在锅炉的风量控制中，除了改变总风量外，一、二次风的配合调节也是很重要的。一、二次风的风量分配应根据它们所起的作用进行调节。一次风量应以能满足进入炉膛的风粉混合物挥发分燃烧及固体焦炭质点的氧化需要为原则。二次风量不仅应满足燃烧的需要，而且还应起到补充一次风末段空气量不足的作用。此外，二次风应能与进入炉膛的可燃物充分混合，这就需要有较高的二次风速，以便在高温火焰中起到搅拌混合的作用，以强化燃烧。有些情况下，还可借助改变二次风门的开度，来达到由于喷燃器中煤粉浓度偏差造成的需求风量不同的目的。

2. 炉膛负压的控制和引风量的调节

炉膛压力是反映炉内燃烧工况稳定与否的重要参数。炉内燃烧工况一旦发生变化，炉膛压力就将迅速发生相应地改变。当锅炉的燃烧系统发生故障或异常情况时，最先在炉膛压力的变化上反映出来，而后才是蒸汽参数的一系列变化。因此监视和控制炉膛压力，对于保证炉内燃烧工况的稳定具有极其重要的意义。

炉膛负压过大，会增加炉膛和烟道的漏风，引起燃烧恶化，甚至导致灭火。反之，若炉膛负压过小，则炉膛内的高温火焰及烟灰就可能外喷，不但影响环境卫生，还将造成设备损坏或引起人身事故。

运行中引起炉膛负压波动的主要原因是燃烧工况的变化。为了使炉内燃烧能连续进行，必须不间断地向炉膛供给燃料燃烧所需要的空气，并将燃烧后生成的烟气及时排走。如果排出炉膛的烟气量与燃烧产生的烟气量能保持平衡，则炉膛负压就相对保持不变。若上述平衡遭到破坏，则炉膛负压就要发生变化。例如在引风量不变的情况下，增加送风量，会使炉膛出现正压。

运行中即使在送、引风量保持不变的情况下，由于燃烧工况总有少量的变化，故炉膛压力总是脉动的。当燃烧不稳时，炉膛压力将产生强烈的脉动，运行经验表明：当炉膛压力发生剧烈脉动时，往往是灭火的预兆，这时必须加强监视和检查炉内燃烧工况，分析原因，并及时进行调整和处理。

炉膛负压的调节主要是通过改变引风机出力进行的。为避免炉膛出现正压和风量不足，在增加负荷时，应先增加引风机出力，再增加送风机出力和燃料量；在减少负荷时，则应先减少燃料量和送风量，再减少引风机出力。

3. 燃烧器的运行方式

燃烧工况的好坏，不仅受配风工况的影响，还与炉膛热负荷及燃料在炉内分布有关，即与燃烧器的运行方式（燃烧器的负荷分配、投停方式）有关。

为了保持火焰中心位置，避免发生火焰偏斜等现象，一般应力求使各燃烧器承担的负荷均匀对称，即将各燃烧器中的给煤量和风量调整一致。但有时为了适应锅炉负荷和煤种的改变、减少过热器的热偏差、提高运行经济性等方面的要求，有意识地改变各燃烧器之间的负荷分配。对于四角切圆燃烧的直流燃烧器，为了减少火焰偏斜和避免结渣，当四角气流不对称时，将一角或相对两角的风粉量降低可能会有效果。改变四角布置燃烧器的上、下排的给粉量和二次风量，也是调整燃烧中心、改善气粉混合物状态和增强燃烧效果的常用措施。

低负荷运行时应少投燃烧器，燃烧器投用要集中，尽量避免隔层运行，保持较高的煤粉浓度，这样有利于着火。低负荷运行时，炉膛热负荷低，易灭火，因此除采用高煤粉浓度的措施外，还可适当降低炉膛负压，调整好各燃烧器的风量与粉量，避免风速过大的波动。低负荷时可投入油枪助燃，以稳定燃烧。

高负荷运行时应尽可能多投燃烧器，合理分配各煤粉燃烧器的煤量，以均衡炉膛热负荷，减小热偏差。

投、停燃烧器一般可参考以下原则：

(1) 只有在为了稳定燃烧以及适应锅炉负荷和保证锅炉参数的情况下，才投、停燃烧器，这时经济方面的考虑是次要的。

(2) 停上投下，可降低火焰中心，以利于煤粉燃尽。

(3) 需要对燃烧器进行切换时，应先投备用的燃烧器，待运行正常后，再停用燃烧器，以防止中断或减弱燃烧。

(4) 在投、停或切换燃烧器时，必须全面考虑对燃烧、汽温等方面的影响。

(5) 对配中间储仓式制粉系统的锅炉，煤粉燃烧器应逐只对称地投入或停用，四角布置切圆燃烧的锅炉严禁煤粉燃烧器缺角运行。

4. 正常稳定运行中炉内燃烧工况

正常稳定运行中炉内燃烧工况是否正常，需通过对火焰的观察进行判断。正常稳定燃烧时，炉内具有光亮的金黄色火焰，火色稳定，火焰均匀且充满燃烧室，但不触及四周的水冷壁；火焰中心应在燃烧室中部，火焰中心较其他区域明亮；着火点应在距燃烧器不远的地方；火焰中心不应有煤粉离析，也不应有明显的星点（有星点表示炉温过低或煤粉太粗）；炉膛负压稳定。

第二节　直流锅炉的运行调节

一、直流锅炉调节特点

直流锅炉的工作原理不同于汽包锅炉，因此在调节上也有其特点。

1. 要保持燃料量与给水量的固定比例

汽包锅炉的负荷变化时，燃料量、给水量也要随之变化。但是，由于汽包水容积的作用，汽包锅炉在调节过程中不需要严格保持燃料量与给水量的固定比例。当燃料量与给水量两者有一个变化时，只能引起锅炉出力或汽包水位的变化，而对过热汽温的影响不大。这是因为汽包炉的过热器受热面固定，过热器入口处蒸汽（饱和蒸汽）参数变化不大，一般用喷水减温的调节就可以保持汽温稳定。

但在直流锅炉中，当负荷变化时，为了维持过热汽温的稳定，则必须同时改变给水量和燃料量，并严格保持其固定比例，否则给水量或燃料量的单独变化或给水量、燃料量不按比例的变化都会导致过热汽温的大幅度变化。例如，给水量不变，而燃料量增加时，由于受热面的吸热量增加，开始蒸发点和开始过热点都提前，使得直流炉的加热、蒸发和过热三区段的分界点有了移动，加热和蒸发区段缩短，过热区段变长，因而过热汽温升高；相反，给水量不变而燃料量减少时，过热汽温降低。再如，燃料量不变而给水量增加时，由于工质需要的热量增多，以致开始蒸发点和开始过热点都推后，使加热和蒸发区段延长，而过热区段缩短，因而过热汽温降低；相反，燃料量不变而给水量减少时，过热汽温升高。

在稳定工况下，过热蒸汽的出口焓可用下式表示：

$$h''_{gr} = h_{gs} + \frac{BQ_{ar,net}\,\eta_{gl}}{G} \tag{2-1}$$

式中 h''_{gr}——过热器出口蒸汽焓，kJ/kg；

h_{gs}——锅炉给水焓，kJ/kg；

η_{gl}——锅炉效率；

B——锅炉燃料量，kg/h；

$Q_{ar,net}$——燃料低位发热量，kJ/kg；

G——工质流量（给水流量），kg/h。

从式中可以看出，当给水焓 h_{gs}、燃料低位发热量 $Q_{ar,net}$ 以及锅炉效率 η_{gl} 保持不变时，出口过热汽温（h''_{gr}相应 t''_{gr}）只决定于燃料量 B 与给水流量 G 的比值 B/G（煤水比或燃水比）。当 B/G 增加时，t''_{gr}上升；B/G 减少时，t''_{gr}下降。当 B/G 不变时，t''_{gr}不变。由此可见，直流炉的汽温调节要求燃料量与给水量应严格保持固定的比例。

2. 要有超前信号

直流锅炉的过热汽温的变化同汽水管道的所有中间截面的工质焓值的变化是相互关联的。当锅炉工况变动时，首先变化的是过热器入口截面的汽温，然后逐渐向后变动，最后导致出口过热汽温的变化。为了提高调节质量，按照反应快和便于检测等条件，通常在过热区的开始部分选取一个合适的点，以该点工质温度作为超前信号来控制煤水比。这一点称为中间点。调节时利用煤水比手段来保持中间点温度这一定值（相当于汽包炉过热器入口端固定），而中间点至过热器出口之间，则采用喷水减温器来适应过热器的工况变化及维持规定的过热器出口汽温。中间点的位置越靠近过热器入口，则汽温调节的灵敏度越高，但应保持中间点工质状态在维持额定汽温的负荷范围内为微过热蒸汽，因而也不宜过于提前。

3. 要有较好的自动调节设备

汽包锅炉的水容积比较大，又有汽包及下降管等厚壁部件，因而工质与金属的蓄热能力较大。当工况变化时维持自身平衡的能力较强。

直流锅炉采用薄管壁、小管径的管子，没有厚壁汽包、下降管等，因此水容积小，其工质与金属的蓄热能力只有汽包锅炉的 1/4 ~ 1/2，故直流锅炉自行保持平衡的能力较差。因此，当运行工况发生相同的变化时，直流锅炉运行参数的变化速度比汽包锅炉要快得多，直流锅炉对自动调节设备及系统在可靠性、灵敏度、稳定性等方面的要求比汽包锅炉高。

但蓄热能力小也有其有利的一面。当需主动调节时，参数变化比较迅速，能很快适应工况的变动。

直流锅炉与汽包锅炉在燃烧和通风调节方面并没有什么不同；但是，在蒸汽参数的调节方面却存在着一定的差异。

二、直流锅炉蒸汽参数的调节

锅炉的运行，必须保证汽轮机所需要的蒸汽量以及过热蒸汽压力和温度的稳定。直流锅炉蒸汽参数的稳定主要取决于两个平衡：汽轮机功率与锅炉蒸发量的平衡和燃料与给水的平衡。第一个平衡能使汽压稳定，第二个平衡能使汽温稳定。但是，由于直流锅炉受热面的三个区段无固定分界线，使得汽压、汽温和蒸发量之间又是紧密相关的，即一个调节手段不仅影响一个被调参数。因此，实际上汽压和汽温这两个参数的调节过程并不独立，而是一个调节过程的两个方面。除了被调参数的相关性外，还由于直流锅炉的蓄热能力小，工况一旦受扰动，蒸汽参数的变化很敏感。

(一) 过热汽温的调节

1. 影响过热汽温的主要因素

(1) 煤水比。从前面的分析可知，在运行中，若要维持过热汽温不变，则必须要保持适当的煤水比。

(2) 给水温度。给水温度升高，若燃料量不变，加热段与蒸发段缩短，过热段加长，使蒸发点前移，最终将导致过热汽温的升高。反之，当给水温度降低时，若燃料量不变，则过热汽温下降。

(3) 过量空气系数。当过量空气系数增大时，炉膛水冷壁吸热减少，引起加热段与蒸发段加长，即蒸发点后移，过热段缩短，此时对流传热虽有增强，但在煤水比不变的情况下，最终将导致过热汽温的下降。当过量空气系数减小时，结果与增加时相反。

(4) 火焰中心高度。火焰中心高度变化的影响与过量空气系数变化的影响相似。在煤水比不变的情况下，火焰中心上移类似于过量空气系数增加，过热汽温略有下降；反之，过热汽温略有上升。

(5) 受热面结渣。直流锅炉中，工质在受热面内一次流过，完成加热、蒸发和过热的过程。只要给水流量和减温水流量保持不变，锅炉出力便将保持不变，因而在燃料量不变的情况下（亦即煤水比不变），无论在一次汽系统的任何部位结渣，都会造成一次汽系统内工质吸热量的减少，而使过热汽温下降。

总之，对于直流锅炉，在水冷壁温度不超限的条件下，后四种影响过热汽温的因素都可以通过调整煤水比来消除；所以，只要控制、调节好煤水比，在相当大的负荷范围内，直流锅炉的过热汽温可保持在额定值附近。

2. 过热汽温的调节

在直流锅炉中，过热汽温可通过煤水比来调节，煤水比调节的主要温度参照点是中间点温度。在运行中，煤水比变化时，中间点温度就会偏离设定点。运行人员或计算机根据中间点温度的偏差信号及时调节煤水比，消除中间点温度的偏差，以保持过热汽温的稳定。但需要强调的是，中间点温度的设定值与锅炉特性和负荷有关，如机组在变压运行时，饱和温度随压力下降而降低，中间点温度也随之下降，而不是一个固定值。调节中间点汽温的方法有两种：一种是使给水量不变而调节燃料量；另一种是保持燃料量不变而调节给水量。前者称以水为主的调节方法；后者称以燃料为主的调节方法。由于煤量不易准确控制，常采用以水为主的调节方法。设计人员将中间点温度的设定值与锅炉特性和负荷的对应关系绘制成曲线，输入计算机进行自动控制。

在实际运行中，由于给煤量不可能控制得很精确，因而只能把保持煤水比作为粗调节，而另外用喷水减温作为细调节。一般采用三级喷水，第一级喷水布置在低温对流过热器之间，控制中间点温度；第二级喷水布置在后屏过热器前；第三级喷水布置在末级过热器前，设计喷水量约为锅炉额定负荷的5%～8%。

当汽温偏低时，首先应适当增加燃料量或减少给水量，使汽温升高，然后再以喷水量来精确调节汽温；当汽温偏高时，操作情况相反。

（二）再热汽温的调节

直流锅炉的再热汽温的影响因素与汽包锅炉的再热汽温影响因素类似，也受到如给水温度、过量空气系数、炉膛火焰中心、受热面结渣、过热蒸汽温度和压力等因素的影响，而且变化的情况基本相同。

直流锅炉的再热汽温调节也与汽包锅炉类似，即以烟气侧为主，事故喷水减温作为辅助调温手段。

（三）过热蒸汽压力的调节

过热蒸汽压力调节的任务是调节锅炉蒸发量与汽轮机需求量的平衡。对于汽包炉，锅炉出力的变化是依靠燃料的燃烧调节来达到的，与给水量无直接关系；而对于直流锅炉，蒸汽量由给水量决定，因此燃料量变化不能直接引起锅炉出力的变化，只有在给水量变动时才使锅炉出力变化。

显然，当调节给水量以保持汽压稳定时，必然要引起汽温的变化，所以在调压过程中，必须校正过热汽温。

根据直流锅炉参数调节的特性，国内总结出一条行之有效的操作经验，即给水调压，燃料配合给水调温，抓住中间点，喷水微调。例如，当汽轮机负荷增加时，过热蒸汽压力势必下降，此时应加大给水量以增加蒸汽流量，然后加大燃料量，保持燃料量与给水量的比值，以稳住过热蒸汽温度，同时监视中间点，用喷水作为细调的手段。

第三节 汽轮机的运行监视

汽轮机正常运行维护的主要内容有：按照正常运行控制参数的限额规定，监视汽轮机主要参数及其变化值应符合规定；按规定内容进行设备定期巡检及维护；每小时对定时打印或抄录的参数进行分析，使机组在经济状态下运行；定期进行有关设备的切换及试验等。

汽轮机正常运行中的一些重要参数，如主蒸汽参数、凝汽器真空、轴向位移、轴瓦温度、振动、胀差及监视段压力等，对汽轮机的安全、经济运行起着决定性的作用。因此，运行中必须对这些参数认真监视并及时调整，使其保持在规定范围内。

一、蒸汽参数变化对汽轮机的影响

汽轮机运行时，蒸汽初、终参数有时会偏离设计值。当蒸汽参数的变化在允许范围内时，只影响汽轮机的经济性，但当这种变化超过运行规定的范围时，则对机组运行的安全性构成威胁。

(一) 主蒸汽压力

1. 主蒸汽压力升高

主蒸汽压力升高，而主蒸汽温度、排汽压力不变时，可提高机组的经济性。但是，如果主蒸汽压力升高超过规定范围时，将会直接威胁机组的安全。主蒸汽压力过高有以下几个方面的危害：

(1) 主蒸汽压力升高，机组末几级叶片的蒸汽湿度要增大，使末几级动叶工作条件恶化。对高温高压机组来说，主蒸汽压力升高0.5MPa，最末级叶片的湿度大约增加2%。目前大型机组末几级叶片的蒸汽湿度一般控制在15%以内。

(2) 主蒸汽压力升高，无论是维持调节汽门开度不变，还是维持主汽流量不变或维持机组负荷不变，在第一个调节汽门全开，而第二个调节汽门即将开启的工况下运行都是危险的，因为此时调节级或末几级的焓降过大、过负荷则可能损坏喷嘴和动叶片。

(3) 主蒸汽压力过高会引起主蒸汽管道、自动主汽门、调节汽门、汽缸法兰盘及螺栓等内应力增高。这些承压部件及紧固件在应力增高的条件下运行，会缩短使用寿命，甚至会造成部件的变形、松弛或损坏。

因此，在运行中，当主蒸汽压力超过允许值时，必须采取措施，如锅炉恢复汽压或开启旁路系统降压，必要时可开启锅炉安全阀，以达到降压的目的。

2. 主蒸汽压力降低

主蒸汽压力下降而主蒸汽温度、排汽压力不变时，整机理想焓降稍有下降，排汽湿度减少。在调节汽门开度未作调整时，主汽流量、机组功率下降，汽耗率增加，经济性降低。调节级和各中间级的理想焓降基本不变，末几级的理想焓降减少，则部件应力水平低于设计值，机组运行偏于安全。主汽压力降低时，应限制蒸汽流量不超过设计最大值，否则，会使汽轮机轴向推力过大，末级叶片过负荷。若汽压降低过多则不允许机组带满负荷，同时应要求锅炉尽早恢复汽压。

(二) 主蒸汽温度

1. 主蒸汽温度升高

当主蒸汽温度升高而主汽压力、排汽压力不变时，整机的理想焓降增加。若调节汽门开度不变，则蒸汽流量下降，机组功率增加，汽耗率减少，经济性提高。另外，主蒸汽温度的升高，可减小汽轮机的排汽湿度，从而减少了低压级的湿汽损失，使机组相对内效率也有所提高。

但从安全角度看，新蒸汽温度的升高将使金属材料的蠕变加剧，缩短了其使用寿命，如蒸汽室、主汽阀、调节阀、调节级、高压轴封、汽缸及主蒸汽管道等均要受到影响。因此提高初温时应严格监视这些部件的安全，尤其是高参数和超高参数的机组，即使初温增加不多，也可能会引起急剧的蠕变而大幅度地降低许用应力。

因此，在运行规程中严格地规定了主蒸汽温度允许升高的极限值，如对额定汽温规定为535℃的机组，允许温度变化为+5～－10℃，因此，在电网允许的情况下，当新蒸汽温度超过规定时应进行锅炉调整，若调整无效，再按规程规定停机或紧急停机。

2. 主蒸汽温度降低

主蒸汽温度下降而主蒸汽压力、排汽压力不变时，整机的理想焓降减少，排汽湿度增加，机组内效率下降，经济性降低。如果蒸汽温度降低，又要维持机组的额定功率，则蒸汽流量必然大于额定流量，此时调节级级后压力升高，该级的焓降将减少，故对调节级的安全没有影响。但对非调节级，尤其是最末几级，其焓降和流量同时增大，将引起最末几级隔板、动叶片应力增大。因此，汽温下降超过规定值时，需要限制机组出力。

主蒸汽温度的快速大幅度下降会造成汽轮机金属部件产生过大的热应力和热变形并影响到胀差，甚至会发生动静摩擦。另外，主蒸汽温度的急剧下降，严重时会导致汽轮机的水击事故的发生，造成通流部分、推力轴承及推力盘的严重损坏。

对于额定汽温为535℃的机组，当主蒸汽温度降至500℃时，应停机；当汽温直线下降50℃或10min内下降50℃时，应紧急停机。

（三）再热蒸汽压力和温度

在正常运行中，再热蒸汽压力是随蒸汽流量的改变而改变的，蒸汽流量变化还会引起再热器及其冷热段再热管道的压损变化，从而使再热蒸汽压力也相应变化。运行人员对机组不同负荷下的再热汽压要心中有数，如发现不正常的升高或降低，应查明原因，迅速处理，使之恢复正常。

再热汽温随主蒸汽温度和机组负荷的变化而变化，也将影响机组的经济和安全运行。

再热汽温升高，对机组的经济运行有利。但当再热汽温升高超过允许值时，会使再热器和中压缸前几级金属材料强度下降，缩短使用寿命，严重时会引起再热器爆管。

再热汽温降低，对机组的经济运行不利。当再热汽温低于允许值时，会使末级叶片应力上升及湿度增大，若长期在低汽温下运行，会使末级叶片遭到严重的水蚀。再热汽温的急剧变化还会引起中压缸金属部件的热应力、热变形及胀差的大幅度变化。

（四）凝汽器真空

凝汽器真空的变化，对汽轮机的安全与经济运行有很大的影响。提高凝汽器的真空可以提高机组的经济性。一般情况下，真空降低1%，汽轮机的热耗将增加0.7%～0.8%。故在运行中要维持较高的真空。

凝汽器的真空是依靠汽轮机的排汽在凝汽器内迅速凝结成水，体积急剧缩小而形成的。若要维持较高的真空，在冷却水温不变的情况下，必须加大冷却水量，也即要耗费更多的电量，故一般要求在经济真空下运行。所谓经济真空是指提高真空使汽轮发电机增加的负荷与循环水泵多消耗的电功率之差为最大时的真空。如真空再继续提高，由于汽轮机末级喷嘴的膨胀能力已达极限，汽轮发电机组的功率不再增加，此时真空称为极限真空。当汽轮机在高于经济真空下运行时，经济性反而下降。过高的真空不仅在运行经济上不合理，而且使排汽湿度增大，加剧末级叶片的水蚀。

凝汽器的真空下降，即汽轮机的排汽压力升高，会有下列危害：

(1) 排汽压力升高而进汽参数不变，整机的理想焓降减少，经济性降低。

(2) 排汽室温度升高，使低压缸及轴承座等部件受热膨胀，可能引起汽轮机转子与汽缸的中心线不一致，导致机组振动加大。

(3) 排汽温度的升高，可能使端部轴封的径向间隙由于热膨胀和热变形而减小，甚至消失。

(4) 排汽压力升高，机组功率下降，若要维持机组功率，则需开大调节汽门，增加蒸汽流量，致使汽轮发电机组的轴向推力增大。故凝汽器的真空降低时，必须限制汽轮机功率。

(5) 若排汽温度过度升高，则可能引起凝汽器管板上的冷却水管胀口松驰而发生泄漏，恶化凝结水质。

真空下降，应及时采取措施；若真空继续下降，应按规程规定减负荷，直至将负荷减为零。凝汽器真空下降达低真空保护整定值时，保护应动作停机。

二、监视段压力

在汽轮机运行中，将调节级汽室压力和各抽汽段压力通称为“监视段压力”，用以监视汽轮机负荷的变化和通流部分的运行状况。

在一般情况下，汽轮机制造厂根据应力和强度计算结果，给出了每台汽轮机额定负荷下的蒸汽流量和监视段压力，以及最大允许蒸汽流量和最大允许监视段压力。即使是相同型号的汽轮机，由于每台机组有其各自的特点，所以在同一负荷下的各监视段压力也不尽相同。因此对每台机组来说，应参照制造厂家给定的数据，在安装或大修后，在通流部分正常的情况下进行实测，求得负荷、流量和监视段压力的关系，作为平时运行监督的标准。

在同一负荷（流量）下，若监视段压力升高，则说明监视点以后的通流面积减小，通常是结了盐垢。结垢使机组内效率降低，各级反动度增加，轴向推力加大。另外，通流面积的减小，也可能是由于某些金属零件碎裂、机械杂物堵塞了通流部分或叶片损伤变形等造成的。显然当某个加热器停运时，也将使相应的抽汽段压力升高。

机组在运行中不仅要看监视段压力变化的绝对值，还要看各监视段之间的压差是否超过规定的允许值。如果某个级段的压差超过了规定值，将会使该段内隔板和动叶片的工作应力增大而损坏设备。

加热器停运时，应根据具体情况决定是否需要限制负荷。通流部分损坏时应及时修复，暂不能修复的也应适当限制机组的负荷。汽轮机结垢严重时必须进行清洗，通常采用的清洗方法有：带负荷情况下的湿蒸汽冲洗；在低转速下，用热湿蒸汽冲洗；在盘车状态下，用热水冲洗；汽轮机停机揭缸，用机械方法清洗等。

三、轴向位移

汽轮机转子的轴向位移是指汽轮机转子在轴向推力作用下，承受着轴向推力的推力盘、推力瓦块、推力轴承等部件的弹性变形和油膜厚度变化的总和。

转子轴向位移的大小反映了汽轮机推力轴承的工作状况。轴向推力增大、推力轴承本身缺陷或工作失常、轴承润滑油质恶化均会引起轴向位移的增大，严重时将造成推力瓦块烧损，汽轮机动、静部件摩擦等设备损坏事故。

蒸汽流量增大、蒸汽参数降低、隔板汽封磨损漏汽量增大、通流部分积垢等因素都会引起轴向推力增大，特别是通流部分发生水冲击事故时，将会产生很大的轴向推力。

轴向推力明显增大时，会使推力盘与推力轴承油膜之间以及油膜与推力轴承瓦块乌金之间的摩擦力明显增加，引起推力瓦块乌金温度及推力轴承回油温度升高，且使轴向位移增大。当轴向位移大到一定程度时，会使推力轴承油膜破裂，推力瓦块磨损，甚至动静间隙消失而碰磨。

机组运行中，发现轴向位移增加时，应对汽轮机进行检查，倾听内部声音，测量轴承振动，同时注意监视推力瓦块乌金温度和回油温度的变化，一般规定推力瓦块乌金温度不超过95℃，回油温度不超过75℃，当温度超过规定的变化范围时，即使轴向位移指示不大，也应降低负荷使之恢复正常。当轴向位移指示超过允许值时，保护装置动作，紧急停机。有的引进机组上装有瓦块乌金磨损量指示表，直观易读，反应较快。有的机组上安装瓦块油膜压力测点，能对瓦块工作负荷的变化作出快速反应。

轴向位移指示器在启动前调整好后，运行中不应再变动，以防表计指示不准。轴向位移表的指示值小于推力轴承间隙时，表示转子的推力盘离开了推力瓦的工作面。轴向位移表指示负值，说明推力瓦承受反向推力。

四、机组振动

机组的振动是表征汽轮发电机组稳定运行的最重要的标志之一。经验证明，汽轮发电机组的大部分事故，尤其是比较严重的设备损坏事故，都在一定程度上表现出某种异常振动。国内外发生的严重毁机事故，很大一部分是由于机组的振动所造成的，而在事故的过程中都毫无例外地表现出剧烈的振动。如果运行人员能够根据振动的特征，及时地对机组发生振动的原因作出正确的判断和处理，就能够有效地防止事故的进一步扩大，从而避免或减轻事故所造成的危害。

（一）振动的危害

1. 动静部分摩擦

高参数大容量机组为提高效率，汽轮机通流部分的间隙要求较小，因此，在机组振动过大时，就会发生动静部分摩擦，如果处理不当，还会引起大轴弯曲、设备损坏等重大事故。

2. 造成一些部件的疲劳损坏

机组过大的振动会通过大轴传到叶轮、叶片，并加速这些零部件的疲劳损坏。

3. 造成紧固件的断裂和松脱

振动会造成轴承座地脚螺栓断裂和一些零部件的松动以致脱落，并将进一步加大机组振动，形成恶性循环，以致严重地损坏设备。

4. 损坏基础和周围的建筑物

过大的振动会造成基础裂纹、二次灌浆松裂等，若此振动传递到附近的建筑物引起共振，将造成建筑物的损坏。

此外，机组振动还可能间接地导致设备的事故，如过大的振动会引起危急保安器和其他保护设备的误动作，造成掉闸停机等。因此运行中要监督机组的振动，遇到异常振动时要根据振动特征及其发展状况，及时判断振动产生的原因，采取措施以防进一步扩大。

（二）汽轮发电机组振动的测试和标准

汽轮发电机组的振动测试一般采用电测方法，它可以是简单的便携式测振表、数据采集器，或是计算机化的状态监测系统。振动应从三个方向测量，即垂直、横向和轴向测量。在测量振动时，应尽量维持机组负荷、参数、真空不变，以便比较。

振动标准分为限定轴承座振动和转轴振动两类。早期，以限定轴承座振动为主，后来由于不接触测量技术的完善和普及，人们发现转轴振动信号更能直接地反映转子的工作状态和振动故障。因此，对于大型机组，更趋向于限制转轴振动，或同时限制轴承座和转轴的振动。不少国家在采用以轴承振动作为机组振动评价标准的同时，又制定了转轴振动的标准。目前转轴振动的测量在我国已逐步推广和普及，但尚未制定出转轴振动的标准。表2-2为原水利电力部的轴承座振动标准。表 2-3 为国际电工委员会规定的振动标准。

表 2-2　原水利电力部的轴承振动标准

转速（r/min）	振动位移的峰峰值（μm）		
	优　等	良　好	合　格
1500	< 30	< 50	< 70
3000	< 20	< 30	< 50

表 2-3　轴承和轴的振动评价标准

评　价		优	良	正常	合格	须重找平衡	允许短时间运行	立即停机
全振幅（μm）	轴承	< 12.5	< 20	< 25	< 30	30 ~ 58	< 50	50 ~ 63
	轴	< 38	< 64	< 76	< 89	102 ~ 127	—	152

（三）汽轮发电机组振动的原因

汽轮发电机组的振动按激振能源的不同，可分为强迫振动和自激振动两大类。强迫振动是在外界干扰力的作用下产生的，其主要特征是振动的主频率和转子的转速一致，振动的波形多为正弦波。自激振动主要是由于轴瓦油膜振荡、间隙自激、摩擦涡动等原因造成的，其主要特征是振动的主频率和转子的转速不一致而与系统的第一阶固有频率基本一致，振动波形比较紊乱并含有低频谐波。

1. 强迫振动类故障的起因

(1) 空转时振动大。

1）转子质量不平衡。振动的波形光滑，与转速同频；振幅随转速增加而增大，过临界转速时振动更大。

2）轴系对中不良。联轴节瓢偏大，或联接螺栓失去紧力。振动有二倍频成分，带负荷后振动会增大。转子和静子部件对中不好，甚至会发生动静部件的摩擦。

(2) 振动随励磁电流增大。当发电机通励磁后，机组振动增大，一般有以下两种情况：

1）磁场不平衡。发电机转子的匝间短路，转子与静子之间空气间隙不均匀造成的磁通不均匀分布，都会引起机组振动。这类振动的特点是转子在某一频率振动时，将引起静子的倍频振动。

2）发电机转子热不平衡。有不少汽轮发电机组的振动随着转子的受热状态发生变化，即当转子的温度升高时，振动增大。其原因是由于转子沿横截面方向受到了不均匀的加热和冷却、膨胀不均等，使转子沿圆周方向的不规则变形。产生这种现象的原因是转子励磁线圈局部短路，转子线圈和铁芯冷却不均匀，轴上套装件紧力不足，组合转子轴向紧力不足，转子残余应力过大等。

(3) 振动随负荷增大。

1）联轴节方面的故障。固定式和半固定式联轴节的螺栓紧力不足。

2）转子本身受热而发生变形。振动随负荷的变化有明显的滞后特性，原因是汽轮机转子散热不均匀，轴上套装紧力不足，组合转子轴向紧力不足，转子残余应力过大等。

3）支承和固定件受热膨胀不畅，支承的标高相对发生变化。

2. 自激振动类故障的起因

目前，已知的自激振动的原因有油膜失稳，汽流激振，转子中心孔有液体，轴上套装件紧力不足，动静摩擦等。转子一方面以高速自转，另一方面又以低速涡动。这类振动一旦有一个初始振动，则不需要外界向振动系统输送能量，振动即能保持下去，故称为自激振动。下面分析几种最常见的自激振动机理。

(1) 半速涡动和油膜振荡。汽轮发电机组一般都采用以润滑油为介质的动压滑动轴承。轴瓦的型式有圆筒瓦、椭圆瓦以及多油楔可倾瓦等。

当转子转速升到失稳转速时，转子就产生低速涡动，涡动频率约为转速的一半，故称为半速涡动。这时，振动的幅度还不太大。当转速升到半速涡动的频率与转子的固有频率相等时而产生共振，导致油膜振荡现象的发生。油膜振荡不同于简单的临界共振，是不能用提升转速的办法来消除的。

现场消除油膜振荡的临时性措施有：提高油温，更换黏度低的油，提高失稳轴承的比压，增加轴瓦侧隙及减少轴瓦顶隙等。

(2) 蒸汽间隙振动。由于叶片顶部的径向间隙不均匀，因此蒸汽在间隙中的漏流量不同，对转子产生了一个切向力，推动转子做低速涡动。在转子的轴端汽封中，也有类似情形。另外转子转动时，在外扰的作用下，由于改变了叶片四周间隙的均匀性，也会导致转子的低速涡动。这种振动一般发生在高参数、大容量汽轮机的高压转子上。振动频率为转子的一阶固有频率，且这种振动对负荷的变化很敏感。如在某一负荷发生自激振动时，当把负荷减少到一定数值后，振荡会突然消失。故当这种现象发生时，只能减负荷运行，无法带至额定负荷。消除措施有：调整转子与静子之间在轴向、径向的相对位置，改变调节汽门开启顺序和重叠度，修改汽封的型式和结构以及增加轴承的稳定性等。

(3) 参数激振。为了安装激磁绕组，发电机转子的本体上切有一些轴向线槽，形成大小齿面。这样，转子的抗弯刚度沿各径向不相等；转子每转一周，抗弯刚度要变化两次。由于刚度参数的变化而激起的振动也是一种自激振动，振动的频率为转速的两倍，故称倍频振动。周期变化的弹性力是通过抗弯刚度这样一个参数变化形成的，故又称参数激振。只要转子不在某临界转速的一半运行，这种振动一般不会形成危害。

(四) 汽轮发电机组的振动监督

监控汽轮发电机组的振动，对防止重大的设备损坏事故有着重要的意义。目前国内外对大型汽轮发电机组的振动控制，多采用连续测量机组轴承的振动振幅的方法，有些机组采用非接触式测振仪表对机组转轴振动振幅或振动轨迹进行监控。并根据设定的振动幅值，通过热控保护系统进行振动报警或停机，从而达到预防设备损坏的目的。

实时频谱分析仪采用振动讯号对机组进行监控，可在极短的时间内测得一台机组振动的真实频率及幅值的全部频谱图，从而可在极短的时间内对机组的一些重要运行特性进行分析和了解。因此实时频谱分析仪在大型汽轮发电机组振动的事故分析及监控方面得到了日益广泛的应用。

近年来，大型汽轮发电机组的振动监测诊断系统（又称工程师辅助系统或专家系统）得到了迅速的推广和应用。其主要功能有：实现在线采样；信息分析；数据的存储和查询；异常情况的识别和报警；报表输出；振动特性分析；振动故障诊断；转子动平衡；联网通信等。经过多年的运行实践证明，该系统可以有效地监督机组的振动情况，及时地发现设备的故障和存在的隐患，对保证机组的安全运行发挥了积极的作用。

五、胀差

胀差是衡量汽轮机状态的一个重要指标，用来监视汽轮机动、静部分的轴向间隙。胀差值的增大，无论是正胀差还是负胀差，都将引起某一部分的轴向间隙的减小。如果胀差变化超过了规定值，致使某一局部动静轴向间隙消失，就会发生动静之间摩擦。因此运行中胀差应小于制造厂规定的限制值。

在机组启停过程中和负荷变化时要注意监视胀差的变化，限制蒸汽温度变化率和负荷变化率，有效控制胀差。

六、轴瓦温度

汽轮机的主轴在轴瓦支承下高速旋转时，会引起润滑油温和轴瓦温度的升高。所以运行中要监视轴承回油温度和轴瓦温度。当发现下列情况之一时要打闸停机：

(1) 任一轴承回油温度超过75℃，或突然升高到70℃时；

(2) 主轴瓦乌金温度超过85℃时；

(3) 回油温度升高，轴承内冒烟时；

(4) 润滑油泵启动后，油压仍低于规定值时；

(5) 油箱油位持续下降而又无法解决时。

为了使轴瓦工作正常，各轴承进口油温应不低于40℃。为了增加油膜的稳定性，各轴承进口油温应维持在45℃。为保证轴瓦的润滑和冷却，运行中还应经常检查油箱油位和油质以及冷油器的运行情况等。

第四节 发变组与厂用电设备的运行监视

一、发电机运行中的监视

发电机按产品铭牌上的额定参数运行，称为发电机的额定工作状态，属于正常运行状态。这一运行状态的特征，即电压、电流、出力、功率因数、冷却介质温度和氢压都是额定值。发电机在额定工作状态下能长期连续运行。

为了保证发电机的安全运行，运行人员要经常监视发电机的频率、有功功率、无功功率、定子电压、定子电流、转子电压、转子电流、功率因数，同时要定时监视发电机各部分温度和发电机轴承系统以及冷却系统的参数，当参数超出规定时应进行及时的调整。

(一) 频率的监视

电力系统的频率取决于整个电力系统有功功率的供求关系，按我国的运行规程，发电机运行的频率范围不超过额定频率50±0.2Hz时，发电机可按额定容量运行。

运行频率高于额定值较多时，由于发电机的转速升高，转子上承受的离心力增加，可能使转子的某些部件损坏，因此频率升高主要受转子机械强度的限制；同时，频率升高，转子转速上升，发电机的通风摩擦损耗相应增多，虽然在保持一定电压条件下，发电机的磁通可以小一些，对应的铁芯损耗可能降低，但总的来说，发电机的效率要下降。

运行频率低于额定值较多时，由于转子转速下降，发电机端电压降低，要维持额定电压不变，必须增大转子的激磁电流以增大磁通，使转子和激磁回路的温度升高，同时由于漏磁通相应增加，会引起发电机定子部分的局部过热。频率降低，转子转速下降，由于发电机两端风扇的鼓风风压以与转速平方成正比的关系下降，导致送风量减少，将使发电机的冷却条件变差，引起发电机各部分的温度升高。因此，当电网频率降低时，必须密切注意监视发电机的电压和定子、转子绕组及铁芯的温度，不使其超出允许范围。另外，频率降低还可能引起汽轮机末级叶片损坏；厂用电动机由于频率降低，使厂用机械出力受到严重影响等问题。

由于上述原因，发电机不允许在偏离额定频率较多的情况下运行。在电力系统运行频率变化±0.2Hz的允许范围内，由于发电机的设计留有裕度，可不计上述影响，容许发电机保持额定出力长期连续运行。

（二）发电机电压的监视

与频率一样，电压是衡量电能质量的重要指标之一。发电机正常运行的端电压，允许在额定值的±5%范围内变化，此时发电机的输出容量可以保持在额定值不变，即当定子电压升高5%时，定子电流相应减少5%；当定子电压降低5%时，定子电流可增大5%，此时定子绕组和铁芯的温升可能高于额定值，但实践证明，绕组和铁芯的温升不超过额定值5℃，因而不会超过其额定温升。

当发电机电压超过额定值的5%时，必须适当降低发电机的出力。因为现代大容量内冷发电机磁路是按正常运行时接近于磁饱和程度设计的，即使电压继续提高不多，也会使铁芯进入过饱和，引起磁密增大使定子铁芯损耗增大而使铁芯温度升高，对电机绝缘造成严重威胁。铁芯过度饱和还会引起漏磁通增大，漏磁通沿发电机机架的金属部件形成回路，产生很大的感应电流，导致转子护环表面及定、转子端部结构部件中的附加损耗增大而过热。发电机正常连续运行的最高允许电压，应遵照制造厂的规定，但不得超过额定值的110%。

当发电机电压低于额定值的5%时，定子电流不应超过额定值的5%。此时，发电机要减少出力，否则定子绕组的温度将超过容许值。系统无功功率的不足是造成电压过低的主要原因，发电机的最低运行电压应根据系统稳定运行的要求来确定，一般不得低于额定值的90%。因为电压过低，不仅会影响发电机并列运行的稳定性，导致机组可能与电力系统失去同步而造成事故，还会使单元机组发电厂的厂用电动机运行情况恶化、转矩降低，从而使机炉的正常运行受到影响。

对300MW汽轮发电机的技术要求：发电机在额定出力时，允许电压偏差为±5%，而温升不应超过允许限值。

（三）发电机功率的监视

由于电力系统运行方式的改变或由于电力用户用电的变化，使系统的有功功率和无功功率失去平衡，会引起系统频率和电压的变化。因此，机组运行中应按照预定的负荷曲线或调度的命令，对各发电机的有功负荷和无功负荷进行调整，维持系统有功功率和无功功率的平衡，以保证频率和电压维持在允许的偏移范围之内。

1. 有功负荷的调整

正常情况下，发电机有功负荷的调整是根据频率和有功的变化，由汽轮机调节系统（DEH）控制汽轮机调节汽门的开度，调节汽轮机的进汽量，改变汽轮机的转矩大小，从而改变发电机的输出有功功率。

汽轮机的驱动转矩与发电机的制动电磁转矩平衡时，发电机的转速维持恒定。当有功负荷增加时，发电机转轴上的制动转矩增大，若汽轮机驱动转矩不变，则发电机转速下降，要维持发电机的频率不变，就需要增加汽轮机的进汽量，以增加驱动转矩；反之，当有功负荷减少时，汽轮机出力不变，则发电机的转速要上升，频率随之升高，要维持频率恒定，就需要根据发电机有功负荷的变化及时调节汽轮机的进汽量，保持汽轮发电机组的转矩平衡。

2. 无功负荷的调整

正常情况下，单元机组发电机无功负荷的调整，是根据电网给定的电压曲线，功率因数表或无功功率表及电压表的指示，由自动激磁调节系统（AVR）通过调节可控硅的触发脉冲相位，即改变控制角 α，从而改变可控硅整流电路的输出，来自动调整发电机的激磁电流而实现的。

当有功负荷不变而无功负荷增加时，功率因数下降；同理，当有功负荷不变而无功负荷减少时，功率因数升高。一般情况下，应保持发电机无功负荷与有功负荷的比值大于或等于1/3，即功率因数不超过迟相0.95，否则会由于发电机气隙等效合成磁场磁极和转子磁场磁极之间的电磁力减小，功角增大，使发电机运行的静态稳定性下降，容易导致发电机失去同步。为保证单元机组运行的稳定，进行无功调整时，应注意不使发电机进相运行。当发电机自动激磁装置投入时，它可以自动进行无功调节，若不满足调节要求时，可手动调整励磁机磁场变阻器、自动激磁调整装置中的变阻器或自耦变压器来进行辅助调节。

由于发电机组并列运行时，调整某一台发电机的无功负荷，会引起其他机组无功负荷的变化，此时应注意监视，并及时调整各机的无功负荷，使它们在合理的无功分配工况下运行。

3. 功率因数

功率因数 $\cos\varphi$ 表示发电机输出有功功率与视在功率之比，即发电机定子电压和定子电流之间相角差的余弦值。发电机额定功率因数是在额定参数运行时，发电机的额定有功功率与额定视在功率的比值。一般发电机的额定功率因数为0.8（滞后），大容量发电机的额定功率因数为0.85或0.9（滞后）。

功率因数的最低值不作限制，但其最高值则取决于机组和系统并列运行的稳定性。在AVR投入且运行情况良好的条件下，一般允许升高到 $\cos\varphi=1$ 运行。此时，如果汽轮机最大出力允许，则发电机的定子电流可等于额定值，从而保证发电机的额定总出力。

低功率因数运行时，发电机出力应降低，因为功率因数下降，定子电流中的无功分量增大，转子电流势必增大，容易引起转子绕组电流超过额定值而过热的现象，试验证明，当功率因数 $\cos\varphi=0.7$ 时，发电机的出力将减少8%。因此，应注意控制发电机的定、转子电流不超过当时冷却条件下所允许的数值。

高功率因数运行时，由于发电机的电势降低使发电机的端电压及静态稳定性下降，所以必须加强监视以避免发电机失步，并监视厂用电母线电压，保持其正常值。

（四）发电机温度和冷却介质参数的监视

发电机长期连续运行的允许出力，主要受机组各部分的允许发热条件限制。运行中的发电机，除了发出有功功率和无功功率外，其本身也要消耗一部分的能量，主要包括铁芯损耗、铜损耗、摩擦损耗、通风损耗和杂散损耗等。这些损耗转换为热量，引起发电机各部分的温度升高。在一定的冷却条件下运行时，发电机各部分的温升与损耗及其产生的热量有关。发电机负荷电流越大，损耗就越大，所产生的热量就越多，温升就越高。汽轮发电机的额定容量，是在一定冷却介质（空气、氢气或水）温度和压力下，由定、转子绕组和定子铁芯的长期允许发热温度的范围确定的。发电机的绕组和铁芯的长期发热允许温度，与电机采用的绝缘材料的耐热等级有关。电机常用绝缘材料的耐热等级及温度限值如表 2-4 所示。

表 2-4　绝缘等级与温度限值

绝缘等级	A	E	B	F	H	C
温度限值（℃）	105	120	130	155	180	>180

大容量发电机一般都采用 B 级或 F 级绝缘。发电机的绝缘材料在运行过程中会逐渐老化。对绝缘影响最大的是其温度，温度越高，持续时间越长，老化就越快，电机使用期限就越短。试验统计证明，B 级绝缘持续运行在高于最高允许温度 10～12℃时，其绝缘寿命大约缩短一半。表 2-5 列出了我国国家标准中对 B 级和 F 级绝缘的氢气和水直接冷却发电机的允许温度限值（详见我国国家标准 GB7064-1986《汽轮发电机通用技术条件》和 GB755-1981《电机基本技术要求》）。因此，发电机运行时，必须遵照制造厂家（或国家标准）的规定，各部分最高温度均不得超过其允许限值，以确保电机具有正常的设计使用寿命。

表 2-5　氢气和水直接冷却发电机及其冷却介质的允许温度限值

发电机的部件或冷却介质	温度测量位置和测量方法	冷却方法	允许温度限值（℃）	
			B 级绝缘	F 级绝缘①
在直接冷却有效部分出口处的冷却介质	检温计法	水 氢气	85 110	85 130
定子绕组	槽内上、下层线圈间埋置检温计法		120	140
	温度计法（出口处）	水	85	85
转子绕组	电阻法	氢气在转子全长上径向出风区的数目②		
		1～2	100	115
		3～4	105	120
		5～7	110	125
		8 及以上	115	130
定子铁芯	埋置检温计法		120	
	温度计法③			140

注　① F 级绝缘一列温度限值摘自 GB 755－1981。

② 绕组采用氢气直接冷却的转子，通风是以转子全长上径向出风区的数目分级的。端部绕组的冷却气流特殊出口应计算在每端一个出风区中，两个反方向的轴向冷却气流的共同出口作为两个出风区计算。

③ 温度计法，包括膨胀式温度计（如水银、酒精等温度计）、半导体温度计，以及非埋置的热电偶或热电阻温度计。温度计必须紧贴被测点表面，并用绝缘材料覆盖好温度计的测量部分，以减少冷却介质影响。大容量发电机都在定子铁芯小齿上埋设有检温计。

工程中，表示电机发热和散热情况的是电机的温升。绝缘材料的温度限值确定了电机的最高工作温度，温升限值则取决于冷却介质或环境的温度。发电机的容许负荷是以绕组最热点处的温度不超过其绝缘材料的允许温度限值来确定的。由于电机各部分允许温度限值与测点的分布和使用的温度测量方法有关，并不能反映定、转子绕组最热点的温度。电机最热点的温度往往不能确定，且无法直接测量，只能通过在试验和运行中的测温方法测出的温度统计数值，再考虑最热点可能的温升的修正值才能得出。对于采用冷却效率更高的氢、水内冷方式的发电机，容量大、体积小，损耗密度大，最热点的温度显得更为突出，并且各种发电机的冷却方式不同，各部分温度分布的不均匀性会有更大的差异。试验表明，由于发电机的通风结构不同，即使采用相同的测温方法，转子绕组相应的允许温度可能也会有所不同。另外，相同的负荷情况下，当冷却条件变化时，电机绝缘材料的发热情况及老化也会有明显的不同。所以，对大型发电机冷却系统和电机各主要部件的温度和温升的监视尤其重要。

1. 氢气温度变化的影响

对于采用水氢氢冷却的汽轮发电机，如果发电机的负荷保持不变，当氢气入口风温升高时，绕组和铁芯的温度升高，会引起绝缘老化的加速、电机寿命的降低。这里所指的温度不是绕组的平均温度，而是最热点处的铜温。因为只要局部绝缘遭到破坏，电机就会发生故障。冷却氢气的温度升高时，为了避免电机绝缘的加速老化，要求减小发电机的出力，使电机绕组和铁芯的温度不超过额定方式下运行时的最高监视温度。当氢气温度高于额定值时，通常按照氢气冷却的转子绕组温升条件来限制其出力。

氢气入口风温也不应该低于制造厂家的规定值。氢气入口风温降低时，不允许提高发电机的出力。因为定子绕组采用水内冷、铁芯氢冷的不同介质进行冷却，介质间温度的降低彼此无关，可能会由于氢气入口风温的下降，造成定子绕组与铁芯的温差超过允许的范围。

2. 氢气压力变化的影响

氢气压力高于额定值时，氢气的传热能力虽然增强，但氢气压力的提高并不能加强水内冷定子线棒的散热能力，为了保证发电机绕组最热点的温度不超过额定工况时的温度，水氢氢冷却发电机的负荷不允许增加。

氢气压力低于额定值时，由于氢气的传热能力下降，所以必须降低发电机的允许负荷。氢气压力降低时，发电机的允许出力，应根据电机制造厂家提供的技术参数或容量曲线指导运行，以保证绕组最热点温度不超过额定工况时的允许温度。

3. 氢气纯度变化的影响

氢气纯度变化时，对发电机运行的影响主要包括安全和经济两个方面。

在氢气和空气的混合气体中，如果氢气的含量在5%～75%，便有发生爆炸的危险。所以，一般要求发电机运行时的氢气纯度应保持在96%以上，低于此值时应进行排污。

同时，氢气纯度的下降，使混合气体的密度增大，引起电机的通风摩擦损耗增大（发电机壳内氢气压力保持不变时，氢气纯度每下降1%，通风摩擦损耗大约增加11%）。所以，对于大容量单元发电机组，要求氢气纯度不低于97%～98%。

4. 水内冷发电机定了绕组进水量、进水温度变化的影响与水质的监督

水氢氢冷却方式汽轮发电机，采用除盐水冷却定子线棒。国产300MW发电机，定子绕组冷却水流量限额为46t/h。当冷却水流量在额定值的±10%范围内变化时，对定子绕组的温度影响很小。冷却水流量增加过多时，会导致入口压力过分增大，在有汇水母管流向线棒绝缘引水管的过渡部位时，可能产生汽蚀现象，损坏水管壁，所以通常不建议提高冷却水流量。

冷却水流量的降低将使发电机的散热效果变差而造成定子绕组温度的升高。同时，流量的降低会使绕组入口和出口水温差增大，绕组出口水温升高，造成绕组不同部位的温升极不均匀。一般采取绕组进出口的水温差不超过30～35℃，以防止当入口水温达到45℃时，出口水温相当于80℃，避免出口处发生汽化。

由上述可知，采用调节定子绕组冷却水流量来保持定子绕组的水温是不适当的。正常运行中，发电机冷却水的进水阀是不作调节的。一旦发现冷却水流量减少，必须立即对有关温度进行检查，并控制在允许范围之内，同时通知有关部门进行针对性的检查和处理。

内冷水的出水温度限值规定为不超过85℃（有的定为90℃），以防止汽化现象。

内冷水的进水温度限值规定为不超过60℃。当绕组进水温度在额定值（多为45~46℃）的±5℃以内变化时，发电机可保持额定出力不变。当入口水温超过规定范围上限时，应根据当时的运行工况，减少发电机的有功或无功负荷，使电机各部分温度在允许的限额之内。

冷却水入口水温也不允许低于制造厂家的规定值，以防止定子绕组和铁芯的温差过大或可能引起汇水母管表面的结露现象。

大容量水内冷发电机对冷却水的水质要求也比较严格。由于冷却水在定子线棒中不断循环，水中的铜离子逐渐增加，导电率也不断增大，因此应每天对冷却水进行化验分析，确定冷却水的电导率、所含杂质的成分和含量，并进行适当的排污。

发电机运行过程中，定子水冷线棒应无漏水现象。

二、主变压器的监视

大型发电机通常采用发电机—主变压器组的单元接线方式，发电机的出口电压为18~20kV，通过主变压器将电压升高到110~500kV，以适应远距离输电的要求。主变压器的容量和发电机的容量相匹配，型式多为双绕组强迫油循环风冷或水冷变压器。为了保证主变压器能长期安全、可靠地运行，减少不必要的停用和异常情况的发展，运行人员应经常对运行中的主变压器进行定期的监视和检查。

（一）变压器运行中的监视与检查

（1）监视运行中变压器电流、电压、温度应正常。变压器正常运行中，值班人员应监视变压器的各侧电流不超过额定值、电压不应过高或过低、变压器的油温应在正常范围内，若发现异常应及时调整变压器的运行方式或降负荷。

（2）检查变压器的油枕和充油套管的油面高度。如油面过高，一般是由于变压器冷却装置不正常或内部故障造成油温过高而引起的；如油面过低，应检查变压器各密封处是否有漏油现象，各放油管道是否关闭等。

（3）检查变压器内的油色是否正常。正常情况下变压器油枕里的油是透明并略带黄色，如是棕红色，则可能是油位计本身脏污所造成的，也可能是因为变压器油长期运行且温度较高引起的老化现象。

（4）检查变压器运行中各部位声音正常。正常运行中的变压器均有比较均匀的“嗡嗡”电磁声。如内部有“噼啪”的异常声音，则可能是变压器绕组绝缘击穿而引起的放电现象；如电磁声不均匀，则可能是因为变压器铁芯的穿心螺丝有松动现象。

（5）检查变压器冷却装置运行正常。对于油浸式变压器，特别是强油强风冷却变压器，运行中一定要保证冷却装置投入正常，并有一定备用裕度，以便对变压器在过负荷或故障情况时加强冷却。对于强迫油循环水冷的变压器，还应检查变压器的冷却水流量、温度均正常；水中不应有油，若水中带油，则说明冷却系统有泄漏现象。变压器的冷却装置一般有两组母线供电，正常情况下，一组运行，一组备用。所以运行中要检查备用电源良好，确保当工作电源失去时备用电源能自动投入。

（6）检查变压器的呼吸器应畅通。正常情况下硅胶颜色正常呈弱蓝色；若硅胶因吸潮到饱和状态，则应及时更换。

(7) 检查变压器气体保护应正常。正常运行情况下变压器气体保护的瓦斯继电器应充满油，无气体存在。

(8) 检查变压器外壳接地应正常。正常运行情况下变压器外壳接地线应良好，接地可靠。

(9) 检查变压器绝缘子应完好。正常运行情况下变压器各绝缘子和瓷套管应清洁、无裂纹及放电现象，各接线接触良好、无过热现象。

(二) 变压器的特殊检查项目

当系统发生故障或天气形势发生巨变时，值班人员应对变压器进行重点检查。

(1) 当系统发生短路故障或变压器故障跳闸后，应立即检查变压器系统各绝缘子和瓷套管有无裂纹，变压器本体有无变形、焦糊味及喷油现象。

(2) 下雪天气应检查变压器引线接头部分是否有积雪，导电部分有无冰柱等。

(3) 大风天气应检查变压器引线的摆动情况及是否有悬挂杂物等。

(4) 雷雨天气及大雾天应检查变压器各绝缘子和瓷套管有无闪络现象。

(三) 变压器运行中分接开关调节

变压器分接开关调节分为有载调压和无载调压两种。对于无载调压分接开关，在变压器运行中严禁进行操作。对于有载调压分接开关，在变压器运行中是可以进行调整的，但一般应采取远方电动操作，特殊情况下也可在就地进行操作，但应做好有关安全措施。

有载调压变压器分接开关操作的注意事项如下。

系统中运行的变压器，其一次侧电压随系统运行方式的变化而变化，为保证供电电压在额定的范围内，必须通过改变变压器的变比，即调整分接开关的位置来调节其二次侧电压。对于有载调压变压器在运行中调整分接开关时应注意以下几点：

(1) 调整前应检查分接开关的油箱油位正常。一般变压器分接开关的油箱与主油箱是不相通的，若分接开关油箱漏油，使之发生严重缺油，则在切换过程中会发生短路故障，烧坏分接开关。

(2) 分接开关经调整后，应在某一固定位置，不允许将分接开关长期停留在过渡位置，因为在过渡位置上，分接开关的接触电阻较大，长期运行会造成分接开关过热烧坏。

(3) 对于与系统相连接的变压器，在调整分接开关之前应与系统调度进行联系，在征得调度同意后才能操作。

(四) 变压器油在运行中的处理

为保证变压器能安全可靠地运行，主要采用以下几种处理方法，以使变压器油的属性恢复到标准值。

(1) 热虹吸滤油器。对在运行中已经改变其物理和化学属性的油必须进行处理。可以在变压器运行中进行，也可在变压器停运中进行。变压器在正常运行中用热虹吸滤油器处理的方法，已得到广泛应用。运行经验表明，在有热虹吸滤油的变压器中，可以长时间地稳定新油的性能，并能恢复运行油的性能，即可降低油的酸价，改善油质，延长油的使用期限。

(2) 充氮保护。氮气为惰性气体，在变压器的油枕上部缓冲空间充氮以后，可以减少油与空气的接触，从而在一定程度上防止油因外界因素而被劣化，延长了油的使用寿命。

(3) 加抗氧化剂。在新油或再生后的油中添加抗氧化剂，其目的是防止油的继续氧化，但对氧化程度已较深的油则起不到作用。因此添加抗氧化剂是一种比较消极的方法。

三、发电机的特殊运行方式

发电机正常运行的标志，是稳定地向系统送出有功功率和无功功率。但电机有时可能会因种种原因从发电机方式转变为失磁、进相和调相运行方式。

（一）失磁运行

失磁运行是指发电机在运行中因失磁而处于异步状态。

1. 引起失磁运行的原因

（1）励磁机或励磁回路发生故障。

（2）转子绕组或励磁回路开路，或转子绕组严重短路。

（3）励磁调节器或副励磁机系统发生故障。

（4）转子集电环电刷环火或烧断。

2. 失磁运行的现象

（1）转子电流指示近于零或等于零，具体由引起失磁的原因而定。如转子回路断线时为零，如尚有回路使转子构成通路则可能近于零。

（2）转子电压指示异常。在发电机失磁瞬间，转子绕组两端可能产生过电压；如励磁回路开路，则转子电压降至零；如转子绕组两点接地短路，则指示降低；转子绕组开路时，指示升高。

（3）无功负荷指示反向（负值），有功负荷指示降低并摆动。

（4）定子电压降低，定子电流升高并摆动。

（5）功率因数表指示进相。

3. 失磁运行的影响

发电机失磁后，转子磁场消失，发电机从电网吸取大量无功功率，定子合成磁场与转子磁场间的“拉力”减少，即发电机的电磁转矩减小。而此时汽轮机的输入转矩没有改变，过剩转矩将使转子的转速加快，并超出同步转速而产生相对速度，使发电机失步而进入异步运行状态。此时，定子旋转磁场以转差速度切割转子，在转子绕组或铁芯表面感应出交变电流，这个电流又与定子磁场作用产生了转矩，即异步转矩。发电机转子在克服这个转矩的过程中，继续向系统送出有功功率，即为异步功率。当异步转矩等于汽轮机转矩时，产生了新的平衡。实际上，由于转子速度的升高，在汽轮机调节系统作用下，进汽量通常要减少。因此，失磁运行时的异步功率要低于原来的有功功率。

在异步运行状态下，由于发电机由系统吸收大量无功功率，供定子和转子产生磁场，定子电流将超过额定值。在降低至额定值时，有功负荷约为额定值的50%～70%。另外，在转子表面流过的感应交变电流，将产生损耗而发热，在某些部位还会产生局部高温。所以，对300MW汽轮发电机一般不允许无励磁运行。

当电网容量较大且发电机的结构又允许失磁运行时，300MW汽轮发电机在失磁运行中所带的负荷及失磁运行时间应按制造厂要求或现场规程的规定执行。

试验表明，当氢冷发电机失磁时，其端部铁芯及其部件的温度会有明显增加。如果将发电机负荷降低到额定值的40%，在定子电流为额定值的110%时，将发电机失磁时各部位的温度与正常运行值进行比较，其结论为：发电机在失磁运行期间应受定子铁芯发热的限制，而不受转子发热的限制。因此，对300MW汽轮发电机，将其平均负荷降低至额定值的40%

后，在定子电流不超过额定值的105%、定子铁芯温度不超过130℃时，允许发电机失磁运行10min。

4. 失磁运行的处理

(1) 发生失磁运行时，由于机组失步，发电机呈振荡状态。运行人员应立即根据表计显示尽快判明引起振荡的原因。

(2) 判明系由于300MW汽轮发电机失磁后，应立即将机组与系统解列。

(3) 如该机励磁系统可以切换至备用电源而其余部分仍正常可用时，可在机组解列后迅速切换至备用励磁，然后将机组重新并网。

(4) 在上述处理的同时，应尽量增加其他未失磁机组的励磁电流，以提高系统电压和稳定能力。

(5) 对支接运行的高压厂用工作变压器供电的厂用母线电压亦应严密监视。在条件允许且必要时，可切至备用电源供电。

(二) 调相运行

当运行中的发电机，因汽轮机危急保安器误动或调节系统故障而导致主汽门关闭，且机组的横向联动保护或逆功率保护没有动作时，发电机将变为调相运行状态。

300MW汽轮发电机不允许持续调相运行。规程规定，这种状态的运行时间不得超过1min。

汽轮机主汽门关闭后，发电机从系统吸取有功功率，以维持发电机的同步运行。这时，发电机的有功负荷指示小于零，而励磁系统仍然正常，故发电机向系统送出无功功率。在这种状态下，定子旋转磁场拖动发电机转子以同步转速旋转，转子磁场滞后于定子旋转磁场。

由于发电机的有功负荷突然消失，而励磁电流未变，故发电机电压将会自动升高。升高的电压使发电机与系统间流过感性无功电流。因此，发电机的无功负荷自动增加。增加后的无功电流在发电机和变压器电抗压降作用下，仍保持发电机电压与系统电压的平衡。

如汽轮机长期无蒸汽运行时，由于其叶片与空气摩擦将会造成过热，使汽轮机排汽温度很快升高。所以，不允许持续调相运行。

发生调相运行后，运行人员应立即监视表计，并根据信号情况迅速作出判断。如机组未自动跳闸，应迅速汇报值长，并在1min内将机组解列。

(三) 进相运行

当发电机励磁系统由于AVR原因或发生故障或人为使励磁电流降低较多而导致发电机的无功负荷为负值时，便造成了进相运行。此时，由于转子主磁通降低，引起发电机的电动势降低，致使发电机无法向系统送出无功功率。进相程度取决于励磁电流的降低程度。

如果是由于设备原因而造成进相运行时，只要发电机尚未出现振荡或失步现象，则可适当降低该机有功功率，同时迅速提高励磁电流，使机组脱离进相状态，然后查明励磁电流降低的原因。若进相严重，机组失磁保护将动作跳闸。引起进相运行的原因主要有如下几个方面。

(1) 低谷运行时，发电机无功负荷原已处于低限，当系统电压因故突然升高时或有功负荷增加时，励磁电流自动降低。

(2) AVR失灵或误动。

(3) 励磁系统其他设备发生了故障。

上述原因引起的进相运行中，如由于设备原因不能使发电机恢复正常时，应争取及早解列。因为在通常情况下，机组进相运行时定子铁芯端部容易发热，对系统电压也有影响。但是，对制造厂允许的或经过专门试验确定能够进相运行的发电机，如系统需要时，在不影响电网稳定运行的前提下，可以将功率因数提高到1或在允许的进相状态下运行。此时，必须严密监视机组的运行工况，防止发生失步，并尽早使机组恢复正常运行。另外，对高压厂用母线电压也应保证其安全性。

随着大容量机组的投运，电力运输及电力线路的延伸，电网电压等级的提高，确保电能质量也是一个突出的问题。当电力负荷处于低谷时，轻载长线路或部分网络的容性无功功率可能超过用户的感性无功功率和网络无功损耗之和，以致会因电容效应而引起运行电压升高。这不但影响电能质量和电网经济运行，同时也威胁电气设备，特别是磁通密度较高的大型变压器的运行以及用电设备的安全。

系统电压的调节与控制是通过对中枢点电压的调节和控制来实现的。通常根据电网结构和负荷性质的不同，在不同的电压中枢点采用不同的调压方式。电网中无功功率的平衡与补偿是保证电压质量的基本条件。当电网重负荷时，会因无功电源容量不足引起系统电压偏低，此时采用静电电容器予以补偿。在电网轻负荷时，若网络容性无功功率出现过剩，则会引起运行电压升高，甚至超过允许电压的上限值。试验和实践证明，此时适当调整发电机采取进相运行可以弥补电网调压手段的不足而获得良好的降压效果。

发电机经常的运行工况是迟相运行。发电机迟相运行时，供给系统有功功率和感性无功功率，其有功功率表和无功功率表均指示为正值。此时定子电流滞后于端电压，发电机处于过励磁运行状态。发电机进相运行是相对于发电机迟相运行而言的。发电机进相运行时，供给系统有功功率和容性无功功率，其有功功率表指示正值，而无功功率表指示负值。此时发电机从系统吸收感性无功功率，发电机定子电流超前于端电压，发电机处于欠励磁运行状态。发电机进相运行时，各电磁参数仍然是对称的，并且发电机仍然保持同步转速，因而是属于发电机正常运行方式中功率因数变动时的一种运行工况，只是拓宽了发电机的运行范围而已。调节发电机的励磁电流，便可实现发电机内部磁场与其感应电势的改变，从而引起无功功率发生变化，此时虽然不影响有功功率，但是，当励磁电流调节过低，则有可能使发电机失去稳定。

发电机能否进相运行取决于发电机端部构件的发热程度和在电网中运行的稳定性。发电机运行时，端部漏磁通过磁阻最小的路径形成闭路。由于端部漏磁在空间与转子同步旋转，切割定子端部各金属构件，并在其中感应涡流和磁滞损耗，引起发热。当端部漏磁过于集中某部件局部，而该处的冷却强度不足时，则会出现局部高温区，其温升可能超过限定值。发电机端部漏磁的大小和发电机的运行状况即与功率因数及定子电流值有关。定子端部的温升取决于发热量和冷却条件的相互匹配。由于发电机在设计时是以迟相为标准的，因此发电机在迟相运行时，其端部各部件温升均能控制在限值内运行。发电机在进相运行时，其端部磁通密度较迟相运行时增高，因此需格外注意各部件的温升状况。

当发电机在某恒定的有功功率进相运行时，由于励磁电流较低，因而其静稳定的功率极限值减小，降低了静稳定储备系数，使发电机静稳定能力降低。因此，发电机进相运行时，允许承担的电网有功功率和相应允许吸收的无功功率值是有限值的。由于各种发电机的参数、结构、端部材料以及连接的系统参数等不相同，所以进相运行时的容许限值亦不相同，一般应通过试验来确定。

四、厂用电设备的运行监视

厂用电系统是发电厂供电的最重要部分，它的安全运行直接影响到电厂的出力。尤其是大容量的发电厂，对厂用电的供电可靠性要求更高，在任何时候都不应间断。否则，将引起主设备的出力下降或被迫停机，甚至导致对用户的停电，其经济损失是不可估量的。

在火电厂中，一般都有两台及以上厂用高压变压器，以满足厂用负荷的供电需要。一般把厂用变压器以下所有的厂用负荷供电网络，统称为厂用电系统。为了保证厂用电源不间断供电，每段高压厂用母线除由工作变压器取得电源外，还可以从备用/启动变压器取得备用电源。每段都可由两个电源供电，而且备用电源能自动投入，以提高厂用电源的可靠性。

机组运行中，应保证厂用电系统在经济、合理、安全、可靠的方式下运行。厂用设备如母线、变压器、断路器、整流器、柴油发电机组等应处于正常完好状态。运行设备各个参数正常，并在允许值范围内变化。备用设备应可随时投入。电源分配合理，不允许设备过负荷或限制出力运行。当部分电源及线路发生故障时，要避免影响其他系统运行。厂用变压器在运行中，应保证其负荷、电压、温度在允许范围内运行。变压器声音均匀、无异常放电现象。

厂用电设备及系统的运行与维护详见本书第四章第三节的内容。下面仅就火电厂中占重要地位、数量很多的电动机的运行监视作简要介绍。

（一）电动机的运行操作

(1) 电动机的停、送电和启、停操作，应由负责该电动机和所带动机械的值班人员进行。

(2) 电动机的停、送电操作，应遵守倒闸操作的安全规程条文，严格执行操作票和操作监护制度的有关规定，特别要防止带负荷拉、合闸。

(3) 电动机送电前，要了解该电动机的检修工作是否结束，有无有关的工作票，即符合送电的手续。送电前，应对电动机的控制设备（包括各引线及其系统）作全面检查。电动机的绝缘电阻值必须符合要求。送电操作中，应将电动机有关电源（包括操作动力）全部送上，即处于热备用状态。这时，如果一经机械值班人员操作，电动机即可投入运行。

(4) 电动机送电后，送电的值班人员应向机组长汇报，然后由机组长向值长汇报，同时，还应该作好操作记录。送电完毕后，有条件时，由机械值班人员进行试验开停一次。

(5) 电动机的停电操作，应在电动机停转且机械值班人员已作好隔绝措施以后进行，并根据停电后是机械作业，还是电气作业，或者是机电同时作业等不同情况，分别进行操作和执行有关安全措施，停电操作也须作汇报和记录。

(6) 使用熔断器送电前，操作人员应检查所送熔断器符合要求（包括容量正确）并装设牢固，验电正常。

（二）电动机的启动

1. 电动机启动前的检查

(1) 电动机周围应清洁，无杂物，无漏水、漏汽且无人工作。

(2) 电动机及其控制箱应无异常现象，外壳接地应良好，电动机引线已接复。

(3) 机械部分应完好，外露的旋转部分应有装置完善的防护罩。

(4) 如电动机停运的天数超过规定时间或受潮时，应测量其绝缘电阻并达到合格水平。

(5) 电动机底座螺栓应牢固、不松动，轴承油的油位和油色正常。

(6) 用手盘动机械部分，应无卡住、摩擦现象。

(7) 检查传动装置应正常，例如传动皮带不应过紧或过松、不断裂，联轴器完好等。

(8) 有关各部分测温组件的显示或指示正常。

(9) 冷却装置完好。水冷却的水源应投入，油冷却的油系统应投入运行，且无漏水、漏油情况，压力、流量正常。

(10) 对绕线式转子电动机，需特别注意电刷压在集电环上应紧密，启动电阻器的电阻应全部接入回路中，集电环短路装置在断开状态。

上述检查内容应按各厂现场规定的分工由专责人员负责。

2. 电动机的启动

(1) 对大、中容量的电动机，启动前应通知值长，并采取必要的措施以保证电动机能顺利启动。

(2) 电动机的启动电流很大。但随着电动机转速的上升，在一定时间内，电流表指示应逐渐返回到额定值以下。如果在预定时间（对各种机械有不同的启动时间，各岗位应有这种数据）内不能回至额定电流以下者，应停用电动机，并汇同各有关部门查明原因。否则，不允许再行启动。

(3) 电动机启动时，应监视从启动到升速的全过程直至转速正常。如启动过程中发生振动、异常声响、冒烟起火等情况，应立即停用。

(4) 对新投运的或检修后初次启动的电动机，应注意其旋转方向必须与设备上标定的方向一致，否则应停电后纠正。

(三) 电动机运行中的监视

对运行中的电动机，运行人员应按制度的规定进行检查和维护。当运行人员在检查过程中发现电动机运行不正常时，必须汇报值长，然后才能改变电动机的运行方式。仅当发生必须立即停运的故障时，才可先行停止电动机的运行，但应尽快汇报值长。

运行中电动机的检查项目如下：

(1) 监视电动机电流应不超过额定值。

(2) 电动机各部分的温度不超过规定值，测温装置完好。

(3) 电动机及其轴承的声音应正常，无异常气味。

(4) 电动机的振动、串动应不超过表2-6中的规定。

表2-6 电动机振动及串动允许值

转速（r/min）	3000	1500	1000	750
振动值（mm）	<0.05	<0.08	<0.10	<0.12
串动值（mm）	滑动轴承的电动机不超过2~4mm 滚动轴承的电动机不允许串动			

(5) 轴承润滑情况良好，不缺油、不甩油，油位、油色正常，油环转动正常，强制润滑系统工作正常。

(6) 电动机冷却系统（包括冷却水系统）正常。

(7) 电动机周围清洁、无杂物，无漏水、漏汽现象。

(8) 电动机各护罩、接线盒、控制箱等无异常情况。

(四) 电动机绝缘电阻的允许值

新安装的电动机或大修后的电动机在投运前或停用时间较长的电动机启动前，均应由运行人员测量其绝缘电阻。兆欧表的电压等级，对高压电动机应为1000V或2500V，对低压电动机则为500V。

电动机绝缘电阻值的标准是：高压电动机每千伏工作电压不低于1MΩ，对低压电动机及绕线式电动机的转子应不低于0.5MΩ。

电动机绝缘电阻测量后的数值应登录在专用记录簿上。

第五节　单元机组调峰运行

随着我国国民经济的高速发展和人民生活水平的提高，在各大电网容量不断扩大的同时，用电结构也在不断地发生变化，各大电网的峰谷差日趋增大。在电网的组成上承担尖峰负荷的中小机组比例相对减少，解决峰谷差的矛盾日益突出。目前各大电网的峰谷差已达到最高负荷的30%，个别地区已高达50%。由于我国各大电网的组成结构大都以火电为主，尤其是北方地区，水电比重较小，且水电机组又多为径流式，不宜弃水调峰，另外，为保持良好的运行经济性，原子能发电厂须承担基本负荷，因此大容量火电机组参与调峰是必然趋势。为适应机组的调峰运行，世界上经济发达的国家不仅对原设计为基本负荷的机组进行改造，而且研究设计了一批大容量中间负荷机组，这些新设计的大机组多采用螺旋管圈水冷壁直流炉，薄缸壁、窄法兰或套箍结构、焊接转子的汽轮机和容量较大的旁路系统，这些机组容量多数在500MW以上，甚至1000MW的超临界压力机组也都设计成可变压与两班制运行方式。

所谓调峰，就是指承担电网中最低负荷到最高负荷之间部分的发电任务。图2-4是较典型的日负荷曲线，通常分为尖峰负荷、中间负荷和基本负荷三个部分，并按此相应地将机组分为基本负荷机组、尖峰负荷机组和中间负荷机组。

1. 基本负荷机组

长期满负荷运行，年运行时间超过7000h，年利用率在90%以上的机组。通常为核电机组、高效率火电机组或径流式水电机组等。

2. 尖峰负荷机组

承担电网负荷曲线中的尖峰部分，年运行时间在500～2000h。通常由坝库式水电机组、抽水蓄能机组、燃气轮机组、柴油发电机组和中小型的火电机组承担，每年的启停次数超过300次，因此，要求机组具有启停迅速、运行灵活等特点。

3. 中间负荷机组

承担电网中的中间负荷，年运行时间为

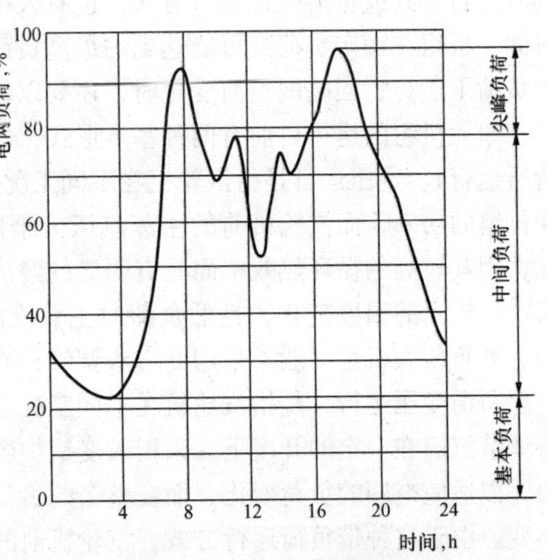

图2-4　电网日负荷曲线

2000～4000h，年利用率为40%～60%的机组。一般由大中容量的火电机组组成，常说的火电调峰机组也就是指这一类机组。由于电网负荷峰谷差的日益增长，同时又普遍缺少尖峰负荷机组，因此，一般电网中的火电机组既要承担中间负荷，又要承担尖峰负荷。对这类带中间负荷的调峰机组要求具备如下的性能：

(1) 能快速频繁启停，启停系统操作方便，可靠性高。在夜间负荷低谷时停机6～8h后，于次日早晨能在60～90min内从点火到带上满负荷。每年进行约200次启停，要求启动损失小，设备可靠性高，在启停过程中，设备热应力和寿命损耗都比较小。

(2) 良好的低负荷运行特性。在锅炉不投油助燃的情况下，最低负荷能达到额定负荷的30%，这就要求锅炉在低负荷下能保证工质流动的稳定性，并能在低负荷下保持炉内燃烧稳定。

(3) 快速的变负荷能力。为了适应电网负荷快速变化的需要，要求机组能够承受较高的负荷变化率，通常要求参与调峰运行的机组能以不低于5%/min额定负荷的速率安全、稳定地升降负荷。

(4) 较好的热经济性。尽管调峰机组的利用率较低，但仍要求其具有较高的热效率，特别是在低负荷时，要求其效率不要下降过多。

(5) 有条件的宜采用滑压运行方式。采用滑压运行方式进行调峰，可以大大改善机组的运行工况，减小热应力，降低机组寿命损耗，同时还可以提高低负荷运行时的经济性。

从我国的能源组成结构来看，火电机组担负中间负荷的调峰任务将是长期的任务，为了适应今后供电形势发展的需要，除了在运行技术，设备改造和提高自动化水平方面采取相应的措施，以提高现有机组的调峰能力外，还应积极地研制新型调峰机组，从根本上提高国产机组适应负荷变化和周期性运行的能力。

火电机组的调峰运行方式主要有变负荷调峰、两班制调峰和少汽无负荷运行方式等。

一、变负荷调峰运行方式

通过改变机组的负荷来适应电网负荷变化的方式称为变负荷调峰运行方式，又称为旋转调峰运行方式或负荷跟踪运行方式，也有人称为负荷平带。变负荷调峰就是在电网高峰负荷时间，机组在额定负荷或可能达到的最高负荷下运行；在电网的低谷负荷时间，机组在较低的负荷下运行；当电网负荷变化时，还要以较快的速度来升降负荷。

单元机组的运行目前有两种基本形式，即定压运行（或称等压运行）和变压运行（或称滑压运行）。定压运行是指汽轮机在不同工况运行时，依靠调节汽轮机调节汽门的开度来改变机组的功率，而汽轮机前的主蒸汽压力维持不变。定压运行适于70%～80%额定出力以上，因其较高的循环热效率而具有明显的经济性。采用此方法跟踪负荷调峰时，在汽轮机内将产生较大的温度变化，且低负荷时主蒸汽的节流损失很大，机组的热效率下降。因此国内、外新装大机组一般不采用此方法调峰，而是采用变压运行方式。

所谓变压运行，是指汽轮机在不同工况运行时，保持调节汽门为全开或基本全开，即保持调节汽门在一定的开度下，采用改变锅炉燃烧调节主蒸汽压力的方法调节并保持机组的出力，以适应电网的负荷变化，而在整个的负荷变化范围内，主蒸汽温度始终保持额定值基本不变。由于这种带负荷运行方式，汽轮机前的主蒸汽压力随负荷的不同而改变，故称这种运行方式为变压运行方式。

（一）变压运行方式分类

1. 纯变压运行

在整个负荷变化范围内，调节汽门全开，机组负荷的变化依靠改变主蒸汽压力来实现，蒸汽压力由锅炉控制且基本上与蒸汽流量成正比。这种方式由于无节流损失，高压缸可获得最佳效率和最小热应力，给水泵耗电也最小，其缺点是对负荷响应能力差，因为锅炉调节时滞大，对电网负荷的突然变化适应性差，因而不能满足电网一次调频的需要，一般很少采用。

2. 节流变压运行

为弥补纯变压运行负荷适应性差的缺点，采用正常情况下调节汽门不全开的方法，预先将汽轮机调节汽门节流5%～15%，以备电网负荷突然增加时开启，利用锅炉的蓄热量来暂时满足负荷增加的需要，待锅炉蒸发量增加，汽压升高后，调节汽门再恢复到原位。这种方式有一定的节流损失，不如纯变压运行经济，但能吸收负荷变动，调峰能力相对较强。

3. 复合变压运行

复合变压运行在实际应用中可有三种方式。

（1）低负荷时变压运行，高负荷时定压运行。一般在低于75%～90%额定负荷时变压运行。这种方式既具有低负荷时变压运行的优点，又保证了单元机组在高负荷时的调频能力。

（2）高负荷时变压运行，低负荷时定压运行。这种方式使机组低负荷时仍保持一定的主蒸汽压力，从而可保证较高的循环效率和机组的安全运行。

（3）高负荷和极低负荷时定压运行，在其他负荷区变压运行。即在100%～75%额定负荷的高负荷范围内保持定压运行，用改变调门开度或增减喷嘴的方式来调节负荷；在75%～30%额定负荷的中低负荷范围内全开部分调节阀门进行变压运行，用改变汽轮机入口蒸汽压力的方式来改变出力；在30%额定负荷以下的极低负荷区采用在低蒸汽压力下的定压运行方式。这是目前单元机组采用比较广泛的一种复合变压运行方式，该方式兼有前两种复合运行方式的特点，在高负荷时满足调频需要，中间负荷时有较高的热效率，在低负荷区域热效率不致过多的降低。

在复合变压运行中，对于具有较大蓄热能力的锅炉，为改善动态特性，需要快速调节负荷时，应首先快速调节汽轮机的调节汽门，先定压变负荷，再改变蒸汽压力到变压运行压力曲线上与负荷相对应的压力值时，将汽轮机的调节汽门重新调回到原来位置，如图2-5所示。

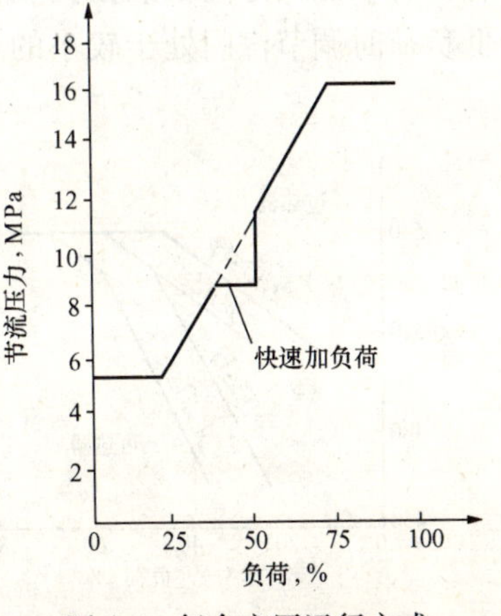

图2-5　复合变压运行方式

（二）变压运行的特点

1. 变压运行的优点

与定压运行相比，变压运行具有以下一些优点。

（1）负荷变化时蒸汽温度变化小。定压运行时汽温有随负荷降低而降低的特性。因为负荷降低，燃料量减少，炉膛出口烟温降低，同时流经过热器的蒸汽流量和烟气流量也减少，过热汽温呈对流特性时，汽温随负荷降低而下降。变压运行时，负荷降低时压力也同时降低，汽压降低使工质过热热与蒸发热的比例发生变化，过热热减少。每 kg 蒸汽从饱和温度加热到同样的主蒸汽温度需要吸收的热量减少。汽压降低使蒸汽的比定压热容减少。与定压运行相比，等量蒸汽吸收相同烟气热量时，其温升大。表 2-7 的数据表明，蒸汽比热容变化对汽温的影响是相当大的。汽压降低，蒸汽比体积增大，流经过热器的蒸汽容积流量几乎与额定负荷时的相同，即蒸汽流速几乎不变；过热器外壁的烟温虽然随负荷减少而降低，但由于压力降低后饱和蒸汽温度也相应下降，所以过热器的传热温差变化不大。综合上述各因素，在变压运行时主蒸汽温度可以在很宽的负荷范围内基本维持额定值。

表 2-7　过热蒸汽比定压热容与工作压力的关系（$t=450℃$）

工作压力（MPa）	10.0	12.0	14.0	17.0	19.0
比热容［kJ/（kg℃）］	2.701	2.805	3.077	3.454	3.726

变压运行对再热汽温变化的影响与过热汽温相似，但汽温特性的改善更好些。这是因为定压运行时，高压缸排汽温度和再热汽温随负荷的降低而减小。而变压运行时，由于高压缸的容积流量基本不变，使高压缸的排汽温度变化不大，甚至略有上升。此外，滑压下的主蒸汽焓在汽温相同时要高于定压运行，也使高压缸的排汽焓升高。因此再热汽温也能在很宽的负荷范围内维持额定值。如国内某 600MW 机组采用三阀全开的变压运行方式，负荷降至 360MW 时，高压缸排汽温度为 309.4℃，比额定负荷时仅低 6℃；而定压运行在相应负荷下，高压缸排汽温度为 283℃。也就是说，在 360MW 运行时，蒸汽都加热至 541℃，变压运行再热器的吸热量为 523kJ/kg，而定压运行为 586kJ/kg，吸热量相差 63kJ/kg。

变压运行时的汽温特性曲线如图 2-6 所示。图中在采用变压运行时，过热汽温可在 40% ~100%额定负荷范围内维持额定值；再热汽温可在 55% ~ 100%额定负荷范围内维持额定值。变压运行的这种汽温特性无疑将改善机组低负荷工况下的循环热效率，降低机组热耗，并提高低压缸的安全性。

（2）低负荷时汽轮机内效率高。变压运行时，汽轮机调节汽门处于全开（或部分阀全开），节流损失小。同时，由于主蒸汽流量和压力随负荷的减小基本上成比例下降，而温度保持不变，故其容积流量近似不变，各级喷嘴和动叶出口蒸汽速度不变，进而各级速度比、焓降及温度亦近似不变。此外末级排汽湿度相应降低使得湿汽损失减小。以上各因素均使汽轮机各级尤其是高压缸在负荷降低时仍能保持较高的内效率。而定压运行时的情况则不然，低负荷时调节汽门处于较小的开度，有较大的节流损失，调节级前后压力比发生明显的变化，引起级效率降低，进而导致汽轮机的内效率下降。美国对调峰机组所做的调查表明，在 25%额定负荷运行时，变压运行的汽轮机热耗比定压运行约低 2.4%。

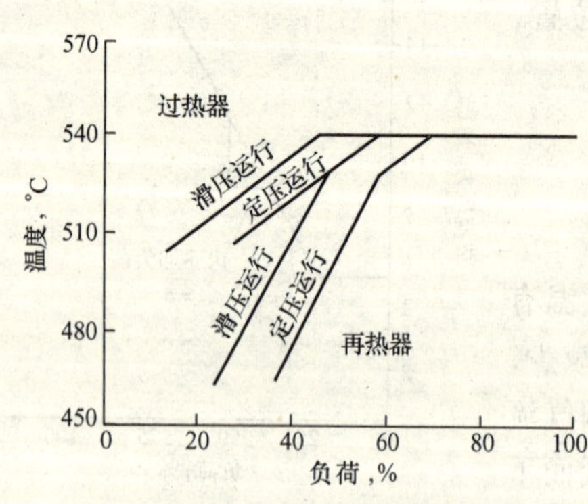

图 2-6　变压运行时的汽温特性曲线

（3）负荷变化时汽轮机热应力小。定压运行时，由于降低负荷都是由关小调节汽门和减少喷嘴数来实现，这样会由于非全周进汽而引起温度分布不均。另外，当负荷降低时，汽轮机各级温度都比满负荷时低。由于温度分布不均和温度的变化将引起热应力的变化，且负荷变化幅度越大，产生的热应力越大。

变压运行时，由于蒸汽温度基本不变，汽轮机各部件的金属温度变化也较小，从而改善了汽轮机的应力状态，减小热应力和热变形，延长使用寿命。

(4) 给水泵耗电少。变压运行时蒸汽压力随负荷降低而降低，给水泵不仅流量减小，而且给水压力也降低，因此给水泵的功率消耗可减少。但这一优点只有在给水泵是变速调节时才存在，若采用定速给水泵，则不仅耗电不会减少，而且还存在由于给水调节阀前后压差大易于损坏和噪声大的缺点。图 2-7 为某亚临界机组在不同运行方式下给水泵功率的比较。由图可见，机组在 50%负荷下运行时，变压运行给水泵的功率消耗仅为定压运行时的 55%。

(5) 各承压部件的寿命延长。变压运行时，由于在低负荷下各承压部件工作在较低的压力下，因而延长了各部件的使用寿命。同时，汽轮机调节汽门由于经常处于全开状态，磨蚀量大为减小，有效地延长了使用寿命。

(6) 减轻汽轮机结垢。通常情况下，当机组负荷变动时，锅炉汽包内的水垢受水力冲击而被破碎并随蒸汽带出，造成汽轮机结垢。变压运行时蒸汽压力随负荷的降低而降低，受水力冲击而被破碎的水垢减少，因而可减轻汽轮机结垢。另外，蒸汽压力的降低，蒸汽溶解盐分的能力降低，使蒸汽中总含盐量减少，也减轻了汽轮机结垢。

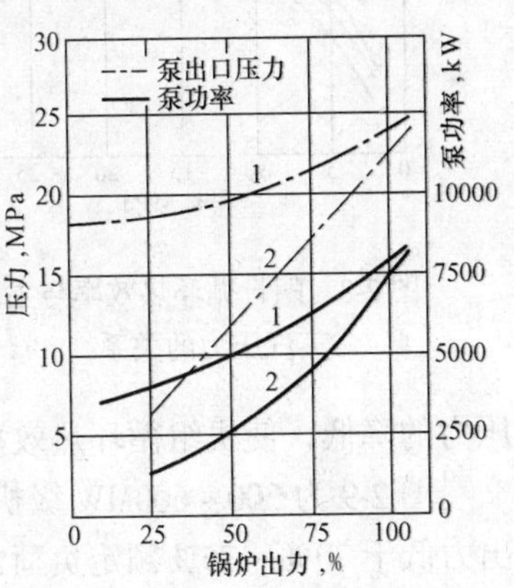

图 2-7　不同给水泵运行方式下给水泵功率比较

1—定压运行；2—变压运行

2. 变压运行也存在一些固有的缺点

(1) 变负荷速度受限制。按基本负荷设计的汽包锅炉，其变负荷速度的提高受到锅炉厚壁部件热应力的限制，在变压运行时，厚壁部件热应力对变负荷速度的影响尤为显著。当负荷变化时，锅炉汽包内的蒸汽压力随之变化，饱和水和饱和蒸汽的温度也要随着饱和压力的变化而变化。汽包水汽温度变化不仅会引起汽包内外壁温差，而且由于水的放热系数比蒸汽的放热系数大得多（在 300～500℃范围内，前者比后者大 3～7 倍）。所以当汽包内的水、汽温度随负荷而变化时，汽包上下部分的金属壁温变化速率不同，形成了上下壁温差。

变压运行时汽包内饱和温度允许的变化速度是限制负荷变化速率的一个重要因素。例如对亚临界压力汽包锅炉，100% MCR 时汽包压力为 18.1MPa，相应的饱和温度为 357℃，若锅炉按复合变压运行从 93% MCR 变动到 50% MCR，此时汽包压力为 10.7MPa，相应的饱和温度为 316℃，比原先的饱和温度降低了 41℃，若负荷变化率为 3% MCR/min，则整个负荷变化过程仅为 14min，14min 内汽包内的工质温度变化了 41℃，即温度变化速率为 176℃/h，远远超过一般允许的 90℃/h（1.5℃/min）。表 2-8 列出了汽包温度变化率与负荷变化速率的对应关系，根据汽包最大允许的壁温差，尤其是上下壁温差的规定值（我国一般规定为 42℃，国外有规定 90℃的），即可确定变压运行中的最大允许负荷变化率。

饱和温度变化也会引起水冷壁联箱的温度和应力变化，应予以重视。

表 2-8　　660MW 机组变压运行时汽包温度变化率与负荷变化率的对应关系

负荷变化速率（%/min）	1	2	3	4	5
汽包温度变化率（℃/h）	58.2	116	176	233	291

(2) 低负荷时机组循环热效率降低。由于主蒸汽压力随负荷下降而下降，因此朗肯循环的效率随负荷下降而下降。这将部分地抵消由低负荷时汽轮机内效率的提高所带来的收益。朗肯循环热效率与主蒸汽压力的关系见图 2-8。由图可见，当汽压小于 13MPa 后，朗肯循环热效率的下降速度加快。

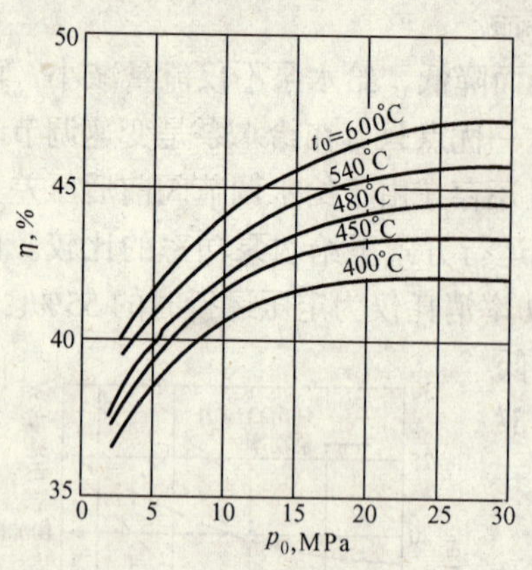

图 2-8　朗肯循环热效率与主蒸汽压力的关系

(三) 变压运行的适应范围

变压运行具有在低负荷下提高汽轮机内效率，提高主蒸汽，再热蒸汽温度、降低给水泵电耗、使汽轮机偏于安全等优点，但也有由于压力的降低使循环热效率降低的缺点。因此是否采用变压运行，要进行综合技术经济比较，并非在所有负荷下都是变压运行经济。例如，当机组在高负荷区（75%～100%额定负荷）时，阀门开度较大，定压运行的节流损失不大，尤其是喷嘴调节的汽轮机，节流损失更小。若采用滑压运行，由于新蒸汽压力的降低，使机组循环热效率下降，有可能使机组经济性降低。

图 2-9 为 300～600MW 级机组的送电端效率与机组出力之间的关系。由图可知，只有在出力低于 70%～75%额定负荷的情况下采用变压运行才经济。变压运行的经济负荷范围与机组形式、主蒸汽参数、辅机（如给水泵）特性以及变压运行模式等因素有关，应具体分析，并通过试验确定。

由图 2-8 可见，当主蒸汽压力低于 13MPa 后，朗肯循环热效率将明显降低。所以对采用复合变压运行方式的机组，在低负荷下运行时，其定压值的选取应考虑这一点。此外，在低负荷下采用定压运行方式，主要是因为给水泵采用汽动泵，给水流量靠汽动泵的转速变化来调节。汽动泵的临界转速限制了给水泵的最低转速，因而规定泵的出口压力不得低于某一数值。因此提出了低负荷时定压运行的要求。

(四) 变压运行对机组运行的影响

1. 负荷变化率

当采用变压运行时，蒸汽温度和汽轮机各部位的温度基本稳定，负荷变化速率对汽轮机影响不大，关键在锅炉。而限制负荷变化率的因素主要是蒸汽压力变化速率和汽包上下壁温差。变压运行时，主蒸汽压力随负荷变化，汽包内的饱和水汽温度也随之变化，其变化速率一般按制造厂提供的数据在规程中作出规定，一般为 90℃/h，即 1.5℃/min，汽包上下壁温差一般以不超过 40℃为标准。例如对亚临界机组，如果负荷变化率按 2%/min 进行纯变压运行，从 100% MCR 降低到 50% MCR，汽包压力不能低于 10.8MPa。

2. 锅炉最低负荷运行问题

变压运行对锅炉的最低运行负荷提出了要求。因为汽轮机允许的低负荷值比锅炉要低，一般来说只要机组负荷不低于 25%，其排汽缸温度、排汽温度、本体膨胀、胀差及振动等都变化不大。因此机

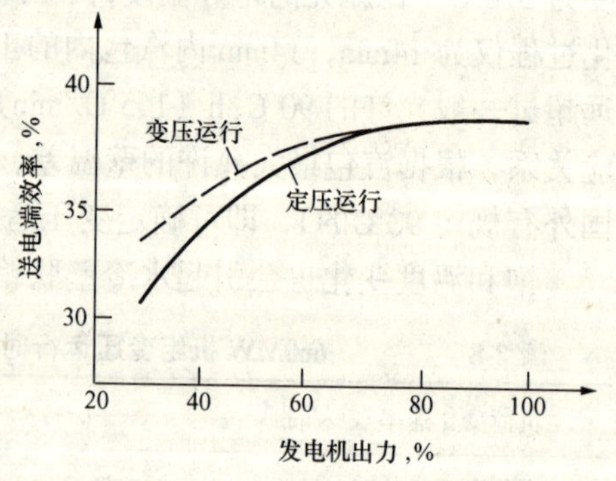

图 2-9　机组出力与送电端效率

组的最低负荷界限，一般来说取决于锅炉。而锅炉负荷的下限又主要取决于燃烧的稳定性和水动力工况的安全性。

(1) 低负荷的燃烧稳定性。锅炉燃烧稳定性与炉膛形式、燃烧器结构、炉膛热负荷、煤质等因素有关。我国大部分燃煤锅炉最低稳定负荷约为60%~65%额定负荷。但对于一些采用了新型燃烧器的锅炉，在不投油助燃的情况下，其最低稳定负荷已降到50%以下。国外一些大型锅炉由于采用了先进的燃烧器，其最低稳定负荷可以达到30%。这些燃烧器的共同特点是提高点火区的煤粉浓度，进而提高了燃烧的稳定性。

运行中提高低负荷稳燃性能的措施有：①适当降低一次风率，提高煤粉浓度。②尽可能投用下层燃烧器，停用上层燃烧器。当然，还要考虑投用燃烧器时对过热汽温的影响。③低负荷时，应适当将煤粉磨得更细些，以加快燃烧反应速度；开大暖风器蒸汽门，提高入炉空气温度。④适当降低炉膛负压，减少漏风。⑤加强对火焰监测系统的监视，一旦出现燃烧不稳的情况，则应及时采取措施。

(2) 水动力工况安全性。低负荷时炉膛热负荷不均匀，对于自然循环汽包锅炉，水冷壁各循环回路及相邻管子因汽水流量偏差增大而使循环速度偏差也增大，有可能导致水循环停滞或倒流。所以，在确定低负荷界限时，如燃烧方面的限制能解决的话，则要验算水动力工况的安全性。大容量锅炉在50%额定负荷以上时，一般其水循环是正常的。

对于直流锅炉，由于低负荷运行时工质流量减少，汽水比容变化较大，且热偏差增大，工质的再分配容易导致并列工作的管屏中流量分配不均匀，引起水动力不稳定或脉动，尤其是多次上升垂直管屏水冷壁更为严重。因此在采用变压运行时，需对水冷壁的工作安全性进行鉴定。

(3) 其他问题。除了燃烧和水动力两个主要的限制因素外，不同的锅炉可能还存在其他特殊的限制因素。例如，某些锅炉由于低负荷时热偏差过大，会导致部分受热面管子超温；某些锅炉由于蒸汽温度随负荷下降而下降的特性过于明显而导致低负荷时蒸汽温度严重低于额定值；某些锅炉给水泵为定速给水泵，低负荷时给水调节阀关闭过小，冲损严重，甚至全关给水调节阀后，其漏流量仍超过锅炉低负荷时的需要量。另外，在低负荷时，还应考虑是否会因一次风管内风粉混合物的流速过低而造成管内煤粉沉积等。

3. 对直流锅炉运行的影响

对于一次垂直上升的直流锅炉，由于蒸发管部分有中间混合联箱。在变压运行中，中间混合联箱的汽水分配工况变差，直接影响蒸发管的热偏差，限制机组在低负荷下变压运行。为了适应燃煤品质下降、煤种多变及电网调峰的要求，国外普遍采用螺旋上升和垂直上升相组合的水冷壁管圈的直流锅炉，其下、中辐射采用螺旋管，上辐射采用一次垂直上升管屏，中间连接采用分叉管或中间联箱结构。这种锅炉多用于超临界压力机组，它可以在25%~100%额定负荷范围内实现变压运行，在结构上可采用较大的水冷壁管径及不用内螺纹管。对于这种锅炉无论从超临界压力的单相流体变压到亚临界压力的双相流体运行，其管内的流动均是稳定的，热偏差小。这是因为螺旋管各管的吸热均匀，没有中间联箱而不存在变压运行中汽水分配不均匀的问题，螺旋管内压力随机组负荷变动而改变，节约给水泵功耗。

4. 几种典型锅炉的调峰性能

(1) 自然循环锅炉的调峰性能。①自然循环锅炉的变负荷速度主要受汽包上下壁温差和内外壁温差的限制。②从锅炉点火到汽轮机冲转，变负荷速度决定于汽包和集汽联箱的壁温差、燃烧速率、过热汽温、再热汽温等因素。从汽轮机冲转到机组满负荷运行，决定机组变负荷速度的主要因素是汽轮机的热应力和胀差。③自然循环锅炉的循环倍率最大，水冷壁金属耗量最多，热惯性最大，进一步影响了锅炉的变负荷速度。④自然循环锅炉在50%～100%MCR范围内变压运行时，正常变负荷速度控制在3%MCR/min，最大允许变负荷速度为5%MCR/min。

(2) 控制循环锅炉的调峰性能。①控制循环锅炉的汽包内有汽水夹层，基本消除了汽包的上下壁温差。热态启动时升负荷速度不受汽包壁温差的限制。②与自然循环锅炉相比，控制循环锅炉的循环倍率小，水冷壁金属耗量也相应减少，热惯性较小。同时，低负荷时可利用锅水循环泵加快循环，可进一步提高变负荷速度。③在50%～100%MCR范围内变压运行时，控制循环锅炉的变负荷速度高于自然循环锅炉，控制在4%MCR/min，最大允许变负荷速度为6%MCR/min。

(3) 螺旋管圈直流锅炉的调峰性能。①直流锅炉无厚壁元件，可提高启动和变负荷速度，变负荷速度只受过热器集汽联箱和汽水分离器的壁温差的限制。②直流锅炉的金属耗量最少，循环倍率最低，热惯性最小，变负荷速度最大。③变压运行时，在50%～100%MCR范围内，直流锅炉的变负荷速度可控制在5%MCR/min的水平，最大允许变负荷速度为7%MCR/min。④主汽温主要由煤水比调节，喷水量最少，汽温容易控制。⑤螺旋管圈水冷壁在相变最大的区域无中间联箱，不存在工质的再分配，热偏差小，适合变压运行。⑥直流锅炉的启动及变负荷速度主要受汽轮机的胀差和热应力的限制。

5. 变压运行对汽轮机的影响

变压运行时，主蒸汽、再热蒸汽温度均能维持在额定值附近，使汽轮机各级金属温度几乎不变，无附加热应力。但仍需注意以下几个问题：

(1) 低负荷时排汽温度将升高。当采用喷水减温时，要注意可能因雾化不佳、喷水位置不当而造成对低压缸叶片的侵蚀。

(2) 负荷很低时，流经低压转子的蒸汽流量较小，将产生较大的负反动度，造成蒸汽回流、效率降低和叶片根部出汽边的冲刷，甚至还有可能引起不稳定的漩涡使叶片产生颤振。

(3) 锅炉在低负荷时，可能会使主汽温与再热汽温的偏差增大。对于高、中压缸合缸的机组，易导致进汽口处的较大热应力。

(4) 低负荷时给水加热器疏水压差很小，容易发生疏水不畅和汽蚀，因此要采取相应的保护措施。

6. 对运行调节的影响

变压运行时，由于水冷壁蓄热能力高，过热器、再热器蓄热能力低，所以压力变化速度慢，温度变化速度快，过热器、再热器容易超温，需要加强汽温和金属壁温的监视；低负荷运行时压力低，汽水比体积变化大，水位波动也会加剧，需要根据水位超前信号控制水位。此外，由于汽包的壁温差变化较大，锅炉的升温升压速度也要受到限制。

二、两班制调峰运行方式

所谓两班制调峰运行方式，就是通过启、停部分机组来进行电网的调峰。即在电网低谷时间将部分机组停用，在次日电网高峰负荷到来之前再投入运行，通常这些机组每天停用6～8h。故称为两班制运行方式。另有一些机组在每星期低谷负荷时间（每星期六、日）停用，其他时间运行。这种调峰运行方式在国内外都得到了广泛的应用。这些机组由于频繁启停，显然要增加寿命损耗。

国外用于两班制调峰运行的机组，在设计中对主机、辅机和热力系统都从结构和启停性能方面作了特殊的考虑，可以适应频繁的启停，而且操作简单可靠。

早期投运的国产机组，包括50、100、125、200MW等机组原设计都是带基本负荷，在结构上没有考虑两班制调峰的特殊要求，设计使用寿命约为30年，若改为两班制运行，则主、辅机都需要进行相应的技术改造。通过近年来的试验研究，在对上述机组进行了适当的改造并制定出合理的运行方式之后，这些机组的使用寿命均可达到20年左右。

原设计带基本负荷的机组，采用两班制调峰运行方式须采取下列措施：

(1) 有计划地安排每台机组的调峰，核算其原寿命消耗，合理分配今后每年的寿命消耗，并采取加装转子在线测温系统等措施，为记录机组寿命消耗提供依据。

(2) 汽轮机胀差越限是限制两班制运行的重要原因之一，对于通流部分轴向间隙较小的机组，在启停中负胀差问题比较突出，操作时宜采取缩短空载时间、适当提高高压轴封启动蒸汽温度以及采取滑压不滑温停机方式等措施。

(3) 为减轻每日启停导致锅炉汽包、联箱金属的低周疲劳，除启停时严格控制压力变化率外，还可采取改进汽包进水方式（将引入汽包水室的给水改成直接引入大直径下降管以消除汽包壁温差），在给水系统中加装辅助汽源，热态启动时投入一台高压加热器以提高水温等措施。

(4) 为减少汽轮机转子及汽缸因两班制运行而引起的热疲劳，可采取控制停机时的降负荷速度，严密监视温度变化率；采用定温滑压或额定参数方式停机，尽量提高停机时的主蒸汽温度；选择合理的冲转参数，机组所配旁路系统容量不宜过小，以30%～55%为宜，对非中间再热机组，也要求设置有一定通流能力的二级减温的凝结水疏水管系统；采用中压缸启动方式等措施。

(5) 调峰机组因负荷变化急剧，易使锅水中的浓缩硅被携出，导致过热器及汽轮机叶片的结垢，为此，应考虑设置停机充氮密封，启动时给水加联胺、加凝结水精处理等防腐措施。

(6) 为预防除氧器、高压加热器等裂纹，在停机期间可采取利用水箱加热系统保持较高水温，并让少量给水通过高加返回除氧器等措施。

(7) 为减少由于频繁启停对发电机组铁芯、绕组等的疲劳损伤，从运行上要注意在低负荷或短时间停机时，关小或停止冷却水，以保持机组温度，减小温度变化。停机时使用专用风扇，使氢气通过干燥器，以保持连续的吸潮特性。

三、少汽无负荷运行方式

少汽无负荷运行，又称为调相运行或发电机转电动机方式运行，就是在夜间电网低谷时间将机组减负荷到零，但不从电网解列，保持发电机与电网并列运行，发电机从电网吸收部分电力，用以驱动转子空转；同时，为带走由于汽轮机叶轮因鼓风摩擦产生的热量，应不断向汽轮机供给少量低参数的冷却蒸汽。到次日早晨电网负荷回升后，再接带负荷，转为发电机方式运行。

少汽无负荷运行方式，同两班制运行方式一样，可以全容量范围调峰，但比两班制操作简单，可以省去抽真空、冲转、升速、并网等操作。从调相运行方式转入发电运行方式只需要30min左右的时间，而且基本上可以避免汽缸上下温差和高压胀差超限的问题。

少汽无负荷运行方式虽然始终保持汽轮机在运转状态，但是如果运行方式设计不当，仍会造成汽轮机某些级段受到严重热冲击而损坏，这一点在运行中应予以注意。同时，在该运行方式中，发电机吸收有功功率以及从邻机抽取冷却蒸汽，都会造成附加的能量损失，影响电厂效率。

少汽无负荷运行方式，在运行中应注意的一些问题：

（1）确定合适的供汽点和冷却蒸汽的参数。冷却蒸汽的汽源可取自母管或邻机，由汽缸尾部或本机相应的抽汽口送入汽缸，供汽汽源和送入口可以是一个也可以是数个，一般视机组容量的大小而定。冷却蒸汽参数和送入口的选择主要考虑转子温度的控制和低压缸长叶片以及排汽温度的控制。既要保持负荷变化的机动性，也要考虑锅炉汽温调节的需要，保证低压缸长叶片温度和排汽温度不能超限。

在一定范围内，若冷却蒸汽量小，整个汽轮机的温度水平就比较低，随后加负荷的时间就要长，而且排汽温度高；若加大冷却蒸汽量，则汽轮机的金属温度可维持在较高水平，可提高加负荷的速度，且排汽温度低，还可减少从电网吸取的有功功率。但冷却蒸汽量超过限度，可能会造成汽轮机超速。因为在少汽无负荷运行时，汽轮机不受危急保安器的控制，若此时发电机跳闸，则将使机组超速。

（2）尽可能采用滑压不滑温方式减负荷。相比额定参数和滑参数减负荷方式，采用滑压不滑温方式减负荷，能使汽轮机各部分的金属温度保持在较高的水平上，有利于提高加负荷的速度。

（3）转为发电工况时主蒸汽温度应足够高。这样可使调节级和其他各级的温度不致陡降。

（4）在工况转换操作时应及时送上冷却蒸汽。在进行工况转换操作时应避免出现无汽状态。由发电工况转为调相工况前应先投冷却蒸汽；而由调相工况转为发电工况时，则要先带上负荷后再切断冷却蒸汽，从而使汽轮机各级温度变化平缓，避免热冲击。

（5）提高初始阶段的升负荷速度。为了减少低负荷阶段因蒸汽参数不匹配对汽轮机的热冲击，此时应适当地提高升负荷速度，并同时加快主蒸汽和再热蒸汽温度的升温速度。通常要求在2～3min的时间内将负荷提高到20%～30%额定负荷。

（6）保持冷却汽源的参数稳定。如果冷却汽源取自全厂公用汽系统，通常能保持比较稳定的蒸汽参数，但若取自邻机的抽汽时，则冷却汽源的参数取决于邻机的负荷变化。不论机组冷却汽源如何，本机都应具有自动调节冷却蒸汽温度和流量的手段。

（7）尽量维持较高的凝汽器真空。在同样的冷却汽量下，提高凝汽器真空，既可维持较低的排汽温度，还能减少从电网吸收的功率，故对安全和经济都是有利的。

（8）适当增设温度监测点。机组处于少汽无负荷工况方式运行时，通流部分的流动工况以及温度变化趋势都与正常工况有着较大的差别，尤其是在转换工况时，如操作不当，则不仅在调节级处，其他区段也会造成较大的热冲击。另外汽轮机的低压末级喷嘴和动叶顶部的温度也可能较高，因此，在冷却蒸汽进汽段附近和末级喷嘴、动叶顶部应能装设温度测点，以便于监督。

另有一种少汽无负荷调峰运行方式是汽轮发电机组低速旋转热备用方式。即在汽轮发电机组减负荷至零后从电网解列，并向汽轮机送入少量低参数蒸汽，使汽轮发电机组在低于第一临界转速的低速状态（通常为300～800r/min）下运行。低速旋转热备用也能在全容量范围内调峰，且不存在两班制调峰方式机组冷却不均的问题，同时也避免少汽无负荷方式鼓风损失大的缺点，但该方式需要用油枪维持锅炉在很低的负荷下运行，费用昂贵，不适用于单元制机组，对母管制机组相对更适合一些。

四、几种调峰运行方式的分析比较

以上介绍的变负荷、两班制和少汽无负荷等三种调峰运行方式各有利弊，其在安全、经济、机动性和调峰幅度等诸方面的性能综合分析比较如下。

1. 安全性

在允许的负荷变化幅度范围内采用变负荷运行方式，从设备使用寿命和运行操作的安全性来看都是最好的；两班制调峰运行方式操作最多，所涉及的安全问题也最多，对机组的寿命损耗也最大，其安全性能较差；而少汽无负荷方式从运行操作量和设备的寿命损耗以及所涉及的安全问题都介于前两者之间。

2. 调峰幅度

两班制调峰和少汽无负荷调峰方式调峰幅度均能达到100%，而变负荷调峰方式对早期投产的机组在锅炉不投油助燃的情况下，一般调峰幅度只能达到30%额定负荷，在锅炉燃烧设备经过改进后和近期引进的机组，一般情况也只能达到40%～50%额定负荷的调峰幅度，而且还要受煤种变化的制约。因此，从调峰幅度来看，两班制和少汽无负荷调峰运行方式较变负荷调峰方式更具有优越性。

3. 机动性

变负荷运行方式通常可将负荷变化率控制在2%/min～5%/min额定负荷的范围内，这样在20min以内即可改变机组负荷40%以上；两班制运行方式，对非中间再热机组，从锅炉点火到汽轮机带满负荷运行约需100～120min，对中间再热机组，因结构和旁路系统的不同，启动速度差异较大，热态启动过程约需30～90min；少汽无负荷方式，在汽轮机从无负荷到带负荷运行的工况改变过程中省去了抽真空、冲转、升速、并网等操作程序，而且汽缸温度可保持在较高的水平，故从无负荷到满负荷的过渡时间可以缩短，这一过程一般在30min左右的时间即可完成。从上述的情况来看，变负荷调峰方式机动性最好，少汽无负荷方式稍差，两班制方式最差。

4. 运行操作量

显然，变负荷运行方式操作量最小，在30%额定负荷范围内改变负荷，一般不需要对系统和辅机进行操作，只有当负荷变化范围达到50%左右时，才需要进行系统和辅机运行方式的切换操作；两班制则需要进行启动和停机全过程操作，为了满足启停调峰的机动性，减少寿命损耗，还要增加一些特殊的操作项目，一台100MW机组启停一次就有200多项重要操作，所以操作量最大。而少汽无负荷调峰运行方式，则介于两者之间。

5. 经济性

采用变负荷调峰方式，当汽轮机在低负荷情况下运行时，因偏离设计工况，效率将降低，所带来的经济损失与低负荷运行的时间成正比。采用两班制调峰方式的机组，其能量损失对既定机组和既定启动方式来说近似为常数，这里所说的能量损失包括启停过程中的燃料消耗、厂用电消耗和工质的消耗，可以通过试验或计算的方法求得。少汽无负荷调峰方式的能量损失则包括锅炉启停和汽轮机工况转换过程以及调相运行期间所产生的能量损失，同样可以通过试验或计算的方法求得。

对于一个电厂，在电网低谷期间如何确定机组的调峰运行方式，使整个电厂运行最为经济，取决于机组低负荷运行的经济性能、机组启停或工况转换的损失，以及低负荷调峰运行的时间。所以要比较三种调峰运行方式的经济性，首先要确定低谷时间，然后再根据每台机组的试验或计算数据求得一种运行方式对另一种运行方式的临界时间。例如某电厂一台100MW机组的试验结果表明，在电网低谷时间带50%额定负荷运行与少汽无负荷比较，其临界时间为3.26h，少汽无负荷与两班制相比较，其临界时间为9.17h。这就是说，当电网低谷时间少于3.26h，宜采用低负荷运行方式，当低谷时间为3.26h~9.17h，宜采用少汽无负荷方式，只有当低谷时间大于9.17h，才适于采用两班制调峰方式。

若一个电厂装有两类以上多台机组时，在低谷期间，可选择这样两种运行方式：一种是全部机组均带低负荷运行，另一种是部分机组停运，部分机组带额定负荷或接近额定负荷运行。例如，某电厂装有4台300MW、2台200MW机组，总容量为1600MW，若此时全厂低谷负荷为1200MW，一种方案是6台机组全部带75%额定负荷运行；另一种方案是停2台200MW机组，其余4台带额定负荷运行。求得的临界时间为18h。也就是说，当低谷时间大于18h时，宜于采用第二种方案。

为了进行机组调峰运行方式的分析计算，还必须进行大量的试验研究工作，以便掌握每台机组热力特性（包括各种工况下的热耗）和机组各种启停方式的损耗以及少汽无负荷运行方式的工况转换损耗等有关数据。

第六节　单元机组经济运行

一、单元机组的主要经济指标

(一) 单元机组的主要经济指标

发电厂通常采用各种技术经济指标来评价其运行的经济性。对单元机组的技术经济指标进行统计和分析，将有利于进一步提高发电厂的生产和管理水平，从而达到节能的目的。单元机组的主要技术经济指标有发电标准煤耗率和厂用电率。

发电厂生产单位电能所耗用的标准燃煤量，称发电厂的发电标准煤耗率。可用式（2-2）表示

$$b_s = \frac{B \times 10^6}{W} \times \frac{Q_{net}^r}{29308} \tag{2-2}$$

式中 b_s——标准煤耗率，g/（kW·h）；

B——锅炉燃料消耗量，t；

W——机组发电量，kW·h；

Q_{net}^r——锅炉燃料的应用基低位发热量，kJ/kg；

29308——标准煤的发热量，kJ/kg。

发电厂生产单位电能所耗用的厂用电功率，称发电厂的厂用电率。可用式（2-3）表示

$$\lambda_p = \frac{N_p}{N} \times 100\% \tag{2-3}$$

式中 N_p——单元机组的厂用电功率，kW；

N——单元机组的发电功率，kW。

标准煤耗率和厂用电率的大小主要取决于机组的设计、制造及选用的燃料。运行人员的调整、运行方式的选择对这两项指标也有很大影响。单元机组的经济运行就是要保证实现标准煤耗率和厂用电率的设计值，并尽可能地降低，以获得最大的经济效益。

标准煤耗率的另一种表达形式为

$$b_s = \frac{0.123}{\eta} \tag{2-4}$$

式（2-4）中，单元机组的热效率 η 分别由锅炉效率、管道效率、循环热效率、汽轮机相对内效率、汽轮发电机组的机械效率及发电机效率等组成，故降低煤耗率应从提高单元机组的热效率，即提高能量转换的各环节的效率入手，根据各环节的特点采取相应的措施，以提高整个机组的经济性。

（二）单元机组技术经济小指标

在运行中，常把单元机组的标准煤耗率和厂用电率等主要经济指标分解成各项技术经济小指标。只要控制了这些小指标，也就控制了各环节的效率，从而保证了机组的经济性。

1. 锅炉效率

锅炉效率是表征锅炉运行经济性的主要指标，影响锅炉效率的主要因素有：

（1）排烟热损失。排烟热损失是锅炉热损失中最大的一项，约占锅炉热损失的4%～8%。影响排烟损失的主要因素是排烟温度和排烟量。排烟温度越高，排烟量越大，则排烟热损失越大。

在运行中应注意及时吹灰、打渣，保持受热面的清洁，以防因积灰、结渣等使传热减弱而导致排烟温度升高。为减少排烟量，运行中在尽量减少炉膛及烟道漏风的前提下，要保持锅炉有较合理的过量空气系数。

（2）化学不完全燃烧热损失。主要影响因素有燃料性质、过量空气系数、炉膛温度以及炉内燃料与空气的混合情况等。当风量不足、空气及燃料混合不好时，就会有一部分燃料未完全燃烧而生成一氧化碳从烟道排出。

（3）机械不完全燃烧热损失。主要影响因素有燃料性质和运行人员的操作水平。如煤中含灰分、水分、挥发分高，煤粉细度不合理以及运行中锅炉一、二次风不匹配等均会造成该项损失的增加。

（4）散热损失。主要影响因素有锅炉容量、炉相对表面积、环境温度、锅炉保温情况等。加强保温是减少该项损失的有效措施。

（5）灰渣物理热损失。主要影响因素有燃料灰分、炉渣占总灰量的比例及炉渣温度。

2. 主蒸汽压力

主蒸汽压力是单元机组在运行中必须监视和调节的主要参数之一。汽压的不正常波动对机组的安全、经济运行都有很大影响。大型机组一般均采用定一滑一定运行方式，当机组采用滑压运行方式时，必须控制主蒸汽压力在机组滑压运行曲线的允许范围内。主蒸汽压力降低，蒸汽在汽轮机内作功的焓降减少，经济性下降；主蒸汽压力太高，会使旁路甚至安全门动作，机组运行的经济性降低。

3. 主蒸汽温度

主蒸汽温度的波动对机组的安全、经济运行有很大的影响。汽温升高可提高机组运行的经济性，但汽温过高会使工作在高温区域的金属材料强度下降，缩短机组的使用寿命，严重超温时，可能引起过热器爆管。汽温过低，汽轮机末几级叶片的蒸汽湿度将增加，对叶片的冲蚀作用加剧，同时，由于整机焓降的减小及末几级的湿汽损失加大等因素，会使机组的经济性降低。

4. 凝汽器真空

在单元机组运行中，影响真空的因素很多，如真空系统的严密性、冷却水入口温度、冷却水流量、排入凝汽器的蒸汽量、凝汽器冷却水管的清洁程度等。因此，运行人员应根据机组负荷、冷却水温、水量等的变化情况，对凝汽器真空变化及时作出判断并采取相应的措施，以保证凝汽器的安全、经济运行。凝汽器的真空度对煤耗影响很大，如真空度每下降1%，煤耗约增加1%～1.5%，机组出力约降低1%。

5. 凝汽器传热端差

影响凝汽器传热端差的主要因素有冷却水进口温度、凝汽器单位面积的蒸汽负荷、冷却水流速、冷却水管的清洁程度以及凝汽器内积存空气的多少等。运行中降低传热端差的措施有：提高循环水水质；投入凝汽器胶球清洗装置；防止凝汽器汽侧漏入空气等。传热端差通常为3～5℃。端差每降低1℃，真空约提高0.3%，汽耗约降低0.25%～3%。

6. 凝结水过冷度

凝结水的过冷却对于发电厂热力设备的经济性和安全性都是不利的。凝结水过冷却后，为了将其加热到相应于排汽压力下的饱和温度，就需要多消耗燃料。另外，凝结水的过冷却还会使水中的含氧量增加，从而对热力设备及管道的腐蚀作用加剧，降低了设备使用的安全性和可靠性。影响凝结水过冷却度的主要因素是凝汽器内积有空气和凝结水水位过高。故在运行中，应设法保证真空系统的严密性和防止出现凝结水淹没冷却水管的现象。凝结水过冷度通常应低于1.5℃。

7. 给水温度

机组运行中，应保证给水温度在设计值运行。给水温度每降低10℃，煤耗约增加0.5%。运行中提高给水温度的措施主要有：

(1) 保证高压加热器的投入率；

(2) 为防止给水短路，应消除加热器旁路门和隔板的泄漏；

(3) 保证加热器疏水正常，维持正常水位；

(4) 保证低压加热器的严密性，以防空气漏入。

8. 厂用辅机用电

辅机运行方式合理与否对机组的厂用电率、供电煤耗率影响很大。各辅机启停应在满足机组启停、工况变化的前提下经济调度，以满足设计要求，提高机组运行的经济性。

二、提高单元机组经济性的主要措施

1. 维持额定的蒸汽参数

运行中的主要任务是维持规定的蒸汽参数，即压红线（额定值）运行，以保证机组较高的经济性。

2. 保持最佳真空

提高凝汽器的真空可以增加整机的理想焓降，提高循环热效率，因此运行时应使凝汽器保持最佳真空，也即最经济的真空，以提高机组的经济性。具体办法有：增加冷却水流量；

降低冷却水温度；保持凝汽器的传热表面清洁；保证真空系统的严密性。

3. 充分利用回热加热设备，提高给水温度

运行中应尽可能提高回热加热器尤其是高压加热器的投入率，以提高给水温度，减小煤耗，提高机组的经济性。另外，运行中还要注意回热加热器的水位调节、空气的抽出及加热器保护装置的维护，以保证加热器的正常运行。

4. 合理的送风量

锅炉的送风量直接影响着锅炉的效率。送风量过大，将增大锅炉排烟量，使排烟损失增大，还增加了送风机的电耗；送风量过小，将影响燃烧，使化学不完全燃烧热损失和机械不完全燃烧热损失增大。运行中除要保持合理的送风量外，还需维持最佳过量空气系数。最佳过量空气系数一般由锅炉热效率试验确定，运行中一般用氧量表来监视，最佳氧量值可通过送风量的调节来维持。

5. 合理的煤粉细度

运行时要选择合理的煤粉细度，使各项损失之和最小。这时的细度值一般称为经济细度。经济细度与锅炉负荷有一定的关系。锅炉负荷高时，由于炉膛温度高，燃料燃烧速度快，煤粉可粗一些；锅炉负荷低时，煤粉可细一些。

6. 注意燃烧调整

通过燃烧调整，可减少不完全燃烧热损失，提高锅炉效率，降低煤耗，提高机组的经济性。运行中通过调整各燃烧器的一、二次风量配比，保持火焰中心适当，以保证燃料的完全燃烧。另外，应注意对飞灰可燃物含量的监测，发现飞灰可燃物超标应及时采取措施。

7. 降低厂用电率

发电厂在生产电能的过程中自身要消耗一部分厂用电，用以驱动辅机和用于照明。对单元机组来说，因发电量大，厂用电量也大，故节省厂用电量成为单元机组经济运行的重要内容。对燃煤电厂来说，给水泵、循环水泵、凝结水泵、送风机、引风机、一次风机和制粉系统等所消耗的电量占厂用电的比例很大，所以在运行中应设法降低这些设备的耗电量，降低厂用电率，提高机组的经济性。

8. 减少工质和热量损失

运行中应注意加强对“跑、冒、滴、漏”的管理，减少漏水、漏汽，另外，还应尽可能回收各项疏水，以减少汽水损失；保持轴封系统工作良好，尽量减少漏汽量；加强对设备保温层的检查与维护，以减少散热损失。

9. 提高自动装置投入率

由于自动装置调节准确、迅速，更容易保证各被保护的设备和控制的运行参数在最佳值下工作，故保证较高的自动装置投入率，可提高机组运行的经济性。

三、并列运行单元机组之间负荷经济分配

单元机组并列运行是指，所有单元机组发出的电能都输入电网，所有单元机组都消耗同一种燃料。

由于电力系统负荷的变化，并入电网的发电厂，其单元机组不可能一直都保持在最经济的负荷下运行。也即变化的电力负荷将在系统中各单元机组之间重新进行分配。如何将电网给予的总负荷经济地分配到并列运行的各单元机组，使整个发电厂和电网的经济性达到最高，就成为研究并列运行单元机组之间负荷经济分配的主要任务。

单元机组的作用是把燃料燃烧释放的热能 Q 转换成电能 N，在能量转换的过程中，伴随有能量损失。负荷经济分配的目的，是在于获得电能 N 时，使整个电力系统消耗的热能 Q 最少。

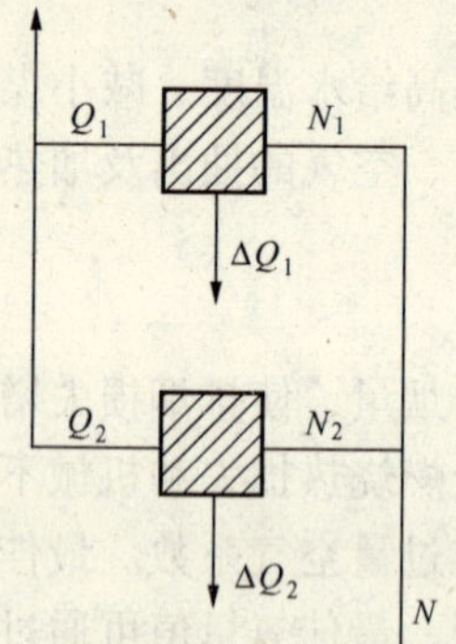

图 2-10 两台并列运行机组的能量平衡图

图 2-10 为两台并列运行机组的能量平衡图。设总负荷为 $N = N_1 + N_2$，且为定值，总热能消耗为 $Q = Q_1 + Q_2$。为了求得电能消耗为最少，取 Q 对 N_1 的一阶导数等于零。即

$$\frac{dQ}{dN_1} = \frac{dQ_1}{dN_1} + \frac{dQ_2}{dN_1} = 0 \tag{2-5}$$

即

$$\frac{dQ_1}{dN_1} = \frac{dQ_2}{dN_2} \tag{2-6}$$

式（2-6）表明，并列运行机组间的负荷经济分配是以各机组的能量消耗微增率相等为原则。又因为并列运行的单元机组消耗同一燃料，即各机组所消耗燃料的低位发热量相等。因此，单元机组并列运行时负荷经济分配的原则是，各单元机组的煤耗微增率相等。即

$$\frac{dB_1}{dN_1} = \frac{dB_2}{dN_2} = \cdots = \frac{dB_n}{dN_n} = r \tag{2 – 7}$$

并列运行单元机组的最经济的负荷分配方法是：根据煤耗微增率相等、负荷相叠加的原则，由每台机组的煤耗微增率特性曲线，绘制出并列运行机组的总煤耗微增率特性曲线。再以外界要求的总用电负荷值，对应于总煤耗微增率特性曲线上的煤耗微增率值，并以该值对应于每台机组的煤耗微增率特性曲线上的负荷值，即为负荷分配的最佳方案。

例如：图 2-11 所示两台 600MW 机组的煤耗微增率特性曲线，分别为曲线 1 和曲线 2，按煤耗微增率相等，负荷相叠加的原则，绘出总煤耗微增率特性曲线 3。当电网需求的总负荷为 1100MW 时，在曲线 3 上确定 $N = 1100$MW，垂直上交总特性线，由煤耗微增率相等原则，可得 1 号机组应带 500MW 负荷，2 号机组应带 600MW 负荷，该负荷分配方案应是最经济的。

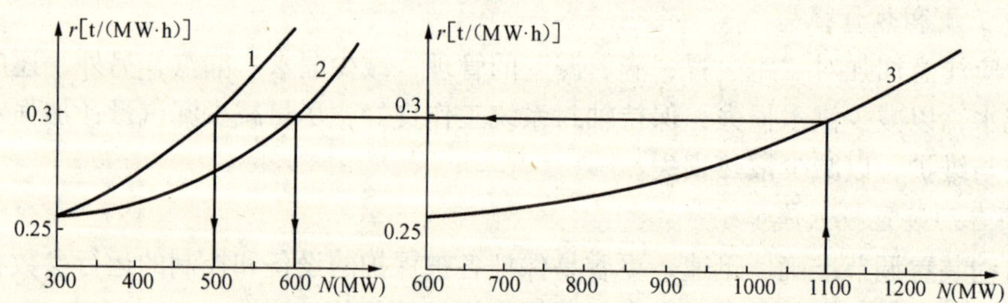

图 2-11 两台并列运行 600MW 单元机组的负荷经济分配

第三章

单元机组的控制及安全保护

第一节　单元机组负荷调节方式

单元机组负荷调节的主要目的是在保证机组安全的基础上，快速调节机组负荷以满足外界的需要。但由于锅炉、汽轮机的调节特性相差较大，锅炉的热惯性大，反应慢；汽轮机热惯性小，反应快，因此在设计单元机组的负荷调节系统时，应根据机组在电网中的地位，充分考虑机炉的特性差异，使机组在适应负荷变化时二者协调动作。

单元机组负荷的自动调节方式有以下三种方式。

一、锅炉跟随的负荷调节方式

此方式是以汽轮机为基础，锅炉跟随的负荷控制方式，简称炉跟机方式。该方式是在汽轮机侧控制负荷（输出电功率）N_E，锅炉侧控制主蒸汽压力 p_T 的基础上，让汽轮机侧的控制配合锅炉侧控制 p_T 的一种协调控制方式。图 3-1 为以锅炉跟随为基础的协调控制方式。

汽轮机主控制器接受机组负荷指令（功率给定值）N_0 与机组实发功率反馈信号 N_E，当负荷指令 N_0 改变时，汽轮机主控制器立即根据负荷偏差 $\Delta N = N_0 - N_E$，改变进入汽轮机子控制系统（即 *DEH* 系统）的负荷指令 N_T，进而改变进汽调节阀的开度 μ_T 以及进汽流量，使发电机输出的电功率 N_E 迅速与机组负荷指令 N_0 趋于一致，满足负荷的需求。

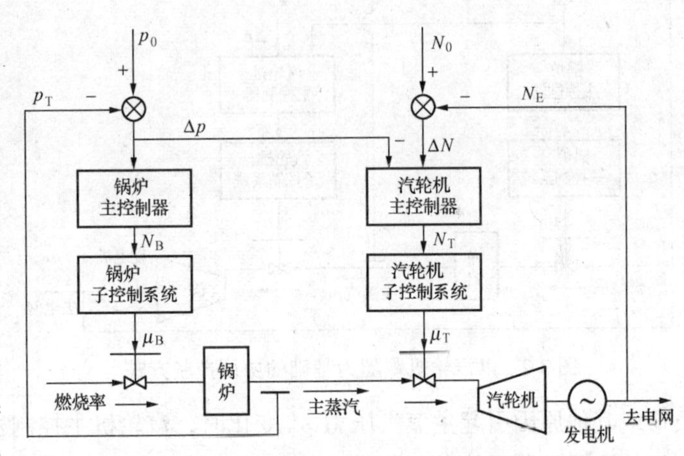

图 3-1　以锅炉跟随为基础的协调控制方式

锅炉主控制器接受主蒸汽压力的给定值 p_0 和机前实际蒸汽压力的反馈信号 p_T，当汽轮机侧调负荷或其他原因引起主蒸汽压力 p_T 变化时，锅炉主控制器根据汽压偏差 $\Delta p = p_0 - p_T$，改变锅炉子控制系统的负荷指令 N_B，从而改变锅炉的燃烧率（及相应的给水流量等），以补偿锅炉蓄能的变化，尽力维持主蒸汽压力 p_T 的稳定。

由于汽轮机侧响应负荷指令 N_0 的速度比较快，即在负荷指令 N_0 改变时，通过改变进汽调节阀的开度 μ_T，可充分利用锅炉的蓄能，使机组的实发功率 N_E 作出快速响应。此时，势必引起主蒸汽压力 p_T 的较大的变化，尽管锅炉侧的控制可根据主蒸汽压力的偏差来补偿锅炉蓄能的变化，但由于主蒸汽压力对燃烧率的响应存在着较大的惯性，仍然会使主蒸汽压力出现较大的暂态偏差。为减小主蒸汽压力在负荷过程中的波动，可将主蒸汽压力偏差 Δp

信号引入汽轮机侧的控制之中，以此限制汽轮机进汽调节阀的开度变化，以防止过度利用锅炉的蓄能，从而减少了 p_T 的动态变化。

以上利用 Δp 对汽轮机进汽调节阀的限制作用，可减缓主蒸汽压力的急剧变化，但同时减缓了机组对负荷的响应速度。由此可见，该协调方式是以降低负荷响应性能为代价来换取汽压控制质量的提高的。或者说是通过抑制汽轮机侧的负荷响应速度，使机炉之间的动作达到协调的，其结果兼顾了负荷响应和汽压稳定两个方面的控制质量。

该方式的特点是：汽轮机接受负荷指令，负责调节功率，具有较好的负荷响应能力；锅炉负责调节汽压，维持汽压的稳定，由于锅炉动态响应慢，动态过程中汽压波动大；因机炉间的相互影响，燃料扰动（如增加）时压力、功率都有变动（上升），而为保持原有功率，汽轮机的调节汽门要动作（关小），更使压力有所波动（增加）。

二、汽轮机跟随的负荷调节方式

此方式是以锅炉为基础，汽轮机跟随的负荷控制方式，简称机跟炉方式。该方式是在锅炉侧控制负荷（输出电功率）N_E，汽轮机侧控制主蒸汽压力 p_T 的基础上，让汽轮机侧的控制配合锅炉侧控制 N_E 的一种协调控制方式。图 3-2 为以汽轮机跟随为基础的协调控制方式。

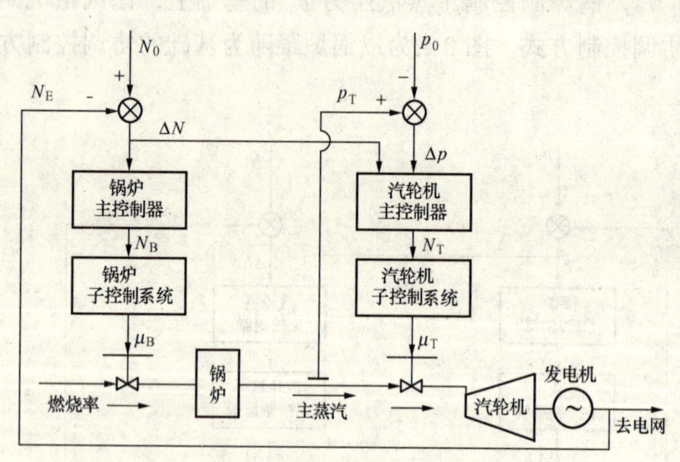

图 3-2 以汽轮机跟随为基础的协调控制方式

锅炉主控制器接受机组负荷指令（功率给定值）N_0 和机组实发功率反馈信号 N_E；当负荷指令 N_0 改变时，锅炉主控制器根据负荷偏差 $\Delta N = N_0 - N_E$，改变锅炉子控制系统指令 N_B，从而改变锅炉的燃烧率（及相应的给水流量等），以适应负荷的能量需求。

汽轮机主控制器接受主蒸汽压力的给定值 p_0 和机前实际主蒸汽压力反馈信号，当锅炉侧调负荷或其他原因引起主蒸汽压力 p_T 变化时，汽轮机主控制器根据汽压偏差 $\Delta p = p_0 - p_T$，改变汽轮机子控制系统的负荷指令 N_T，从而改变进汽调节阀的开度 μ_T 及进汽流量，以维持主蒸汽压力 p_T 的稳定。

由于锅炉侧主蒸汽压力对燃烧率的响应缓慢，在负荷指令 N_0 改变时，通过改变燃烧率并不能马上转化为适应负荷需求的蒸汽能量，即不能马上在 Δp 变化上体现负荷需求。显然，汽轮机侧根据 Δp 不能及时控制电功率 N_E 与 N_0 相适应。为提高机组的负荷响应能力，可将负荷偏差信号 ΔN 引入汽轮机侧的控制之中，以此改变汽轮机进汽阀的开度，在锅炉侧响应负荷的迟缓过程中，暂时利用蓄能使机组迅速作出负荷响应。

以上 ΔN 及时改变汽轮机进汽调节阀开度的作用，可提高机组的负荷响应能力，但同时会引起主蒸汽压力较大的动态偏差，由此可见，该协调方式是以加大汽压动态偏差为代价来换取负荷响应速度的提高的。由于这种协调控制方式直接由负荷指令控制燃烧率，可以说它是通过加快锅炉侧的负荷响应速度，使机炉之间的动作达到协调的。其结果同样是兼顾了负荷响应和汽压稳定两个方面的控制质量。

该方式的特点是：锅炉接受负荷指令，负责调节功率，负荷响应能力差，不仅不能利用锅炉蓄能，负荷增加时，还要先向锅炉附加蓄能，以提高汽包压力；因机炉间的相互影响，燃料扰动时，机组功率波动也大，不利于电网周波的稳定；但因汽轮机调压的动态响应比锅炉调压快，不论负荷变化或燃料扰动，汽压波动都小，有利于机组本身运行参数的稳定。

三、机炉协调控制的负荷调节方式

此方式是锅炉——汽轮机综合功率控制方式，简称协调方式。该方式是上述两种协调控制方式的综合，如图 3-3 所示。

在锅炉跟随为基础或汽轮机跟随为基础的协调控制方式中，只有一个被控量是通过两个控制变量的协调操作来加以控制的，而另一个被控量是单独由一个控制变量来控制的，因而，它们只是实现了“单向”协调。“单向”协调控制在负荷的响应过程中，机组或机炉之间的能量供求仍存在较大的动态失衡现象。为避免这一问题，综合协调控制方式采用的是“双向”协调，即任一被控量都是通过两个控制变量的协调操作来加以控制的。

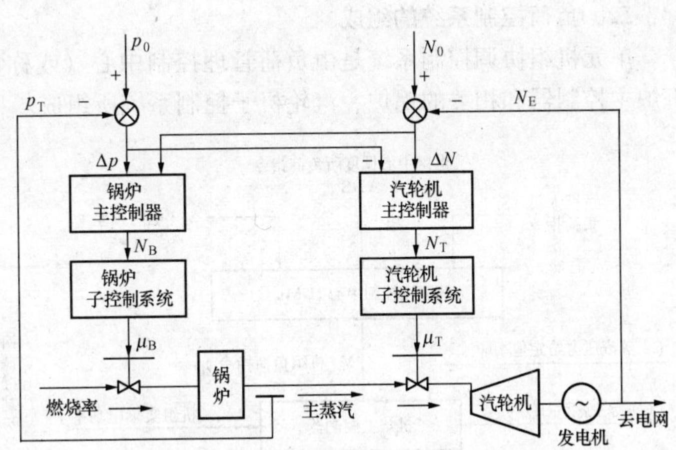

图 3-3　综合型协调控制方式

当负荷指令 N_0 改变时，机、炉主控制器同时对汽轮机侧和锅炉侧发出负荷控制指令，改变汽轮机进汽调节阀开度和燃烧率（及相应的给水流量等）。一方面利用蓄能暂时快速响应负荷的变化，另一方面改变进入锅炉的能量，以保持机组输入能量与输出能量的平衡。

当主蒸汽压力产生偏差时，机、炉主控制器对汽轮机侧和锅炉侧同时进行操作，一方面通过加强对锅炉燃烧率的控制，以补偿蓄能的变化；另一方面适当限制汽轮机进汽调节阀的开度，控制蒸汽流量，维持主蒸汽压力稳定，以保证机炉之间的能量平衡。

由此可见，机炉协调控制的调节方式能较好地保持机组内外两个能量的供求平衡关系，既具有较好的负荷适应性能，又具有良好的汽压控制性能，是一种较为合理和完善的协调控制方式，但系统比较复杂。

第二节　单元机组负荷控制系统

一、单元机组负荷控制的特点

随着大容量机组在电网中的比例不断增大，以及因电网用电结构变化引起的峰谷差逐步加大，大容量单元机组的运行方式也逐步发生了变化，过去常常只带固定负荷的大机组，现在也需要根据电网中心调度所的负荷指令和电网频率偏差，参与电网的调峰、调频，甚至在机组的某些主要辅机出现局部故障的情况下，仍然维持机组的运行。

在单元制运行方式中，锅炉和汽轮机既要共同保障外部负荷要求，也要共同维持内部运行参数（主要是主蒸汽压力）稳定。单元机组输出的实际电功率与负荷要求是否一致，反映了机组与外部电网之间能量的供求平衡关系；而主蒸汽压力是否稳定，则反映了机组内部锅炉与汽轮机之间能量的供求平衡关系。然而，锅炉和汽轮机的动态特性存在着很大差异，即汽轮机对负荷请求响应快，锅炉对负荷请求响应慢，所以单元机组内外两个能量供求平衡关系相互之间受到制约，外部负荷响应性能与内部运行参数稳定性之间存在着固有的矛盾，这是单元机组负荷控制中的一个最为主要的特点。

二、负荷控制系统的组成

单元机组协调控制系统是由负荷管理控制中心（或称负荷指令处理装置，简称 LMCC）、机炉主控制器和相关的锅炉、汽轮机子控制系统所组成。见图 3-4。

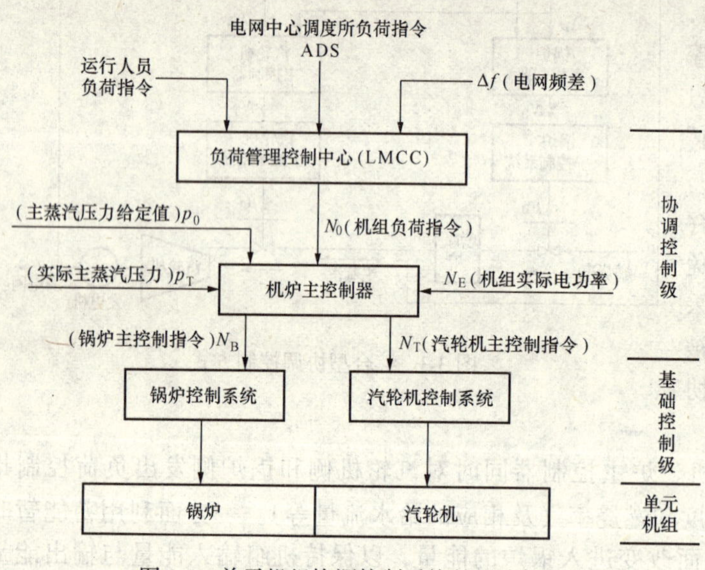

图 3-4　单元机组协调控制系统的组成框架

负荷管理控制中心（LMCC）的主要作用是：对机组的各负荷请求指令（电网中心调度所负荷自动指令 ADS、运行操作人员设定的负荷指令）进行选择和处理，并与电网频率偏差信号 Δf 一起，形成机组主/辅设备负荷能力和安全运行所能接受的、具有一次调频能力的机组负荷指令 N_0。N_0 作为机组实发电功率的给定值信号，送入机炉主控制器。

机炉主控制器的主要作用是：接受负荷指令 N_0、实际电功率 N_E、主蒸汽压力给定值 p_0 和实际主蒸汽压力 p_T 等信号；根据机组当前的运行条件及要求，选择合适的负荷控制方式；根据机组的功率（负荷）偏差 $\Delta N = N_0 - N_E$ 和主蒸汽压力偏差 $\Delta p = p_0 - p_T$ 进行控制运算，分别产生锅炉负荷指令（锅炉主控制指令）N_B 和汽轮机负荷指令（汽轮机主控制指令）N_T。N_B、N_T 作为机炉协调动作的指挥信号，分别送往锅炉和汽轮机有关子控制系统。

机、炉的各有关子控制系统，是对锅炉、汽轮机实现常规控制的有关系统，它们包括：燃料量控制系统、送风量控制系统、炉膛压力控制系统、一次风压控制系统、二次风量控制系统、过热汽温控制系统、再热汽温控制系统、给水（汽包水位）控制系统、燃油压力控制系统、除氧器的水位和压力控制系统、凝汽器的水位和再循环流量控制系统、直吹式磨煤机（一次风量、出口温度、给煤量）控制系统、发电机氢气冷却控制系统、锅炉连续排污控制系统、电动泵的密封水差压和再循环流量控制系统、汽动泵的密封水差压和再循环流量控制系统以及协调控制系统的支持系统——炉膛安全监控系统（FSSS）和汽轮机数字电液控制系统（DEH）等等。这些系统对机、炉主控制指令 N_B、N_T 来说，相当于伺服（随动）系统，它们根据 N_B、N_T 指令，控制锅炉的燃烧率和汽轮机进汽调节阀的开度，维持机炉的能量平衡和参数稳定，保证机组运行的安全性和经济性。

负荷管理控制中心和机炉主控制器是机组控制的协调级，起着上位控制作用，是协调控制系统的核心，有时将其直接称为协调控制系统；而锅炉、汽轮机各子控制系统是机组控制的基础级（直接控制级），起着最基本、最直接的控制作用，它们的控制质量将直接影响负荷控制质量。因此，只有在组织好各子控制系统，并保证其具备较高控制质量的前提下，才有可能组织好协调控制，并使之达到所要求的负荷控制质量。

三、负荷管理控制中心

负荷管理控制中心的主要功能包括以下几个方面。

1. 外部负荷指令的选择

负荷管理控制中心根据电网对机组的负荷请求和机组的实际运行状态，从所接受的电网中心调度所负荷分配指令、运行人员手动设定负荷指令、电网频率自动调整指令中，选择其中一种或两种指令。即在机组带固定负荷时，选择运行人员手动设定负荷指令；在机组带变动负荷以协调方式运行时，选择调度所负荷分配指令；在机组参与一次调频时，选择电网频率自动调整指令。其中运行人员手动设定负荷指令和调度所负荷分配指令不能同时被选择，但它们均可分别与电网频率自动调整指令一起被选择。

2. 机组最大/最小负荷限制

机组的实际出力是有限的，为使机组在允许的出力范围内正常工作，负荷管理控制中心设置了出力限制回路，运行人员可通过分散控制系统的人机接口，根据机组的运行情况设定最大/最小负荷限制值。例如：一台汽动给水泵运行时，机组只能带50%的最大连续负荷；一组送、引风机运行时，只能带50%的最大连续负荷。

3. 负荷指令变化速度限制

机组在不同的运行情况下对负荷变化速度的限制有不同要求，为避免负荷变化太快引起机组故障，负荷管理控制中心设置了负荷指令变化速度限制回路，它可根据机组当前变负荷的能力，对负荷指令的变化速度进行限制，运行人员通过分散控制系统的人机接口设定负荷变化速度的限制值。但在正常情况下，实际限制值是由人为设定值和汽轮机热应力计算（或锅炉汽包热应力计算）结果中的小值来决定的。而在非正常情况下，如在负荷迫升/迫降（RUN UP/RUN DOWN，简称RU/RN）或负荷返回（RUN BACK，简称RB）过程中，分别采用不同的速度限制值。

4. 负荷指令的修改

当机组的设备或控制系统出现异常情况时，不管外部对机组的负荷要求如何，为了保证机组和协调控制系统的继续运行，负荷管理控制中心可对负荷指令进行修改，使机组负荷降到适当水平。

对于不同的机组负荷管理控制中心的实施方案不尽相同，结构有繁有简，功能有多有少。

四、协调控制系统的基本类型

根据单元机组的动态特性及其负荷控制系统的任务，协调控制系统有两种最基本的类型。

1. 以锅炉跟随为基础的协调控制系统

锅炉跟随控制方式的特点是功率改变时，功率响应迅速而汽压波动大，需要利用锅炉的蓄热量。要想改善这种控制系统的汽压变化特性，需在控制系统中增加一个非线性元件，当汽压偏差超过非线性元件的不灵敏区时，汽轮机控制器发出的调节汽阀开度指令将受到限制，以避免超过锅炉汽包蓄热能力，保证锅炉运行稳定。

2. 以汽轮机跟随为基础的协调控制系统

汽轮机跟随控制方式的特点是功率改变时，功率响应缓慢而汽压波动小，不能充分利用锅炉的蓄热量。要想改善这种控制系统的功率响应特性，必须设法利用锅炉的蓄热量。为此，在汽轮机跟随方式的基础上，允许汽压在一定范围内波动，构成以汽轮机为基础的协调控制系统。

五、机炉主控制系统

机炉主控制系统由汽轮机主控制系统和锅炉主控制系统两部分组成。

（一）机炉主控制系统的功能

（1）接受负荷管理中心输出的负荷指令、机组实发功率和机前主汽压力偏差信号，按照选定的基本控制方式（锅炉跟随或汽轮机跟随），进行常规的反馈控制运算。

（2）根据机、炉之间能量供求关系的平衡要求，在反馈控制的基础上，引入某种前馈控制，使机、炉之间能量在失去或刚要失去平衡时，及时按照机炉双方的特性采取前馈控制运算，以产生一种限制能量失衡在较小范围内的控制作用。这一功能是协调控制的核心。

（3）根据不同的控制方式和前馈——反馈控制运算结果，发出适应外部负荷需求或满足机组运行要求的汽轮机负荷指令和锅炉负荷指令，以指挥各子控制系统的运算。

（4）实现不同控制方式（如锅炉跟随、汽轮机跟随、协调控制等方式）之间的切换，控制方式的切换可根据机组的运行状况手动或自动进行。

（二）不同前馈方式的协调系统

机组的协调控制功能，是在基本的锅炉跟随（或汽轮机跟随）控制方式的两个相对独立的反馈回路基础上，引入合适的前馈控制方式予以实现的。这是由于纯粹的“锅炉跟随”或“汽轮机跟随”控制都存在能量失衡严重的现象，其原因是它们仅依赖主蒸汽压力来维持机组或机组内部的能量平衡，而主汽压力的恢复又具有较大的惯性。因此需引入前馈补偿信号，使机、炉两个相对独立的反馈控制回路彼此联系，且协调动作。

根据不同的前馈控制设计，有两种不同类型的协调控制系统。

1. 按负荷指令间接平衡的协调控制系统

这类协调控制系统的特点是应用负荷指令信号来间接地实现机、炉之间的能量平衡。此种方式为以汽轮机跟随为基础的协调控制系统。

（1）锅炉主控制器。当负荷指令改变时，通过输出锅炉负荷指令控制锅炉的各子控制系统的需求。负荷指令发生变化，立刻使锅炉燃烧率等及时做出相应改变，以加速锅炉的负荷响应，补偿机炉之间对负荷响应速度的差异；另外取主蒸汽压力偏差信号来作为另一个前馈信号，它在稳态时为零，对输出锅炉负荷指令无影响，而在动态时，该前馈信号可对锅炉负荷指令作适当的修正。

（2）汽轮机主控制器。汽轮机主控制器的作用是在主蒸汽压力信号发生变化时，通过输出汽轮机负荷指令控制汽轮机的 DEH 系统，调整汽轮机的进汽调节阀开度，以使主汽压力稳定在给定值上。系统中负荷指令与实发电功率的差值信号是汽轮机前馈信号，去控制进汽调节阀开度，以及时利用锅炉的蓄能快速响应负荷。

应注意的是，上述系统保证机组在稳态时负荷偏差和主蒸汽压力偏差都为零，并非是由锅炉或汽轮机主控制器分别完成，而是通过锅炉和汽轮机两个主控制器在动态过程中相互协调共同完成。

2. 按能量信号直接平衡的协调控制系统

这类协调控制系统的特点是应用能量信号——汽轮机第一级后的压力与主蒸汽压力的比值作为前馈信号，实现机、炉之间能量的直接平衡。

(1) 锅炉主控制器。对锅炉主控制器，根据主蒸汽压力给定值、输入的主蒸汽压力和汽轮机第一级压力信号，形成主蒸汽压力偏差和能量信号，并进行控制运算，生成锅炉负荷指令。

(2) 汽轮机主控制器。汽轮机主控制器根据输入的负荷指令、实发电功率和汽轮机第一级压力进行控制。汽轮机通过对负荷偏差的运算，来控制汽轮机进汽调节阀开度，可校正实发电功率，使之最终等于系统中的负荷指令。

六、300MW 机组协调控制系统的主要优点

协调控制系统在不同容量的单元机组中都有应用，但由于 300MW 机组普遍都应用了以计算机为核心的分散控制系统，其协调控制系统的优点更为突出，概括的讲有以下几点：

(1) 既能使大型单元制机组较快地满足外部负荷变化的要求，又能保证机组本身的稳定，维持机组内部的能量平衡，其标志是主蒸汽压力稳定。

(2) 控制系统具有多种控制方式，并能无干扰地自动或手动进行控制方式的切换，以适应机组本身的不同工作状态（如机炉局部故障、定压运行、滑压运行等）对控制方式的要求。

(3) 具有比较完整的连锁、保护等逻辑控制电路，能使机组在限定的负荷范围内运行，也能控制机组升降负荷的速率不超过规定的要求。当机组发生局部故障（如主要辅机跳闸、执行机构卡涩等）时，能自动地使负荷升或降到机组当时能承担的程度，使机组继续运行，而不至于因局部故障造成整个机组的停运的事故。

(4) 300MW 机组的协调控制系统具有比较完善的监视控制装置，并能通过 CRT 屏幕进行图像和数据显示，以利于运行人员工作。

(5) 300MW 机组的协调控制系统大都具有几十种功能很强的运算功能块，可利用系统的组态工具，方便灵活地实现系统的组态与修改，组成各种实用的简单或复杂的控制系统及逻辑电路，而且具有自整定功能。

(6) 协调控制系统采用冗余措施（如采用双变送器进行参数测量，在工作变送器故障时可自动切换到备用变送器工作等）。因此，协调控制系统具有较高的安全可靠性。

第三节　单元机组的运行控制方式

当机组运行状态正常，电网要求机组调频时，则控制系统可以接受三种负荷指令，即机组值班员手动给定的负荷指令、电网中心调度发来的负荷指令及电网频率偏差信号—自动调频指令，此时机组应处在协调控制方式。当机组运行方式改变或机组异常情况下，控制系统

可根据机组实际运行状态切换为锅炉跟随、汽轮机跟随及煤油手动等控制方式。

一、协调控制运行方式

机炉协调控制运行方式的原理如图 3-5 所示，机组值班员指令、中心调度所指令和电网频差信号反映了外界对机组的负荷要求，机组负荷运算回路将这个负荷要求处理成为机组可能接受的负荷指令。机组能否接受这个指令应由机组允许负荷能力运算回路决定，允许负荷能力还取决于此时主要辅机运行台数和锅炉燃烧率的偏差。若负荷要求在机组所能承担的允许范围内，则可按负荷需求发出机组负荷指令，否则按机组允许负荷能力发出机组负荷指令，这个任务由限制回路完成。经上述运算处理后的机组负荷指令给定值，则被分别送至锅炉主控器和汽轮机主控器，并由它们发出锅炉燃烧率指令和汽轮机调节汽阀的开度指令，实现机组的协调控制。

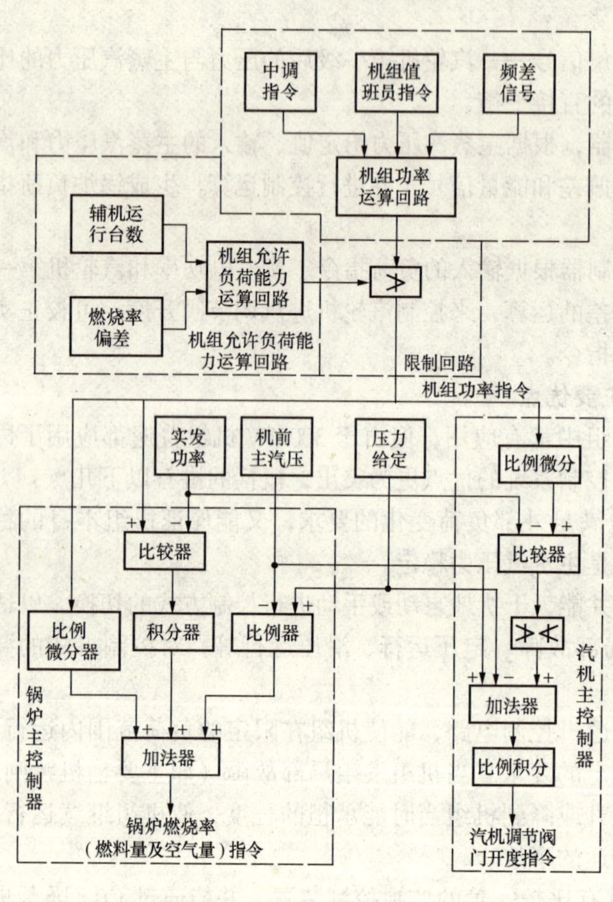

图 3-5 机组协调控制原理图

对于单元机组协调控制系统控制质量的评价，主要根据以下两个方面进行：其一是能否尽快地响应电网对机组的负荷要求；其二是在内、外扰作用下，机炉控制回路能否协调工作以及能否使汽压偏差和功率偏差尽可能减小。所以在协调控制中，负荷给定值作为前馈信号平行地送至机炉两个控制回路，使机炉同时改变负荷，以保证快速响应外界负荷的要求。但由于机炉对负荷需求的响应速度有很大的差异，在控制回路中除把功率给定值作为前馈信号之外，还设计了一些动态补偿信号，只有在机炉控制器的控制规律一定，而且在控制回路工作条件下，经过准确的整定，控制系统才能获得较好的控制质量。

当单元机组运行情况良好，机组带变动负荷或基本负荷，可以采用协调控制运行方式。这时的机组可以参加电网调频、接受中央调度所自动负荷指令或机组值班员手动负荷指令。采用这种控制方式时，锅炉、汽轮机的各自动调节系统应都投入运行，整个机组处于协调控制方式。

二、汽轮机跟随、机组输出功率可调的控制方式

这种运行方式的特点是只有机组值班员的手动指令来控制机组功率，当机组带基本负荷时，可采用这种运行方式。这种控制方式的机组输出功率可调，锅炉及汽轮机的自动调节系统均投入运行。但控制系统不接受频率偏差信号和中心调度所发来的负荷指令，只接受值班员的手动指令。因为这种方式的负荷跟踪性较差，适应负荷需求的速度慢。

这种运行方式的负荷指令运算回路与协调控制方式基本相同，而运算后的负荷指令仅送往锅炉主控器，保证机组实发功率等于功率指令给定的功率值。汽轮机主控器为一般的压力控制系统，这种控制运行方式对机组稳定运行有利。如运行经验不足或机组尚不稳定，也可采用这种方式。

三、锅炉跟随、机组输出功率可调的控制方式

锅炉跟随控制方式是锅炉自动维持汽压的运行方式。用这种方式时，单元机组处于锅炉跟随、机组功率可调节的运行状态。此时，锅炉运行正常，锅炉主控器为自动方式，汽轮机运行正常，汽轮机调节系统正常，而汽轮机主控器可能正常或不正常。这种运行方式具有负荷适应快的优点，它可用于机组的正常运行，也可用于机组启动时。此时锅炉把主蒸汽流量作为超前信号来控制主蒸汽压力，而汽轮机控制机组出力。

四、汽轮机跟随、机组输出功率不可调的运行方式

当汽轮机工作正常，锅炉异常而使单元机组输出功率受到限制时，采用这种运行方式。在这种控制方式下，机组只能维持本身的实际输出功率，而不能接受任何外部负荷改变的指令。此时自动调节的主要目的只是维持锅炉连续运行，以便排除锅炉的部分故障。

当锅炉主要辅机（如锅炉送风机、引风机及给水泵等）发生故障，锅炉出力受到限制，迫使机组减负荷运行时，我们将该过程称之为 Run Back（简写为 RB），此时机组运行方式应采用机组输出功率不可调的汽轮机跟随的运行方式，另外在锅炉燃烧系统发生故障，致使锅炉燃烧率受到限制时，也可采用这种运行方式，锅炉燃烧率跟踪实际燃料量，机组出力决定于实际燃料量的大小。

五、锅炉跟随、机组输出功率不可调的运行方式

当锅炉运行正常，而汽轮机局部异常，使机组的输出功率受到限制时，采用这种运行方式。在这种控制方式下，自动调节的主要目的是维持汽轮机的稳定运行，机组的输出功率取决于实际所能输出的功率，即汽轮机所能承担的负荷，不接受任何外部负荷指令，发电量指令值跟踪调速器位置信号。这种运行方式除适用于汽轮机局部异常外，还适用于机组启动。

六、煤油手动控制运行方式

当机组的锅炉和汽轮机都处于“手动”操作时，即锅炉、汽轮机主控器均处于手动控制状态，机前压力由运行人员在操作器上手动保持，功率指令跟踪机组实发功率，即跟踪汽轮机调速器位置信号，锅炉输入指令（即锅炉主控器输出的燃烧率指令）跟踪总燃料量。锅炉的燃烧调节系统投自动，但它处于运行人员手动控制状态，即运行人员通过操作盘上的操作器手动调节或通过设定器进行设定值调节，而机组主控系统的修正出力指令一直跟踪机组的实际出力，为实现运行方式的无扰动切换做准备。

这种运行方式用于机组的启动、停止，或当机组发生 FCB（锅炉快速减负荷）时。

第四节　单元机组主控系统实例

现以某 300MW 机组应用 INFI—90 分散控制系统的机炉主控制器为例，分别对其锅炉主控制系统和汽轮机主控制系统的工作原理、控制方式及跟踪与切换等问题进行说明。

一、锅炉主控制系统

该锅炉主控制系统的任务是维持主蒸汽压力的稳定，消除主蒸汽压力的偏差。在不同的控制方式下，其工作原理有所不同，下面分别予以讨论。

1. 锅炉跟踪控制方式下

锅炉跟踪控制方式，是在汽轮机跳闸或 DEH 系统由“遥控”变为“本机”控制时，主控器的一种控制方式。此时锅炉主控制器用来保证主蒸汽压力稳定，使锅炉负荷跟踪汽轮机负荷。为此锅炉主控制器将负荷管理控制中心产生的负荷指令通过函数器修正主蒸汽压力偏差信号，并作为 PID 调节器的输入，使输出的锅炉负荷指令响应主蒸汽压力给定值，且同方向变化。在动态过程中，主蒸汽压力偏差信号又不断校正锅炉负荷指令，以维持压力的稳定。

为了加强锅炉侧的响应速度，补偿锅炉的惯性，锅炉主控制器采用能量平衡信号作为锅炉负荷指令的前馈信号。其中汽轮机第一级压力由主蒸汽流量信号转换得出，用该信号作为前馈信号能使负荷需求变化时锅炉侧燃烧率等及时随之改变，从而提高主蒸汽压力的稳定性。

2. 协调控制方式下

协调控制方式是在汽轮机主控制器和锅炉主控制器均正常的情况下，在负荷管理控制中心投入自动接受电网中心调度所负荷指令时，机炉主控制器所选择的一种控制方式。此时锅炉主控制器用来消除主蒸汽压力的偏差，保证机、炉之间的能量平衡。为此在锅炉主控制器的反馈控制回路中，以主蒸汽压力为被控对象，通过 PID 调节器的控制作用校正主蒸汽压力，使之等于给定值。为提高锅炉侧的负荷响应速度，当负荷管理控制中心给出的负荷指令发生改变时，负荷指令通过函数器转换为锅炉负荷的前馈信号，使锅炉主控制器在消除主蒸汽压力偏差的过程中，适应汽轮机的负荷变化，提高锅炉的负荷响应能力，以改善压力控制的动态效果，减小压力的波动。除此之外，当负荷偏差超过设定值时，它通过函数器转换为锅炉负荷的另一个前馈信号，尽快使锅炉满足汽轮机的负荷需求，协助汽轮机侧消除负荷偏差，同时也提高主蒸汽压力的稳定性。

3. 手动控制方式下

在此控制方式下，锅炉主控制器的输出通过 M/A 站手动操作控制，其控制过程完全根据运行人员的指令进行。

在下列情况发生时锅炉主控制器由自动状态切为手动状态：

(1) 燃料主控处于手动（此时锅炉主控制器已失去对锅炉负荷的控制能力）；

(2) 两台送风机均处于手动；

(3) 所有主蒸汽压力信号故障；

(4) 协调方式下，负荷（功率）信号故障；

(5) 非协调方式下，蒸汽流量信号（或第一级压力信号）故障；

(6) 用于机组主控制系统状态指示和方式切换的数字逻辑站处于手动。

二、汽轮机主控制系统

汽轮机主控制器有两个可供选择的反馈控制回路，一个是负荷控制回路，一个是压力控制回路。汽轮机跟踪控制方式下，其控制任务和工作原理是不相同的。

1. 汽轮机跟踪控制方式下

汽轮机跟踪控制方式是在锅炉侧燃料主控处于手动控制、或负荷（功率）信号故障、或风机均处于手动控制时，主控制器所选择的一种控制方式。在这种控制方式下，汽轮机主控制器的任务是控制主蒸汽压力的稳定，这意味着让汽轮机的负荷跟踪锅炉负荷。这里的压力控制是在采用普通的单回路反馈控制（反馈的被控量在此是汽轮机侧的主蒸汽压力信号）的基础上，引入锅炉主控制器输出的锅炉负荷指令作为前馈信号，来改善压力控制的效果。此时锅炉负荷指令是锅炉主控制器处于手动状态下的输出，它或是跟踪燃料主控手动的总燃料量，或是燃料主控自动时运行人员的指令。由于机前的主蒸汽压力不同，改变相同的进汽调节阀开度时，汽轮机负荷（功率）的变化是不相同的，因此，汽轮机主控制器中，采用压力给定值对前馈信号锅炉负荷指令进行校正，以使压力给定值较低时，增强前馈作用，反之亦然。

由于汽轮机进汽调节阀扰动下，主蒸汽压力的变化几乎无迟延，因此，在此控制方式下的系统相当于一个随动系统，主蒸汽压力可以有良好的控制效果。

2. 协调控制方式下

机组在协调控制方式下，汽轮机主控制器的任务是控制机组的实发电功率，使其等于机组的负荷指令。

由机组负荷管理控制中心给出的负荷指令是同时送到锅炉主控制器和汽轮机主控制器的。送入汽轮机主控制器的负荷指令与实发电功率进行比较，形成偏差信号。为了避免偏差太大导致主蒸汽压力波动太大，对偏差进行了高、低值限幅，用以在大偏差出现时减缓控制作用。经高、低值限幅后的偏差送入调节器进行控制运算，其输出结果再送到 DEH 系统，控制汽轮机进汽调节阀开度，最终使实发电功率与负荷指令相等。

为了克服中间再热机组在进汽调节阀动作时功率响应的惯性作用，汽轮机主控制器引入负荷指令作为前馈信号，旨在让进汽调节阀动态过调，以改善机组的负荷适应能力。与汽轮机跟踪控制方式中的前馈信号一样，这里也采用压力给定值对前馈信号进行校正。

负荷的快速响应能力是利用了锅炉的蓄能而牺牲了主蒸汽压力的稳定性取得的，为了不使压力波动太大，汽轮机主控制器的输出还受到机前压力偏差信号的约束。这里将机前压力偏差信号经函数器与负荷偏差信号叠加，由于函数器设置有一死区，死区的数值小于或等于机组允许的主蒸汽压力变化范围，当机前压力波动超过死区限值时，将按压力偏差成比例地限制汽轮机负荷指令，即用暂时限制负荷变化的幅度来减小压力的波动。此时，锅炉侧仍按负荷指令去控制燃烧率，从而可以使机前压力很快回到允许的波动范围内。

3. 手动控制方式下

在此控制方式下，汽轮机主控制器的输出通过 M/A 站进行手动操作控制，其控制过程完全根据运行人员的指令进行。此时，要求汽轮机的 DEH 系统置于“远控”状态。

在下列情况发生时汽轮机主控制器由自动状态切为手动状态：

(1) 汽轮机跳闸；

(2) DEH 系统处于“本机”控制状态；

(3) 所有主蒸汽压力信号故障；

(4) 用于机组主控制系统状态指示和方式切换的数字逻辑站处于手动。

三、控制方式及其跟踪问题

机炉主控制器除存在上述锅炉跟踪、汽轮机跟踪、协调等控制方式外，还存在一种基本控制方式。

基本控制方式是在所有主蒸汽压力信号故障或锅炉跟踪方式下蒸汽流量信号故障时，锅炉主控制器和汽轮机主控制器均处于手动状态下的一种控制方式。

为了实现各种控制方式之间的无扰切换，系统设计有完善的自动跟踪功能。

1. 基本控制方式下

汽轮机主控制器输出跟踪来自 DEH 系统的负荷基准反馈，保证 DEH 系统由“本机”切为“远控”方式时无扰动；锅炉主控制器输出跟踪总燃料量（煤、油）信号，以保证燃料主控由手动向自动的无扰切换；汽轮机主控制器的 PI 调节器输出跟踪主蒸汽压力，使汽轮机主控制器投入自动（进入汽轮机跟踪方式）时输出无扰动，锅炉主控制器的 PID 调节器输出跟踪锅炉负荷指令；当锅炉主控制器投入自动（进入锅炉跟踪方式）时输出无扰动。

2. 汽轮机跟踪控制方式下

汽轮机主控制器的调节器输出跟踪主蒸汽压力，使由该控制方式切换到协调控制方式时系统无扰动。

3. 锅炉跟踪控制方式下

锅炉主控制器的输出调节器跟踪锅炉负荷指令，使由该控制方式切换到协调控制方式时系统无扰动。

4. 协调控制方式下

汽轮机主控制器的 PI 调节器输出主蒸汽压力，锅炉主控制器的 PID 调节器输出跟踪锅炉负荷指令，以保证系统由该控制方式切换到其他任何方式时无扰动。

第五节　汽轮机数字电液调节系统

汽轮机数字电液调节系统（Digital Electro - Hydraulic Control System），习惯上按英文词首简称为 DEH 调节系统或数字电液调节系统，它体现当前汽轮机调节的发展，集中体现两大最新成果；即固体电子学新技术——数字计算机系统；液压新技术——高压抗燃油系统，成为尺寸小、结构紧凑、高质量的调节系统。

一、电液调节系统的基本工作原理与结构

为了实现机炉协调控制，就要求机、炉、电及与之有关的各工作系统在工况变化时，有及时、准确的检测手段，并迅速地发出相应的控制指令，使机、炉、电及有关系统能在新的工况下，协调、稳定地工作。采用电液调节方式是达到上述要求的最有效方法。

汽轮机的数字电液调节系统就是采用电子元件和电气设备对机、炉、电及其有关工作系统的状态进行监视，以数字的方式传递信号、计算机分析判断、发出（电气的）控制指令，然后通过电液转换器（伺服阀、伺服放大器）将电气指令信号转换为液压执行机构能够执行的液压信号，达到完成控制操作的目的。它既发挥了电子装置灵敏度高、非电量——电量的转换实现容易及方便的优点，又发挥了液压执行元件的工作能力大、体积小、动作迅速而且平稳等优点。

（一）电液调节系统的基本工作原理

如图 3-6 所示为引进型 300MW 汽轮机 DEH 系统的原理图，图中的输出是转速 ϕ，外扰是负荷变化 R，内扰是蒸汽压力 p，λ_n 和 λ_P 分别为转速和功率给定。调节对象考虑了调节级压力特性、发电机功率特性和电网特性，与此相关设置了调节级压力 p_T、机组功率 P 和转速 n 三种反馈信号。由于转速特别重要，故设有三个独立的测速信号通道，通过比较选择

一个可靠的信号。

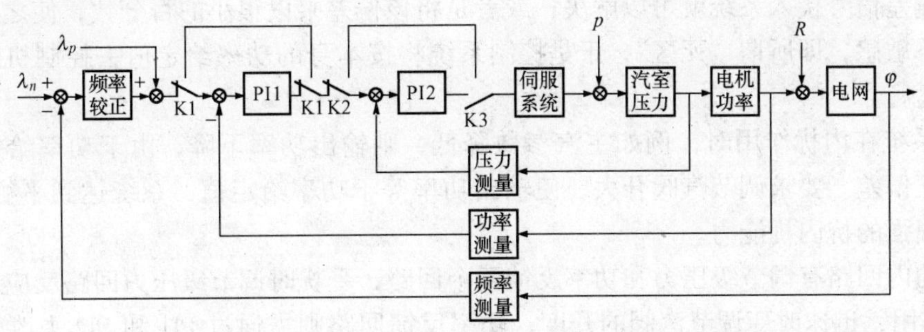

图 3-6　300MW 汽轮机 DEH 控制系统的原理图

由伺服放大器、电液伺服阀、油动机及其线性位移变送器（LVDT）组成的伺服系统，承担功率放大、电液转换和改变阀门位置的任务；调节汽门则因位移而改变进汽量，执行对机组的控制任务。

该系统为串级 PI 控制系统，调节运算是由数字部分完成。系统由内回路和外回路组成，内回路促进调节过程的快速性，外回路则保证了输出严格等于给定值。PI 调节中的比例环节对调节系统偏差信号迅速放大，积分环节保证消除系统的偏差，是一种无差控制系统。

系统中“开关”K1、K2 的指向，提供了不同的调节方式，使系统既可以按串级 PI 调节，也可按单级 PI1 或 PI2 调节方式进行，以保证系统中某一回路发生故障时，仍能保持正常工作。

当系统受干扰时，进入汽轮机的流量变化，首先引起调节级压力的变化，对凝汽式机组，该压力能准确反映其功率的变化，并使该回路作出迅速的响应。发电机的功率环节，由于再热蒸汽滞后的影响，使功率回路的响应较慢。机组参与调频时，其转速取决于电网的频率，但由于它只是网内的一台机组，在电网容量较大的情况下，转速回路的反馈一般较小，图中该环节用虚线表示，以示影响较弱。

系统工作时，一般来说，转速给定代表要求的目标转速，功率给定代表目标负荷。但在机组参与调频时，转速给定与转速反馈信号的偏差，则反映电网的负荷状态，即外扰的大小和方向，此时若功率给定值不变，则该给定与控制系统保持的负荷值并不相同，而被转速偏差修正后的功率给定值才是系统所保持的负荷值。

DEH 系统既可按调频方式，也可按基本负荷方式运行。当系统处于调频方式运行时，若电网的负荷增加，则其频率下降，机组的转速也随之下降，经与转速给定值比较，输出为正偏差，经 PI 调节器校正后的信号，输入伺服放大器，再经电液伺服阀、油动机，然后开大调节汽阀，于是发电机的功率增加。此时，系统有两种平衡方式：一种是增加功率给定值，直到与电网要求的负荷相适应，电网的频率回升，转速偏差为零，实际转速等于给定转速，电网的频率保持不变；另一种是功率给定仍保持不变，此时增加的负荷值，是靠转速偏差增大平衡的，于是转速的偏差就代表了功率的增加部分，就等于是以损坏电网频率为代价获得的平衡。用增加转速给定值来满足负荷的增加是不适合的，会使机组遇到甩负荷时的动态品质变坏，甚至有超速的危险，因此，正确的办法是使转速给定为额定值，用增加功率给定值的方法，适应外界负荷的增加。

机组在电网中带基本负荷运行时，由于转速偏差能反映电网对机组负荷的要求，因此只要不把该偏差信号接入系统就可以解决；或者是将该偏差乘以很小的百分数，使之对外界负荷的变化不敏感，即所谓“死区”，于是控制系统将按本身的功率给定值去控制机组，保持基本负荷运行。

DEH系统在内扰作用时，例如主汽参数降低，则输出功率下降，由于功率给定与功率反馈输出正偏差，要求调节汽阀开大，使输出功率等于功率给定值，系统达到平衡，因此，系统具有很强的抗内扰能力。

系统的内回路有调节级压力和功率反馈两个回路，受扰时调节级压力回路反应最快，通过PI2的作用，迅速改变调节汽阀的开度；功率反馈回路则需通过PI1和PI2去改变调节汽阀的开度，调节过程要慢一些。无论哪一种内回路，都只起一种粗调作用，系统的最后稳定，都是在反馈值与给定值相等时才能达到，因此，外回路起着细调的作用。由于两内回路均具有对外扰和内扰迅速响应的能力，所以，就控制原理而言，系统的串级PI控制为最佳运行方式，而单级PI1和PI2控制方式，系统虽然仍可继续运行，但调节品质较差，应作为备用运行方式。

外扰、内扰或给定值的变化，均导致系统的动作。给定值的变化意味着改变目标转速或负荷，它是人为操作的，一般比较缓慢。内扰与电厂内部设备运行的状态有关，幅度相对较小。外界负荷扰动则具有突发性，扰动最大，其中最为严重的是机组甩额定负荷，此时，进汽阀在关闭过程中还有蒸汽进入汽轮机，这些剩余蒸汽的热能将全部转变为动能，使机组仍有超速的危险。调节系统可能有两种动作方式：一种是功率给定信号未同时切除，在该情况下，转速回路输出的负偏差是关门信号，功率回路输出的正偏差则是开门信号，这种现象称为“反调”。只有转速偏差的关门信号克服功率偏差的开门信号后，系统才能趋于稳定，结果导致系统的动态品质变坏，稳定转速高于额定转速，其值恰好为速度变动率值；另一种是甩负荷时同时切除功率给定值，在该情况下，功率回路无偏差输出，系统依靠转速回路输出的负偏差信号，迅速关闭调节汽阀，其动态特性最好，稳定转速等于额定转速。因此，甩负荷时功率给定同时切除，是DEH系统首选的，也是正常的动作方式。

（二）电液调节系统的的组成

不同的机组、不同的制造厂，其机组的电液调节系统的构成和具体控制逻辑略有不同，但其构成基本相同。

引进型300MW机组的DEH调节系统，是根据西屋公司DEH－Ⅲ型的功能原理开发的，在系统配置方面，尽可能吸收分散系统可靠性高的优点，在硬件设备方面，主要部件都采用微机，从而简化硬件电路，提高系统的可靠性。

图3-7为该机组的DEH系统图，主要由五大部分组成。

(1) 电子控制器。主要包括数字计算机、混合数模插件、接口和电源设备等，均集中布置在6个控制柜内。主要用于给定、接受反馈信号、逻辑运算和发出指令进行控制等。

(2) 操作系统。主要设置有操作盘、图像站的显示器和打印机等，为运行人员提供运行信息、监督、人机对话和操作等服务。

(3) 油系统。本机高压控制油与润滑油分开，高压油（EH系统）采用三芳基磷酸脂抗燃油，为调节系统提供控制与动力用油，系统设有油泵2台，1台工作，1台备用，供油油压为12.42～14.47MPa，它接受调节器或操作盘来的指令进行控制；润滑油泵由主机拖动，为

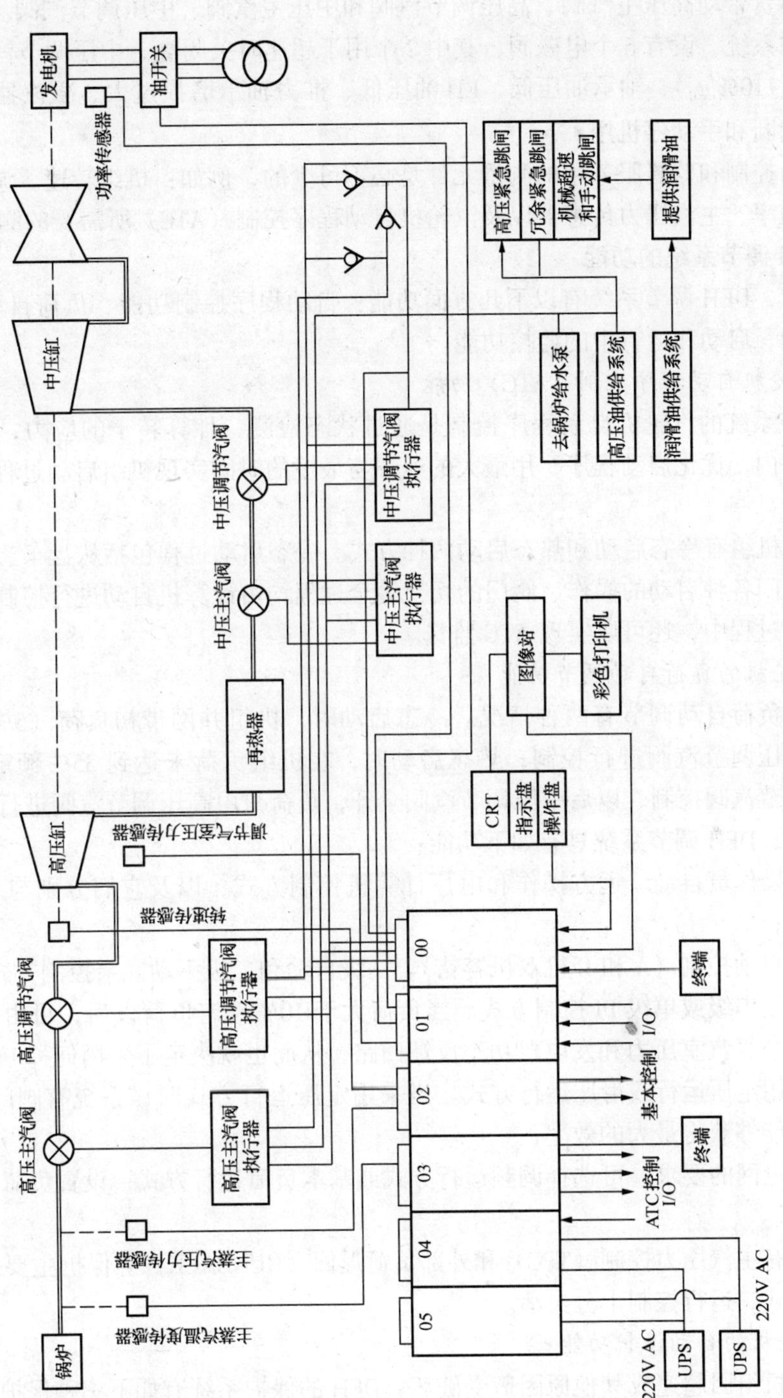

图 3-7　引进型 300MW 汽轮机的 DEH 控制系统

润滑系统提供 1.44～1.69MPa 的汽轮机油。

（4）执行机构。主要由伺服放大器、电液转换器和具有快关、隔离和逆止装置的单侧油动机组成，负责带动高压主汽阀、高压调节汽阀和中压主汽阀、中压调节汽阀。

（5）保护系统。设有 6 个电磁阀，其中 2 个用于超速时关闭高、中压调节汽阀，其余用于严重超速（110% n_0）、轴承油压低、EH 油压低、推力轴承磨损过大、凝汽器真空过低等情况下危急遮断和手动停机用。

此外，为控制和监督服务用的测量元件是必不可少的，例如：机组转速、调节级汽室压力、发电机功率、主汽压力传感器以及汽轮机自动程序控制（ATC）所需要的测量值等。

二、DEH 调节系统的功能

从整体看，DEH 调节系统有以下几方面功能：自动程序控制功能、负荷自动调节功能、自动保护功能、启动和运行中的监控功能。

（一）汽轮机自动程序控制（ATC）功能

DEH 调节系统的汽轮机自动程序控制是通过状态检测、计算转子的应力，并在机组应力允许的范围内，优化启动程序，用最大的速率与最短的时间实现机组启动过程的全部自动化。

ATC 允许机组有冷态启动和热态启动两种方式。冷态启动过程包括从盘车、升速、并网到带负荷，其间各种启动的操作、阀门的切换等全过程均由计算机自动进行控制。

在非启停过程中，还可以实现 ATC 监督。

（二）汽轮机的负荷自动调节功能

汽轮机的负荷自动调节有两种情况。冷态启动时，机组并网带初负荷（5%额定负荷）后，负荷由高压调节汽阀进行控制；热态启动时，在机组负荷未达到 35%额定负荷以前，由高、中压调节汽阀控制，以后中压调节汽阀全开，负荷只由高压调节汽阀进行控制。处于负荷控制阶段，DEH 调节系统具有如下功能：

（1）具有操作员自动、远方操作和电厂计算机控制方式，以及它们分别与 ATC 组成的联合控制方式；

（2）具有自动控制（A 和 B 机双机容错）、一级自动和二级手动冗余控制方式；

（3）可采用串级或单级 PI 控制方式。当负荷大于 10%额定负荷以后，可由运行人员选择是否采用调节级汽室压力和发电机功率反馈回路，从而也就决定了采用何种 PI 控制方式；

（4）可采用定压运行或滑压运行方式。当采用定压运行方式时，系统有阀门管理功能，以保证汽轮机能够获得最大的效率；

（5）根据电网的要求，可选择调频运行方式或基本负荷运行方式；设置负荷的上下限及其速率等。

此外，还有主汽压力控制（TPC）和外部负荷返回（RUNBACK）等保护主要设备和辅助设备的控制方式，运行控制十分灵活。

（三）汽轮机的自动保护功能

为了避免机组因超速或其他原因遭受破坏，DEH 的保护系统有如下三种保护功能：

（1）超速保护（OPC）。该保护只涉及调节汽阀，即转速达到 103% n_0 时快关高、中压调节汽阀；在 103% $n_0 < n <$ 110% n_0 时，超速控制系统通过 OPC 电磁阀快关高、中压调节汽阀，实现对机组的超速保护。

(2) 危急遮断控制（ETS）。该保护是在ETS系统检测到机组超速达到110% n_0 或其他安全指标达到安全界限后，通过AST电磁阀关闭所有的主汽阀和调节汽阀，实现紧急停机。

(3) 机械超速保护和手动脱扣。前者属于超速的多重保护，即当转速高于110% n_0 时，实现紧急停机；后者为保护系统不起作用时进行手动停机，以保障人身和设备安全。

(四) 机组和DEH系统的监控功能

该监控系统在启停和运行过程中对机组和DEH装置两部分运行状况进行监督。内容包括操作状态按钮指示、状态指示和CRT画面，其中对DEH监控的内容包括重要通道、电源和内部程序的运行情况等；CRT画面包括机组和系统的重要参数、运行曲线、潮流趋势和故障显示等。

第六节　单元机组辅机连锁保护逻辑系统

一、顺序控制的基本概念

在电力生产过程中，对设备或某些工艺过程按事先规定的顺序（工艺操作过程顺序）进行的操作，称为顺序控制。从顺序控制系统中执行指令形成来分类，顺序控制系统可分为时间顺序、逻辑顺序和条件顺序三种。

时间顺序控制系统又称固定程序控制系统，它的执行指令是按时间排列固定不变的，即按照预先规定的每一步动作时间长短进行程序控制。例如，在输煤系统的启停过程中，各段传输电机的启动和停止的控制系统。通常，为防止同时启动时电流过大，电机的启动是先启动后级再启动前级，其启动时间有一定延时。而停止输煤系统时，电机的停止是先停前级再停后级，其停止时间也有一定延时，而且延时时间与开启动时也不相同。这种顺序控制系统由于各阶段的执行条件是时间，且时间是事先确定和不变的，因此称为时间顺序控制系统。

逻辑顺序控制系统的执行命令是按先后顺序排列的，和时间无严格关系。即按照几个动作的结果或其他条件的综合结果再决定下一步动作与否。如300MW机组给水泵最小流量控制装置就是当给水泵输出流量小于170m^3/h时，就自动开启最小流量阀，旁通给水泵输出流量，使部分给水返回除氧器，使给水泵不致因输出流量的减小而损坏。逻辑顺序控制系统在电厂中应用很多，它们通过条件测定来决定下一步是否执行。

条件顺序控制是以条件成立与否为前提，在其条件不同时执行不同过程。最常用的系统是电梯系统。电梯是升是降，取决于电梯现在的位置和外界给予的指令。在工业生产过程中的成品分拣系统也是条件顺序控制系统。

另外，还可将上述分类进行组合而实现顺序控制，如控制系统中某些过程是根据时间而定的，而某些过程是根据条件而定的，这称为组合控制。

顺序控制技术在电厂中的应用大致有以下两个方面：

(1) 辅机的顺序控制。在火电厂中采用顺控的辅机有送风机、引风机、空气预热器（回转式）、磨煤机、循环水泵、电动给水泵、凝结水泵等。大容量机组的辅机启停具有复杂的工艺系统和操作过程，采用顺序控制技术可以使辅机设备系统按规定顺序要求自动进行操作，从而减轻了运行人员的操作负担。运行人员只需按下“启动”或“停止”顺序控制装置的按钮开关，就可自动完成一台辅机的启动或停止过程。

(2) 局部工艺操作流程的顺序控制。大型机组的启停操作过程是十分复杂的过程，单有辅机的顺控还不能满足简化整套机组的启停控制要求，还必须对某些工艺流程采用顺控技术。无论怎样复杂的操作工艺流程总可分解为彼此可以相对独立的若干个局部工艺操作流程，将这些密切相关的局部工艺操作流程应用顺序控制技术进行控制，才能大大简化运行人员的操作过程。火电厂中可以采用顺序控制的局部工艺操作流程有：锅炉燃烧器点熄火操作、炉膛清扫、锅炉吹灰操作、除灰系统操作、汽轮机升速和升负荷操作、凝汽器胶球清洗操作、汽轮机油系统冲洗操作、化学水处理系统操作等。

二、机组连锁保护逻辑

单元机组连锁保护逻辑主要包括采用DCS逻辑实现的连锁保护和顺序逻辑控制。这部分内容现在大都归入顺序控制系统（SCS）。

现代大型火力发电机组采用DCS实现集中控制。全厂连锁保护系统是单元机组顺序控制系统的一个重要功能。它提供了与锅炉、汽轮机、发电机安全运行直接相关的重要保护。从安全性出发，单元机组连锁保护系统常采用部分硬接线，形成与正常DCS控制相对独立的双重保护功能。大量阀门、挡板及电动机的操作都集中在控制室，形成远方操作方式或计算机自动方式。DCS将逻辑开关与模拟调节结合，在逻辑开关中将顺序控制与连锁及保护结合，为机组全自动的启停奠定了基础。SCS中的连锁控制主要用于各个辅机之间及辅机与各个有关设备之间的联系，它可以将关系密切的控制项目联系起来进行自动连锁控制。例如，故障设备的自动停运、备用设备的自动启动、条件不具备时的禁止控制和条件满足时的自动动作等，均可利用连锁控制来实现。锅炉辅机连锁控制是锅炉机组自动化的一个组成部分。如果没有辅机连锁控制，则当一台辅机故障时，会影响锅炉设备的正常运行，甚至危及锅炉本体和人身安全。例如，负压燃烧锅炉引风机故障停运后，烟气不能排走，如果送风机不及时停运，就会造成炉膛正压而向炉膛外面喷火。因此，在锅炉辅机之间都设置连锁控制。

锅炉辅机的连锁条件取决于锅炉机组的结构特性及运行特点。连锁一般分为大连锁和小连锁两种。小连锁如备用设备自启停；大连锁（总连锁）是指一台辅机跳闸将相应地引起一连串辅机连锁动作。例如引风机因故障跳闸，引起送风机、排粉机、磨煤机、给煤机等相继依次跳闸。大连锁还指当锅炉、汽轮机、发电机三大发电主设备中有一个事故停运时，为防止影响整个单元机组的运行，甚至迫使整套机组停运而采取的运行操作措施。如图3-8为机炉电大连锁逻辑框图。机炉电大连锁投运时，锅炉跳闸将引起汽轮机跳闸，汽轮机跳闸将引起发电机跳闸，发电机跳闸也将引起汽轮机跳闸，构成整个汽轮发电机组的连锁保护。锅炉、汽轮机及发变组连锁保护是在FSSS实现的锅炉主燃料跳闸MFT、ETS实现的汽轮机跳闸和电气保护单元实现的发变组主保护的基础上，根据三大主机的相互关系，完成不同的机组事故运行方式的切换（如FCB方式）或连锁跳闸动作。当汽轮机紧急跳闸（ETS）动作时，迫使锅炉快速减负荷（FCB）。若FCB成功，则锅炉保持低负荷（30%额定值）；若FCB不成功，则锅炉MFT动作，迫使紧急停炉。当电网故障而且主变压器开

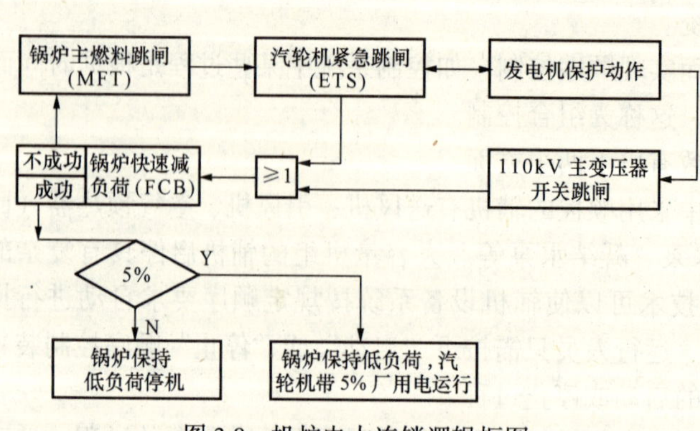

图3-8 机炉电大连锁逻辑框图

关跳闸（本单元机组变压器开关仍合上）时，则锅炉快速减负荷。若 FCB 成功，则锅炉保持低负荷，汽轮发电机组带 5%负荷（厂用电）运行；若 FCB 不成功则紧急停炉。

全厂连锁保护系统的主要功能包括如下：

(1) 锅炉、汽轮机及发变组连锁保护（也就是常说的机炉电大连锁）；

(2) 送风机、引风机连锁保护；

(3) 除氧器水位保护；

(4) 加热器水位保护；

(5) 再热器保护；

(6) 其他危及主设备的重要保护。

送风机、引风机连锁保护，提供锅炉非正常运行工况下，为防止锅炉内爆或外爆的风机必要的安全连锁。包括风机的正常启停顺序、风机的连锁跳闸和锅炉的通风。

汽轮机防进水保护是防止蒸汽在主蒸汽、再热蒸汽和抽汽管道以及汽轮机轴封中凝结，并由于疏水不当或疏水阀操作不当而进入汽轮机，造成汽轮机损坏。

除氧器水位保护是当除氧器水位达到高限时，隔绝进入除氧器的凝结水和至除氧器的汽轮机抽汽。

加热器水位保护是当加热器水位达到高限时，将该加热器隔离。关闭抽汽侧隔离门和抽汽逆止门，关闭正常逐级疏水阀，打开事故疏水阀和抽汽管道疏水阀。

再热器保护的作用是防止再热器失去冷再入口汽源或失去有效冷却流量而造成再热器超温。当汽轮机所有主汽门全关，而汽轮机旁路未开启或出现锅炉燃烧的蒸汽大于锅炉给水流量时，发出保护信号至 FSSS，切断所有的锅炉燃料输入。

三、机组甩负荷（FCB）

（一）设置 FCB 的目的

FCB——Fast Cut Back，即机组快速切回，是一种对机组的保护。当汽轮机或电气方面发生故障，汽轮机脱扣或机组带厂用电运行时，锅炉不停炉而带最低负荷运行，以便故障消除后机组可尽快恢复原出力运行，减小事故损失。根据 FCB 后机组的不同运行方式，可分为 5%FCB 和 0%FCB 两种型式。5%FCB 为机组甩负荷后带厂用电单独运行，即发电机与电网解列，只带厂用电运行；0%FCB 为停机不停炉的运行方式，即发电机解列，汽轮机跳闸，锅炉维持运行。

（二）FCB 动作的主要内容

发生 FCB 时，机组全甩负荷或带厂用电运行，机炉之间的能量平衡严重破坏。处理时必须迅速采取正确而有效的措施，重新建立能量平衡，不使参数偏离过大。主要有以下几个方面：

(1) 发生 FCB 时，机组大幅度甩负荷，汽压急剧上升，处理时，应设法使汽压的升高程度降到最小。

(2) 由于汽压急剧升高，燃料量骤减，水位瞬间严重下降，处理时，应尽量减小水位的波动程度。

(3) 由于急减燃料，给炉膛造成很大的扰动，为防止锅炉灭火，应做好稳燃措施。

(4) 带厂用电运行时，周波变化幅度不可太大。

从上述处理原则出发，发生 FCB 时，主要动作包括对燃料、给水、汽轮机和主蒸汽压力的控制。

（三）FCB 的动作逻辑

FCB 动作逻辑见图 3-9。

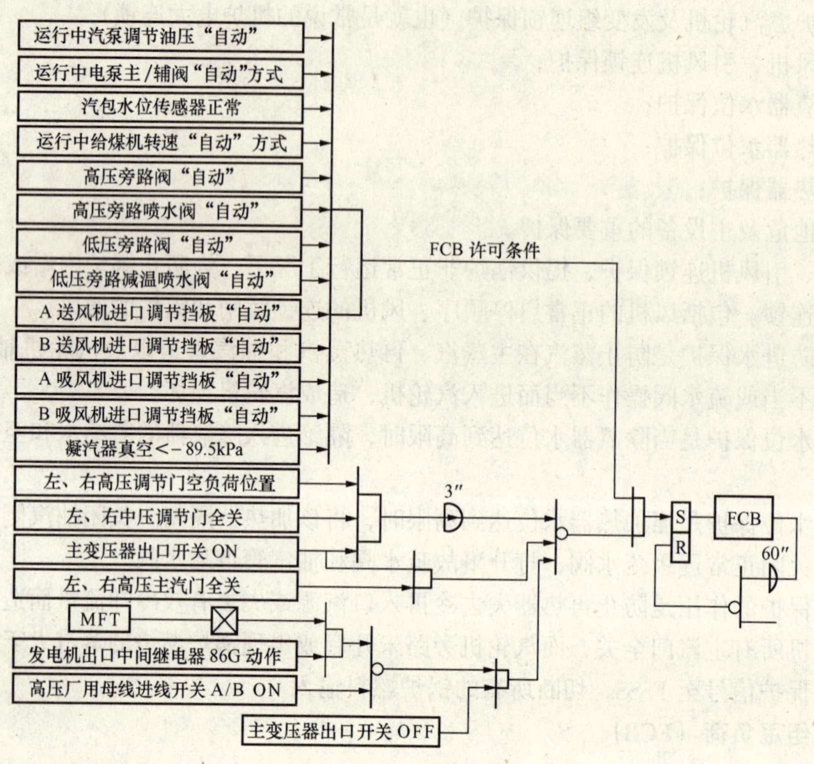

图 3-9 FCB 动作逻辑图

（四）FCB 动作后的处理

（1）FCB 触发后，按 FCB 的有关动作逻辑自动处理 1min 后，FCB 信号自动复置。此时可根据实际需要进行适当的手动调节。

（2）汽轮机甩负荷后应当注意辅助汽源从低温再热器切至三段抽汽。尤其注意是否发生安全门动作、水击等异常事故。

（3）FCB 动作后汽包水位急剧下降。在注意水位调节的同时，应密切监视炉水泵差压的变化情况，防止炉水泵发生汽蚀。

（4）锅炉维持低负荷运行时，注意监视燃烧工况和汽温调节。

（5）发生 5%FCB 时，汽轮机转子表面热应力水平很高，在此工况下的运行时间一般不得超过 10min。

（6）汽轮机重新启动时，应投入热应力控制，在允许的应力范围内，迅速恢复负荷。

（7）5%FCB 动作时，厂用电频率应在 48.5～50.5Hz 之内变化，同时应监视各辅机的运行情况。

四、机组快速减负荷（RB）

RB 是当任何主要辅助设备突然停运时，单元机组要尽可能地快速降低负荷，使机组负荷降低到没有这些停运的辅助设备也能使机组继续运行的状况，这种自动快速地降低负荷的功能由 RB 以甩负荷的方式来完成。当锅炉送风机、引风机、一次风机、给水泵等重要辅机故障跳闸时，机组快速减负荷至故障时的实际出力。电厂机组的 RB 保护有 50%RB 和 75%RB 两种。

RB 保护的主要动作内容如下：

(1) 锅炉重要辅机跳闸后，机组实际出力降至 50%或 75%，此时锅炉主控以每分钟 100%额定负荷的减负荷速度急降负荷至规定值，机组负荷控制切换为汽轮机跟踪方式，主汽压力由汽轮机调门控制。

(2) 发生 50%RB 时，无法维持四台磨煤机运行。因此，全烧煤时，磨煤机由上而下切至剩三台运行；三只以上油枪投运时，磨煤机由上而下切至剩两台运行。

(3) 发生 50%RB 时，炉膛燃烧工况受到较大扰动，各层煤粉燃烧器的点火器由上而下以 15s 的间隙依次投入（发生 75%RB 时，若运行给煤机的给煤量 < 50%，对应点火器投入助燃）。

(4) 由于一次风机与送风机串联，送风机跳闸触发 50%RB 时，同侧一次风机连锁跳闸，为保护空气预热器及防止一、二次风向风机停止侧倒灌，影响锅炉正常运行，同侧引风机也连锁跳闸，并关闭停止侧有关风门、挡板。

第七节　单元机组主机的保护监视系统

一、锅炉安全监控系统（FSSS）

锅炉炉膛安全监控系统（Furnace Safeguard Supervisory System，简称 FSSS），也有称燃烧器管理系统（Burner Management System，简称 BMS），或称燃烧器控制系统、燃料燃烧安全系统，是现代大型火力发电机组锅炉必须具备的一种监控系统。它能在锅炉正常工作和启停等各种运行方式下，连续地密切监视燃烧系统的大量参数与状态，不断地进行逻辑判断和运算，必要时发出动作指令，通过各种连锁装置使燃烧设备中的有关部件（如磨煤机、点火器、燃烧器等）严格按照既定的合理程序完成必要的操作，或对异常工况和未遂性事故做出快速反应和处理。防止炉膛的任何部位积聚燃料与空气的混合物，防止锅炉发生爆燃而损坏设备，以保证操作人员和锅炉燃烧系统的安全。

（一）FSSS 的主要作用与功能

1. FSSS 的主要作用

炉膛安全监控系统一般可分为两大部分：燃烧器控制系统和燃料安全系统。各部分的作用如下：

(1) 燃烧器控制系统（Burner Control System，简称 BCS）。BCS 的主要作用是连续监视运行，控制点火及暖炉油枪，对磨煤机、给煤机等制粉设备实现自启停或远方操作，分别监视油层、煤层及全炉膛火焰。当吹扫、点火和带负荷运行时，控制风箱挡板位置，以便获得炉膛所需的空气分布。同时还提供状态信号到模拟量控制系统、计算机监视系统、旁路控制系统及汽轮机控制系统。

(2) 燃料安全系统。燃料安全系统的主要作用是在锅炉运行的各个阶段，包括启停过程中，预防在锅炉的任何部分形成一种可爆燃的气粉混合物，防止炉膛爆燃。在对设备和人身有危险时产生主燃料跳闸（Main Fuel Trip，简称 MFT）信号，并提供“首次跳闸原因”的报警信号，以便事故查找和分析。MFT信号发出后，切除所有燃烧设备和有关辅助设备，切断进入炉膛的一切燃料。MFT以后仍需维持炉内通风，进行跳闸后的炉膛吹扫，清除炉膛及尾部烟道中的可燃混合物，防止炉膛爆炸。

2.FSSS的功能

炉膛安全监控系统在锅炉启、停阶段，按运行要求启、停油燃烧器和煤燃烧器。在机组事故情况下，炉膛安全监控系统与CCS配合完成主燃料跳闸（MFT）、机组快速甩负荷（FCB）及主要辅机局部故障自动减负荷（RB）等功能。即当机组发生严重故障而需主燃料跳闸时，由炉膛安全监控系统发出MFT指令，并指出跳闸原因，由MCS完成相应的调节任务，实行紧急停炉。当电网、发电机或汽轮机故障而需机组快速甩负荷（FCB）时，炉膛安全监控系统迅速将一层油投入，并将与该油层不相邻的煤层磨煤机全部切除，使锅炉带最低稳定负荷运行，实现停机不停炉。当锅炉辅机故障而发生自动减负荷RB时，炉膛安全监控系统将与MCS配合按要求迅速切除部分磨煤机，使机组负荷降低到预先规定的负荷目标值。炉膛安全监控系统不实现调节功能，不直接参与燃料量和送风量的调节，仅完成锅炉及其辅机的启停监视和逻辑控制功能，但是它能行使超越运行人员和过程控制系统的作用，可靠地保证锅炉安全运行。锅炉的调节功能是由CCS完成的，炉膛安全监控系统与CCS相互之间有着一定联系与制约，其中炉膛安全监控系统的安全连锁功能的等级是最高的。

对于大型燃煤机组来说，炉膛安全监控系统包括下述主要安全功能：

（1）炉膛点火前的清扫。炉膛点火前清扫的目的是为了在启动前把炉膛及管道内积聚的没有燃烧的燃料和气体清除掉，避免锅炉爆炸事故的发生。对于大容量锅炉来说，从炉膛内可燃混合物积存到发生爆燃往往发生在1~2s时间内，运行人员不可能对这种情况做出及时的反应，同时随着锅炉容量增加，设备日益复杂，要监控的项目很多，特别是在启停过程中操作十分频繁，即使最熟练的运行人员，误操作也难免发生。因此这个任务应依靠炉膛安全监控系统来完成。

（2）油点火控制。油点火控制包括锅炉正常启动、停运和燃烧器燃烧不稳定时点火器投入运行时的控制。锅炉正常启动时，只有当炉膛清扫完成且满足一定的许可条件，暖炉油才能投入运行。典型的许可条件为：炉膛清扫完成；暖炉油的主油管跳闸阀打开，主油管油温正常，主油管跳闸阀处油压正常；雾化蒸汽压力满足要求，手动油阀打开等。当上述许可条件满足，则通过主控室CRT键盘或BTG盘或就地盘等接口设备发出启动命令，启动暖炉油枪，点火顺序是自动进行的。

（3）煤粉燃烧器投入控制。当锅炉已经用油暖炉，且满足一定的许可条件时，可以通过接口设备启动磨煤机引入主燃料，使煤粉燃烧器投入运行。煤粉燃烧器投入运行的基本许可条件是"磨煤机已准备好"和"毗邻层的点火支持能量充足"。"磨煤机已准备好"这一条件中又包含着润滑油压、一次风压、密封空气压力等皆满足要求的许可条件。"毗邻层的点火支持能量充足"这一许可条件最为重要，只有具备足够的点火支持能量，才能保证主燃料一进入炉膛即被点燃。

（4）连续运行的监视。在正常运行的情况下，炉膛安全监控系统能对炉膛燃烧情况进行连续的监测（包括火焰检测）；当有异常情况时，炉膛安全监控系统将发出音响警报，提醒运行人员立即进行正确操作，以避免可能引起的跳闸事故；在运行人员来不及处理某些异常情况的时候，炉膛安全监控系统将自动启动跳闸。

(5) 紧急停炉（主燃料跳闸 MFT）。在锅炉安全受到严重威胁的紧急情况下，如汽轮机甩负荷、锅炉熄火、失去送风机和引风机、汽包水位过低或过高时，若运行人员来不及进行及时的操作处理，炉膛安全监控系统将实现“主燃料跳闸”（MFT），将正在燃烧的所有燃烧器的燃料全部切断或以层为单位跳掉磨煤机、给煤机等设备。任何时候当锅炉有关设备安全情况遭受危险时，运行人员可以直接启动 MFT 或跳掉个别设备，而不需要等待炉膛安全监控系统响应。

(6) 磨煤机、燃烧器、点火器停运。磨煤机、燃烧器、点火器的停运控制包括正常停运和紧急停运。炉膛安全监控系统提供了这两种停运方式的逻辑。当正常停运指令发出或紧急停运条件满足时，炉膛安全监控系统将按一定的逻辑顺序停运相关设备。

(7) 燃烧后的吹扫。在锅炉跳闸后和重新点火前，不管停炉和重新点火之间时间间隔多长，都必须对炉膛进行吹扫，以清除可能储存在炉内的可燃物质。

如图 3-10 所示为一典型炉膛安全监控系统的功能结构。

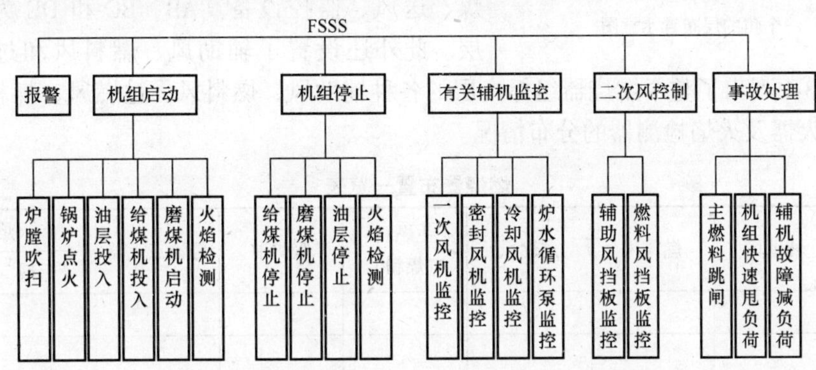

图 3-10 典型炉膛安全监控系统的功能结构示意图

(二) 炉膛安全监控系统的组成

一套完整的炉膛安全监控系统可以分为四个部分，即控制台、逻辑控制系统、驱动装置和检测敏感元件。如图 3-11 所示。

1. 控制台

控制台包括：运行人员控制盘、CRT 与键盘、就地控制盘及系统模拟盘。运行人员控制盘安装在主控制室中，运行人员通过盘上的指令器件(如操作开关、按钮),通过逻辑控制系统控制有关驱动器动作。运行人员控制盘上设有一些反映运行状态的指示灯及控制开关等。

2. 逻辑控制系统

运行人员的操作指令通过逻辑系统的判断，满足一定的安全条件后，发出有关设备的启动指令。当出现危及机组安全运行的情况时，逻辑系统发出停止有关设备运行的操作指令。

3. 驱动装置

驱动装置用于控制和隔离进入炉膛的燃料和空气的执行机构，如各阀门的驱动机构、给煤机、磨煤机、风机的电动机、油枪驱动器等。

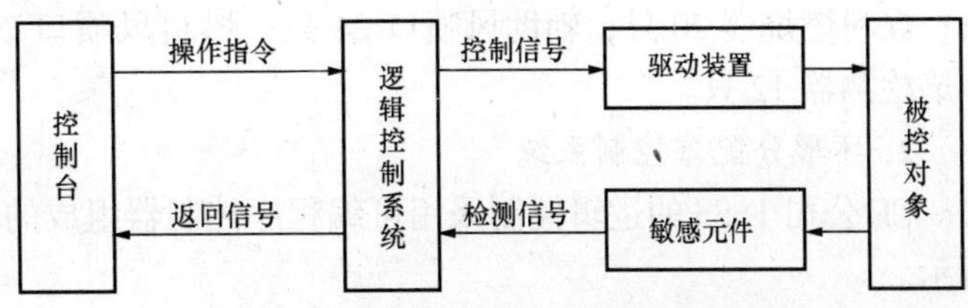

图 3-11 炉膛安全监控系统组成示意图

4. 检测敏感元件

用来监测炉内燃烧和燃料、空气系统状态的装置，包括反映驱动器位置信息的元件（如限位开关等），反映燃料压力、温度、流量和火焰等各种参数及状态的器件。

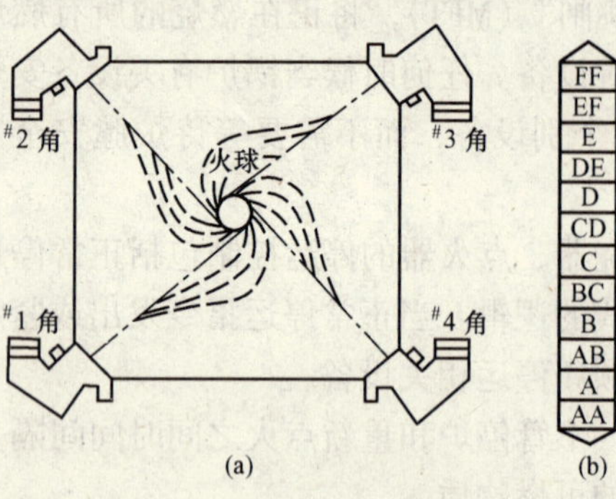

图 3-12　燃烧器布置示意图
（a）燃烧器四角布置示意图；
（b）一个角的层布置示意图

（三）FSSS 系统的运行

下面介绍某国产 300MW 机组配置的美国 CE 公司 FSSS 的运行情况。

1. 燃烧器的布置

该锅炉的燃烧器布置在炉膛四角，为四角布置切圆燃烧的方式（如图 3-12 所示）。

每个角的燃烧器分八层布置。自下而上的 A、B、C、D 和 E 为煤粉层，每层对应有一套磨煤、给煤、送风、监控设备。AB、BC 和 DE 为三层燃油层。此外还设置了辅助风、燃料风和过燃风（FF 层）等。表 3-1 列出了整个燃烧器组标高层的各种辅助风、燃料风、过燃风、煤粉喷管、暖炉油枪、点火器及火焰检测器的分布情况。

表 3-1　　　燃烧器布置一览表

层	辅助风	燃料风	过燃风	主燃料（煤粉）	暖炉油	轻油点火器	火焰检测器	
							Ⅰ型	Ⅱ型
FF			√					
EF	√							
E		√		√				
DE	√				√	√		√
D		√		√				
CD	√						√	
C		√		√				
BC	√				√	√		√
B		√		√				
AB	√				√	√		√
A		√		√				
AA	√							

该机组的燃烧器的主要配置有：高能点火器 12 只；轻油点火器 12 只；暖炉油燃烧器 12 只；煤粉燃烧器 20 只；辅助风喷口 24 只；燃料风喷口 20 只；Ⅰ型火焰检测器 4 只；Ⅱ型火焰检测器 12 只。

2. 环形分配器控制系统

CE 公司 FSSS 的逻辑控制采用可编程序控制器组成的环形分配器，其控制组态如图 3-13 所示。

图中，由五台可编程序控制器构成环形分配器网络，分别控制 A、B、C、D 和 E 层，磨煤设备包括一台磨煤机及其电动机、一台给煤机及其电动机、一次风及二次风系统、调风挡板及阀门的控制装置、点火系统、反馈敏感元件及仪表系统等。图 3-13 中标有“UNIT”的为专门用来控制整台机组的单元控制部分，如炉膛吹扫、点火风机和火焰检测器冷却风机的控制、全炉膛火焰检测器故障、主燃料跳闸等。每个控制器分为三部分：中间的空白部分用于控制功能，如“A”为控制 A 层磨煤设备，“AB”为控制 AB 层油系统，其右面画阴影的部分表示本身设备（如 A 层磨煤设备或 AB 层油系统）的安全保护功能；左面画阴影的部分表示相邻设备的安全保护功能。由此可见，可编程序控制器配置成环形网络后，使安全功能具有双重保护性质。当一台控制器故障时，其保护功能由其相邻的控制器来承担，不会影响已投运设备的运行，除非相邻的可编程序控制器也同时出现故障。各控制器之间的联系及与外系统的联系均连接到分散通信网络上，以便与其他系统（如 DAS、CCS 等）进行数据通信。

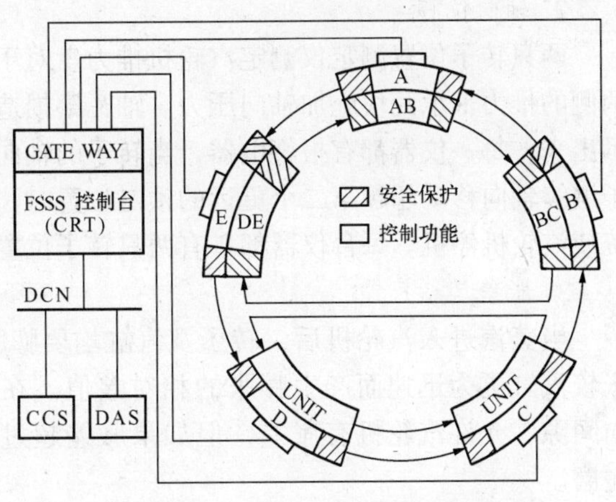

图 3-13　FSSS 逻辑控制系统组态图

3.CE 公司 FSSS 的功能

CE 公司 FSSS 的主要功能包括：锅炉启动前及停运后的炉膛清扫；轻油、重油系统的泄漏检查及轻油、重油快关阀控制；燃烧器火焰检测及全炉膛火焰检测（炉膛灭火保护）；锅炉紧急停炉（MFT）时燃料的切断控制；锅炉维持最低负荷运行的控制；以及实现停机不停炉或带厂用电运行（FCB）。

二、汽轮机监控系统及保护系统

（一）汽轮机监测仪表系统（TSI）

目前，300MW 机组均设置了汽轮机监测仪表系统（Turbine Supervisory Instrumentation，简称 TSI）。它是一种可靠的连续检测汽轮发电机转子和汽缸的机械工作参数的多路监控系统，可用以显示机组状态，为记录仪和计算机系统提供输出信号，并在超出预置的运行极限时发出警报，此外，还能使汽轮机自动停机和提供用于诊断性估算的各种测量数据。TSI 系统所监控或测量的基本参数如下。

1. 汽缸绝对膨胀

机组从冷态进入高温带负荷状态，温度的变化必然导致汽缸膨胀。汽缸膨胀仪测定自低压汽缸的固定点至调节阀端轴承座间轴向尺寸的伸长。设计时应考虑到使调节阀端轴承座可在经过润滑的轴向导键上自由移动。如果汽缸膨胀时机组的自由端在导键上的滑动受阻，可能会导致机组的严重损坏。

汽缸膨胀仪用来测定调节阀端轴承座相对于一基础固定点的位移。它显示出在启动、停机、负荷及蒸汽温度变动时汽缸的膨胀或收缩。如汽缸膨胀仪不能显示出上述各种暂态，那就必须查清情况。负荷、蒸汽状态、真空等情况相似时，则仪器所显示的调节阀端轴承座的相对位移应当大致相同。

2. 轴向位移

两只转子位置测定仪测定汽轮机推力盘对于推力轴承支架的相对位置。推力盘对位于其两侧的推力轴承瓦块施加轴向压力。轴瓦磨损造成转子的轴向移动将在转子位置测定仪上显示出来，每一仪器都有报警电器，当转子的轴向移动超越一预定位置时，便自动报警。如转子继续轴向移动超越第二个更远的预定位置时，转子位置自动停机继动器就通过紧急停机系统使汽轮机停机。每台仪器都备有两只转子位置检测器及逻辑仪，以防虚假停机。

3. 胀差

当蒸汽进入汽轮机后，转子及汽缸均要膨胀。由于转子质量较小，温升较快，故其膨胀较汽缸更为迅速而产生膨胀的相对差值。在汽轮机的固定部分和转动部分之间具有轴向间隙，允许汽轮机有胀差，但如果胀差超过允许值，便可能导致转动部分和静止部分碰磨。

胀差仪的作用是以图表显示静止部分和转动部分之间的相对轴向位移。它连续显示出汽轮机在运转过程中的轴向间隙。仪表备有报警和自动停机报警继动器，如果达到极限轴向间隙，它们将各自发挥其功能。通过一段暂态过程后，转子和静止部分温度逐步趋向一致，胀差值随之减少，轴向间隙随之加大。这时汽轮机的蒸汽流量和温度就又可以改变。

4. 转子偏心

当汽轮机停机时，如果汽缸上部温度比下部温度高，则转子受到不均匀冷却而产生弯曲。使用盘车装置使转子慢慢旋转，可使转子承受较均匀的温度，从而减少弯曲。

在低速时，从盘车转速到600r/min左右，转子的弯曲值是被作为转子偏心值连续记录下来的；而在高速时，则被作为振动值。

偏心仪配备报警信号，达到极限偏心值时就发挥功能。偏心仪的另一输出信号是瞬时偏心值，这一信号显示于装在盘车装置仪表上的一只垂直仪表上。在汽轮机盘车时，这一仪表显示出转子至检测器间瞬时间隙的周期性变化。

如果机组不再盘车而停机时，应停于转子向下弯曲的位置，这样可减小转子上下部分的温度梯度。

瞬时偏心值仪表读数最小时，就是转子最佳停机位置。

5. 振动

振动仪用来测定和记录汽轮机转速在600r/min以上时转子的振动；低于这一转速，转子弯曲值是被作为偏心值记录下来的。振动值是在转子邻近主轴承部位测量的，过大的振动预示着汽轮机可能发生危险或表示汽轮机不正常。每一振动仪都配备报警及自动停机继动器，当在任何一只轴承处测得过大的振动时，它们便发挥功能。

6. 相位角

相位角仪显示某一轴承的凸起处和汽轮机转子参考点也就是1号轴承平衡孔之间角度的相对关系。相位角仪正面有一选择按钮，以供选择任一检测器测得的相位角读数。

7. 零速

零速仪具有继电器，当机组达到零转速时便发挥其功能。零速仪使用两只捡拾器，它能测出调节阀轴承座内装于转子上一只具有V形刻痕的轮的转动。该仪具有两条各不相关的测定渠道，每一渠道的输出继电器都接有一只逻辑仪，以防止虚假信号。继电器的输出为盘车齿轮啮合用，也可用于信号装置。

8. 转速

转速仪使用一只零速捡拾器作为输入装置。一种模拟的转速输出信号接通记录仪，连续记录其转速。另有两只继电器作为附加输出，他们分别对应两个不相关的预定转速，当转速超越某一预定值时，其相应的继电器便会发挥功能，它们用来控制盘车装置，送给超速保护，控制排汽缸喷水，还可用于控制顶轴油泵。

(二) 汽轮机保护系统

300MW 机组设有超速保护控制系统、电气危急遮断控制系统、机械超速危急遮断系统，本部分主要介绍电气危急遮断控制系统（ETS)。

汽轮机危急遮断系统的任务，是用来监督对机组安全有重大影响的某些参数，以便在这些参数超过安全限定值时，通过该系统关闭汽轮机的全部进汽阀门，紧急停机。

300MW 机组的危急遮断项目和参数为如下。

1. 超速保护

转速达到 110% n_0（3300r/min）时遮断机组。

2. 轴向位移保护

以轴向位移的定位点 3.56mm 为基准，机头方向超过 2.54mm 或发电机方向超过 4.57mm 时，遮断机组，这种限定意味着极限位移离基准位置的两侧各只有 1mm 左右。

3. 轴承供油低油压和回油高油温保护

轴承供油油压低到 34.47～48.26kPa 和回油油温高到 82.2℃时遮断机组。

4. EH（抗燃）油低油压保护

EH 油压低到 9.31MPa 时遮断机组。

5. 凝汽器低真空保护

汽轮机的排汽压力高于 20.33kPa（abs）时遮断机组。

此外，DEH 系统还提供一个可接受所有外部遮断信号的遥控遮断接口，以供运行人员紧急时使用。

三、发变组微机监控保护系统

随着电力系统的发展，发电机—变压器组单元接线方式在电力系统中获得广泛应用。发电机—变压器组的保护装置可分成故障保护和异常运行保护两大类，现分别叙述如下。

(一) 反应故障的保护

1. 发电机差动保护

作为发电机内部绕组相间短路的主保护，动作时使机组全停。

2. 主变压器差动保护

作为变压器绕组、套管及其引出线相间短路以及高压绕组、套管、引出线接地的主保护，动作时使机组全停。

3. 发电机——主变压器组差动保护

作为发电机差动保护、主变压器差动保护以及发电机—主变压器—厂总变压器之间相互连接的分相式封闭母线相间短路的主保护，动作时机组全停。

4. 电压制动过电流保护

作为发电机、主变压器、厂总变以及系统相间短路的后备保护，延时动作时机组全停。

5. 负序电流保护

作为发电机、主变压器、厂变及系统不对称短路的后备保护。在负序电流超量不多时（往往是因为三相负荷不对称）保护只发出报警信号；当超过发电机对负序电流的承受能力时则动作，使机组全停。

6. 零序过电流保护

作为主变压器绕组及500kV系统接地短路的后备保护，动作时机组全停。

7. 主变压器气体（瓦斯）保护

在主变压器箱与油枕之间的管道中，作为切除主变压器箱内能燃起电弧故障的保护，对箱内油位过低也能反映。保护动作时，发出报警信号及使机组全停。

8. 主变压器压力保护

设于主变压器箱内，作为切除主变压器箱内能燃起电弧并产生压力故障的保护，对于绕组匝数很少的匝间短路（差动保护往往不能反应）也能反应。保护动作时发出报警信号及使机组全停。

9. 发电机接地保护

发电机中性点经二次侧接有电阻的变压器接地，所以最大的单相接地故障电流被限制在10A之内。对于这个故障电流，差动保护不能反应，必须专设接地保护。本保护是电压保护，电压取自接在发电机中性点的接地变压器的二次侧，当发电机定子绕组出现接地故障时，其中性点电压升高，继电器动作。但在接近中性点的绕组接地时，中性点的电压升高不了，继电器动作不了，本保护在中性点附近有死区。本保护的保护范围是发电机绕组、主变压器低压绕组、厂总变及励磁变压器一次绕组以及发电机—主变压器—厂总变之间的分相式密封母线。动作时使机组全停。

10. 发电机接地后备保护

其电压取自接于发电机端的电压互感器，在发电机定子绕组出现接地故障时，机端的零序电压使继电器动作，本保护在中性点附近也有死区。动作时使机组全停。

11. 发电机三次谐波电压定子接地保护

本保护是上两个接地保护的补充，以填补这两项保护的死区。发电机电压中含有三次谐波成分，机端和中性点的三次谐波电压之间的关系在正常和接地故障时不相同，利用这种关系来识别中性点附近的接地故障。保护动作时只发出报警信号。

12. 发电机解列状态时的接地保护

发电机在启动、停机过程或者与系统处于解列状态时，其频率可能低于额定值，这时一般的电压继电器的特性发生变化，以致不能正确反映接地故障，为此设置此保护。保护动作时机组全停。

（二）反应异常运行的保护

1. 发电机失磁保护

保护动作时机组停机。

2. 过励磁保护

保护动作时机组停机。

3. 过电压保护

保护动作时机组停机。

4. 发电机失步保护

保护动作时机组解列。

5. 发电机低频率保护

保护动作时根据数值不同分别发出报警信号、解列机组、机组停机。

6. 发电机定子过负荷保护

根据情况不同发出报警信号、机组解列。

7. 发电机逆功率保护

动作时延时使机组全停。

8. 发电机突然误上电保护

发电机处于停机状态或正在盘车时（已无励磁），突然因误操作或因某种故障使断路器合闸而被加上全电压，此保护动作时切除发电机，而且在停机维护时不应退出。

9. 发电机断路器闪络保护

动作时使发电机停机。

10. 主变压器油温过高保护

动作时使变压器停止运行。

11. 主变压器油位过高或过低保护

动作时发出报警信号。

12. 电压平衡保护

保护动作时发出报警信号。

第四章

辅助系统运行

一个完整的火力发电机组由锅炉、汽轮机、发电机及数量庞大的辅机、阀门、执行器等辅助设备组成。任何辅助系统的不正常运行都可能造成整个热力系统和热力循环的瘫痪，甚至可能引起整个设备的严重损坏。所以对电站辅助设备的运行维护、监视和日常管理是发电厂运行工作的一个重要组成部分。在电厂事故停机和减负荷事故中，辅机事故占有相当大的比例。随着单机容量的不断增大和对机组运行安全性、经济性要求的不断提高，除了对汽轮机自动调节系统和锅炉燃烧管理系统不断改进和完善外，更需加强对辅机系统的自动调节、自动保护的研究。本章主要介绍这些辅助系统的运行及控制。但因辅机数量多，结构差异大，运行条件繁多，故仅对影响机组运行的主要辅助设备的主要操作做简略介绍。

第一节　锅炉辅助系统运行

一、锅炉风烟系统的运行

锅炉风烟系统主要由空气预热器、送风机和引风机等设备及其连接管道组成。通常锅炉的风烟系统如图 4-1 所示。

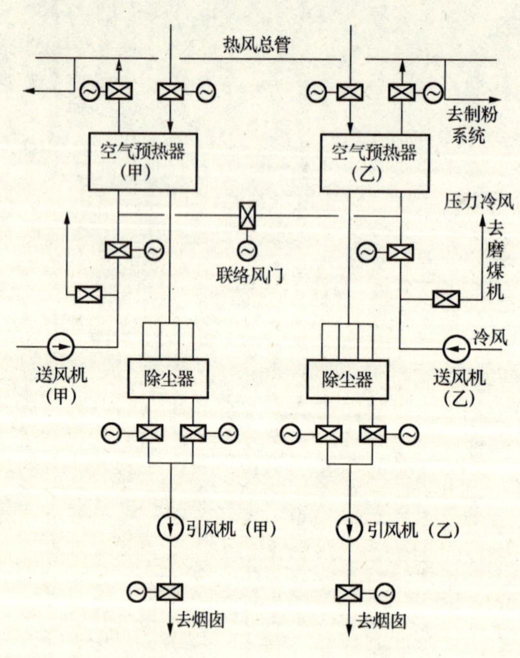

图 4-1　锅炉风烟系统

(一) 空气预热器的运行

国产 300MW 机组锅炉的空气预热器除早期少数采用管式空气预热器外，目前大多采用回转式空气预热器。管式空气预热器体积庞大，受热面容易发生低温腐蚀和堵灰，因而目前大型锅炉上已很少采用。

回转式空气预热器又有受热面旋转和风罩旋转两种型式，目前国产 300MW 机组的锅炉大多采用受热面旋转的回转式空气预热器，因此将重点介绍此种型式的空气预热器。

对于采用冷一次风机的燃煤锅炉，通常采用三分仓式空气预热器。

1. 空气预热器轴承油循环系统的运行

空气预热器的轴承油循环系统，是为维持空气预热器的支持轴承（下轴承）和导向轴承（上轴承）的润滑油温度和黏度在需要的范围内，以保证轴承润滑良好而设置的辅助系统。该轴承循环系统是一个闭式循环系统，由油箱、油泵、冷油器和若干阀门组成，如图 4-2 所示。每台空气预热器的上、下轴承，一般设置有型式相同且各自独立的轴承油循环系统。

空气预热器的上、下轴承位于油箱中。油箱油位正常时，轴承浸在油中运行，轴承的润滑条件与油的黏度有密切的关系。而油的黏度主要受油温变化的影响，因此运行中保持合适的油温，是十分必要的，油温的合理控制范围，应根据现场使用的油种而定。

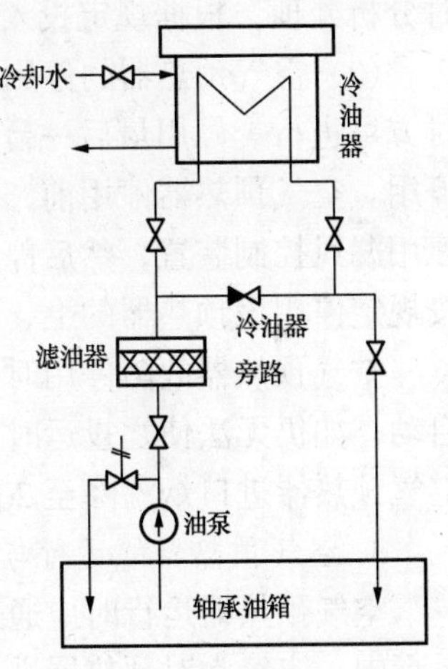

图 4-2　空气预热器的轴承油循环

油温的调节方法通常有以下几种：

(1) 冷却水量调节。采用该方式时，冷油器进、出口油门开启，冷油器旁路门关闭，通过调节冷油器进水门的开度，改变冷油器的冷却水量，使油温得到改变。采用该方式调节油温时，油温变化的延迟较大。

(2) 冷油器旁路调节。采用该方式时，冷油器进水门和冷油器进、出口门均开启，通过调节冷油器旁路，来改变不经过冷油器的流量，从而达到改变油温的目的。采用该方式时油温变化延迟时间小且调节幅度也较大。

(3) 润滑油泵间歇投停调节。因润滑油温只需要控制在一定的范围内，可以通过润滑油泵的间歇投停来调节油温。采用这种方式，冷油器进水门和冷油器进、出油门均开启，冷油器旁路关闭，当润滑油温上升至一定数值时，投入润滑油泵运行，润滑油通过冷却，油温下降，当下降到一定温度，停润滑油泵。这种方式简单、便于实现自动，已被普遍采用。

轴承油循环系统在投运前，应先检查油质良好、油位正常，各压力表、温度表完整并投用，系统各阀门处于规定位置，投入冷却水系统，并将滤油器置工作位置，然后启动油泵。油循环建立后应检查系统有无泄漏、油箱油位的变化情况、滤油器前后的压差和油泵出口油压是否正常，当油压过高或过低时应及时联系检修进行处理。

正常运行中，应定期检查油泵出口压力、油温、油箱油位、滤油器前后压差及油系统有无漏油现象等，空气预热器正常运行期间，如发生轴承油循环系统故障时，一般允许短期停用，但必须尽快修复。

2. 空气预热器的启动及停用

(1) 空气预热器的启动。空气预热器启动前应先按规定建立支持轴承和导向轴承的油循环，并对所属设备进行全面检查。对于电气部分经检修后的启动，应先校验电动机的转向是否符合要求，以免反转造成密封件的损坏。空气预热器启动前，该预热器所属的吹灰系统、灭火系统、水冲洗系统、漏风控制系统等均应正常且阀门位置符合启动前的要求，吹灰器在退出位置，吹灰器进汽门关闭严密。

启动时，应先手动盘车盘动或电动盘车“点动”转子试转一周，检查驱动和转动部件有无卡涩、撞击等异常情况，然后改用电动盘车连续运转，并进一步检查有无明显的摩擦现象，检查正常后方可停用电动盘车，启动主电动机运行，空气预热器有关风门、挡板的开启，一般应与主电动机开关的合闸联动。如无联动装置时，则应在启动主电动机后，先开启风门再开启烟气侧挡板，以防转子受热膨胀卡涩。

主电动机启动正常后应立即投上电动盘车装置自启动连锁，以便在主电动机故障跳闸时，电动盘车能自动投入，避免转子因停转造成受热面不均而损坏设备。

空气预热器启动正常后应检查电流是否正常，全面检查电动机、减速箱及机械部分的振动、轴承温度、运转情况、风门挡板的联动、附属设备的运行等是否正常，发现异常情况及时分析处理，根据规定投入预热器的漏风控制装置，以改善空气预热器的漏风。

（2）空气预热器的停用。停炉后空气预热器的正常停用操作，应在排烟温度降至80℃时方可进行。停用最后一台空气预热器前，应先检查所有的引风机、送风机、一次风机均已停用。空气预热器停用前，应将电动盘车退出自启动状态，将漏风控制装置完全回复位置，停用漏风控制装置，然后停用预热器。空气预热器停用后，检查风门、挡板应联动正常，并按规定停用该预热器的上、下轴承油循环系统。

空气预热器故障停用时，应马上检查电动盘车是否投运正常，如未能投入，应立即手动启动，如仍无法使之投运时，则应采用手动盘车装置盘动转子，继续维持预热器转动，须将空气预热器进口烟温降至200℃以下时，方可停止盘车。

3. 空气预热器的运行与维护

空气预热器运行时应通过对电流的监视，及时发现异常情况，及时进行处理。锅炉正常运行中，应经常对预热器进、出口的氧量、风温、烟温、风压差、烟压差进行检查和分析，以便从这些参数的变化中判断空气预热器漏风及堵灰情况的变化，通过对烟温的分析还能防止在预热器部位发生可燃物再燃烧。空气预热器运行时，应定期对电动机、机械部分及辅助设备和系统进行全面的巡查，发现设备缺陷及时联系检修处理，确保机组的安全运行。

为了减少预热器的漏风，目前已有相当一部分300MW机组锅炉的空气预热器，采用了一种自动跟踪间隙的漏风控制装置。该装置在预热器内部烟气和风的交界处以及一次风和二次风的交界处，均设置了中心端固定而外端可弯曲的扇形密封板。密封板由电动执行机构驱动，定时作下弯运动，当密封板上的传感器探头和预热器转子T型钢上的传感瓣接触时便停止下弯，改为上升运行，当密封板与T型钢板之间的间隙达到设定的要求时便停止。通过上述途径，使扇形密封板始终与预热器的热变形相吻合，并使间隙保持在较小范围内，从而达到减少漏风的目的。对于具有漏风控制装置或其他型式密封装置的预热器，正常运行时这些装置应尽量投入运行，以降低锅炉辅机电耗和预热器部分的热量损失，提高锅炉运行的经济性。

为保证空气预热器受热面的清洁，提高传热效率，运行中应定期对其进行吹灰工作。停炉前和锅炉启动正常后也应对空气预热器进行吹灰，以清除受热面上的未燃尽可燃物质，防止发生再燃烧现象。一般规定运行8h就要对空气预热器冷热端各吹灰30min，然后再两端同时吹灰30min。在锅炉熄火前也必须对空气预热器冷热段吹灰30min。当空气预热器发生严重堵灰时，还应利用停炉机会用碱水或热水对其进行冲洗。在水冲洗时，若附着物冲不干净时，可将冲洗水适当加热（60～70℃）。冲洗时，预热器底部放水门应开启。冲洗结束后还应投入暖风器（或其他加热装置），通过送风机将加热后的空气送入预热器对其进行干燥，避免发生锈蚀，干燥期间，预热器应保持运转状态。

（二）送、引风机的运行

1. 风机的启动和停用

（1）风机启动前应具备的条件

不论是离心式风机还是轴流式风机，启动前一般应具备如下条件：

1）风机及附属设备完整，检修工作已结束，电动机和机械部分应分别符合《厂用电动机运行规程》和《电业工作安全规程》的有关规定。

2）与风机有关的各风、烟系统，设备完整、检修工作结束，检修人员已撤离现场。各风门、挡板经校验正常，位置符合要求。

3）风机及与之有关的润滑油系统、冷却系统、液压油系统、自动及程序控制系统、保护及连锁装置以及各仪表均符合启动前的要求。

4）风机及各附属设备的电源、气源等均已送上。

（2）风机启动应遵循的原则

1）风机启动前应先将与之有关的润滑油系统、冷却系统、液压油系统、保护及连锁装置、巡测装置投入运行。

2）风机正常启动前可采用近控、遥控或程控等方式启动，但进行风机试转时，一般采用就地近控的方式启动。无论近控、遥控或程控方式启动，现场均应有专人负责检查。注意启动时的升速和运转情况，以便在出现异常情况时能及时分析处理，仪表盘上也应派专人负责监视风机的电流和启动时间，并进行风机启动正常后的风量调节。

3）为保证设备的安全，风机应在最小负载下启动。为此，离心风机启动前应关闭该风机的进、出口门和调节门。待风机启动正常，电流降至空载值时立即开启进、出门，并操作调节门，保持炉膛负压正常和风量符合要求。这是因为离心式风机的轴功率 P 是随着风量 Q 的增加而增大的，见图 4-3（a）。为了减小启动时的风机轴功率，即减小启动时的风机流量，因此离心式风机应在出、入口门和调节门全关的情况下启动。对于轴流风机而言，轴功率 P 是随着风量 Q 的增加而相应减少的，图 4-3（b）为带有动叶调节的轴流风机的 $Q—P$ 关系曲线，从中可以看出动叶角度越小、风量越大时风机的轴功率将越小。据此，轴流风机应在调节门或动叶关至最小且进、出口门全开的情况下启动。

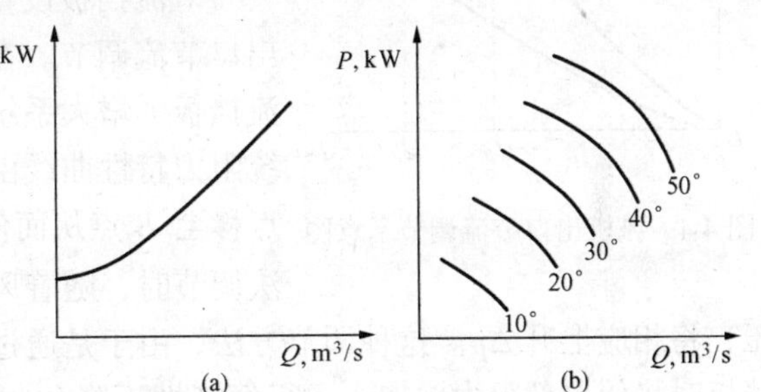

图 4-3　风机的功率与风量关系曲线
（a）离心式风机的 $Q—P$ 曲线；（b）带有动叶调节的轴流式风机的 $Q—P$ 曲线
Q—风机流量；P—风机的轴功率

4）一次风机或排粉机试转启动时应确认系统内无积粉或积煤，以免大量可燃物进入锅炉，引起烟道内可燃物再燃烧或炉膛爆炸。

5）风机启动正常后应对风机的运行工况进行全面检查，其中包括：电动机及机械部分的振动、轴承温度、电流、风量、风压、电动机绕组和铁芯温度，转动部分有无碰壳或金属摩擦声以及各附属设备及系统的运行情况等。风机试转启动时，还应检查转向是否符合要求。

（3）风机的停用

300MW 机组锅炉的吸风机、送风机及一次风机一般均采用两台风机并联运行的方式。锅炉正常运行中，当并联运行的两台风机因故需停运一台时，应先将机组的负荷减至 50%，开启有关的连通风门并将需停用风机的负荷逐步转移至另一台风机上去，待该风机的负荷已降至最低时，便可停用该风机。离心式风机停用前应先关闭进、出口门，轴流式风机应在风机停用后再关闭进、出口门，以使风机停用时的负载最小和防止发生通过停用风机大量漏风的现象。

风机停用时应检查与之有关的各联动设备动作情况应正常，各附属设备和系统应按有关规定进行相应的停用。

2. 风机的运行和调节

锅炉运行中，风机的工作状况将随锅炉负荷的变化而变化，以适应不同负荷时锅炉对风量的实际需要。风机的调节，实际上就是改变风机工作点的位置，使风机输出的工作流量与锅炉实际需要的风量相平衡。离心式风机和轴流式风机调节的基本方法通常有以下几种。

(1) 离心式风机的常用调节方式

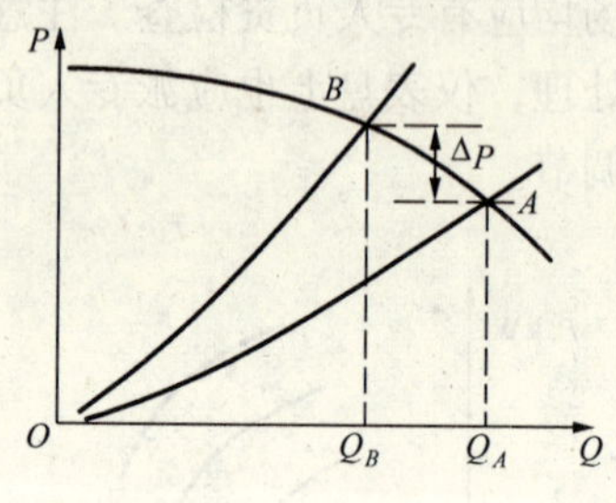

图 4-4　风机出口节流调节示意图

1) 节流调节。节流调节是利用设置在风机进口或出口管路上的节流挡板，通过改变其开度来改变风机工作点的位置，达到调节风机风量的目的。

节流挡板设置在风机出口管路上的调节方式，称为风机出口节流调节。在该方式下如需减少风量，则可通过关小节流挡板、增大系统阻力的方法来实现，如图 4-4 所示。当系统阻力特性曲线由 *OA* 变成 *OB* 时，风机的工作点也相应从 *A* 点移至 *B* 点从而使风机的流量由 Q_A 减小至 Q_B。采用这种方法调节时，随着风量的减少，风机出口压力（节流挡板前风压）将相应上升 Δp。这种调节方法，由于是通过改变系统阻力来实现的，因而在关小节流挡板时将使局部阻力增加，运行经济性下降；此外，对于具有驼峰状 *Q-P* 曲线的风机，当挡板关得过小即系统阻力增加较多时，风机的工作点便有可能落入不稳定工况区域运行，如图 4-5 中的 *B* 点，使风机发生喘振现象。风机发生喘振时风压及流量将出现剧烈的波动，气流发生猛烈撞击，使风机产生强烈的振动和噪声，对锅炉的燃烧工况及风机本身的安全运行都带来严重的威胁。因此，目前 300MW 机组锅炉的风机，一般不采用这种调节方式。

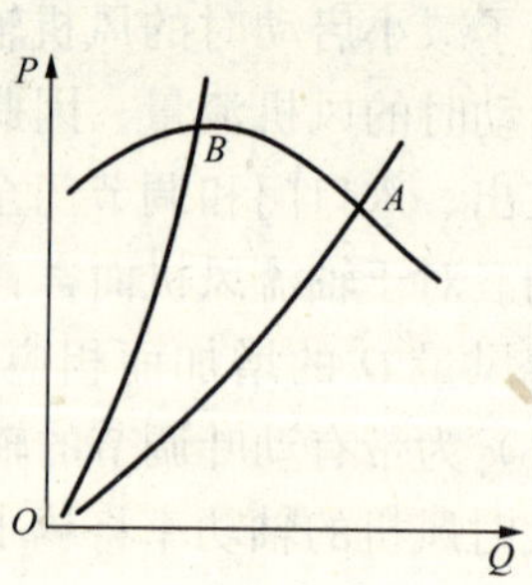

图 4-5　风机的不稳定工况

节流挡板设置在风机进口管路上的调节方式，称为风机进口节流调节。这种调节方法是通过改变风机进口节流挡板的开度，使风机进口阻力改变，从而改变了风机进口压力和性能，使风机工作点相应位移，达到调节风量的目的，如图 4-6 所示。采用这种调节方式时，如需减少风量，则可关小节流挡板。由于风机入口阻力增大使风机进口压力下降，在风机转速不变的情况下，进口压力下降必将引起出口压力也按比例下降，造成风机的特性曲线由原 *CA* 变为 *CB*。由于风机出口管路特性未变，故系统阻力特性曲线不变，当风机的特性曲线由 *CA* 变为 *CB* 时，风机的工作点便将由 *A* 点移至 *B* 点，使风机的流量由 Q_A 减少至 Q_B。采用该种方式进行减小风量的调节时，风机的风量、风压及所消耗的功率将同时下降，因而比出口节流调节方式的运行经济性要好。但节流挡板的开度与风量变化不成线性关系，调节性能较差，尤其不适宜采用自动调节，因而目前大容量的风机一般不采用这种调节方式。

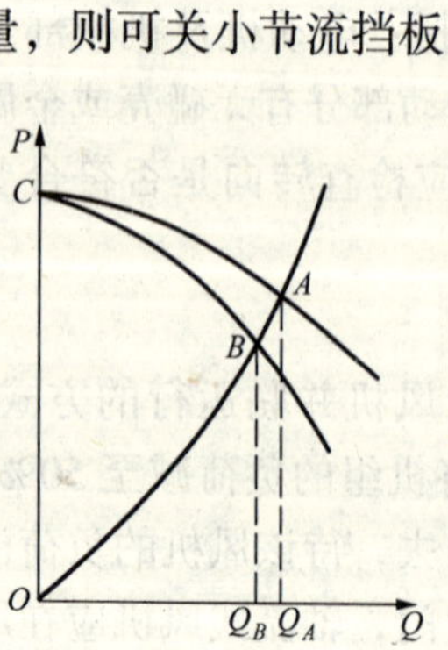

图 4-6　风机进口节流

2) 入口导向器调节。入口导向器调节方式，通过改变风机入口导向器叶片的角度，使风机叶片进口气流的切向分速度发生变化，从而使风机的特性曲线得到改变。当外界系统阻力未变时，由于风机特性曲线的改变，使风机的运行工作点位置相应改变，从而达到风量调节的目的，如图4-7所示。尽管采用导向器会使风机效率降低，但在70%～100%调节范围内，它的经济性比节流调节要高得多，而且导向器结构简单、调节性能较好、维护方便，所以这种调节方式目前应用比较广泛。

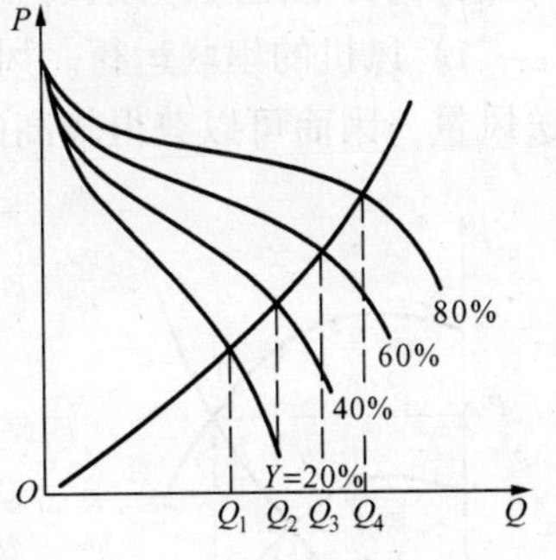

图4-7　入口导向器调节示意图
Y—入口导向器开度

3）变速调节。变速调节方式，通过改变风机叶轮的工作转速，使风机的特性曲线发生变化，从而达到改变风机运行的工作点和调节风量的目的，如图4-8所示。

改变风机的转速，通常采用以下方法来实现：①采用变频调速电动机或在异步电动机的转子回路中串联一个可变电阻，用改变电阻值的大小来改变电动机的转速；②采用液力联轴器、电磁联轴器、皮带传动或齿轮传动等方式来改变风机的转速；③用变速小汽轮机或直流电动机驱动风机。

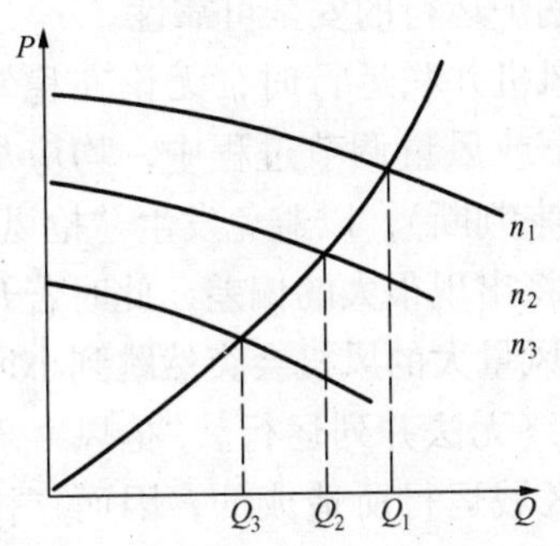

图4-8　变速调节示意图
n_1、n_2、n_3—分别为三种不同转速

采用变速调节方法，由于风机没有附加阻力所产生的额外能量损失，因而是最经济的调节方法。但是采用变速调节，将增加设备的复杂性。

4）组合方式调节。组合方式调节，即在一台风机同时采用两种调节方式，常见的有进口导流器调节和变速调节的组合。

（2）轴流式风机的常用调节方式

1）动叶调节。动叶调节是在风机运行中，通过改变风机叶片的角度，使风机的特性曲线发生改变，来实现改变风机运行工作点和调节风量的目的，如图4-9所示。这种调节方式，由于经济性和安全性均较好，且每一个叶片角度对应一条性能曲线，叶片角度的变化几乎和风量成线性关系，因而在目前300MW机组锅炉的轴流风机中是一种普遍采用的调节方式。

2）节流调节。轴流式风机的节流调节原理与离心式风机相同，也是通过改变管路阻力使风机工作点和风量得到改变的。由于轴流式风机的特性曲线均呈驼峰状，采用节流挡板调节时易使风机的工作点落入不稳定工况区域运行，因而目前电站锅炉的大容量轴流风机一般不采用这种调节方式。此外，轴流风机在高效工况区附近的效率下降较快，因此采用节流方式调节风量，是极不经济的。

3）变速调节和进口静叶调节。采用变速调节和进口静叶调节时，系统阻力不变，风量随风机特性曲线的改变而改变，因此风机的工作点不易落入不稳定工况区域运行。

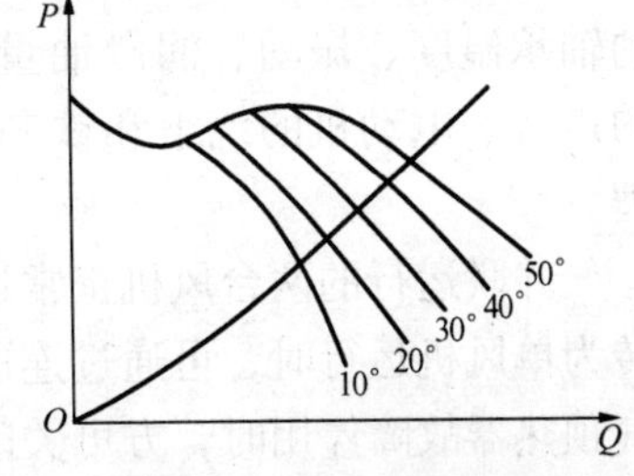

图4-9　动叶调节示意图

（3）风机的联合运行

为了提高锅炉运行的灵活性和可靠性，现代大容量锅炉，大多采用数台风机联合运行的方式。联合运行一般又有串联和并联两种方式，在300MW机组的锅炉上，风机串联运行应

用较少而并联运行应用极为普遍。

1）风机的串联运行。风机串联运行时，气体依次通过两台或两台以上的风机向系统输送风量，因而可以获得较高的风压，如图4-10（a）所示。

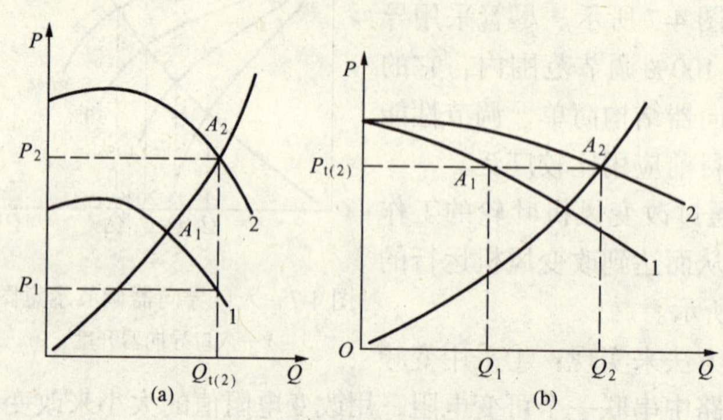

图4-10 两台性能相同风机联合运行的特性曲线
（a）串联运行方式；（b）并联运行方式
1—单台风机的特性曲线；2—联合运行时的特性曲线
A_1—联合运行时单台风机的工作点；A_2—联合运行时系统的工作点

2）风机的并联运行。目前300MW机组锅炉的主要风机如吸风机、送风机、一次风机等，大多采用两台性能相同的风机并联布置的联合运行方式。风机在并联方式下运行时，出口风压相同，总流量为各风机出口流量之和，如图4-10（b）所示。采用并联方式运行时，可以通过增、减设备运行台数来适应较大范围流量改变的需要，既可保证每台风机运行的经济性，又增加了锅炉运行的安全可靠性。

风机并联运行时，无论在稳定工况下或风量调节过程中，均应尽量保持各风机的负荷相同（可以通过各风机的电流和出口风量来判断），以避免发生“抢风”现象，发生“抢风”现象时，两台并联运行风机的电流和风量将出现很大的偏差，此时若开大“小风量风机”的风门或关小“大风量风机”的风门，原来风量大的风机会突然跳到小风量运行，而另一台则会突然跳到大风量运行，使得两台风机始终无法并列运行。“抢风”现象是由于并联运行中小风量的那台风机，已落入不稳定工况区域运行所造成的，因而“抢风”实际上是一种故障状态，应按风机失速的有关处理方法，采取降低系统阻力或降低锅炉负荷的措施，尽快使风机回到稳定工况区域运行。

为使并联运行风机的负荷能尽量保持相同，应禁止采用单台风机投入自动，而另一台风机处于手动状态的运行方式。此外，在风机自动控制回路中还应设有偏置装置，以便在并联运行的各台风机特性存在差异时，可通过改变偏置值来达到各风机出力的基本相等。

(4) 风机的正常运行和调整

正常运行中，风机的电流不仅是风机负荷的标志，也是一些异常事故的预报，因此必须重点加以监视。风机的进、出口风压，不仅反应了风机的运行工况，还反应了锅炉及所属系统的漏风或受热面的积灰和结渣情况，应经常进行检查和分析。风机及其电动机的轴承温度、振动、润滑油量、润滑情况、各种形式的冷却系统、液压系统、转动部分的声音、电动机的绕组和铁芯温度等应定期进行检查，发现异常情况及时进行分析和处理。

并联运行的两台风机正常运行时，连通风门应保持开启位置，以便在一台风机故障跳闸转为单风机运行时，可通过连通风门仍保持锅炉运行工况正常。一般情况下，只有在一台空气预热器故障停用时，方可关闭送风机和一次风机的连通风门。

一次风机或排粉机的负荷，应根据制粉系统的出力即输送、干燥煤粉的需要和锅炉燃烧所需一次风量的需要进行调节，送风机则应根据锅炉总风量的需求和炉膛出口氧量的高低来调节。锅炉总风量，一般包括进入锅炉的所有一次风和二次风量，它和锅炉负荷或燃料量有关。由于燃烧工况或燃料品质的变化，往往给维持恰当的燃料与风量之比带来困难，因而送风量的调节通常还应参照炉膛出口氧量来进行。

对于输送高温介质的风机（如吸风机、热一次风机、排粉机等），由于工作环境差，应特别注意冷却系统的工作情况，防止轴承温度过高造成设备的损坏。

锅炉除尘器的除尘效率及工作情况，将直接影响吸风机的使用寿命和安全运行，为了尽量减少烟气中的含尘量，以减少对吸风机叶片的磨损和防止发生叶片断裂等事故，除尘器的正确投、停和确保除尘器的高效运行是十分重要的。

正常运行时，吸风机应根据炉膛负压进行调节，在进行除灰、清渣或观察炉内燃烧情况时，炉膛负压应保持比正常值更高一些，在自动调节系统中，为了保持炉膛负压稳定，一般还将送风机的调节，作为吸风机调节的前馈信号，以改善自动系统的调节质量。

锅炉受热面发生结渣、积灰时，由于烟气通道局部堵塞，通流截面减少，将使吸风机电流增大，进口负压升高，风机运行工作点向不稳定工况区域方向移动，不但影响风机运行的经济性，严重时甚至会使风机进入不稳定工况区域运行。为此，应定时对锅炉各受热面吹灰，经常保持受热面的清洁。

为了降低锅炉辅机电耗，提高机组运行的经济性，除了经常保持受热面清洁外，还应尽量减少锅炉各部分的漏风，尤其是空气预热器的漏风。预热器的漏风，不但使送风机、吸风机、冷一次风机的出力同时增加，而且还将使风机的运行工作点偏离高效区，严重时甚至由于风量不足而造成机组出力的下降。

二、制粉系统的运行

（一）对制粉系统运行的要求

制粉系统是锅炉机组的重要辅助系统，它的运行好坏，将直接影响到锅炉的安全性和经济性。制粉系统的正常运行，主要表现在一次风压、磨煤机风量、出口温度、磨煤机进出口压差以及煤粉细度、均匀度和湿度的稳定上。

一次风压过高，则一次风量及其风速也大，燃料的着火将延迟；一次风压过低，则容易造成一次风管堵塞，并由于燃料着火点的提前，有可能造成燃烧器喷口的烧坏。如果一次风压忽高忽低，必将造成锅炉燃烧的不稳定，严重的甚至引起锅炉的熄火。

磨煤机出口温度过高，容易发生煤粉爆炸；出口温度过低，又易引起磨煤机和一次风管堵塞，并将由此而影响到制粉系统的出力。

防止煤粉的自燃和爆炸是制粉系统运行中一个十分重要的问题。对于高挥发分的煤，特别要注意防止煤粉发生自燃和爆炸，因此必须严格控制磨煤机的出口温度，且不能使煤粉磨得过细。有时还将部分炉烟掺入制粉系统的干燥介质中去，以降低干燥介质中氧气的浓度，从而减少煤粉爆炸的可能性。

对制粉系统的基本要求以下：

（1）制造并连续供给锅炉燃烧所需的煤粉；

（2）在煤质发生变化等情况下，仍能保证供给质量合格的煤粉；

（3）降低制粉的电耗和钢耗，提高制粉系统运行的经济性，以满足锅炉燃烧的需要；

（4）防止发生煤粉自燃和爆炸等事故，保证制粉系统和锅炉机组的安全运行。

(二) 直吹式制粉系统的运行与调整

1. 直吹式制粉系统的启动

直吹式制粉系统，按运行时系统内工作压力的不同，可分为正压系统和负压系统两种。正压制粉系统，按一次风机所处位置的不同，又可分为热一次风机和冷一次风机等形式。

在直吹式制粉系统中，制粉系统的出力就是进入炉膛的燃煤量，也就是说制粉量是随锅炉的负荷变化而变化的。在这样的系统中若采用筒形球磨机，当锅炉低负荷运行时，制粉系统的经济性将会很差，因此在直吹式制粉系统中，一般都选用中速磨煤机或高速磨煤机（如风扇磨等），只有对带基本负荷的锅炉，才考虑采用配筒型球磨机的直吹式制粉系统。

中速磨一般有 E 型、MBF 型、HP 型、MPS（ZGM）型等多种型式。各种磨煤机有各自不同的特点，这里介绍配有中速磨煤机的直吹式制粉系统的启动要点。

制粉系统的投运必须满足一定的条件，现代锅炉将这些条件做入逻辑程序控制中，须待所有条件均满足后方能启动制粉系统。

(1) 启动前的检查

制粉系统启动之前，必须对所属设备和系统进行全面认真的检查，检查内容主要应包括：

1）给煤管道、落煤管道、煤粉管道、冷热风管道、密封风管道等设备完整，系统所属各人孔门、检查门均已关闭。

2）给煤机本体、煤量称重装置、磨煤机本体、分离器等设备完整，齿轮箱油位正常，磨煤机盘车装置已脱开。

3）制粉系统所属的煤闸门、风门等已校验正常，位置符合启动前要求。

4）磨煤机所属的密封风系统、润滑油系统、液压油系统经试转正常已置启动前位置。

5）冷却水系统已投入运行，消防蒸汽系统已处于热备用状态。

6）磨煤机出口分离器的折向门和各密封风门的开度已按需要调整好。

7）磨煤机落渣箱已清理干净。落渣门开启，出渣门关闭。

8）原煤仓中贮煤量充足。

9）制粉系统所属的连锁、保护，经校验正常已置启动前状态，各仪表及报警装置已投入运行。

10）对于碾磨件为非接触式的磨煤机（如 HP 磨等），还应检查磨辊与衬瓦的间隙应符合要求。

(2) 直吹式制粉系统的启动程序

配有中速磨煤机的直吹式制粉系统，启动程序一般为：

1）启动润滑油系统。

2）启动密封风机，建立所需的密封风压。

3）开启磨煤机进、出口门及冷、热风门。调整热风调节门开度，使磨煤机风量满足烘磨的需要，对磨煤机进行暖磨（对于碾磨件为非接触式的磨煤机，暖磨操作一般在磨煤机启动后进行）。

4）投入该层煤粉燃烧器的引燃油枪。

5）对于碾磨件为接触式的磨煤机（如 MPS 磨等），为了防止空磨启动损坏设备，启动前应先适量加煤。

6）确认下列允许启动磨煤机的条件均已达到：磨煤机润滑条件已满足；密封风与磨煤机进口风压之差符合规定要求；磨煤机风量正常；磨煤机出口温度符合启动要求；相应层的引燃油枪着火正常；不存在磨煤机跳闸或停止的条件。

7）启动磨煤机。

8）启动给煤机（当磨煤机在停用过程中，未按正常停磨要求进行吹扫时，应先吹扫30s，然后再启动给煤机）。

9）调整磨煤机出力和出口温度，使之符合要求。

10）将磨煤机风量、风温、煤量等投入自动运行。

2. 直吹式制粉系统的停用

直吹式制粉系统的停运，除因锅炉保护、连锁动作跳闸或制粉系统故障跳闸外，一般按是否具备通风吹扫条件，可分为快速停运和正常停运两种方式。

当磨煤机进口一次风量过小或在密封风与磨煤机进口一次风压差过低情况下停用制粉系统时，应采用快速停运方式，禁止对系统进行降温和通风吹扫；除上述情况外，制粉系统均应按正常方式先进行降温，并经通风吹扫后方可停用该系统。这是因为一次风量过小时，易造成煤粉管积粉或阻塞；而密封风压差过低时如对磨煤机进行通风吹扫，不但会造成磨煤机内风粉混合物从磨煤机的轴封处向外喷出并吹入给煤机内造成积粉，而且还将使煤粉进入磨辊轴承内，造成设备的损坏。

（1）直吹式制粉系统的快速停运程序

1）当磨煤机进口一次风量过小或密封风压差过低时，磨煤机跳闸保护将动作，使磨煤机跳闸并联动给煤机、刮煤机跳闸。如保护不动作，应即手动将其停用。

2）检查煤量、风量、出口温度均退出自动状态，关闭该层制粉系统燃料风门。

3）立即关闭该磨煤机的进、出口门和热风调节门、热风隔绝门。

4）开启该磨煤机的消防蒸汽灭火门向磨煤机内充入蒸汽，以防内部积粉自燃或发生爆炸等异常情况。

5）消防蒸汽灭火门开启10min后如磨煤机出口温度无异常变化时，即可关闭该消防蒸汽灭火门。

6）对落渣箱进行一次清理。

7）消防蒸汽灭火门关闭1h后可停用该磨煤机的密封风机。

8）磨煤机停用后如不再维持备用状态，当冷油器出口油温已降至规定值时，可停用该磨煤机的润滑油系统。

（2）直吹式制粉系统的正常停运程序

1）投入该层煤粉燃烧器的引燃油枪（相邻层重油枪）。

2）逐步将给煤机的给煤量（给煤机转速）降至允许的最低值。

3）开大冷风调节门、关小热风调节门维持磨煤机风量，直至热风调节门关闭，再关闭热风隔绝门，对磨煤机进行通风冷却。

4）磨煤机出口温度降至规定值后停用给煤机并联跳刮煤机。

5）给煤机停用后，继续维持一定的风量对磨煤机及煤粉管道进行通风吹扫30s，然后停用磨煤机。

6）检查该磨煤机的煤量、风量、出口温度均退出自动控制，关闭该层制粉系统所属的燃料风门。

7）继续对该制粉系统进行通风吹扫和冷却，当磨煤机出口温度降至70℃以下并稳定10min后，关闭磨煤机的进、出口门（磨煤机停止通风冷却后，如发生出口温度上升时应立即开启消防蒸汽灭火门向磨煤机内充入蒸汽）。

8）根据机组负荷和燃烧情况可停用该层燃烧器的相邻层重油枪。

9）对落渣箱进行一次清理。

10）制粉系统通风结束1h后，可停用密封风机。

如磨煤机停用后不再维持备用状态，当冷油器出口油温已降至规定值时可停用磨煤机的润滑油系统。

3. 直吹式制粉系统的运行与调整

（1）直吹式制粉系统的运行监视

直吹式制粉系统运行时，应经常监视磨煤机电流、火焰信号、风量、出口风压、出口温度、进出口压差和给煤量等参数，通过运行分析及时发现问题，及时进行调整，确保制粉系统的正常运行。

制粉系统运行时，应定期对各转动设备的声音、振动、轴承温度以及磨煤机润滑油系统的运行情况，进行全面的检查，如：油温、油压、油位、油质及滤油器、冷油器的工作情况等；还应对系统的漏煤、漏风、漏粉及给煤机的运行情况进行检查，发现设备缺陷及异常情况应及时分析处理并进行消除。

（2）直吹式制粉系统常见异常工况运行分析

1）给煤量减少或中断。当发生原煤仓走空、走洞、搭桥、落煤管（从原煤仓到给煤机之间的管段）或给煤管（从给煤机到磨煤机之间的管段）发生走空、堵煤、给煤机出现故障等情况时，都将造成磨煤机给煤量减少甚至中断。此时磨煤机电流及进出口风压差将下降，磨煤机风量和出口风温自动运行时热风门将自动关小，冷风门将自动开大；如手动运行时则将使磨煤机出口温度和风量均升高。对于碾磨件为接触式的磨煤机，当煤量低于允许值或给煤量中断时磨煤机还将发出金属摩擦声和出现剧烈的振动。具有断煤跳闸保护的磨煤机，发生断煤并延迟一定时间后将使磨煤机跳闸。

2）磨煤机阻塞。当磨煤机风量过小、给煤量过大或磨煤机制粉能力下降时，将导致煤粉在磨煤机内堆积造成阻塞。发生磨煤机阻塞时，磨煤机出口温度、一次风量、出口风压均将下降，进出口风压差将增大。该制粉系统所属的一层煤粉燃烧器火焰不稳，严重时层熄火保护动作，使该磨煤机跳闸。

3）煤粉管阻塞。当燃烧器喷口结焦、磨煤机风量过小或出口温度过低、磨煤机出口各煤粉管内煤粉浓度分配不均匀时，将易使某些风粉混合物流速过低的煤粉管发生阻塞。发生煤粉管阻塞时的最显著特点是磨煤机出口风压升高和阻塞煤粉管的温度及磨煤机进出口风压差明显下降。火焰检测装置测不到火或火焰的亮度差，实地观察燃烧器喷口处无煤粉喷出或仅有很少的煤粉喷出，锅炉两侧的汽温差和烟温差将增大。

（3）直吹式制粉系统的运行调整

1）直吹式制粉系统出力调整的方式。直吹式制粉系统出力的调整是根据锅炉负荷的需要调整给煤量，并根据给煤量的变化，相应调整磨煤机冷、热风调节门的开度，使磨煤机的风量及出口温度与制粉系统的出力相适应。

2）影响直吹式制粉系统出力的因素。制粉系统出力包括磨煤出力、干燥出力和通风出力。运行中要维持制粉系统的较大出力，必须合理地进行调整，使磨煤出力、干燥出力和通风出力三者在最佳工况下互相平衡。

3）直吹式制粉系统煤粉细度的调节。制粉系统煤粉细度的调节，通常是通过改变分离器内煤粉的离心力或制粉系统的通风量来实现的。

磨煤机上部的粗粉分离器，应用最广的是离心式分离器。离心式分离器一般又有固定式和旋转式两种型式。固定式离心分离器的调节，通常是通过改变安装在磨煤机上部的可调切向叶片角度（即折向挡板开度）来改变风粉气流的流动速度和旋转半径，从而达到改变煤粉的离心力和粗细粉分离效果的目的。在这种型式的分离器中，在一定调节范围内，煤粉细度将随折向挡板开度的增大而变粗。对于旋转式分离器的调节，主要是通过改变分离器的转速来实现的。当通风量一定时，转速越高，煤粉的离心力就越大，则煤粉相应越细。

4）直吹式制粉系统的风量调节。对于直吹式制粉系统的风量调节，既要考虑对燃烧工况的影响，还要综合考虑制粉系统的出力、干燥能力、煤粉细度等多种因素的影响。如石子煤中有较多的细粉或由于原煤中水分高使磨煤机出口温度降低时，均应适当增大制粉系统的风量，以增加系统的通风能力和干燥能力。

直吹式制粉系统的通风量实际上也就是磨煤机的一次风量，它的调节是通过改变磨煤机冷、热风门的开度来实现的。在调节磨煤机风量时，应注意冷、热风的比例应恰当，以便在满足风量调节的同时使磨煤机出口温度符合要求。一次风机自动运行时，则按一次风压与出力最高的磨煤机煤量的对应函数关系，维持一次风母管压力正常。

5）制粉系统出力的调节。正常运行中，直吹式制粉系统的出力应根据锅炉负荷的需要来进行调节。直吹式制粉系统的出力，通常是通过调节给煤量和风量来实现的。当系统的磨煤出力、干燥出力或通风出力任一条件受到限制时，均应降低该制粉系统的出力，尽快恢复系统的正常运行，以确保制粉系统运行的安全性。

当燃煤的水分过高时，由于干燥剂温度受到预热器加热能力的限制无法升高，此时磨煤机的出力往往会因干燥出力不足而受到限制。有时在冷风门关闭，热风门开足的情况下磨煤机出口温度仍不能维持正常值时，只能减少给煤量，采取降低制粉系统出力的办法来满足干燥出力的要求。

当磨煤机的碾磨部件由于磨损严重，造成磨煤出力下降，经调整加载力仍不能减少石子煤中的煤粉含量时则应适当增加通风量；当锅炉燃烧工况不允许增加一次风量时，则应降低制粉系统出力运行。

6）磨煤机出口温度的调节。对于磨煤机出口温度，不同类型的制粉系统和煤种有不同的允许值。磨煤机出口温度的最高允许值，制造厂无明确规定时可参见表4-1。

表4-1 磨煤机出口温度的最高允许值

磨煤机类型	磨制的煤种及相应的磨煤机出口温度最高允许值			
	用空气作干燥剂		用烟气和空气混合物作干燥剂	
风扇磨（直吹式，在粗粉分离器后的温度）	贫煤	150℃	烟煤	170℃
	烟煤	130℃	褐煤和页岩	140℃
	褐煤和页岩	100℃		

续表

磨煤机类型	磨制的煤种及相应的磨煤机出口温度最高允许值			
	用空气作干燥剂		用烟气和空气混合物作干燥剂	
钢球磨（磨煤机出口温度）	贫煤	130℃	烟煤	90℃
	烟煤	80℃	褐煤	80℃
	褐煤	70℃		
中速磨（直吹式，分离器后温度）	当可燃基挥发分 $V^r = 12\% \sim 40\%$ 时，允许温度为：70～120℃			

磨煤机出口温度主要靠调节一次风的冷、热风比例来达到。当需要降低磨煤机出口温度时，则关小热风门，开大冷风门，在维持风量不变的情况下将磨煤机出口温度降至需要值。在自动调节系统中，可用冷风门来控制磨煤机出口温度，并通过调节热风门来维持磨煤机所需的风量；也可用热风门来控制磨煤机出口温度，冷风门来控制磨煤机的风量。

7）磨煤机润滑油系统的参数调节。磨煤机润滑油系统的运行将直接影响磨煤机的正常运行，因此磨煤机运行中应经常检查油压是否正常，如发现压力波动、升高或降低，都表明油泵或系统存在异常情况，应迅速查明原因，并排除故障。当滤油器压差大于规定值时，应及时切换至备用滤油器运行，并将其清洗后再作备用。

磨煤机运行时，润滑油的温度应控制在规定的范围内，因为润滑油温度与润滑油压之间有极其密切的关系，当油温升高时，通常油压将相应下降。因此，当发现润滑油温度超过规定值时，应及时采取降温措施，防止因润滑油油压过低，造成磨煤机低油压保护动作而跳闸。

（三）中间贮仓式制粉系统的运行与调整

1. 启动前的检查

制粉系统启动前，应按运行规程或制粉系统检查卡的要求，对下列设备进行全面检查：给煤机及其电动机、磨煤机及其电动机、变速箱、润滑油站、排粉机及其电动机、粉仓、给粉机，以及制粉系统各风门、挡板、管道等。

2. 中间贮仓式制粉系统的启动

（1）冷炉点火时磨煤机的启动

按上述要求对设备进行全面检查且符合启动条件后，方可启动制粉系统，冷炉制粉时，空气预热器出口风温应达到150℃以上。

首先投入磨煤机润滑油系统，启动一台润滑油泵，将备用润滑油泵置连锁位置，检查油循环正常，供油压力大于0.2MPa，冷却水畅通。

其次，全开磨煤机入口风门，关闭磨煤机入口自然冷风门，开启各一次风门。启动排粉机，待电流恢复正常后，调整排粉机入口乏气门及磨煤机入口热风门和压力冷风门，保持磨煤机入口风压在－200～－400Pa范围内，保持排粉机入口风压－7000Pa左右，进行暖磨。当磨煤机出口温度升至50℃时，启动磨煤机转动暖磨（如磨内无煤，则可启动给煤机给煤3～5t），转动暖磨期间，应保持磨煤机出口温度不大于煤质所允许的温度，暖磨时间可视具体情况而定。

暖磨完毕，磨煤机出口温度达60℃时，启动给煤机进行制粉，并根据给煤量，调整磨煤机入口热风门和压力冷风门的开度，维持磨煤机入口风压为－200～－400Pa，磨煤机出、入口压差1200~2000Pa，控制磨煤机出口温度略低于煤质所允许的温度。此外，还应将煤粉仓及输粉机（或称绞笼）的吸潮管打开，保持煤粉仓内有轻微的负压，以便将粉仓内的潮气吸出。

(2) 乏气送粉制粉系统的“倒风”

在乏气送粉的制粉系统中，不论磨煤机运行与否，当排粉机需要运行，以便向炉内输粉燃烧时，即需要进行“倒风”操作。当煤粉仓内粉位高，需停用磨煤机或磨煤机因故跳闸停运时，可通过“倒风”，切断磨煤机风源，而排粉机入口直接吸收温风，向一次风管内输粉。排粉机运行中，如需启动相连的磨煤机时，应将热风倒入磨煤机内作干燥介质，同时切除排粉机入口温风，将制粉乏气作为一次风输粉。“倒风”操作在乏气制粉的制粉系统运行中是很重要的。如果操作不当，会引起燃烧恶化，甚至造成锅炉熄火或放炮。因此，在“倒风”时，一定要谨慎操作。“倒风”操作的具体方法如下：

1) 启动磨煤机将排粉机风源由近路温风倒向制粉乏气的操作方法和步骤：开启磨煤机入口总风门，关闭自然冷风门，微开入口热风门、压力冷风门；稍开排粉机入口乏气门，同时稍关排粉机入口热风门和压力冷风门；逐渐开大磨煤机入口热风门、压力冷风门和排粉机入口乏气门。同时逐渐关小排粉机入口热风门和压力冷风门，直至关闭。在整个操作过程中，应保持磨煤机出口温度不超过70℃，排粉机出口风压不变；关闭排粉机入口近路风总门。

2) 磨煤机停运，将排粉机风源由制粉乏气倒向近路温风的操作方法和步骤：开启排粉机入口近路风总门；逐渐开启排粉机入口热风门和压力冷风门，同时逐渐关闭磨煤机入口热风门、压力冷风门和排粉机入口乏气门；调整排粉机入口热风门和压力冷风门的开度，维持排粉机出口温度不超过100℃，排粉机出口风压不变；关闭磨煤机入口总风门，开启自然冷风门；关闭制粉系统各吸潮阀。

3. 中间储仓式制粉系统的停运

中间储仓式制粉系统停运前，首先应逐渐减少给煤量，直至减至零，然后停用给煤机。在减煤的同时应缓慢关小磨煤机入口热风门，开大磨煤机入口压力冷风门，保证排粉机出口风压不变，逐渐将磨煤机出口温度降至60℃，对磨煤机进行降温抽粉。当粗粉分离器回粉管锁气器已不动作，磨煤机进出口压差小于1000Pa，且系统内确无存煤时，停用磨煤机。用乏气送粉的制粉系统，若锅炉仍需送粉时，则应进行“倒风”操作，如不需送粉时则可停用排粉机。停用排粉机前，应先逐渐停用该排粉机对应的给粉机，并对一次风管进行吹扫5~10min，一次风管吹扫结束后缓慢关闭磨煤机入口热风门和压力冷风门，然后停止排粉机的运行。制粉系统转动设备停运后，应关闭磨煤机入口总风门，开启自然冷风门。

三、定期和连续排污系统的运行

连续排污，也叫表面排污。这种排污方式，是连续不断地从炉水表面将浓度最大的炉水排出，连续排污在汽包上水后、汽轮机冲转前投入。

定期排污，又称为间断排污或底部排污。锅炉定期排污的周期和排污量，一般应根据汽水品质的要求，由化学人员确定。

进行定期排污操作时，应严格执行《电业工作安全规程》的有关规定，操作方法一般如下：

(1) 联系监盘人员，并征得其同意后方可进行定期排污工作。

(2) 定期排污开始前应先适当提高汽包水位，并严格监视水位的变化，必要时可将给水改为手动调节。

(3) 认真检查排污系统，确认同一排污母管上的其他锅炉未进行排污时，方可将本炉通往排污母管上的总门开启。

(4) 水冷壁下联箱的排污，应逐侧逐个进行，严禁同时对两只或以上的联箱进行排污工作。

(5) 排污时，应先全开一次门，微开二次门进行暖管，然后再缓慢开大二次门，如发生管道冲击时，应将二次门关小，待管道水冲击现象消失后方可继续开大二次门。

(6) 定期排污应在锅炉工况及负荷稳定时进行，每个排污点的排放时间应严格按照规定要求执行。一只联箱排放结束后，先将二次门关闭后再关闭一次门。

四、工业水系统的运行

工业水系统用户主要有磨煤机轴承及减速器润滑油冷却器、磨煤机润滑油冷却器、风机轴承冷却器、空气预热器冷油器、送、引风机油站、空压机冷却器、捞渣机、碎渣机用水、水泵轴承冷却水等。在循环水滤网后设备由工业水带时，应关闭循环水至滤网截门，否则当循环水压低时，工业水将串入循环水系统，造成工业水压降低，使各转机温度上升。

工业水与循环水系统相互切换时，必须先开门后关闭，以防断水，而且需通知有关部门岗位及调整冷油器油温、发电机风温及内冷水温。

工业水泵运行时，经常检查盘根不过热、不甩水；电动机温度不超过 70℃；泵内及电机内无异音；各部分振动正常。应经常检查泵出、入口及母管压力，如果因补给水中断，造成母管压力下降，应及时将工业水切换为循环水，并注意各转机轴承温度和冷油器油温，通知锅炉注意监视转机冷却水。

第二节 汽轮机辅助系统运行

一、凝结水系统的运行

凝结水系统的主要功能是将凝汽器热井中的凝结水由凝结水泵输送到凝结水除盐装置，然后再由凝结水升压泵升压，通过轴封加热器及各低压加热器加热后送到除氧器，期间对凝结水进行加热、除氧、化学处理和除去杂质。此外，凝结水系统还向其他部分提供水源，如有关设备的密封水、减温器的减温水、各有关系统的补给水以及汽轮机低压缸喷水等。凝结水系统如图 4-11 所示。

（一）凝结水泵的运行

1. 泵的启动

(1) 启动前的准备工作

1）确认电动机转向正确（正确方向为俯视逆时针），试转时应先拆除联轴器销轴和调整垫，在电动机上单独进行。

2）检查水泵进口管道、出口管道、再循环管道系统中所有的高点处是否能排除空气。

3）检查水泵的密封、冷却等辅助水系统的水源是否处于供给状态。

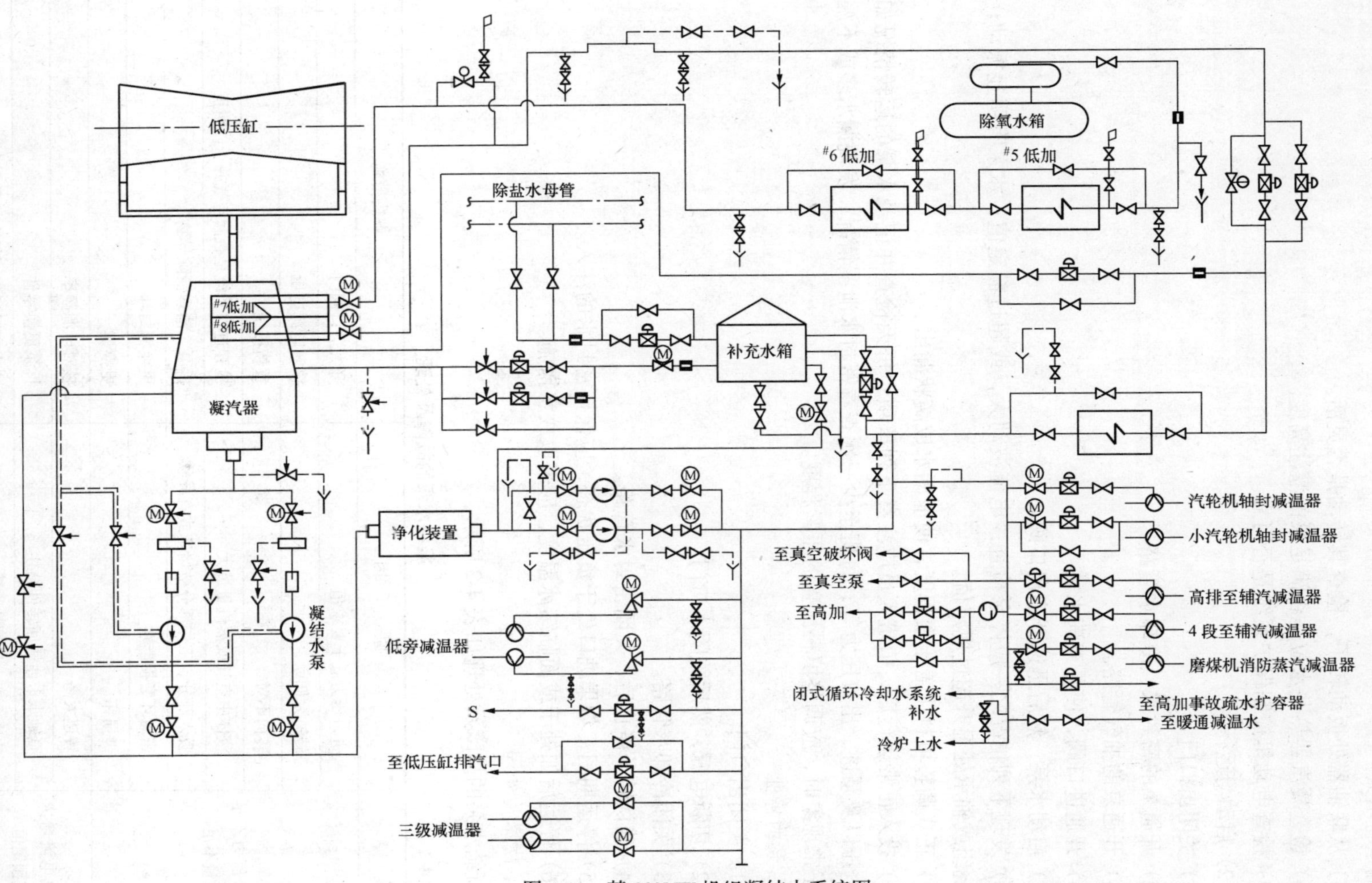

图4-11　某300MW机组凝结水系统图

4）开通密封水，初步调整填料压紧程度，使泄漏水成滴状滴出。注意，水泵启动后，其泄漏量将增大。

5）从联轴器处扳动转子，检查其转动是否灵活。

6）检查凝汽器热井水位是否满足泵的灌注高度。

7）检查电动机控制保护系统是否可靠。

(2) 启动与运行

1）关闭出口门。

2）开通泵的密封水、冷却水管路。

3）开通泵的抽气管路。

4）开通进口阀，使泵充满水。

5）启动水泵，然后迅速开启出口阀。

6）发现下列情况之一应停泵检查：电流波动大，或超过额定值；水泵有明显振动；电动机绕组或轴承处温升超过规定值。

7）正式调整填料压盖压紧程度，使泄漏水成滴状漏出。

8）投入正常运行后，值班人员应注意下列事项：每天检查并记录水泵的运转情况如电流、电压以及泵进、出口压力等；每班至少三次查看密封水泄漏情况，发现漏水多或不漏水等不正常现象时，应调整填料压盖的压紧程度。

2. 泵的停止

(1) 关闭出口门。

(2) 切断电源，然后关闭入口门。

(3) 关闭冷却水管路。

(4) 确认转子停止后，关闭密封水管路。

(5) 停运期间，如果进口处于负压状态，应保持密封水的注入。

(6) 停运后如处于或面临结冰温度，应采取放水措施。

3. 故障及处理

凝结水泵的故障及处理如表 4-2 所示。

表 4-2　凝结水泵的故障及处理

故　障	原　　因	解决措施
出口压力不足或出水量不足	进口压力低于要求值	开大进口阀门
	转速太低	核对电源电压
	转向不对	重新接线
	液体中空气或蒸汽量过大	检查进口系统是否漏空气并予以纠正
	吸入部分、工作部分被堵塞或有异物	拆泵，清理清除异物
	密封环磨损严重	更换密封环
	键损坏	更换键
电机电流增大或超过额定值	转速太高	核对电源频率
	泵轴承卡住或回转件粘住	拆泵更换零件
	水中含有大量颗粒物质	偏小工况运行（但有损泵寿命）

续表

故 障	原 因	解决措施
泵出口断流	水源不足	确认进水阀全开，检查液位
	液体中含有过量空气或蒸汽	检查进水系统是否漏气，并予以纠正
	联轴器损坏或键破损	更换零件
	叶轮卡住	解体检修
	进口管道堵塞	清除异物
水泵振动	联轴器松动	拧紧螺母
	液体为汽水混合物	放空气，检查有否泄漏处，紧法兰螺栓
	中心不正	重新找中心
	叶轮中有异物，造成不平衡	拆泵，清除异物
	轴弯曲	拆泵检修
	导轴承磨损严重	换导轴承
填料函过热	填料压盖压得过紧	调整填料压盖压紧程度或更换填料
	水封环注水不足	清查注水管路
填料函泄漏量过大	填料未放好	重新调整填料
	填料已磨损	更换填料
水泵有异常噪声	汽蚀	检查灌注头。检查水温，检查进口管系是否有异物
	零部件有松动	调整或更换受损零部件

（二）低压加热器的运行

低压加热器通常都是随主机启动和停止的，加热器温度不论是上升还是下降，均以2℃/min的温度速率为宜，且不应超过3℃/min。

1. 启动

若加热器启动前所有阀门都处于关闭状态，则必须进行如下操作：

（1）打开汽侧和水侧所有的排气口。

（2）缓慢将给水进口阀的手动旁路阀打开，开始向加热器水侧（即水室）注水，随着注水，空气或其他防腐气体将从水室的启动排气口逸出。

（3）当所有空气和气体从水侧排尽后，关闭水室的启动排气口。

（4）打开水侧进口阀，关闭水侧旁路阀。

（5）根据情况，采用下述一种或两种方法，使给水慢慢流过加热器。

1）当加热器水侧温度已稳定，但还没有达到设计给水温度时，可打开水侧出口阀的旁路阀，并继续监视加热器，使给水按建议的温度速率上升。

2）当加热器设计给水温度已达到并且稳定后，可用下列方法打开给水出口阀：如加热器后面的管路中无压力或流量，则打开水侧出口的旁路阀，使其建立压力或流量直至压力平衡，然后打开水侧出口阀，关闭出口阀的旁路阀；如加热器后面的管路中有压力而无流量，只需打开给水出口阀就行；如在加热器后面的管路中有压力和流量（如水侧走旁路），则在慢慢关闭水侧旁路阀的同时慢慢打开给水侧出口阀。

（6）打开疏水出口阀。

(7) 使用逐级疏水时，打开疏水进口阀，进行正常的逐级疏水。应特别注意，不允许蒸汽进入疏水冷却段，以避免疏水温度偏高。

(8) 打开加热器蒸汽阀，给水温升按前述要求。

(9) 当蒸汽从壳体启动排气口逸出时，应立即关闭此门。

(10) 调整疏水调节器，使加热器疏水水位尽量保持正常水位。如果确信调节器工作正常，可关紧绕过调节器的旁路阀。

2. 正常工况下运行注意事项

(1) 加热器端差的增加，其原因可能是超载运行、泄漏或管子结垢。

(2) 疏冷段的疏水端差上升，其原因可能是低水位管子结垢，或疏冷段内包壳存在泄漏。

(3) 启动排气直接进入大气，运行排气进入凝汽器，启动时各排气口应单独排放。

3. 正常停机程序

(1) 关闭壳体运行排气阀。

(2) 慢慢地关闭通往加热器的蒸汽进口阀。

(3) 关闭疏水进口阀。

(4) 关闭疏水出口阀。

(5) 缓慢地打开旁路阀，同时慢慢地关闭水侧进口阀。

4. 低压加热器保护

低压加热器保护主要指疏水水位控制。

(1) 正常水位。当加热达到运行温度并稳定运行时，一定要保持控制水位。通常由液位控制器控制水位。水位表连在壳体上以便操作人员进行就地观察。一般水位允许偏离正常水位约±38mm。

(2) 低水位。低于正常水位38mm为低水位，水位的进一步降低会使疏冷段进口露出水面，而使蒸汽进入该段。这将破坏该段的正常工作，造成疏水端差增大，严重的会产生汽水两相流，冲蚀疏冷管段管子。如果疏水温度高于给水进口温度11~27.5℃，则疏冷段可能部分进水和漏汽。

(3) 高水位。高于正常水位38mm为高水位。当加热器处于高水位时，开始有传热管浸没在水中，使可用的有效传热面积减少，导致加热器性能下降（给水出口温度降低）。高水位由下列情况造成：①疏水调节器运行不正常或有故障；②逐级疏水的加热器之间压差不够；③超载；④管子损坏。

如果管子泄漏，则要立即采取措施堵塞坏管子，以避免高压水对邻近管束的冲蚀损害。

5. 其他

(1) 停机保护。若停机时间较长，应将壳侧和水室的水放尽，然后进行充气或使用合适的化学抑制剂保护。

(2) 污垢及清洗。管子表面一层薄薄的氧化层是保护管子免受化学侵蚀所必需的，在加热器设计时已考虑在内了，但系统内因化学成分失调造成污垢增厚会损害加热器，使其性能变差。加热器因积垢而性能变差，可以从给水总温升的降低看出来，同时污垢过厚还会使水流动阻力增加。污垢可用机械方法（高压水喷射等）和化学清洗去除。化学清洗除下的污垢不可以残留在里面。

（三）轴封加热器及轴封风机运行

1. 轴封加热器运行

轴封加热器用凝结水来冷却由各段轴封和高中压调节阀主汽阀阀杆漏出的汽气混合物，使混合物中蒸汽凝结成水，从而回收工质，又使热量传给主凝结水；提高了经济性，同时将混合物的温度降低到轴封风机长期运行所允许的温度。

轴封加热器工作运行中大部分蒸汽凝结成水，通过虹吸管疏入凝汽器，不凝结气体和少量蒸汽则由轴封风机抽出并排入大气。必须监视水位指示器中的水位，如果水位指示器中的水位已达195mm，表明凝结水已淹没换热器，使传热恶化。另外冷却水量不能小于200t/h，否则将难以维持所需真空。

2. 轴封风机运行

轴封风机用来抽出轴封加热器内的不凝结气体，以保证加热器在良好的换热条件下工作，并维持一定的汽封压力，它是保证汽封系统安全运行的一个重要设备。

风机投运前要试转。首先脱开联轴器单独对电动机进行试转0.5～1h，检查电气系统、转向、轴承温度及振动是否正常。电动机正常后，连接联轴器进行风机试转，先由人工盘动，应轻松灵活且动静之间无碰磨声，方可进行风机运转。风机启动时，进风口前的阀门应关闭，待风机达到额定转速2920r/min后，再慢慢开启阀门至预定位置。风机启动前及运行中应定期检查油杯是否有足够润滑油，运行中定时巡视风机内部有否响声和轴承振动的情况。

二、给水系统的运行

给水系统是把经过除盐及除氧后的凝结水从除氧水箱中输出，送至锅炉省煤器入口。在输送的过程中，给水在各台高压加热器中被加热，以提高给水温度。给水系统如图4-12所示。

（一）给水泵的运行

目前300MW机组采用两台50%容量的汽动给水泵，设有一台30%容量的电动给水泵作为备用给水泵。

1. 启动前的检查

（1）连接全部管道并清理干净，确认防护罩完好；

（2）润滑油系统已冲洗完毕并验收合格；

（3）用手盘动转子灵活无卡涩；

（4）各仪表正确无故障；

（5）检查机械密封冷却水、冷油器和电动机的冷却水系统；

（6）对相关设备、系统进行检查（液力耦合器、最小流量阀、给水箱、各阀门等）。

2. 启动

（1）充水前的准备

1）启动冷却水系统；

2）向机械密封冷却器供水；

3）检查机械密封回路上的过滤器；

4）开启最小流量系统的手动阀；

5）关闭放排气接管；

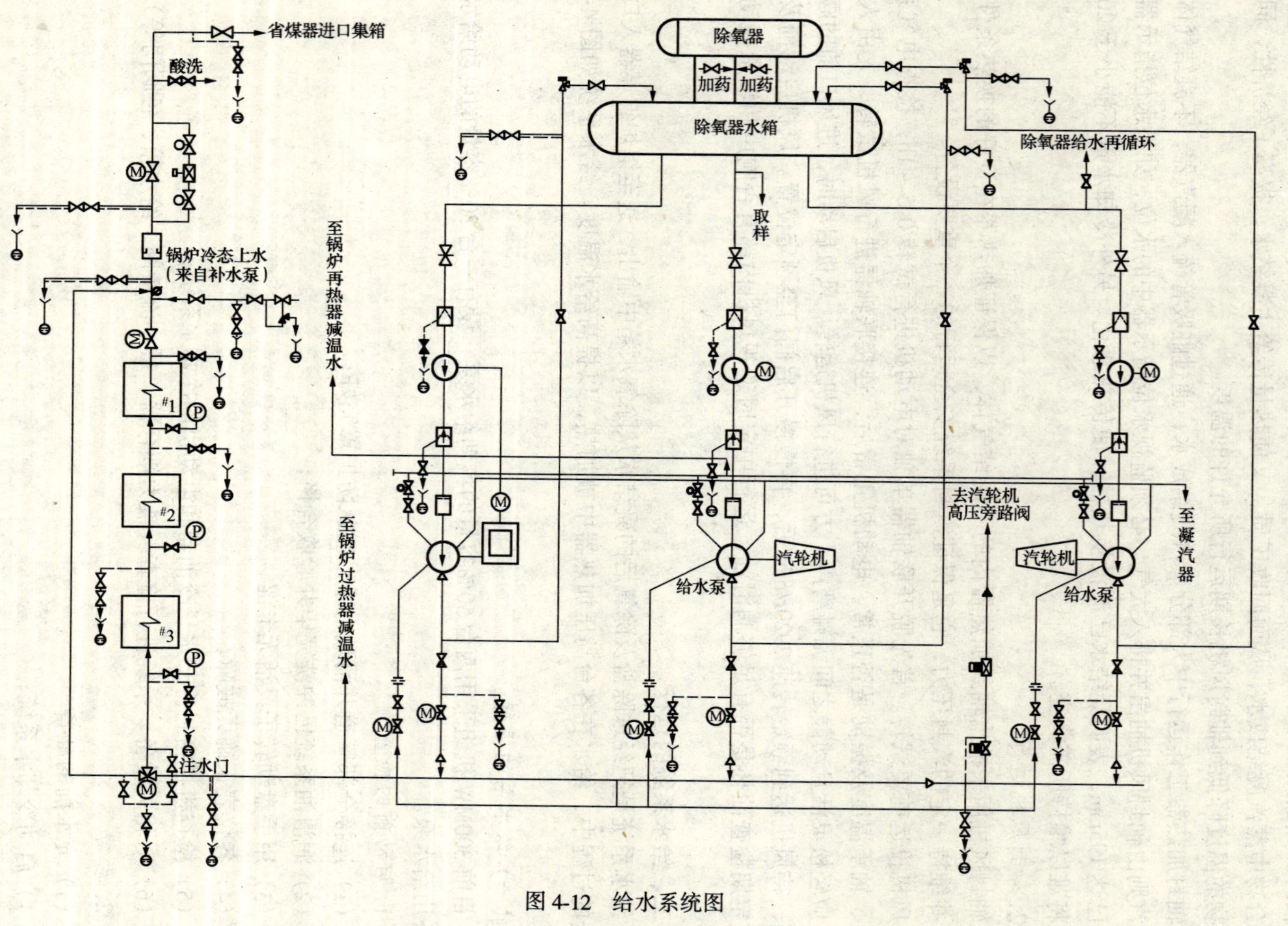

省煤器进口集箱
酸洗
除氧器
加药
加药
除氧器水箱
除氧器给水再循环
取样
锅炉冷态上水
（来自补水泵）
至锅炉再热器减温水
至锅炉过热器减温水
#1
#2
#3
注水门
去汽轮机
高压旁路阀
至凝汽器
汽轮机
汽轮机
给水泵
给水泵

图 4-12　给水系统图

6）关闭给水排气管，包括机械密封系统。

（2）充水及排气

1）开启进口阀 10% ~ 20%；

2）至排气嘴流出的水中无气泡时，关上水嘴；

3）机械密封回路排气；

4）入口阀全开，确认入口压力正常；

5）手动盘泵无障碍。

（3）启动

1）启动电动机，使泵在最低转速上运行（1000 ~ 1500r/min）（汽泵用辅汽）；

2）观察最小流量阀功能；

3）观察机械密封水温度；

4）观察轴瓦温度；

5）升速至正常压力；

6）缓慢开启出口阀；

7）观察最小流量开关点；

8）开启点：$130m^3/h$；

9）关闭点：$260m^3/h$。

3．停止

（1）停机备用

1）降低转速；

2）观察最小流量阀功能，当泵流量小于最小流量时，最小流量阀应开启；

3）将转速降到最低（1000 ~ 1500r/min）；

4）停止；

5）观察机组情况。

（2）停机检查

1）降低转速直至最小流量；

2）观察最小流量阀开闭点；

3）降至最低转速（1000 ~ 1500r/min）；

4）停止（若是电动给水泵，则启动辅助油泵）；

5）观察泵惰走；

6）关闭出口阀；

7）关闭最小流量管上的截止阀。

（3）放水

1）关闭吸入管上的吸入阀；

2）关闭冷却水（须在壳体温度 < 80℃进行）；

3）停止供油；

4）打开排水阀。

4．正常维护

（1）正常运行期间要定期检查、定点运行；

(2) 泵应始终运行平稳，无噪声且无振动；

(3) 避免出口阀门最小流量开启条件下长时间运行（造成最小流量阀部分负荷性汽蚀磨损）；

(4) 注意性能限制曲线；

(5) 轴承温度不得超过90℃；

(6) 检查油管路上滤油器是否堵塞，允许压差<0.06MPa；

(7) 泵运转时供水（油）管线截止阀不得关闭；

(8) 平衡水压力比吸入压力高0.05~0.1MPa；

(9) 检查密封回路温度（<80℃）；

(10) 检查前置泵及主泵前过滤器是否堵塞；

(11) 检查冷却水流量和温度，最大温差不超过10℃；

(12) 设泵的运行日志，对如下参数定时记录：额定流量、入、出口压力、平衡回水压力、油压、介质温度。

5. 暖泵

一旦泵处于备用，就从给水母管引入热水至主泵，使其加热，从而防止设备温度层出现。热水通过吸入管流回给水箱，这样泵就处于随时启动的状态。

(二) 给水泵汽轮机启停

1. 机组启动前的准备

(1) 机组各部套齐全，各系统安装准确，连接牢固，无松动和泄漏情况，内部清洁度符合有关规定。

(2) 油系统已经冲洗验收合格。

(3) 高、低压主汽阀的蒸汽管已冲洗干净。

(4) 机组配备的所有仪器、仪表、测点齐全，安装接线正确牢固，并已验收合格。仪器、仪表指示正确、清晰，性能稳定，标志明显。

(5) 机组四周整洁干净，保温良好，保温层不得有开裂、脱落、水浸、油浸现象。

2. 辅助系统启动

(1) 汽轮机已遮断，电源供电，冷却水具备，厂用压缩空气已送气，蒸汽汽源正常。

(2) 启动低压油系统。步骤如下：①启动给水泵汽轮机润滑油箱排烟风机；②接通事故油泵电源，压力开关使事故油泵自启动；③启动1号主油泵，试验2号主油泵正常后备用；④停事故油泵。

(3) 启动高压油系统。启动前高压蓄能器压力为8.6MPa，低压蓄能器压力为0.18MPa，抗燃油蓄能器压力为8.8MPa。

(4) 暖泵。

(5) 检查确认保安装置工作正常，轴承进油温度45℃左右，抗燃油温35~45℃。

(6) 高、低压主汽阀与调节汽阀做活动试验，确信主汽阀和调节汽阀遮断正常无卡涩现象，指示灯工作正常。

(7) 蒸汽品质合格。

(8) 启动汽封系统。给水泵汽轮机冲转前，应投入汽封供汽，供汽表压约为0.13MPa，温度为150~177℃。

(9) 建立真空。给水泵汽轮机投入汽封供汽后，应立即开启给水泵汽轮机排汽真空蝶阀，建立真空。

(10) 疏水。确认真空一定后，汽缸、进汽管、蒸汽阀门和管道上所有疏水口全部打开。

3. 机组启动

(1) 手动或遥控操作使危急遮断装置复位，建立一次和二次安全油压。若“汽轮机复位”灯亮，“汽轮机已遮断”灯灭，表示挂闸成功。

(2) 按下 MEH 操作盘上的“低压主汽阀开”或“高压主汽阀开”按钮，灯亮。

(3) 按下 MEH 操作盘上“阀位增加”带灯按钮，调节汽阀开启，汽轮机开始升速。当转速大于或等于 600r/min 时，按下“转速自动”带灯按钮，汽轮机自动从手动切换为自动方式。接着按“转速增加”带灯按钮，汽轮机继续增速。汽轮机一阶临界转速为 2620r/min，在冲临界转速前，给水泵汽轮机应在 2200～2300r/min 转速下稳定运行一段时间。检查各部件工作是否正常，确认所有监视、控制仪表全部投入，各方面均无异常后，方可迅速地越过临界转速。

(4) 在 MEH 操作盘上的“转速定值”窗口给定“3100”数字显示，当“转速窗口”显示了同一数值，表示汽轮机转速已升到 3100r/min，CCS 允许投入。计算机通过软件自动平稳地从“转速自动”切换到“锅炉自动”，操作盘上“锅炉自动”灯亮，“转速自动”灯灭，此时，汽轮机转速随锅炉给水协调控制系统 CCS 来的给水量信号而变化。

(5) 在转速自动方式下，对于操作盘上的“转速升”和“转速降”按钮，若操作该按钮在 10s 以内，升速率为 200r/min，连续按下按钮超过 10s，升速率为 2000r/min，一旦自动切换到锅炉自动，控制器的远方指令使升速率限制在 1000r/min。

(6) 在冷态启动时，在到达 3100r/min 以前，升速率为 200r/min，在 700r/min 左右运行时，进行机组检查，时间不超过 5min；然后升速到 2200～2300r/min 进行高速暖机 30min。在热态启动时，700r/min 时的检查时间不超过 2min，然后快速升到 3100r/min。

(7) 启动过程中，在冷油器出口油温达 55℃或轴承回油温度达 60℃时，开启冷油器冷却水。正常运行中，冷油器出口油温约维持在 45℃左右。

(8) 机组负荷达 40%时，关闭给水泵汽轮机汽缸与蒸汽管道的所有疏水，关闭高压和低压主汽阀的电动疏水门。

4. 运行方式

(1) 主机定压运行

1) 单台汽动给水泵时，高、低压汽源混合做功，最高负荷为主机 65%额定负荷。

2) 两台汽动给水泵时，受泵最小流量限制，运行负荷大于 35%额定负荷，在主机 35%额定负荷以上为低压汽源单独工作。

(2) 主机滑压运行

1) 单台汽动给水泵时，受给水泵汽轮机最低转速 3100r/min 限制，最低运行负荷为 30%额定负荷，在主机 30%额定负荷以上为低压汽源单独工作，最高为 60%额定负荷。

2) 两台汽动给水泵时，最低运行负荷为主机 40%额定负荷。

5. 机组停机

(1) 当主机负荷下降至 25%额定值时，打开汽缸和蒸汽管道的全部疏水阀，同时打开高、低压主汽阀前的电动疏水阀。

(2) 随着主机负荷继续下降，CCS会自动降低给水泵汽轮机转速，当给水泵汽轮机转速降到“锅炉自动”的最低转速3100r/min时，按下MEH操作盘上“脱扣”带灯按钮。

1) 主汽阀和调节汽阀迅速关闭，相应指示灯亮。给水泵汽轮机重新切“手动”方式，以备下次启动。

2) 转速惰走期间，注意振动变化情况。

(3) 如果给水泵汽轮机停机时间长，则应进行下列工作：

1) 若主机负荷继续小于30%额定值，锅炉由电动给水泵供水，则应迅速关闭给水泵汽轮机排汽蝶阀，以免破坏主机真空。

2) 汽轮机应在真空解除后，停止汽封送汽。

3) 保证给水泵汽轮机干燥。

4) 切除MEH控制器回路。

(三) 高压加热器的运行

1. 高压加热器的投入

(1) 机组启动时的投入

1) 机组启动时，高压加热器水侧一般随机投入，即在电动给水泵启动前就开启高压加热器水侧入口三通阀和出口电动截止阀。

2) 发电机并网后，可开启高压加热器抽汽电动阀，高压加热器汽侧随机组负荷增加逐步加热至工作温度。

3) 当3号高压加热器汽侧压力小于除氧器压力时，疏水排至高加危急疏水扩容器；当3号高压加热器汽侧压力大于除氧器压力时，高压加热器疏水排至除氧器水箱。

(2) 机组运行中的投入

1) 开启1号高压加热器水侧出口排气阀，缓慢开启水侧注水阀，严格控制加热器温升不大于5℃/min，待1号高压加热器水侧出口排气阀排出连续水流时关闭该阀，高压加热器水侧压力逐渐升至与给水母管压力相等。

2) 开启高压加热器水侧出口电动截止阀。

3) 开启高压加热器水侧入口三通阀，关闭高压加热器水侧注水阀。

4) 缓慢开启1号～3号高压加热器抽汽电动阀，严格控制高压加热器汽侧温升率小于5℃/min，直至抽汽电动阀全开。

5) 3号高压加热器汽侧压力大于除氧器压力时，高压加热器疏水排至除氧器。

6) 开启1号～3号高压加热器汽侧空气至除氧器门。

2. 运行过程的监督

在高压加热器系统正常运行时，运行人员应随时对设备和系统各部件进行监视，以确保系统安全运行。

(1) 疏水水位监视。在高压加热器系统运行时，应时刻注意观察水位的变化，保证水位在高水位和低水位之间。

(2) 当水位上升过快，并发出高水位报警信号，则应加强监视，如果危急疏水阀开启后，水位没有继续上升，但报警信号仍未消失，则应检查疏水系统，排除故障。

(3) 如果危急疏水阀开启后，水位仍继续上升，直至高压加热器解列，则有可能是高压加热器管子破裂或管口密封焊口泄漏，应检查高压加热器，找出问题及时维修。

(4) 对于排空的安全阀排放口，应定期检查，防止杂物堵塞出口，保证超压时安全阀能及时起跳。

(5) 运行中，应随时观察高压加热器给水的进、出口温度是否正常，如有偏差，则应检查抽汽是否正常。只有保证抽汽参数才能保证给水出口温度。同时，也必须保证除氧器正常运行，使进水温度符合要求。

(6) 对运行中各设备的工作压力也应注意观察，当压力不正常时，应找出原因，使其恢复正常，以保证设备正常、安全地运行。

(7) 为保证系统安全正常运行，应定期对各部件和各种监测元件进行检查、校验，如有损坏，必须进行维修和更换。

3. 运行注意事项

(1) 设备解列后，应及时关闭抽汽阀，切断进汽，防止汽侧超压升温损坏设备。同时，应手动使三通阀和给水闸阀处于可靠的关闭状态。

(2) 机组甩负荷及事故停运时，应立即切断给水，关闭抽汽阀，防止切断给水后蒸汽继续进入设备，使内部剩余水升温升压。甩负荷切断给水可避免抽汽消失后，低温给水继续进入设备使设备快速冷却产生较大的热应力。

(3) 设备非事故停运时，应由高压到低压逐级缓慢关闭抽汽阀，并控制其温降小于2℃/min，等设备汽侧壳体内压力消失后再停给水。

(4) 设备投运时，高压加热器保护系统必须同时投运，严禁无保护投运。保护系统各种装置、元件必须经常检验，保证保护动作可靠，水位控制准确。

(5) 为保证给水三通阀和给水闸阀动作迅速、可靠，应对这两阀门定期进行检查。应定期将给水自动旁路保护系统动作一次，应通过升高高压加热器疏水水位进行自动动作以检验保护系统是否灵敏可靠。

4. 高压加热器的保养

设备在停运期间的保养好坏将直接影响其使用寿命，保养中，应特别做好设备停运后的防腐工作。保养措施如下：

(1) 设备短期停运（1个月内）时，须将其汽侧和水侧均充满凝结水。

(2) 设备停运时间超过一个月时，为防止内部装置生锈腐蚀，须将设备内部的剩余水排放干净，并用压缩空气将内部吹干，密封各管口，抽去内部空气，形成真空后充入氮气，充氮压力为0.1~0.15MPa，并经常检查压力，当氮压低于0.03MPa时，应补充氮气，使氮压维持在0.05~0.1MPa。

三、除氧器系统的运行

除氧器系统如图4-13所示。

(一) 除氧器启动

1. 除氧器上水

(1) 启动一台凝结水泵，调节除氧器进水调节阀向除氧器进水。

(2) 待除氧器水位上升至正常值，调节进水流量≤300t/h，调节水箱至凝汽器溢流阀维持除氧器水位。

2. 除氧器加热

(1) 稍开备用汽至除氧器加热进汽总阀及备用汽调整阀暖管，结束后，关闭其前、后疏

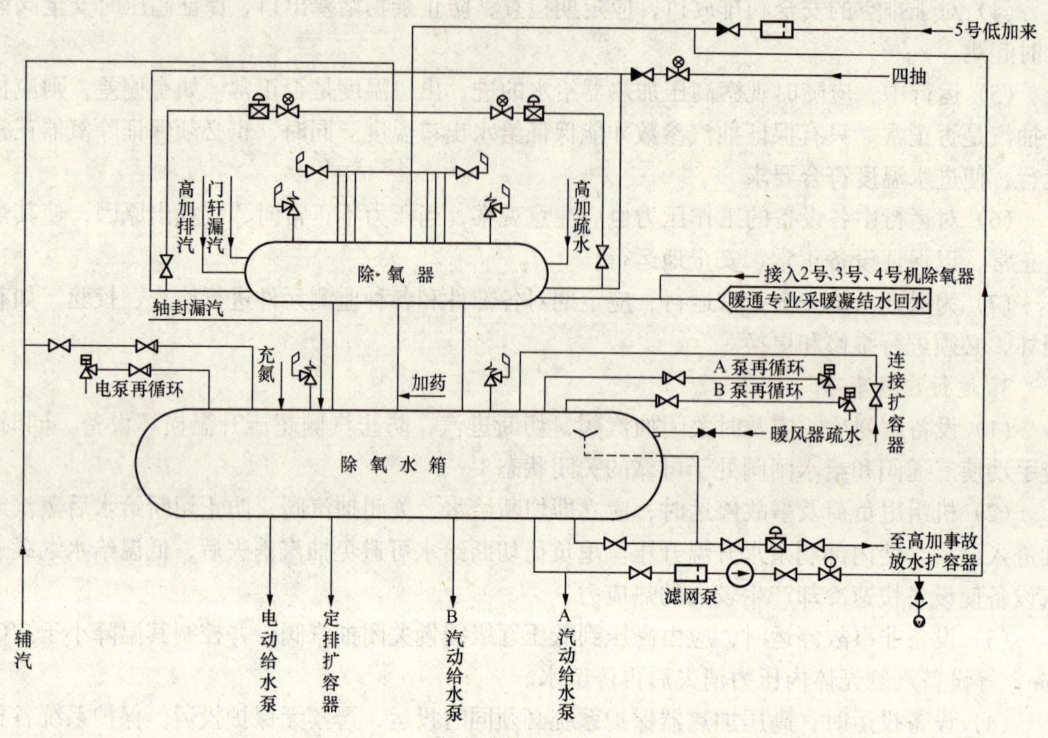

图4-13 除氧器汽水系统

水阀、放空气阀。

(2) 逐渐开足除氧器加热汽总阀及调整阀。

(3) 启动除氧器循环泵。

(4) 调整除氧器加热汽调节阀，使水温缓慢上升，除氧器本体及管道无冲击。待除氧器内部起压后，适当关小进汽调节阀，维持除氧器内部压力不大于0.196MPa。

3. 除氧器定压运行

当主机负荷在80MW以下时，维持除氧器在0.147MPa压力下进行定压运行。定压运行时，因压力低、蒸汽比容大、流速高，要求加热蒸汽从除氧器两端进汽管同时进入除氧器，以防振动。

4. 除氧器滑压运行

(1) 主机负荷大于80MW时，稍开抽汽至除氧器隔离门，暖管结束后，关闭并放去疏水。

(2) 用备用汽调节阀调节除氧器内部压力小于或等于抽汽压力后，逐渐开足第四级抽汽至除氧器隔离阀。关闭备用汽至除氧器总阀及调节阀，稍开备用汽至除氧器管道上疏水阀，在切换过程中，除氧器内部压力应无突变现象。

(3) 投入除氧器水位自动调节及有关保护，除氧器进入滑压运行。

5. 门杆漏汽

当除氧器进入滑压运行时，才能将门杆漏汽送入除氧器，以提高机组热经济性。在运行中必须做到，一旦凝结水泵停止运行，则门杆漏汽管上逆止阀立即关闭严密，以防除氧器超温。

6. 除氧器的正常运行与维护

(1) 进汽压力：<0.9807MPa；

(2) 滑压范围：0.147～0.785MPa；

(3) 最高工作压力：0.780MPa；

(4) 出水温度：≤174.5℃；

(5) 出水含氧量：≤7μg/L；

(6) 进水压力与内部压力差：0.0245MPa～0.0588MPa；

(7) 最大出力：1080t/h。

7. 除氧器事故处理

(1) 压力变化

1) 汽压升高。若除氧器内部压力突然升高，应立即检查除氧器进水压力、流量是否正常，增加进水压力与除氧器内部压力差至正常；若汽源为备用汽，应检查备用汽参数及进汽调节阀开度是否正常。如果汽压自动调节失灵，应立即改为手动。

2) 汽压降低。除氧器内部压力突然降低，应立即检查进水流量、压力与负荷是否相适应，降低进水压力与内部压力差至正常；若为备用汽源，应检查其参数及调节阀开度；检查各进汽电动阀、抽汽逆止阀状态是否正常，保证抽汽管路畅通；除氧器滑压运行时若内部压力降至0.196MPa以下，调整无效时，应将汽源切至备用汽。

(2) 水位变化

1) 水位升高。若除氧器水位升高较快，应立即调整除氧器进水流量，使之与给水流量相适应。控制进水压力与除氧器内部压力差在正常范围。若水位自动调节失灵，应切为手动或旁路调整。水位继续升高到Ⅰ值，发出"除氧器水位高"报警，此时应汇报班长，并判明原因，采取有效措施降低水位。水位高至Ⅱ值，除氧器溢流阀自动打开，若水位仍不下降，应开启其他放水阀。水位高至Ⅲ值，第四级抽汽至除氧器电动逆止门应自动关闭，并发信号。

2) 水位降低。若除氧器水位下降较快，应立即调整除氧器进水流量。若水位调节失灵，应立即切为手动或旁路调节。水位降至Ⅰ值，发"除氧器水位低"信号并报警，此时应汇报班长，联系有关专职检查系统工况是否正常。主要检查各加热器放水阀、除氧器放水阀是否误开，向系统供水量是否过大，以及锅炉是否严重漏泄等，并采取有效措施提高水位。除氧器水位无法维持，降低至Ⅱ值时应联跳给水泵，并停机。

(3) 除氧器振动和汽水管道冲击

1) 若除氧器振动大，应立即汇报班长，并根据水侧是否过负荷，疏水、汽水是否排入不当，喷管、淋水盘箱是否损坏等不同原因采取有效对策消除振动。

2) 汽水管道冲击。有关汽水管、供汽管发生水冲击，应立即停止供汽、水，充分暖管，疏水后再进行操作；如除氧器水位高后向汽水管道倒水，应立即放水，降低除氧器水位，并且开启有关汽水管道上的疏水阀门。

(二) 除氧器停止与停运后保养

1. 除氧器停止

(1) 在机组减负荷过程中，应注意除氧器压力、温度、进水流量与负荷是否相适应，维持除氧器水位正常。

（2）机组负荷降为80MW时，开启备用汽至除氧器总阀及调节阀，暖管结束后，关闭其前后疏水阀。

（3）逐渐开足备用汽至除氧器总阀及调节阀后，逐渐关闭第四级抽汽至除氧器隔离阀，稍开其前、后疏水阀。此时，用备用汽源调节阀维持除氧器压力正常。

（4）除氧器用备用汽源时，内部压力 < 0.196MPa，并且没有压力突变现象。

（5）紧急停机时，应立即关闭除氧器进水、进汽阀门，除氧器处于停用状态。

（6）若主机停运后给水泵暂不停用，除氧器必须维持运行。

2. 停运后的保养

（1）因除氧器壳体与封头均为不锈钢复合钢板，且内部零件全用不锈钢，故除氧器停运后不需做防氧处理。

（2）水箱壳体采用锅炉低碳钢板，内部组件也采用低碳钢，故停运后要采取措施防止氧气等有害气体腐蚀。

（3）若用充氮方法，保持期间氮气压力≥0.049MPa。

四、轴封和真空系统的运行

（一）轴封系统的运行

轴封系统如图4-14所示。冷态启动时，轴封可以在抽真空之前投入；但热态启动时必须先投轴封后抽真空，而且轴封供汽温度要求比较高。冷态、温态启动时，轴封供汽温度为150~260℃，热态、极热态启动时，轴封供汽温度为250~350℃。

1. 运行方式

冷态启动时，机组抽真空阶段，辅助蒸汽（温度不宜超过250℃，过高会影响转子寿命）经辅助汽源控制站向系统供汽，并自动维持供汽压力在0.123MPa。

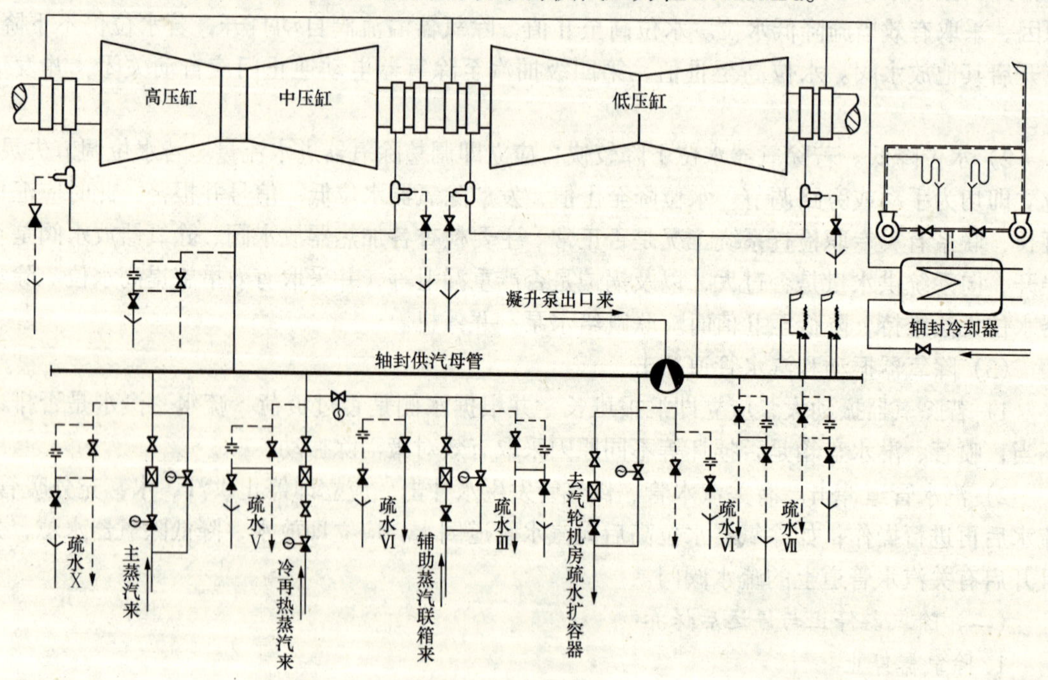

图4-14 轴封系统

在以后的冲转升至带负荷过程中，轴封系统的汽源切换过程如下：

(1) 冲转到低负荷阶段。此阶段供汽由辅助蒸汽和再热冷段蒸汽联合供汽，供汽并自动维持母管压力为0.123MPa。

(2) 25%负荷到60%负荷阶段。当机组负荷升至25%负荷时，再热冷段已经能满足全部汽封供汽要求，供汽全部由再热冷段提供，并自动维持供汽压力0.123MPa。

(3) 60%以上负荷阶段。当负荷增加到60%以上时，高、中压缸轴端漏汽超过低压缸轴端汽封所需的供汽量。此时蒸汽母管压力升至0.130MPa，所有供汽站的调节阀自动关闭，溢流站调节阀自动打开，将多余的汽通过溢流站排至八号低压加热器，若8号低压加热器事故或停运，可将多余的蒸汽通过溢流站排至凝汽器，至此汽封系统进入自密封状态，汽封母管压力维持在0.130MPa。

(4) 机组甩负荷阶段。当机组甩负荷时，机组无备用辅助汽源或辅助汽源的参数达不到要求，此时辅助汽源和再热冷段供汽不能利用，必须关闭电动截止阀（包括旁路上的电动截止阀）。当汽封供汽母管压力降至0.118MPa，溢流调节阀已自动关闭，高压供汽调节阀自动打开，供汽由高压汽源调节站供给。

各控制站调节阀整定值运行情况见表4-3。

表4-3　各控制站调节阀整定值运行情况

汽封母管压力（MPa）	高压汽源控制站	辅助汽源控制站	溢流控制站
抽真空阶段（0.123）	关闭	打开并调节	关闭
冲转及升负荷阶段（0.123）	关闭	打开并调节	关闭
甩负荷（0.118）	打开并调节	关闭	关闭
负荷>60%（0.13）	关闭	关闭	打开并调节

2. 轴封系统的投运

(1) 确认辅汽系统运行正常。

1) 冷态启动，辅汽母管温度为150~260℃，供汽压力为0.8MPa。

2) 温态启动，辅汽母管温度为210~260℃，供汽压力为0.8MPa。

(2) 轴封系统检查完毕。

(3) 确认轴封系统的疏水阀均开启，就地开启轴封加热器A或B风机运行，连锁投入，如果机组停机时间较长，应对轴加水封筒注水。

(4) 全开轴封回汽至轴封加热器汽阀，稍开辅汽调整阀前电动截止阀，全开辅汽联箱至轴封供汽总阀对轴封系统暖管疏水。

(5) 确认暖管正常后，全开辅汽调整阀前电动截止阀，关闭各处疏水阀。

(6) 检查轴封母管参数正常。

3. 轴封系统的运行维护

(1) 轴封母管压力为0.130MPa，汽封各处不冒汽。

(2) 各供汽调整阀及溢流阀在自动位，并动作正常。

(3) 轴封加热器为微负压运行（-6.3kPa），保证汽封微负压。

(4) 轴封加热器风机振动，声音正常。

4. 轴封系统的停止

(1) 当主机凝汽器真空降至零后，才可停止轴封供汽。

(2) 关闭轴封各供汽调整站前截止阀。

(3) 切断减温站进口手动阀及旁路手动阀，切断汽封调节阀压缩空气气源。

(4) 停止轴封加热器风机运行。

(5) 开启轴封母管各处排大气疏水阀。

5. 轴封系统异常分析

轴封系统运行不正常时，主要有两种现象，一种是汽轮机轴端冒汽，另一种是凝汽器真空降低。

轴端冒汽有两种原因，一是溢流站工作不正常，导致轴封供汽母管压力过高，此时可打开电动旁路阀以维持轴封母管正常压力；另外一种原因是轴封加热器过负荷，这时可通过调节轴封加热器的冷却水量或轴封风机的风门来保证汽封回汽腔维持一定负压（－6.3kPa），如果仍然漏汽，说明轴封加热器容量不够。

如果轴封母管压力过低（如上所述，若开旁路阀调节母管压力，却又调整不当会导致轴封母管压力过低），会影响凝汽器真空，从而影响整机经济性。

轴封系统的运行中，除了要维持轴封母管的正常参数范围以外，还要特别注意疏水情况，而这与系统的设计密切相关，如果设计不合理，会严重影响轴封系统的运行。

(二) 真空系统运行

凝汽器的真空系统由凝汽器、凝结水泵和真空泵等设备组成，其作用是维持汽轮机在一定背压下运行，同时把排汽凝结成水送回锅炉参加热力循环。目前300MW机组主要采用真空泵来抽出不凝结气体，下面介绍真空泵的运行。图4-15为2BW43530BK4真空泵组流程图。

1. 运行方式

(1) 启动方式。在泵组启动时，真空泵内形成水环，并把真空泵组系统内的气体排出。

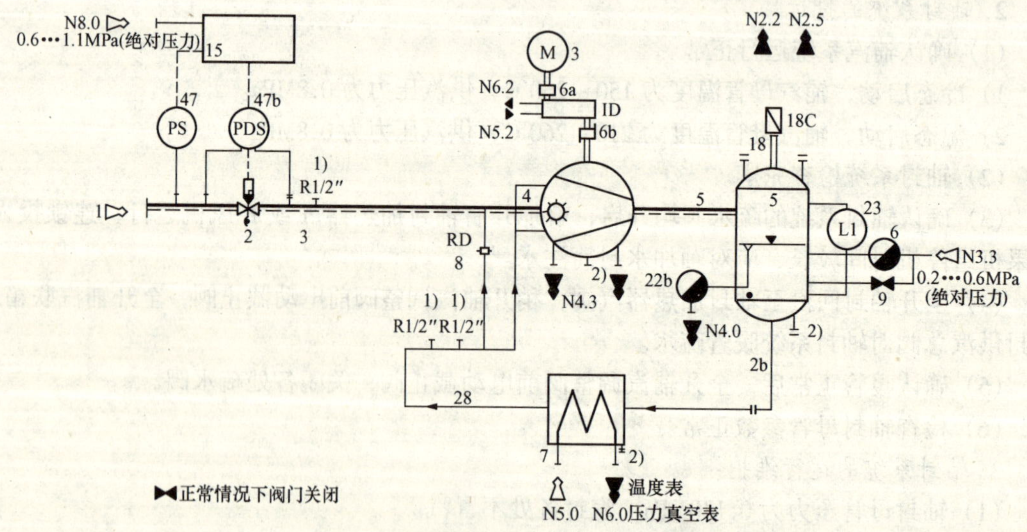

图4-15　2BW43530BK4真空泵组流程图

1—吸入口；2—气动蝶阀；3—进气管道；4—真空泵；5—排气管道；6—过水调节器；7—冷却器；8—喷射支管；9—旁通阀

只有当气动蝶阀的前后压差达到 3kPa（此值可以整定）时，气动蝶阀才开启，凝汽器内气体经气动蝶阀抽入真空泵，这样就避免了因启动真空泵而引起大量空气经真空泵灌入正在工作的凝汽器真空系统，确保凝汽器正常工作。

(2) 正常运行工况。300MW 机组配置了两台 100%容量的真空泵组，一台处于“手动操作”运行状态，另一台备用，处于“自动操作”状态。当真空泵的吸入压力低于预定压力(5.2kPa) 时，处于“自动操作”运行状态的备用泵组自动停泵，并关闭气动蝶阀，处于“手动操作”运行状态的真空泵继续运行。当真空泵的吸入压力高于预定压力（14.7kPa）时，备用真空泵立即自动投入，从而使真空泵泵组始终保持在预先设定的吸力范围运行。

(3) 事故处理。若真空泵电机过负荷，泵事故跳闸，报警联动备用泵。当凝汽器排汽压力高于 14.7kPa 时报警，当凝汽器排汽压力高于 19.7kPa 时汽轮机自动脱扣，以保证机组安全运行。

2. 真空泵的投运

(1) 启动前的准备。①检查泵的轴承位置是否有足够的润滑油量；检查冷却水管是否接好。②机组注水。机组注水前，先打开泵排水管道，用水冲洗泵，直到冲洗清洁后，关闭排水管道，开始机组注水。打开输入调节器前的阀门，汽水分离器开始注水，通过连接管道使真空泵的水位不断增加，为加快注水速度，可同时打开旁通阀。当水位上升至侧盖上自动排水时，关闭旁通阀，稳定 5min，检查液面有无变化，检查管路是否畅通，有无漏水现象，如一切正常，即说明注水已达到要求。

轴的密封水采用内部供水，不需外接管路和控制设备。密封水供水后，填料应有少量液体泄漏，一般以 1～2 滴/s 为宜，如无液体泄漏，应当调松填料压盖；如泄漏量太大，则应适当调紧填料压盖。

(2) 启动。按“启动”按钮，机组即投入运行。机组启动后打开环形断流阀。机组启动前气动蝶阀已整定，当蝶阀前后压差达到 3kPa 时蝶阀自动打开（这时不需手动打开），真空装置即开始工作。

刚开始启动时，可同时开启两台真空泵，当真空达到后停一台真空泵备用。

检查电动机电流、分离器水位、机组振动、轴承温度是否正常；检查真空泵填料压盖的松紧情况，填料函允许有少量液体泄漏，以不形成流线为标准。

(3) 停机。按“停机”按钮，水泵停止转动，关闭输入调节器前的补充水阀门及热交换器冷却水阀门。停机后系统内多余的水由自动排水阀排掉，如果泵停机较长时间（两个月或者两个月以上）则应打开真空泵汽水分离器、热交换器等部件底部放水螺塞，放掉其中多余的水，必要时做防锈处理。

3. 维护

(1) 如果泵内液体中积有杂质，可暂时打开排水管道，使杂质随液体排出。

(2) 定期打开侧盖上的观察孔，检查泵内部装置。

(3) 运转期间要随时观察填料的松紧程度。使用新填料时，由于会遇水膨胀，安装时应稍放松填料压盖，运行后通过水温来检查，如上升则放松填料压盖。尽管填料盖是松的，水温仍上升时，则应更换新的填料。

(4) 轴承润滑。对于 2BE1353－0 型真空泵，第一次加油应在运行 1000h 后进行，以后每隔 4000 运转小时加一次油。轴承润滑必须严格遵守以下规定：①不同牌号的润滑剂不能混合使用，否则会降低油质量。②特殊情况下应偏移标准润滑参数。如果泵在以原始为依据的高温下运行或环境脏时，应缩短时间间隔。③润滑剂采用锉基润滑脂 Z－3。

加油时要清洗两个加油嘴，每个轴承的加油量为每个油嘴加 40g。

五、抗燃油（EH）系统的运行

抗燃油系统如图 4-16 所示。在机组的启动过程中，EH 油系统的启动是比较早的。提前进行油循环的目的是检查油系统的完好程度，净化油系统，提高油质，并将油温调节至所需的温度。一般盘车投入之后，即可启动 EH 油系统进行油循环。

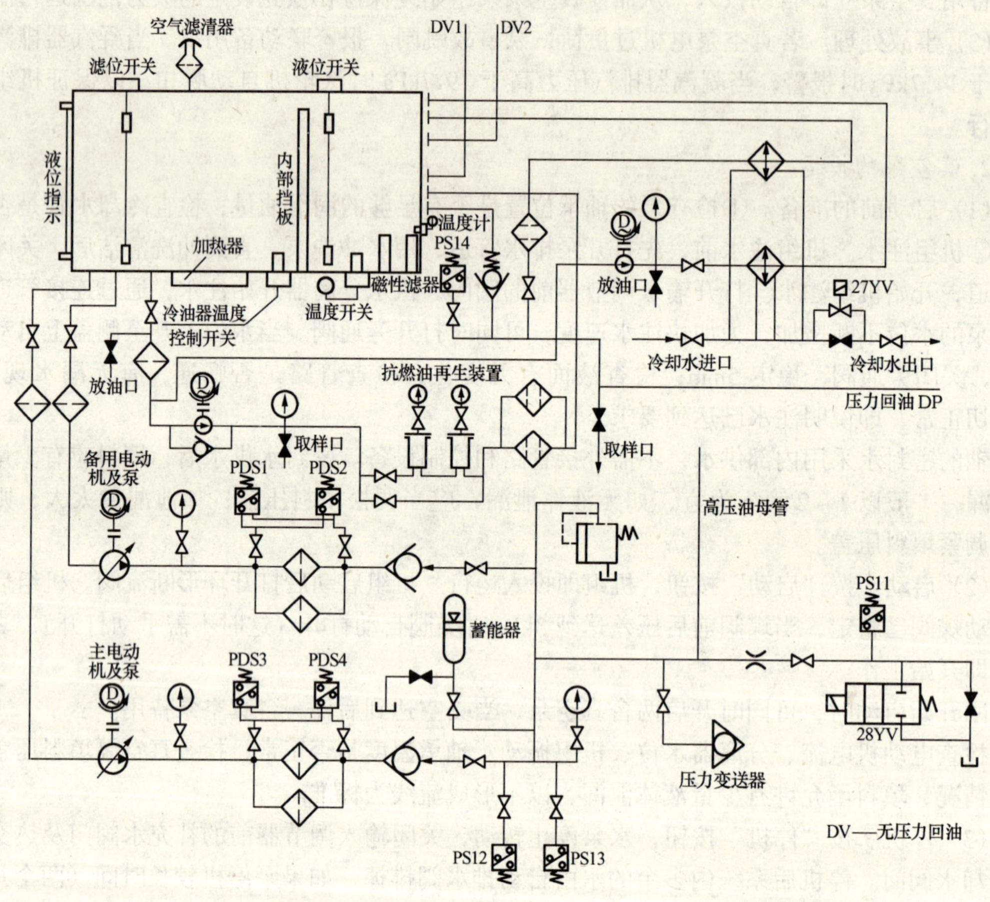

图 4-16 EH 供油系统

（一）EH 油系统的运行操作

1. 预启动

在机组启动期间，EH 油系统应进行升温、升压。系统规定，严禁在 EH 油温小于 10℃时启动 EH 油系统，因此在启动前必须首先检查油温，若油温低于 10℃时，应投入油加热装置。加热器可采取自动控制方式，也可手操。注意油位应在正常油位之上时，才可投入加热器，否则，将导致加热器损坏。暴露在外的加热部分过热使 EH 油碳化，手动操作时，在温度达到 20℃时，应手动停止。油温合格后，可启动油泵，启动前打开截止阀（启动严格按照运行规程进行）。油箱中的油通过 14μm 的金属滤芯，经油泵输出，再经过 10μm 滤芯、单向阀汇集于高压母管，母管上有溢流阀和蓄能器维持正常工作压力，再生装置保证 EH 油油质。高压母管向阀门油动机、EH 油试验块、AST 母管和 OPC 母管提供 EH 油。高压母管通过高压主汽阀液压控制块上的一个节流孔给 AST 母管提供 EH 油，通过中压调节汽阀液压控制块上的一个节流孔给 OPC 母管提供 EH 油。正常情况下，AST 电磁阀、隔膜阀堵住了 AST 母管泄油口，OPC 电磁阀堵住了 OPC 母管泄油口，在 AST 母管和 OPC 母管之间有一个单向阀。预启动期间，汽轮机未挂闸，AST 母管、OPC 母管均无压力，EH 油通过无压力回油管直接返回油箱。

2. 启动、正常负荷运行

汽轮机挂闸后，AST 电磁阀、OPC 电磁阀均关闭，AST 母管和 OPC 母管压力建立，从而可实现对各阀门的控制。启动方式不同，阀门开启顺序不一样；不同的阶段，阀门的开度不一样。这些都是由 DEH 控制器根据所选择的方式、操作员操作命令和机组本身的状态确定，通过电液转换机构来实现的。

3. 非正常运行

机组超速、低真空、低润滑油压、低 EH 油压、推力轴承磨损以及用户选择的脱扣方式均以“非正常运行”论。一旦汽轮机脱扣，EH 油通过 AST 电磁阀或隔膜阀直接排放至油箱。

（二）EH 油系统的运行维护

1. 过滤器保压 3min 应无外渗漏、变形

(1) 油泵出口高压过滤器的更换原则为该泵累计工作 3 个月更换一次或每年更换一次；如果油箱油温为 45℃时压差开关报警或泵出口压力大于系统压力 1.5MPa 以上，则油泵进口滤油器每年更换一次。

(2) 伺服执行机构进油高压过滤器每年更换一次。

(3) 再生装置的硅藻土及纤维滤芯应在再生装置油温 45℃、筒内油压超过 0.3MPa 时更换，另外，若再生装置投运 48h 后抗燃油的酸值（大于 0.25）不下降，则应更换。一般一年更换一次。

(4) 供油装置回油过滤器的更换一般每年一次。

2. 高压蓄能器

第一个月每周检查一次氮气压力，以后每月检查一次，必要时给予充气。

3. 低压蓄能器

前三个月内每月检查一次氮气压力，以后每隔三个月测一次气压，必要时充气，检查应在回油压力高未报警或停泵时进行。

4. 执行机构

每隔两年检查一个调节汽阀伺服机构，必要时检查其他的机构。

5. 油箱

每隔一年清洗一次磁性插杆，每隔四年清洗一次油箱。

六、润滑油系统的运行

300MW 机组润滑油系统如图 4-17 所示。

（一）启动工况

系统启动前，应确认系统中油质满足启动运行清洁度要求，油箱油位在最高油位。关闭冷

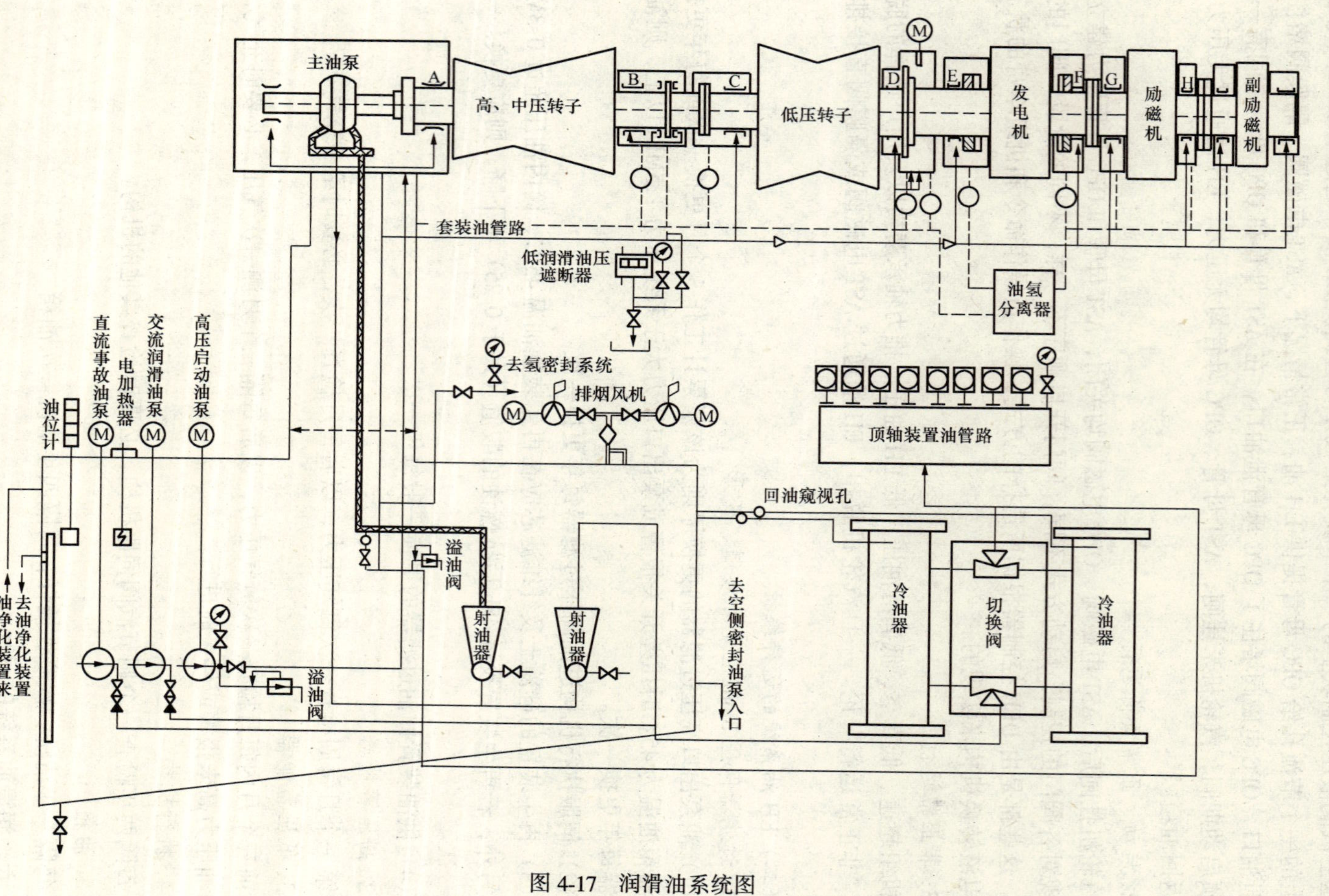

副励磁机
励磁机
发电机
低压转子
高、中压转子
主油泵
油氢分离器
套装油管路
低润滑油压遮断器
去氢密封系统
排烟风机
顶轴装置油管路
冷油器
切换阀
冷油器
回油窥视孔
去空侧密封油泵入口
射油器
射油器
溢油阀
溢油阀
高压启动油泵
交流润滑油泵
电加热器
直流事故油泵
油位计
去油净化装置
油来自净化装置

图 4-17　润滑油系统图

油器的冷却水阀，加热油温，启动交流润滑油泵，开启排烟风机，润滑油系统进行循环，启动高压启动油泵，启动顶轴油泵，投入盘车运行。当机组冲转到1200r/min时，自动切除顶轴装置。在机组升速期间，高压启动油泵、系统润滑泵应正常工作，一台供调节、保安系统用油，一台供机组润滑油，当机组升速到2850r/min左右时，主油泵投入工作，运行时可根据控制室高压启动油泵功率表或电流表指示变化情况停运高压启动油泵。机组到3000r/min定速后可停交流润滑油泵。

（二）正常运行工况

机组正常运行时，油系统由位于前箱内的主油泵供油。主油泵出来的高压油分为两路，一路送保安系统，另一路作为射油器的动力油源。射油器吸油取自油箱，1号射油器为主油泵提供油源，2号射油器向机组各轴承、发电机氢密封空侧及盘车装置供油，作润滑、冷却、密封用。在机组正常运行时，需根据冷油器出口油温调整冷油器的水量，控制轴承进油温度在规定值内。

（三）停机工况

当机组正常或事故（打闸或跳闸）停机时，应检查交流润滑油泵自启动情况，如未联动，应立即手动启动，高压启动油泵根据情况决定是否启动。当汽轮机转速下降到1200r/min时启动顶轴装置。如交流润滑油泵一旦失效，应联动直流事故油泵保证安全停机。机组盘车期间，应停高压启动油泵，停盘车后方可停顶轴油泵和润滑油泵。

（四）维护

（1）机组正常运行时，主油泵正常出口油压为2MPa，当其下降到1.8MPa时，应启动高压启动油泵和交流润滑油泵，并查明原因做好停机准备。

（2）轴承润滑油压力为0.08～0.12MPa。当润滑油压降至0.049MPa时，报警并启动交流润滑油泵，如果交流润滑油泵启动后，油压继续下降，应立即打闸停机。当润滑油压降至0.039MPa时，应启动直流事故油泵并立即检查系统油压降低的原因。当油压降至0.029MPa时，应停止盘车。

（3）油泵之间的低油压连锁试验每半个月做一次。

（4）轴承进油温度为40～46℃，轴承回油温度为70℃。正常运行过程中要根据润滑油母管油温调整冷油器水量，保证轴承进口油温。

（5）正常运行时，油箱油位高值不能超过+250mm。-250mm时低油位报警，最低油位-300mm。系统正常启动前，油箱油位应处于最高油位。

（6）冷油器切换前，必须确认备用的冷油器充满油，防止切换时油压突降而造成断油事故。检查备用冷油器是否充满油，可观察冷油器回油窥视窗上是否有连续油流流动。在切换阀两边的进油管上用注油门连接。正常运行时注油门打开，让备用冷油器始终处于注满油状态。

（7）运行中油净化器装置须保持运行以不断清除油中水分和杂质。

七、密封油系统的运行

某300MW机组密封油系统如图4-18所示。

（1）在发电机的气体置换和升氢压阶段，如果发电机内气压低于0.16MPa，密封油箱的油是难以自动排出的。在这种工况下，如果密封油箱的油位过高，需要排油，最好先切除排油电磁阀的电源，避免它长期带电而损坏，启动氢侧油泵运行，然后手动操作氢侧油泵出口

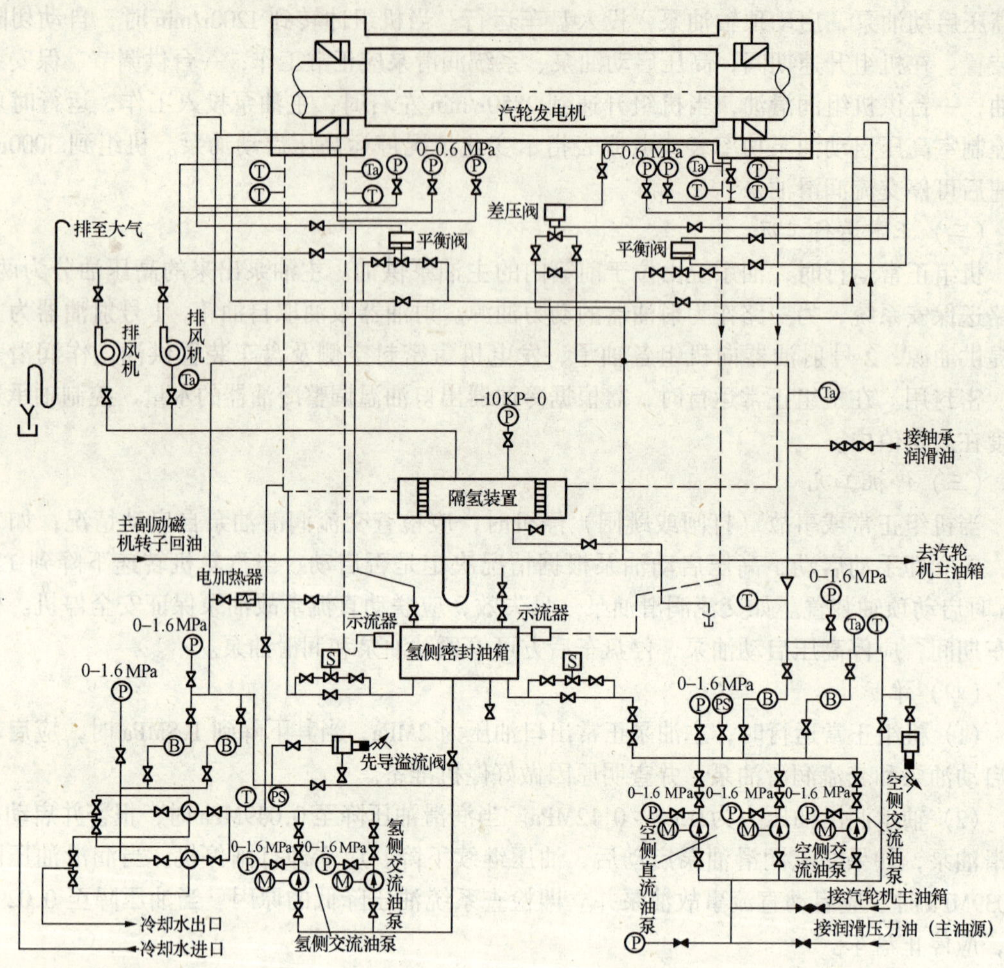

图 4-18 发电机密封油系统图

专设的阀门排油，排完后一定要关好阀门。

(2) 当发电机内气压为零时，氢侧泵出口油压不要高于 0.5MPa，一般调至 0.35 ~ 0.45MPa 之间较为合适。因为随着机内气压升高，氢侧泵吸入端油压将会相应跟随提高，因而油泵出口油压也会自动升高，反之亦然。而空侧泵进口和出口油压则不受机内气压影响，必须人为给定，一般机内气压低于 0.16MPa 时，油泵出口油压维持在 0.50 ~ 0.55MPa 之间为好，待机内气压超过 0.16MPa 以后，再将空侧泵出口油压提高至 0.65 ~ 0.75MPa 之间。

(3) 冷油器及定子冷却水系统水冷却器开始通循环水时，应先关闭循环水出口阀门，然后打开进水阀门，待冷却器内充满水（从冷却器上部排气门检查），再逐步缓慢打开出口阀门。这样做的目的是除尽冷却器的空气，防止在冷却器内形成气膜，影响冷却效果。

(4) 由于平衡阀的作用，使得氢侧油压总是跟随空侧油压而变化，所以空侧油路是不准断油的。如果空侧油路断油，平衡阀将关闭，密封瓦内氢侧油压将降至零。

(5) 启动密封油系统时，在密封瓦内空侧油压顺着引压管反馈到压差阀活塞腔内之前，差压阀的阀芯总是处于全关状态。如果此时向密封瓦供油，最好是手动操作控制，以避免在压差阀来不及动作的时间内密封油压过高而喷进发电机内。一般要等密封瓦内空侧油压升至0.07MPa，再缓慢投入压差阀，它才能正常发挥作用。同理，油压平衡阀也应该先手动操作控制，等密封瓦内两侧油压基本相等时，再投入平衡阀。

(6) 当发电机内气压低于0.02MPa时，投入压差阀和平衡阀后，油—气压差值可能会高于整定值，这是因为这两种阀门的阀芯与阀座之间在设计和制造上留有一定的间隙，它的目的之一是避免调节阀绝对关严，让压力油能漏过调节阀供给密封瓦，保证密封瓦不致烧坏。如果油—气压差大于0.07MPa，应暂时改为手动调节（操作压差阀前后的截止门即可），待机内气压降至0.02MPa时，再恢复自动调节。

由于发电机两个密封瓦与轴之间的间隙不一致，因此，当油—气压差阀投入以后，两个密封瓦的油压也不一致，只要两个密封瓦的油—气压差均在0.03~0.07MPa范围以内，就可以正常运行。

(7) 平衡阀、压差阀在机组投运初期，常见故障是被油中脏物卡住，遇这种情况应拆开进行清洗。随着机组运行时间的推移，管子内壁被冲刷干净，油也被净化，情况就会好转。

(8) 密封油压调节站上有3台CWC-288型（或CWD-288A型）双波纹管差压计。在表头下方各装有一只专用仪表阀，运行操作时一定要记住：不要同时操作两个手轮关表或开表，否则有可能损坏表计，只可先操作一只手轮，使表计测量头内两侧油压（气压）平衡，然后再操作另一只手轮。手轮顺时针方向（阀杆拧进）是开表计，反时针方向（阀杆退出）是关表计，手轮均要拧到位。

八、循环水系统的运行

某300MW机组循环水系统如图4-19所示。

（一）循环水泵的运行

1. 运行前的准备

(1) 从泵的吸入池清除所有的外来杂物，如木头、纤维织品、金属丝等，并在泵运行时，防止有新的杂物继续进入泵的吸入池。

(2) 确定泵的吸入池水位是否在允许高度，若小于允许值，则可能产生漩涡和吸入空气，引起振动和汽蚀，此时应增加泵淹没深度。

(3) 检查电动机转向是否正确。

(4) 机组冷却润滑水系统一定要在泵启动前向机组供水，首次启动时，橡胶导轴承要充水冲洗20min。

(5) 检查填料的压紧程度，勿太紧或太松，同时注意填料压盖是否压得均匀，新装上的轴套填料应在试运一周内压紧。

(6) 安装好出口压力仪表，以检测系统阻力，因为在通常情况下运行时，由于系统的变化，需要调节阀门。

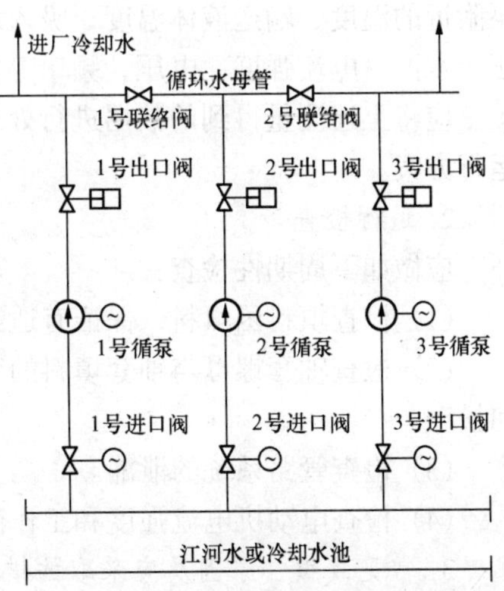

图4-19 循环水泵管路系统图

2. 启动与停止

满足启动条件后，可以启动泵。按出口阀开启或关闭的情况，可分为两种启停方式：

(1) 关闭出口阀启、停。①打开机组冷却润滑水系统的阀门，向橡胶导轴承供水 5min；②排气阀处于工作状态；③采用一个双速电动阀门，泵和阀门同时启动，阀门在 15s 内全开；④阀门与泵电动机连锁，当阀门关闭了 30°时，泵电动机断开电源，阀门关闭时间为 45s。

(2) 开出口阀启、停。①先将阀门开至 30°，启动电动机，阀门继续开启到全开；②停泵时，关阀门至 30°时，电动机断开电源，阀门关闭时间不少于 45s。

3. 注意事项

(1) 水泵未注水或真空状态下，千万不能启动。由于停泵后系统产生回流，会在泵内产生真空，在泵重新启动前，要有足够的时间让空气进入泵内，以消除真空。在泵和出口阀之间应装一放气阀。

(2) 泵不能长时间在严重汽蚀情况下进行操作。

(3) 出口阀关闭时不能运行，反转时间不能超过 5min。

(4) 观察振动和测量噪声，如有异常（如振动大、噪声大等），应停泵慎重检查。

(5) 检查电流强度和泵实际运行工况，与泵标准性能曲线对照，如差别不大，则泵运行正常。

(6) 调整填料的压紧程度，以有少量的水连续不断地从填料函处冒出为佳。

(7) 停泵时，在泵完全停止转动后，方能中断冷却润滑水。待出口阀关闭时，泵的电源应切断。

(8) 事故停机发生后，应立即关闭出口阀，此时，排出管路内的应力变幅极大，因此要充分注意基础和各连接之间的状态。

(9) 详细做好运行日记，故障记录完备。

(二) 循环水泵维护

1. 运行日志

如实记录运行情况，运行日志应包括下列内容：开停机时间，测量数据时间（数据包括泵附近的温度、输送液体温度、吸入水位、排出压力、振动、噪声、轴承冷却润滑水量、水压、水温、电流强度、电压、频率等）及有无异常情况。

应将上述测量得到的数据进行处理，然后与泵的标准性能曲线比较，以便制定更完善的运行方案。

2. 运行检查

应做如下周期性检查：

(1) 检查填料函填料，保证有适当的泄漏。

(2) 检查轴套螺母与轴套填料的密封，新装的轴套填料应在试运一周内压紧，以消除任何松动。

(3) 检查管路系统的泄漏。

(4) 检查电动机电流强度和工作温度。

3. 常见故障、原因及应采取的措施

见表 4-4。

表 4-4　循环水泵常见故障、原因及处理

故障	原因	应采取的措施
运行不起来	电动机系统问题	检修电动机系统
	运行部件中有异物	清理转子部件
	轴承被卡住	更换轴承
	启动条件不满足	满足应满足的条件
出力不足	吸入侧有异物	清理滤网、叶轮和吸入喇叭口
	叶片损坏	更换叶轮
	转速低 有空气进入	测量电压、周波、检查电机
	汽蚀 进口有预旋	提高吸入水位或在水面放一浮体
不打水	转向反了	校正转向
超负荷	轴承损坏	更换轴承
	泵内有异物	除去异物
	入口有反方向预旋	设消旋装置
	转动部件不平稳	检修
	填料压得过紧	放松填料
	相断线单相运行	检查及修理供电线和电动机接线
异常振动和噪声	装配精确度不高	提高装配精确度
	吸入水位过低	提高水位
	汽蚀	提高水位，调整运行工况
	轴承损坏	更换轴承
	轴弯曲	校直
	电动机故障	修理电动机
	联轴螺栓松动、损坏	拧紧或更换螺栓
	部件不平衡	检修
	基础不紧固	增加基础的刚性
	排出管路的影响	检查和排出管路影响
填料处的泄漏和温升	填料压得过紧或不均匀 填料磨损或装配不当轴磨损或偏位	放松压盖，正确拧紧更换或重装填料，换轴或校正

九、开式和闭式冷却水系统运行

（一）开式冷却水系统

开式冷却水系统如图 4-20 所示，设有两台开式循环冷却水泵，容量均为 100%，互为备用，并联连接，夏季水温高时可同时投入使用。

开式冷却水取自循环水供水母管，经滤网过滤，由开式冷却水泵升压后供给各用户使用，回水汇至循环水出水管。因开式冷却水泵不设最小流量再循环管，因此要求开式冷却水泵启动前，应先开启需投运的水—水热交换器的进、出冷却水门，避免冷却水泵发生汽化。

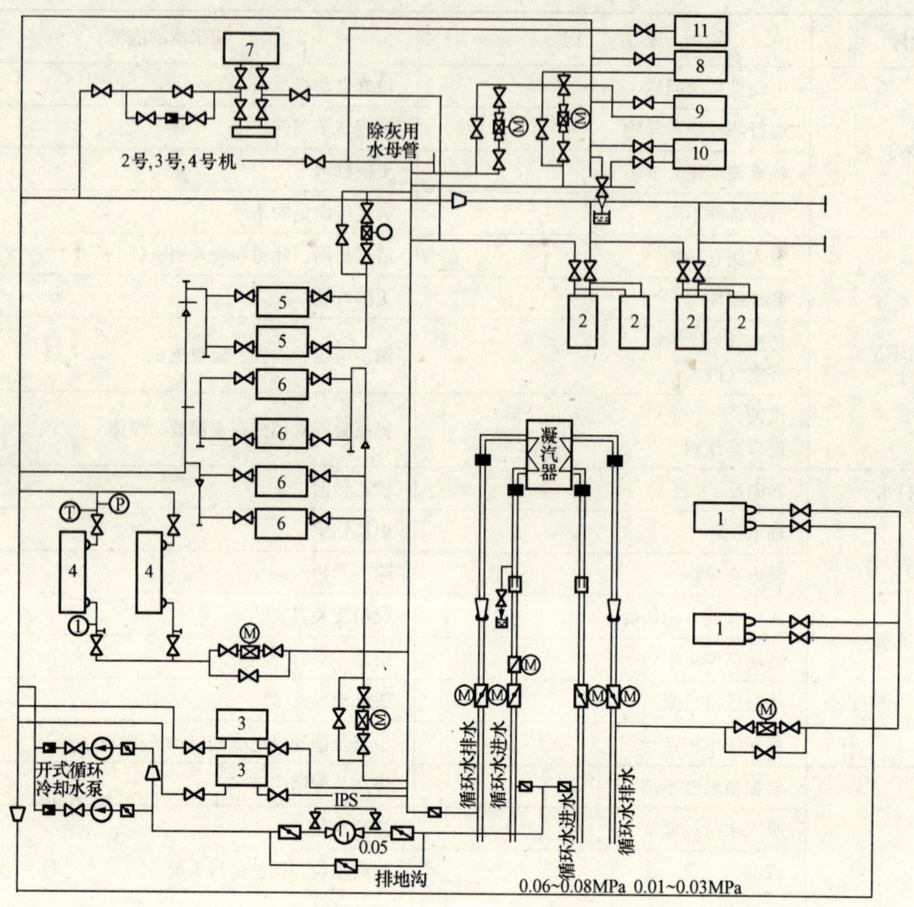

图 4-20 开式循环冷却水系统图

1—汽轮发电机组冷油器；2—给水泵汽轮机冷油器；3—水环式真空泵冷却器；4—闭式循环热交换器冷却水；5—励磁机空气冷却器；6—发电机氢气冷却器；7—发电机定子水冷却器；8—电动给水泵耦合器工作油冷却器；9—电动给水泵耦合器润滑油冷却器；10—电动给水泵电动机空气冷却器；11—定排坑

1. 开式循环冷却水系统的启动

(1) 启动前系统应检查完毕。

(2) 确认循环水系统运行。

(3) 确认开式泵连锁开关“断开”，启动 A 泵或 B 泵，确认电流正常。

(4) 电流正常后开启 A 或 B 泵出口阀门。

(5) 检查泵声音、振动、温度是否正常，泵出口压力是否正常。

(6) 确认系统及泵部无泄漏、甩水。

(7) 开启备用泵出口阀门，投入开式泵连锁开关。

2. 停止

(1) 确认开式水用户完全停止后方可停开式循环。

(2) 断开连锁开关，关出口阀门。

(3) 停泵，电流到零，压力到零。

3. 运行维护

(1) 检查泵入口压力是否为 0.03MPa，出口压力是否为 0.2～0.3MPa。

(2) 对滤网进行定期清洗、排污工作，非异常情况不得开启滤网旁路阀。

(3) 认真进行对系统及泵部的检查维护、设备定期切换工作。

(4) 开式水出口母管压力低至 0.19MPa 发低水压报警时，需调整水压。

(5) 滤网差压 0.05MPa 高报警时，需及时清洗滤网。

(二) 闭式循环冷却水系统

1. 系统组成

闭式循环冷却水系统如图 4-21 所示，由膨胀水箱、闭式水循环冷却水泵、闭式循环热交换器以及连接管阀门等组成。

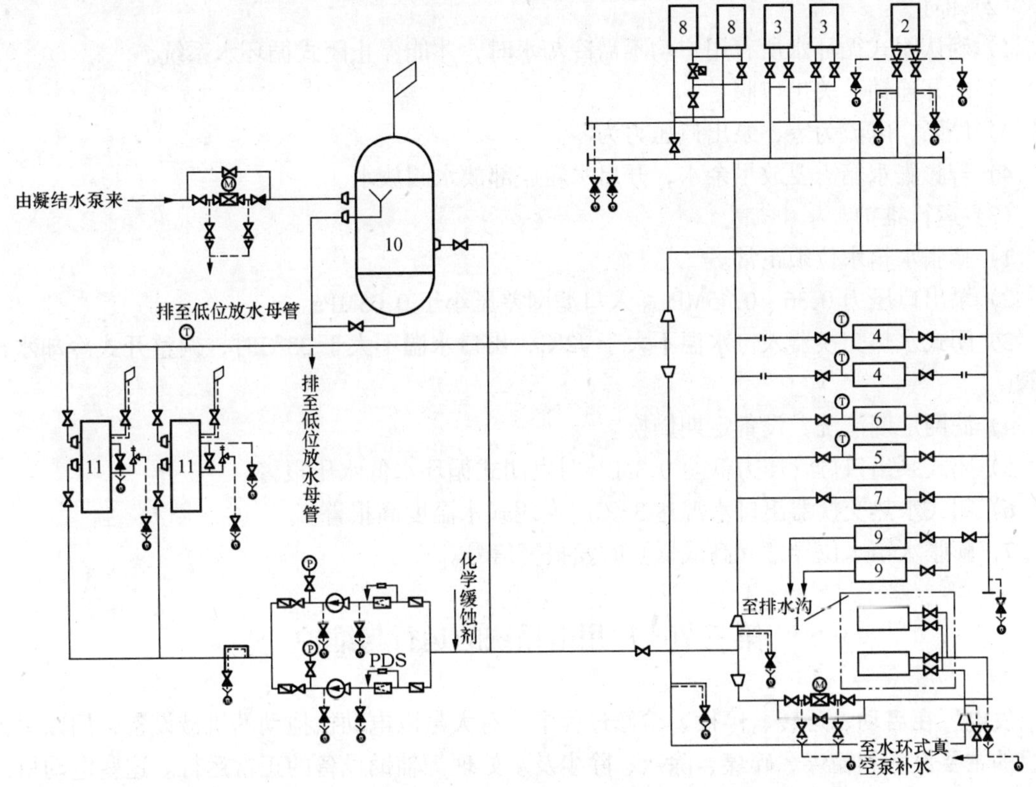

图 4-21　闭式循环冷却水系统图

1—密封供油装置冷却器；2—取样冷却器；3—汽动给水泵机械密封冷却器及主泵冷却室；4—汽动前置泵机械密封冷却器及前置泵冷却室；5—电动给水泵机械密封冷却器及主泵冷却室；6—电动泵前置泵机械密封冷却器及前置泵冷却室；7—除氧器循环泵密封水及冷却；8—汽轮机抗燃油冷油器；9—凝结水泵轴承密封水；10—5m^3 膨胀水箱；11—闭式循环热交换器

工作流程为：凝结水向膨胀水箱补水至水位正常，闭式水循环冷却水泵从膨胀水箱取水升压后经闭式循环热交换器冷却，然后送闭式循环水系统各用户，用户用水经回水母管送至闭式循环冷却水泵循环使用。

闭式循环水水质较好，膨胀水箱补水来自凝结水，进水量由调整阀控制，水位过高时由溢流阀排至低位放水母管。在闭式循环冷却水泵的进出口管道上均可通过化学药品混合箱对水质进行净化，以保证循环水水质。

2. 闭式循环冷却水系统的运行

(1) 启动

1）启动前对系统检查完毕。

2）确认凝结水系统已投运，膨胀水箱补水至正常水位。

3）闭式泵连锁开关在“断开”位，启动A泵或B泵。

4）电流正常后开启A泵或B泵出口阀，泵出口压力0.35~0.45MPa。

5）检查泵组声音、振动及温度是否正常，系统有无泄漏。

6）将备用泵出口阀开启，投入闭式泵连锁。

(2) 停止

1）确认闭式循环水所有用户均不需冷却水时，才能停止闭式循环水系统。

2）断开连锁，关出口阀。

3）停泵，电流为零，泵出口压力为零。

4）若膨胀水箱需要放尽余水，开启水箱底部放水阀放水。

(3) 运行维护

1）膨胀水箱水位须正常。

2）泵出口压力0.36~0.45MPa，入口滤网差压小于0.05MPa。

3）闭式水热交换器入口水温不大于42℃，出口水温不大于33℃时，调整开式冷却水出水阀。

4）滤网定期清洗，设备定期倒换。

5）闭式泵出口母管压力低至0.3MPa时发闭式循环水低水压报警。

6）闭式水热交换器出口水温达35℃时发闭式水温度高报警。

7）膨胀水箱水位异常（高或低）时发报警信号。

第三节　厂用电系统的运行与维护

发电厂在启动、运转、停役、检修过程中，有大量以电动机拖动的机械设备，用以保证机组的主要设备和输煤、碎煤、除灰、除尘及水处理等辅助设备的正常运行。这些电动机以及全厂的运行、操作、试验、检修、照明等用电设备都属于厂用负荷，总的耗电量，统称为厂用电。

厂用电的电量，大都由发电厂本身供给。其耗电量与电厂类型、机械化和自动化程度、燃料种类及其燃烧方式、蒸汽参数等因素有关。厂用电耗电量占发电厂全部发电量的百分数，称为厂用电率。厂用电率是发电厂运行的主要经济指标之一。一般凝汽式电厂的厂用电率为5%~8%。降低厂用电率可以降低电能成本，同时相应增大了对系统的供电量。

一、厂用电负荷的分类

厂用电负荷，根据其用电设备在生产中的作用和突然中断供电所造成的危害程度，按其重要性可分为以下四类：

(1) Ⅰ类厂用负荷。凡是属于单元机组本身运行所必需的负荷，短时停电会造成主辅设备损坏、危及人身安全、主机停运及影响大量出力的负荷，都属于Ⅰ类负荷。如火电厂的给水泵、凝结水泵、循环水泵、引风机、送风机、给粉机等。通常，它们设有两套或多套相同的设备。这些负荷分别接到两个独立电源的母线上，并设有备用电源，当工作电源失去，备用电源就立即自动投入。

(2) Ⅱ类负荷。允许短时停电（几分至几个小时），恢复供电后，不致造成生产紊乱的厂用负荷，属于Ⅱ类厂用负荷。此类负荷一般属于公用性质负荷，不需要24h连续运行，而是间断性运行，如上煤、除灰、水处理系统等的负荷。一般它们也有备用电源，常用手动切换。

(3) Ⅲ类厂用负荷。较长时间停电，不会直接影响生产，仅造成生产上不方便者，都属于Ⅲ类厂用负荷。如修配车间、试验室、油处理室等负荷。通常由一个电源供电，在大型电厂中，也常采用两路电源供电。

(4) 事故保安负荷。在200MW及以上机组的大容量电厂中，自动化程度较高，要求在事故停机过程中及停机后的一段时间内，仍必须保证供电，否则可能引起主要设备损坏、重要的自动控制失灵或危及人身安全的负荷，称为事故保安负荷。按对电源要求的不同它又可分为：直流保安负荷，如发电机的直流润滑油泵、事故氢密封油泵等；交流不停电保安负荷，如实时控制用的计算机；允许短时停电的交流保安负荷，如盘车电动机、交流润滑油泵、交流密封油泵、除灰用事故冲洗水泵、消防水泵等。为满足事故保安负荷的供电要求，对大容量机组应设置事故保安电源。通常，事故保安负荷是由蓄电池组、柴油发电机组、燃气轮机组或具有可靠的外部独立电源作为其备用电源。

二、厂用电电源和基本接线形式

(一) 厂用电的电压等级

厂用电的电压等级与电动机的容量直接有关。大容量电动机宜采用较高的电压，厂用电的电压应与采用的电动机电压相匹配。火电厂中拖动各种厂用机械的电动机，其容量差别很大，从一般的几千瓦、几十千瓦，大到几百千瓦、几千千瓦，不可能只采用一个电压等级的电动机，但力求电压等级尽量减少。300MW机组的火力发电厂，一般设置两个电压等级，即厂用高压（一般为6kV）和厂用低压（400V）。100～200kW以上的电动机采用高压。

对600MW机组的厂用电，根据国内若干电厂的设置情况，可分如下两种方案。

方案一：厂用电采用6kV和400V（或称6.3kV和400V）两个电压等级。配电原则是：200kW及以上的电动机采用6kV电压供电，200kW以下的电动机采用400V电压供电。

方案二：厂用电采用10kV、3kV与380V（或称10.5kV、3.15kV与400V）三个电压等级。配电原则是：2000kW及以上的电动机采用10kV电压供电，200～2000kW的电动机由3kV电压供电，200kW以下的电动机采用400V电压供电。

大型发电厂的厂用电负荷最大者是给水泵（特别是超临界压力机组）。为了提高热力系统的循环效率，给水泵一般采用汽动给水泵，此时只配一台30%容量的电动给水泵作为启动和备用；但也有全部采用电动给水泵的。究竟是否全部采用电动给水泵，对厂用电系统的接线、电压等级、厂用变压器容量的选择等都有影响。

(二) 厂用电源及其引接方式

发电厂的厂用电源，必须供电可靠，且能满足电厂各种工作状态的要求，除应具有正常的工作电源外，还应设置备用电源、启动电源和事故保安电源。许多300MW及以上大容量机组电厂中都以启动电源兼作备用电源。

1. 厂用工作电源及其引接

对于大容量机组，各机组的厂用工作电源必须是独立的，是保证机组正常运行最基本的电源，要求供电可靠，而且要满足整套机炉的全部厂用负荷要求，并可能还要承担部分公用负荷。

300MW及以上机组都采用发电机—变压器组单元接线，并采用分相封闭母线。机组厂用电源都从发电机至主变压器之间的封闭母线引接，即从发电机出口经高压厂用工作变压器（又简称高压厂用变或厂总变）将发电机出口电压降至所要求的厂用高压，如图4-22（a）所示。一般在600MW机组的厂用分支上也不装设断路器，主要是因为要求的开断电流很大，断路器难于选择，也不装隔离开关，只设可拆连接片，以供检修和调试用。为提高供电可靠性，厂用分支也都采用分相封闭母线。

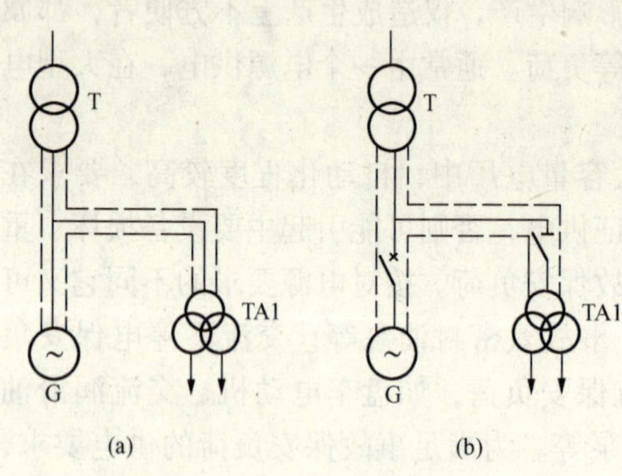

图4-22 厂用工作电源的引接
（a）发电机出口不设断路器；（b）发电机出口设有断路器

在这种接线方式下，发电机、主变压器、厂用高压变压器（厂总变）以及相互连接的导体，任何组件故障都要断开主变压器高压侧的断路器并停机。因此，仅当发电机处于正常运行时，才能对厂用负荷供电；在发电机处于停机状态、启动时发电机电压未建立之前或停机使电压下降时，都不能对厂用负荷供电。这就说明，需要另外设置独立可靠的启动和停机用的电源。停机电源是指保证发电机安全停机的某些厂用负荷继续运行一段时间所需的电源。

如果发电机出口装有断路器，见图4-22（b），则发电机启动和停机时，只要断开发电机出口断路器，厂用负荷仍可从系统经主变压器，再经厂总变（即高压厂用变压器）供电。

低压400V厂用工作电源，由高压厂用母线通过低压厂用变压器引接。若高压厂用电设有10.5kV和3.15kV两个电压等级，则400V工作电源一般从10.5kV厂用母线引接。

2. 厂用备用电源与启动电源

厂用备用电源用于工作电源因事故或检修而失电时替代工作电源，起后备作用。备用电源应具有独立性和足够的供电容量，最好能与电力系统紧密联系，在全厂停电下仍能从系统获得厂用电源。

启动电源一般是指200MW及以上机组在启动或停运过程中，工作电源不可能供电的工况下为该机组的厂用负荷提供电源。

300MW及以上机组的厂用电，一般采用启动电源兼备用电源的方式设置，而且一般都从系统经启动/备用变压器（简称启/备变，如果它带有厂用公用负荷，则又常简称其为公备变）引接。从220kV系统引接具有很高的可靠性，这种电源除起备用电源和启动电源的作用外，也承担了发电机停机电源的作用。

启动/备用变压器平时是否处于运行工况，要看其平时是否带公用负荷。如果全厂的公用负荷由各机组的工作变压器分担，启动/备用变压器平时不带公用负荷，则启动/备用变压器平时不投入，一次侧断开，可省去空载损耗，其容量也可减小；但工作变压器容量稍有增大，故障时动作的断路器较多，可靠性略有降低。另一种方式是，启动/备用变压器平时带有较多的公用负荷，容量较大，而工作变压器的容量相应减小，启动/备用变压器替代工作电源时，动作的断路器较少，可靠性有所提高，但启动/备用变压器将长期带电，使损耗增加。

300MW及以上机组，一般每两台机组设一套（通常为两台）公用的启动/备用变压器。

对于低压400V的备用电源，与低压工作电源的引接相似，也从高压厂用母线（亦称中压厂用母线）经低压变压器引接，但低压工作电源与备用电源取自高压厂用母线的不同分段上。

3. 事故保安电源

对大容量发电机组，当厂用工作电源和备用电源都消失时，为确保在严重事故状态下能安全停机，应设置事故保安电源，以满足事故保安负荷的连续供电。

300MW及以上单元机组的厂用备用电源（启/备变），通常接于220kV系统，供电的可靠性已相当高，但仍需设置后备的备用电源，即事故保安电源。采用的事故保安电源通常是蓄电池组和柴油发电机。

（1）蓄电池组。它是一种独立而十分可靠的保安电源。蓄电池组不仅在正常运行时承担控制操作、信号设备、继电保护等直流负荷，而且在事故情况下，仍能提供直流保安负荷用电，如润滑油泵、氢密封油泵、事故照明等。同时，还可经过逆变器将直流变为交流，兼作交流事故保安电源，向不允许间断供电的交流负荷供电。由于蓄电池容量有限，故不能带很多的事故保安负荷，且持续供电时间一般不超过1h。

（2）柴油发电机。它是一种广泛采用的事故保安电源，当失去厂用电源时，柴油发电机能在10~15s之内向保安负荷供电。一般每台600MW机组厂用负荷设置一套400V、三相、50Hz柴油发电机组，作为交流事故保安电源。当一个发电厂有两个以上单元机组时，各个单元机组的柴油发电机保安母线之间也可设置联络线，以保证互为备用。

（3）外接电源。当发电厂附近有可靠的变电所或者有另外的发电厂时，事故保安电源还可以由附近的变电所或发电厂引接，作为第三备用电源。

（三）厂用电基本接线形式

厂用电接线方式合理与否，对机、炉、电的辅机以及整个发电厂的工作可靠性有很大影响。

300MW及以上机组通常都为一机一炉单元式设置，采用机、炉、电为一单元的控制方式，因此，厂用系统也必须按单元设置，各台机组单元（包括机、炉、电）的厂用系统必须是独立的，而且采用多段（两段或四段）单母线供电。

1. 高压厂用电系统基本接线

高压厂用电系统，是指厂总变和启/备变以下3~10kV电压等级的厂用电系统。300MW及以上单元机组高压厂用电系统的接线，与采用的电压等级数、厂总变的型式和台数、启/备变的型式和台数、启/备变平时是否带公用负荷等因素有关。国内600MW机组电厂的高压厂用系统接线，基本上可分如下两种。

第一种接线，高压厂用电采用6kV一个电压等级，设置一台高压厂用三相三绕组（或分裂绕组）的工作变压器、两台三相双绕组启/备变，启/备变平时带公用负荷，接线如图4-

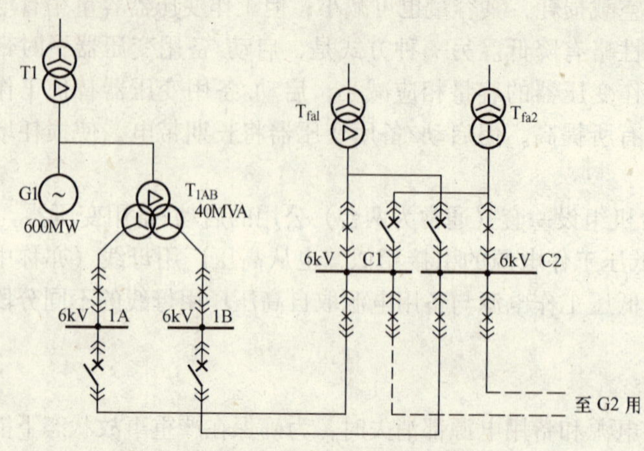

图4-23 600MW机组高压厂用电系统接线（一）

23所示。这种厂用电接线的主要特点是：

（1）机组单元（机、炉、电）厂用负荷由两段高压厂用母线（1A和1B）分担，正常运行由厂总变供电，有双套或更多套设备的，可均匀地分接在两段母线上，以提高可靠性。厂总变不带公用负荷，故其容量较小。

（2）公用负荷由两段厂用公用母线分担。正常运行时，两台启/备变各带一段公用母线（亦称公用段），两段公用母线分开运行。由于该厂的启/备变经常带公用负荷，故也称其为“公备变”。

（3）当一台启/备变停役或由于其他设备有异常使一台启/备变不能运行时，可由另一台启/备变带两段公用母线。因此，对公用负荷而言，两台启/备变是互为备用的电源。

在这种接线方式中，三相三绕组（或分裂绕组）工作变压器也可用两台三相双绕组工作变压器所代替，但需作技术经济比较。

第二种接线，如图4-24所示。每个机组单元设置两台三绕组或分裂绕组的工作变压器（厂总变），每两台机组设公用的两台三绕组或分裂绕组变压器作启动兼备用变压器进行切换接通，代替故障的工作电源（厂总变），承担全部厂用负荷。

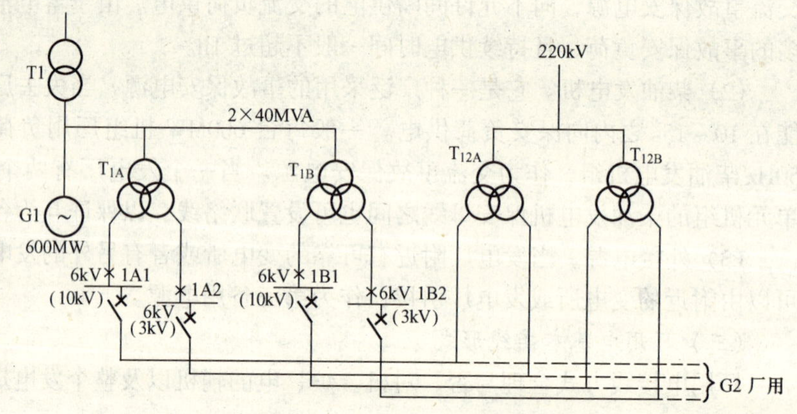

图4-24 600MW机组高压厂用电系统接线（二）

这种接线的特点是，工作电源经两台三绕组或分裂绕组变压器，分接至四段高压厂用母线，既带机组单元负荷，又带公用负荷。启/备变平时不带负荷。

这种高压厂用电系统接线形式，既可用于采用6kV一个电压等级的接线，也可用于采用10.5kV和3.15kV两个电压等级的高压厂用电系统接线。

2．400V厂用电系统基本接线

600MW机组单元低压厂用电系统，其工作电源和备用电源都从高压厂用母线上引接，对于设有10.5kV和3.15kV两级高压厂用电的，一般从10.5kV母线上引接。

400V（或380V）低压厂用电系统，通常在一个单元中设有若干个动力中心（简称PC）和由PC供电的若干个电动机（马达）控制中心（简称MCC）。一般容量在75～200kW之间的电动机和150～650kW之间的静态负荷接于动力中心（PC），容量小于75kW的电动机和小功率加热器等杂散负荷接于电动机控制中心（MCC）。从电动机控制中心又可接出至车间就地配电屏（PDP），供本车间小容量杂散负荷。

400V各动力中心，如汽轮机PC、锅炉PC、除灰PC、水处理PC等，基本接线为单母线分段，如图4-25所示。

每一400V的PC单元设两段母线，每段母线通过一台低压厂用变压器（简称低厂变）供电，两台变压器的高压侧分别接至厂用高压母线的不同分段上。两段低压母线之间设一联络断路器。工作电源与备用电源之间的关系，采用暗备用方式，即两台低压厂变互为备用，一台低压厂变故障或其他原因停役时，另一台低压厂变能满足同时带二段母线的负荷运行的要求。也就是说，一台低厂变退出工作后，可合上两段母线的联络断路器，由另一台低厂变带两段母线的负荷。但在正常运行时，一般两台低厂变是不能并联工作的，即不可合上联络断路器，因为PC的所有设备的短路容量均按一台低厂变提供的短路电流选择的。

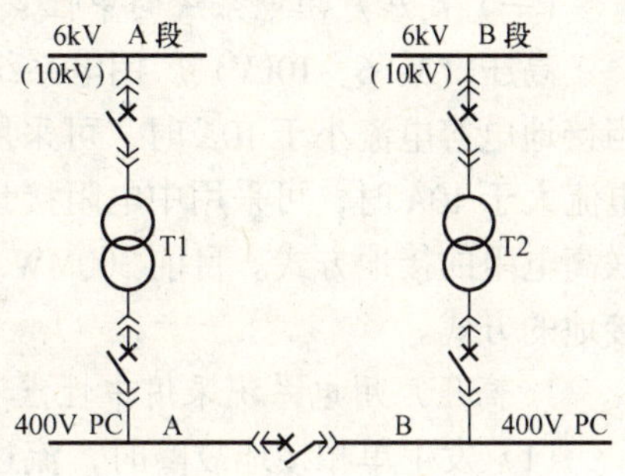

图4-25 厂用电380V动力中心接线

3．400V保安MCC基本接线

对于在失去正常厂用电的事故中，会危及机组主、辅机安全，造成永久性损坏的负荷，即机组的保安负荷，由专门设置的保安电动机控制中心（MCC）对其集中供电。300MW及以上机组通常设置柴油发电机作为交流保安负荷的备用电源（也称交流保安电源）。机组单元一般设置有汽轮机保安MCC和锅炉保安MCC，也有只设一段母线的保安MCC，基本接线如图4-26所示。

图4-26（a）中保安MCC每段有二个电源。正常运行时，每段保安MCC由机组单元低压厂用动力中心供电；当保安MCC失电时，柴油发电机自动投入，一般15s内可向失电的保安MCC恢复供电。图4-26（b）中保安段母线有三路电源，即机组单元厂用PC、公用PC、柴油发电机。正常运行时，由机组单元厂用PC供电；当保安MCC母线失电时，自动切换至公用PC供电，同时启动柴油发电机。如果柴油发电机电压已达到额定值（约经10s），而保安MCC母线仍然为低电压，则由柴油发电机发出切除公用PC供

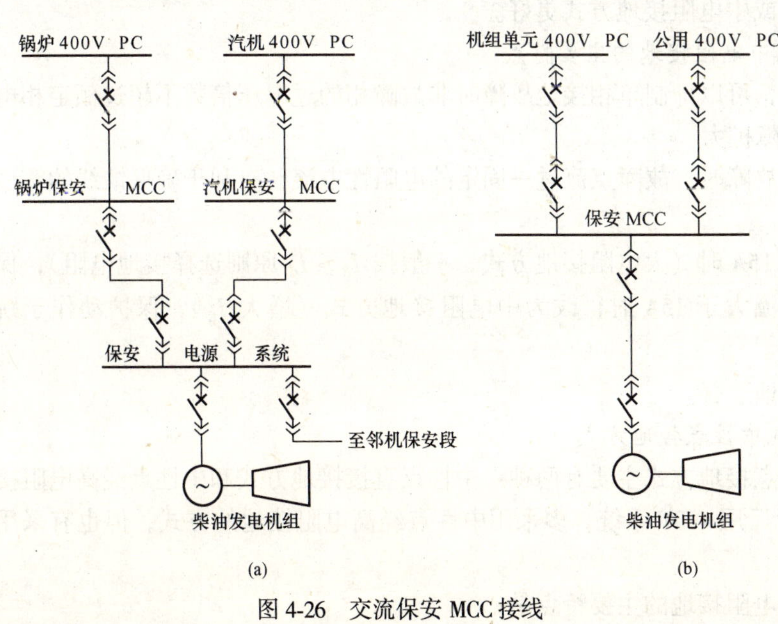

图4-26 交流保安MCC接线

电命令，改由柴油发电机供电。

为了确保柴油发电机处于完整的备用状态，对柴油发电机应定期进行带负荷试验。柴油发电机一般不允许在厂用电系统并列运行（防止短路容量超过400V开关设备的额定值），因此，柴油发电机还必须配置一套试验负荷装置。

三、厂用电系统中性点接地方式

（一）高压厂用电系统的中性点接地方式

高压（3、6、10kV）厂用电系统中性点接地方式的选择，与接地电容电流的大小有关：当接地电容电流小于10A时，可采用高电阻接地方式，也可采用不接地方式；当接地电容电流大于10A时，可采用中电阻接地方式，也可采用电感补偿（消弧线圈）或电感补偿并联高电阻的接地方式。目前300MW及以上机组电厂的高压厂用电系统多采用中性点经电阻接地的方式。

1. 高压厂用电系统采用中性点不接地方式的主要特点

（1）发生单相接地故障时，流过故障点的电流为较小的电容性电流，且三相线电压仍基本平衡。

（2）当高压厂用电系统的单相接地电容电流小于10A时，一般允许继续运行2h，为处理这种故障争取了时间。

（3）当高压厂用电系统的单相接地电容电流大于10A时，接地处的电弧（非金属性接地）不易自动消除，将产生较高的电弧接地过电压（可达额定相电压幅值的3.5倍），并易发展为多相短路。故接地保护动作时跳闸，中断对厂用设备的供电。

（4）实现有选择性的接地保护比较困难，需要采用灵敏的零序方向保护。以往采用反应零序电压的母线绝缘监视装置，在发现接地故障时，需对馈线逐条拉闸才能判断出故障回路。

（5）无需中性点接地装置。这种中性点不接地方式应用在单相接地电容电流小于10A的高压厂用电系统中比较合适。但为了降低间隙性电弧接地过电压水平和便于寻找接地故障点，采用中性点经高电阻或中电阻接地方式更好。

2. 中性点经高电阻或中电阻接地的主要特点

（1）选择适当的电阻，可以抑制单相接地故障时非故障相的过电压倍数不超过额定相电压幅值的2.6倍，避免故障扩大。

（2）当发生单相接地故障时，故障点流过一固定的电阻性电流，有利于确保馈线的零序保护动作。

（3）接地总电流小于15A时（大电阻接地方式，一般按$I_R \geqslant I_C$原则选择接地电阻），保护动作于信号；接地总电流大于15A时，改为中电阻接地方式（增大I_R），保护动作于跳闸。

（4）需增加中性点接地装置。

（二）低压厂用电系统中性点接地方式

低压厂用电系统中性点接地方式主要有两种：中性点直接接地方式和中性点经高电阻接地方式。600MW机组单元厂用400V系统，多采用中性点经高电阻接地的方式，但也有采用中性点直接接地方式的。

低压厂用电系统经高电阻接地的主要特点是：

(1) 当发生单相接地故障时，可以避免开关立即跳闸和电动机停运，也不会使一相的熔断器熔断造成电动机两相运行，提高了低压厂用电系统的运行可靠性。

(2) 当发生单相接地故障时，单相电流值在小范围内变化，可以采用简单的接地保护装置，实现有选择性的动作。

(3) 必须另外设置照明、检修网络，需要增加照明和其他单相负荷的供电变压器，但也消除了动力网络和照明、检修网络相互间的影响。

(4) 不需要为了满足短路保护的灵敏度而放大馈线电缆的截面。

(5) 接地电阻值的大小以满足所选用的接地指示装置动作为原则，但不应超过电动机带单相接地运行的允许电流值（一般按 10A 考虑）。

低压厂用电系统采用中性点经高电阻接地的一种接线如图 4-27 所示，在变压器 380V 侧中性点连接 44Ω 接地电阻，并可在变压器的进线屏上控制，以改变接地方式（不接地或经电阻接地两种）。中性点还经常接一只电压继电器，用来发出网络单相接地故障信号。信号发送到运行人员值班处，运行人员获悉信号后，首先到中央配电装置室投入接地电阻（当原来是不接地方式运行时），屏上高电阻接地指示灯发亮的回路，即为发生接地的馈线。如故障发生在去车间的干线上，运行人员应到车间盘检查。当某一支路的高电阻指示灯发亮时，即表明该支路发生接地。若所有支路都未发现接地故障，即说明接地发生在车间盘母线上。此外，为了防止变压器高、低压绕组间绝缘击穿或 380V 网络中产生感应过电压，在 380V 侧中性点上，与接地电阻并列装设一只击穿熔断器。

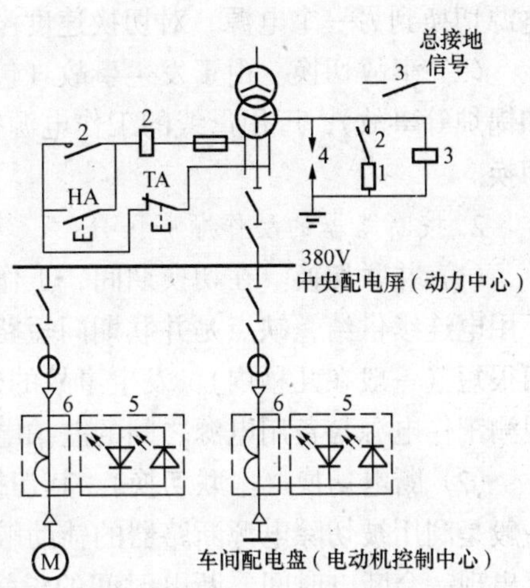

图 4-27 低压厂用电系统中性点经电阻接地的接线示例

1—接地电阻；2—接触器；3—电压继电器；4—击穿熔断器；5—高阻接地指示灯；6—高阻接地变压器

四、厂用电源的切换

前已述及，厂用负荷设有两个电源，即工作电源和备用电源。在正常运行时，厂用负荷母线由工作电源供电，而备用电源处于断开状态。

对于大容量机组，由于采用发电机—变压器组单元接线，机组单元的厂用工作电源从发电机出口引接，而发电机出口一般又不装设断路器，为了发电机组的启动，尚需设置启动电源，并将启动电源兼作备用电源。在此情况下，机组启动时，其厂用负荷需由启/备变供电，待机组启动完成后，再切换至由工作电源（接至发电机出口的工作变压器）供电；而在机组正常停机（计划停机）时，停机前又要将厂用负荷母线从工作电源切换至备用电源供电，以保证安全停机。此外，在厂用工作电源发生事故（包括高压厂用工作变压器、发电机、主变压器、汽轮机等事故）而被切除时，又要求备用电源尽快自动投入。因此，厂用电源的切换在发电厂中是经常发生的。

对于 300MW 及以上机组电厂的厂用工作电源与事故备用电源之间的切换有很高的要求，其一，厂用电系统的任何设备（电动机、断路器等）不能由于厂用电的切换而承受不允许的过载和冲击；其二，在厂用电切换过程中，必须尽可能地保证机组的连续输出功率、机组控制的稳定和机炉的安全运行。

厂用电源的切换方式，除按操作控制分手动与自动外，还可按运行状态、断路器的动作顺序、切换的速度等进行区分。

1. 按运行状态区分

(1) 正常切换。在正常运行时，由于运行的需要（如开机、停机等），厂用母线从一个电源切换到另一个电源，对切换速度没有特殊要求。

(2) 事故切换。由于发生事故（包括单元接线中的厂总变、发电机、主变压器、汽轮机和锅炉等事故），厂用母线的工作电源被切除时，要求备用电源自动投入，以实现尽快安全切换。

2. 按断路器的动作顺序区分

(1) 并联切换。在切换期间，工作电源和备用电源是短时并联运行的，它的优点是保证厂用电连续供给，缺点是并联期间短路容量增大，增加了断路器的断流要求。但由于并联时间很短（一般在几秒内），发生事故的几率低，所以在正常的切换中被广泛采用。但应注意观测工作电源与备用电源之间的差拍电压和相角差。

(2) 断电切换（串联切换）。其切换过程是：一个电源切除后，才允许投入另一个电源，一般是利用被切除电源断路器的辅助触点去接通备用电源断路器的合闸回路。因此厂用母线上出现一个断电时间，断电时间的长短与断路器的合闸速度有关。其优缺点与并联切换相反。

(3) 同时切换。在切换时，切除一个电源和投入另一个电源的脉冲信号同时发出。由于断路器分闸时间和合闸时间的长短不同以及本身动作时间的分散性，在切换期间，一般有几个周波的断电时间，但也有可能出现 1~2 周波两个电源并联的情况。所以在厂用母线故障及在母线供电的馈线回路故障时应闭锁切换装置，否则投入故障供电网会因短路容量增大而有可能造成断路器爆炸的危险。

3. 按切换速度区分

(1) 快速切换。一般是指，在厂用母线上的电动机反馈电压（即母线残压）与待投入电源电压的相角差还没有达到电动机允许承受的合闸冲击电流前合上备用电源。快速切换的断路器动作顺序可以是先断后合或同时进行，前者称为快速断电切换，后者称为快速同时切换。

(2) 慢速切换。主要是指残压切换，即工作电源切除后，当母线残压下降到额定电压的 20%~40%后合上备用电源。残压切换虽然能保证电动机所受的合闸冲击电流不致过大，但由于停电时间较长，对电动机自启动和机、炉运行工况产生不利影响。慢速切换通常作为快速切换的后备切换。

国内在大容量机组厂用电源的切换中，厂用电源的正常切换，一般采用并联切换。事故切换，一般采用断电切换，而且切换过程不进行同期检定，在工作电源断路器跳闸后，立即联动合上备用电源断路器。这是一种快速断电切换，但实现安全快速切换的一个条件是：厂用母线上电源回路断路器必须具备快速合闸的性能，断路器的固有合闸时间一般不要超过 5 个周波（0.1s）。在有的电厂中，事故切换也采用快速同时切换。

五、交流不停电电源系统

交流不停电电源 UPS（Uninterruptible Power System）一般为单相或三相正弦波输出，为机组的计算机控制、数据采集系统、重要的炉机电保护、测量仪表及重要电磁阀等负荷提供与系统隔离，防止干扰的、可靠的不停电交流电源。

交流不停电电源（UPS）是由整流器、逆变器、静态开关、调压器等主要部件组成。UPS系统典型接线如图4-28所示。

UPS系统运行方式为：

(1) 正常运行方式。在正常运行方式下，输入电源来自保安MCC的400V交流母线，经整流器U1转换为直流，再经逆变器U2变为220V交流，并通过静态切换开关送至UPS主母线。

(2) 当整流器故障或正常工作电源失去时，将由蓄电池直流系统220V母线通过闭锁二极管经逆变器转换为220V交流，继续供电。

(3) 在逆变器故障时，通过静态切换开关自动切换到由旁路系统供电。旁路系统电源，来自保安MCC（或400VPC），经隔离降压变压器T，再经调压器AV（调压变压器或自动调压器）经静态切换开关送至UPS主母线。

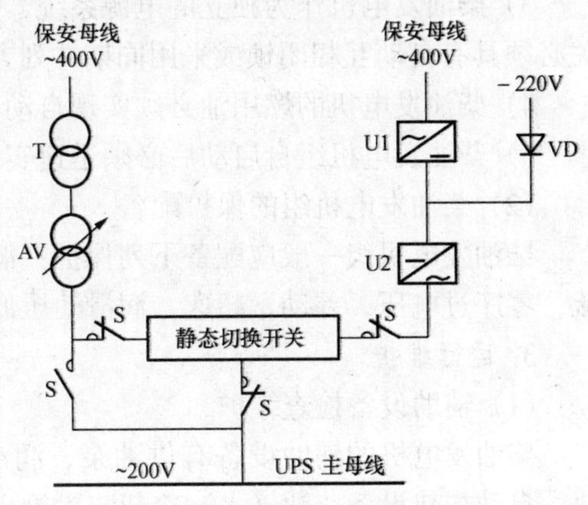

图4-28　UPS系统接线

(4) 当静态切换开关需要维修时，可手动操作旁路开关，使其退出，并将UPS主母线切换到旁路交流电源系统供电。

六、事故保安电源

（一）柴油发电机组

1. 柴油发电机组的任务

柴油发电机组不受电力系统的影响，具有工作的独立性，所以在300MW及以上发电机组中，都配备了专用柴油发电机组作为事故保安电源。

当厂用电因某种原因突然失去（或400V保安电源MCC失电），而备用电源短时又不能快速恢复投用时，柴油发电机组须快速启动向400V保安电源MCC供电，以确保机组安全停机和向正常进行事故处理的负荷供电，如汽轮机盘车电动机及其轴承润滑油泵和顶轴油泵、汽轮机润滑油系统事故冷却水泵电源（开式水事故泵）、小汽轮机的主油泵、发电机密封油泵、锅炉扫描冷却风机、空预器电动机及润滑油泵、UPS装置、直流系统充电器、汽轮机、锅炉热力设备保安用阀门挡板电源、通信系统及主要生产场所的事故照明等。

总之，柴油发电机组应在由于电网原因或机组本身原因造成厂用电中断的情况下，迅速按要求启动，向机组重要的保安设备供电，以避免主机设备损坏或引起其他恶性事故而给生产恢复造成巨大的影响。

2. 柴油发电机组系统的技术要求

(1) 对柴油发电机组系统的要求

柴油发电机组系统是以柴油发电机作为独立的不受外界电网影响的电源，又是在机组厂用电中断时，能够保证机组安全停机要求快速启动的电源。这就要求：

1) 柴油发电机组在接到启动信号后，能够自动启动、升速、励磁、调压带负荷、调速及手动/自动控制，一般还要求10s内达到满速，15s后可加载至额定功率的25%，20s后加载到额定功率的50%，30s后加载到额定功率。加载顺序由柴油发电机组自动控制装置根据柴油机的调速特性实现。

2）柴油发电机容量必须满足所供给的保安电源负荷之和，且能够满足保安负荷最大的旋转负荷自启动的要求。

3）柴油发电机作为独立的电源系统，它与保安电源供电系统互相切换所采用的转换开关必须具有自动互相闭锁或采用同期并列方式。

4）柴油发电机的燃用油必须实现自动补油，能带额定负荷连续运行数小时。

5）柴油发电机组自启动后必须迅速实现自身冷却系统的正常运转。

(2) 柴油发电机组的保护配备

柴油发电机组一般应配备下列保护：低电压，过电压，低频率，逆功率，失磁，低压过流，零序过电压，差动，超速，润滑油压低，冷却水温高，润滑油温高等。

3. 运行维护

(1) 辅助设备检查维护

柴油发电机的辅助设备有供油泵、润滑油泵、冷却水泵或冷却风扇、压缩空气或蓄电池、自动加热设备、油（水）冷却装置等。这些设备应处于自动状态，保证柴油发电机润滑油冷却水温度、启动用压缩空气（或直流电压）、储备油箱等均在要求范围内，以达到快速、可靠启动的目的，为此需要定期对这些辅助设备进行检查、校验自动投入定值和进行自启动试验。为了保证在环境温度较低（一般低于20℃）时，备用中的柴油发电机组能快速启动，润滑油加热器、冷却水加热器应自动可靠投入，使其冷却介质温度保持在一定的温度（一般为49℃）以上，从而使得柴油发电机在启动时能使各机构运动部件之间快速建立油膜，形成良好的活动间隙，这一点在冬季尤其重要。

(2) 定期试验

柴油发电机的可靠性直接关系到主机设备的安全。在正常情况下，厂用电由工作或备用电源供电，柴油发电机处于热备用状态，因此平时的定期维护试验是十分重要的。定期试验是对过程控制逻辑回路进行检查，是对其辅助设备自投或自动装置的校验，从而可保证一旦启动条件成立，柴油发电机组即可快速自启动。有的电厂还进行柴油发电机带负荷的性能试验，即在柴油发电机定期试验时，与系统并列，进行带负荷性能试验。

(二) 蓄电池直流系统

发电厂的直流系统，主要用于对开关电器的远距离操作、信号设备、继电保护、自动装置及其他一些重要的直流负荷（如事故油泵、事故照明和不停电电源等）的供电。直流系统是发电厂厂用电中最重要的一部分，它应保证在任何事故情况下都能可靠和不间断地向其用电设备供电。

在300MW及以上机组的大型发电厂直流系统中，采用蓄电池组作为直流电源。蓄电池组是一种独立可靠的电源，它在发电厂内发生任何事故，甚至在全厂交流电源都停电的情况下，仍能保证直流系统中的用电设备可靠而连续的工作。

1. 直流系统电压的选择

(1) 控制负荷专用的蓄电池组（对网控室可包括事故照明）采用110V。

(2) 动力负荷和直流事故照明负荷专用的蓄电池组采用220V。

(3) 控制负荷、动力负荷和直流事故照明共享的蓄电池采用220V或110V。

(4) 对强电回路蓄电池组采用 220V 或 110V。

国内发电厂的直流电压大多为 220V，新建发电厂也有采用 110V 和 220V 两种电压的。

2. 直流系统的接线方式

(1) 单回路集中供电

这种供电方式的主要供电对象是事故照明、不经常使用的负荷及部分较次要的直流负荷。如图 4-29 所示。

影响直流系统运行的主要因素是系统绝缘，而绝缘的电阻值大小一方面取决于设备本身的绝缘，另一方面则与负荷电缆的长度与出线的多少有关。不难理解，负荷电缆愈长，根数愈多，导致系统绝缘下降的可能性愈大。

因此，在可能的情况下，对一些不常用的如事故照明及不重要的负荷，应尽量采用单回路集中供电方式，即由一路电缆集中供电而不要一一分开。

这种供电方式的致命缺点是当该路电缆出线发生故障时，将导致这部分负载失去直流电源。

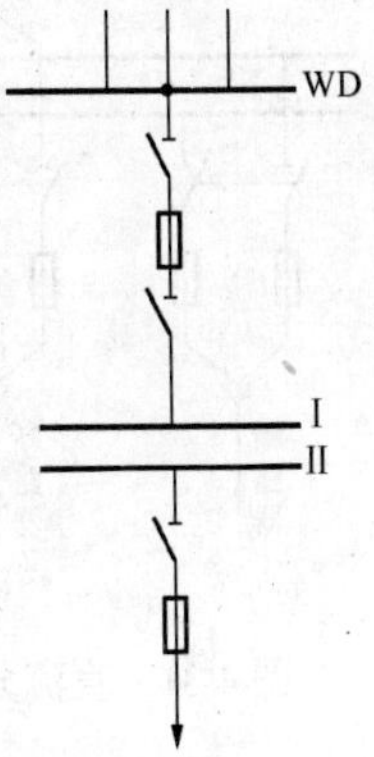

WD

I

II

图 4-29　单回路直流供电图

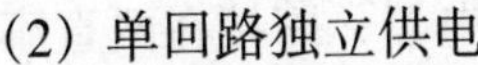

(2) 单回路独立供电

汽轮机组的直流油泵及全厂事故警报等负荷采用这种供电方式。直流油泵虽然不需经常运行，但在关键时刻必须保证供电，否则将造成对汽轮机安全的严重威胁。因而，虽然只是一台直流电动机，也应由专用独立电源供电，以提高其供电的可靠性。

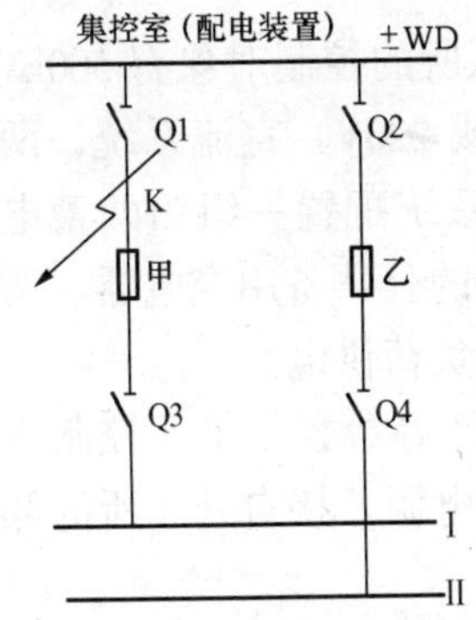

图 4-30　双回路直流供电

(3) 双回路集中供电

这种供电方式使用较普遍。其主要供电对象是操作、保护及信号，而这些负荷又是比较集中的，例如主控制室、集中控制室、配电装置等。供电系统见图 4-30。

(4) 辐射供电回路

对大机组的发电厂，蓄电池组按机组配置。为保证设备供电更为可靠，可采用辐射式供电网络。此方式有以下优点：

1) 减少了干扰源（主要是感应耦合和电容耦合）。

2) 一个设备和系统由 1～2 条馈线直配供电，当设备检修或调停时，可方便地退出且不影响其他设备。

3) 便于寻找接地故障。为了简化供电网络，减少馈线电缆数量，可靠近配电装置处设直流分电屏，每一分电屏由两组蓄电池各用一条馈线供电。断路器等的电源由分电屏引接。

直流分屏供电的辐射式供电系统的接线方式，如图 4-31 所示。

3. 直流电源系统的设置

在有大机组的电厂中通常设有多个彼此独立的直流系统。例如，单元控制室直流系统、网络控制室直流系统（又称升压所或升压站直流系统）和输煤直流系统等。

对 300MW 及以上机组的大型电厂，单元控制室和升压所直流系统的设置，应满足继电保护装置主保护和后备保护由两套独立直流系统供电的双重化配置原则。

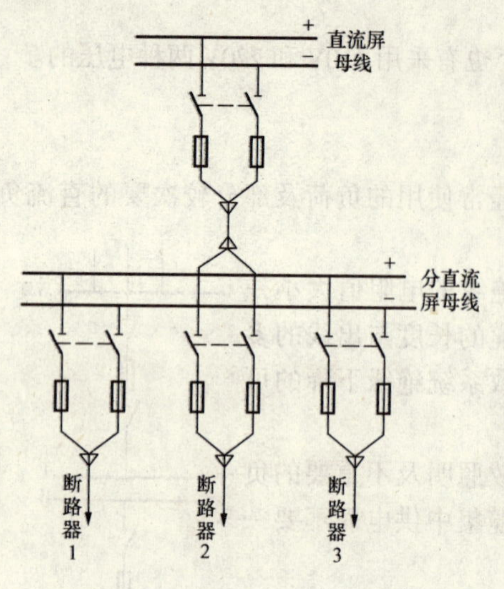

图 4-31 直流分屏辐射式供电系统

(1) 单元控制室直流系统

单元控制室直流系统，一般每台发电机组设置两套 110V（或 115V）直流电源系统，统称为 110V 直流系统，为继电保护、控制操作、信号设备及自动装置等直流负荷供电。其主要负荷是控制操作回路设备，故电厂中又常称这种直流电源为操作电源。除设置 110V 直流系统外，每一台机组另设一套 220V（或 230V）直流系统，为发电机组事故润滑油泵、事故氢密封油泵、汽动给水泵的事故润滑油泵、不停电电源系统（UPS）及控制室的事故照明等直流动力负荷供电。220V 直流系统的特点是，平时运行负荷很小，而机组事故时负荷很大。

两套 110V 直流系统和一套 220V 直流系统均采用单母线、两线制、不接地系统。每套直流系统均设有相应电压的一组铅酸蓄电池。两套 110V 直流系统各配置一套蓄电池、一套充电器，另设一套可切换的公共备用充电器，跨接在两直流系统的母线上。220V 直流系统，设一组蓄电池，配置一套工作充电器，另设一套备用充电器。

上述各直流系统中，工作充电器的电源均从相应机组的 400V 交流保安母线引接；备用充电器的电源，一般也从 400V 交流保安母线引接，有的则从其他厂用低压母线上引接，以防保安母线故障造成所有充电器失去电源。

(2) 网络控制室直流系统

网络控制室直流系统，又常称为升压所直流系统。当发电厂升压所的控制对象有 500kV 的设备时，根据保护与控制双重化配置要求，一般设置两套 110V（或 220V）直流系统，两套直流系统均采用单母线、二线制、不接地的接线方式。每套直流系统配置一组铅酸蓄电池、一套工作充电器、另设一套可切换的跨接在两套直流系统母线上的公共备用充电器。两套独立的直流系统一起用于向网络控制室的控制、保护、信号等直流负荷供电。

对于升压所的 110V 直流系统，通常其接线形式及有关的技术条件等参数与单元控制室的 110V 直流系统相同；所不同之处在于升压所 110V 直流系统的充电电源，接自升压所的低压厂用母线。

(3) 输煤直流系统

输煤系统一般有 6kV（或 3kV）交流配电装置，为了便于对其集中管理、提高可靠性并与其他直流电源不相干扰，相应地设置了输煤直流系统。

输煤直流系统一般为 110V 单母线、两线制不接地系统，设置一组蓄电池配置两套充电器（一套工作、另一套备用）。输煤系统对防酸要求较高，因此多采用封闭式铅酸蓄电池或镍镉蓄电池。

4. 蓄电池组的运行方式

蓄电池组的运行方式有两种：充放电方式与浮充电方式。电厂中的蓄电池组普遍采用浮充电方式运行。

(1) 浮充电方式运行的特点

蓄电池组浮充电方式运行的特点是：充电器经常与蓄电池组并列运行，充电器除供给经常性直流负荷外，还以较小的电流——浮充电电流向蓄电池组进行浮充电，以补偿蓄电池的自放电损耗，使蓄电池经常处于完全充足电的状态；当出现短时大负荷时，例如当断路器合闸、许多断路器同时跳闸、直流电动机、直流事故照明等，则主要由蓄电池组以大电流放电来供电的，而硅整流充电器一般只能提供略大于其额定输出的电流值（由其自身的限流特性决定）。

在充电器的交流电源消失时，充电器便停止工作，所有直流负荷完全由蓄电池组供电。

由于蓄电池浮充电流的大小与下列因素有关：①电池的新旧程度；②电解液的浓度和温度；③电池的绝缘情况；④电池局部放电的大小；⑤浮充时负载的变化；⑥浮充前电池的状态。浮充电流数值虽不大，但因长期运行，选大了会过充电，造成正极板脱落物增加而提前损坏；过小了则造成欠充电，使负极板脱落物增加，以及硫化而造成电池容量降低。为了使电池经常处于良好状态，应认真进行监视和调节，使浮充电流的大小经常保持在要求值，以维持母线电压。

(2) 均衡充电

按浮充电方式运行的蓄电池组，每运行一段时间（2~3个月）应进行一次均衡充电，即用比浮充电压更高一些的电压充电一段时间。其目的是为了消除由于控制的浮充电电流可能偏小而造成极板出现硫化的危险。也可以说，定期进行均衡充电，是为了保持极板有效物质的活性。

均衡充电一次的持续时间，既与均衡充电电压大小有关，也与蓄电池的类型有关。例如铅酸蓄电池，浮充电方式运行下，一般每季进行一次均衡充电。当每只蓄电池均衡充电电压为2.26V时，充电时间为48h；当均衡充电电压为2.3V时，充电时间为24h；当均衡充电电压为2.4V时，充电时间为8~10h。通常均衡充电的方法和持续时间要按生产厂家说明而定。

5. 直流系统的运行监视

为了能及时发现并消除电压或绝缘引起的异常运行，在直流系统中应装设绝缘监视装置、电压监视及调节装置。

(1) 绝缘监视装置

当直流系统发生一点接地时，如果不伴随其他故障，对直流系统的运行不会产生任何危害。但带一点接地不允许长期运行，因为一旦另一点再发生接地，极有可能造成保护、信号或控制回路的误动作或拒绝动作。因此，及时发现直流系统的一点接地并隔绝或消除是非常必要的。为此，在直流系统中应设置绝缘监视装置。

绝缘监视装置用以监测和测量直流系统的绝缘情况。每组直流母线必须装设一套。

(2) 电压监视装置

直流系统电压的高低是衡量直流系统能否正常工作的另一重要标志。直流电压过高时，会引起用电设备的损坏；电压过低时，会降低继电保护和自动装置的灵敏度，甚至会造成拒动（如断路器的跳、合闸对直流电压就有一个最低允许值要求）。因此，必须保证直流系统的电压运行在一定范围内。在一般情况下，允许220V直流母线电压的运行范围为225±5V，有些厂还规定了更明确的范围为227~231V。所以，要求运行人员能经常监视直流母线电压的变化情况并及时进行调节。

但是，由于种种因素，直流电压还是可能发生异常，为此，应设置电压监视装置。现场规定，一般低限210V，高限240V左右。当直流系统出现电压过高或过低时发出信号，运行人员应立即检查电压，并根据各厂设备情况和具体规定采取恢复电压的措施。

6. 蓄电池和整流装置的检查和监视

每天由专职蓄电池工检查蓄电池一次，并顺序抽查测量部分蓄电池电压和电解液的密度，进行记录。每月对全部蓄电池测量电压一次，运行值班员应每天对蓄电池检查一次。运行中的监视和操作注意事项：

(1) 正常运行时，直流母线电压应维持在规定范围内。

(2) 应利用绝缘监察装置经常测量直流系统的绝缘电阻。

(3) 一般不宜将同一电压等级的两组蓄电池或充电装置长时间并列运行。

(4) 不允许以整流器作为电源单独向负载供电。

(5) 晶闸管整流器不允许过负荷运行。

(6) 当直流系统有两段母线并列运行时，只允许投入一套监视装置。

(7) 凡由双回路供电的环状回路，或与其他设备在受电侧可以联络者，无论其电源侧是否在同一母线，均应各自送电，在受电侧开环；开环后，应使两路馈线所带负荷尽量均匀。若受电侧无法开环者，以一路电源送电为宜。

第四节　发电机励磁系统运行与维护

励磁系统是发电机的主要组成部分，也是运行人员值班岗位上接触最多的内容之一。为了保证大机组的安全运行，不但需要经常严密监视励磁系统的运行状况，而且要根据机组运行情况的改变（例如有功负荷的增加或减少）和外界情况的变化（例如电网电压的变化）随时对励磁系统进行相应调节。另外，还要对励磁系统的有关设备进行定期检查和维护。当机组因计划性检修或遇有异常情况时，还要对励磁系统进行相应的投停操作、切换操作和事故处理。

在正常运行中，要能很好地进行上述各项工作，就必须对励磁系统的基本接线、运行方式、运行监视和调节、投入、停用及切换操作的步骤、方法、注意事项和异常运行的处理等，有一个清晰的认识和了解。

一、半导体励磁系统

1. 励磁方式

300MW及以上大容量汽轮发电机均采用把交流电源经硅整流后供给的励磁系统。根据交流励磁电源的种类不同，汽轮发电机的励磁电源可分为两大类。

第一类是采用与主机同轴的交流发电机作为励磁电源，经硅整流后，供给主发电机的他励式励磁系统。这类励磁系统，按整流器是静止还是随发电机轴旋转，又可分为他励静止硅整流和他励旋转硅整流两种励磁方式。而旋转硅整流励磁方式，由于其硅整流组件和交流励磁机电枢与发电机主轴一同旋转，直接给主机励磁绕组供给励磁电流，不需要经过转子滑环及碳刷引入，故又称旋转硅整流励磁方式为无刷励磁方式。

第二类是采用接于发电机出口的变压器（称为励磁变压器）作为励磁电源，经硅整流后供给发电机的自励硅整流励磁系统，简称为自励系统。在这种励磁系统中，励磁变压器、整流器等都是静止组件，故又称其为全静态励磁系统。

自励系统也有几种不同的励磁方式。如果只用励磁变压器并联在发电机出口，则称为自并励方式。如果除了并联的励磁变压器外，还有与发电机定子电流回路串联的励磁变流器（或串联变压器），两者结合起来共同供给励磁电流，则构成所谓自复励方式。

此外，还有一种较新型的励磁系统，利用在主发电机定子铁芯的少数几个槽中嵌入附加线棒构成的独立绕组作为励磁电源，经变压器整流后供给发电机的励磁绕组。这种新型励磁系统仍属于一种自励方式。

2．AVR

AVR 是励磁系统必不可少的组成部分。特别是大容量发电机，对 AVR 提出了更高的要求。300MW 及以上进口机组和国产机组所使用的 AVR 型式很多：日本三菱产机组使用 MW-TA 型、EC-3200 型等；引进技术机组使用美国西屋公司的 WTA 型；国产机组使用东方电机厂的 DOLT-2 型、上海华通开关厂生产的 TLG-5 型和 SWTA 型。近几年又普遍采用国产或进口的微机型双自动励磁调节器。型号不同，结构差别也较大，但在工作原理及组成上则大同小异。

二、励磁系统的运行

（一）发电机励磁系统的运行方式

国产 300MW 发电机目前较多采用静止硅整流励磁方式，即转子励磁电流经集电环和电刷引入。下面主要以国产 300MW 机组使用的一种静止硅整流励磁系统（图 4-32 所示）进行介绍。

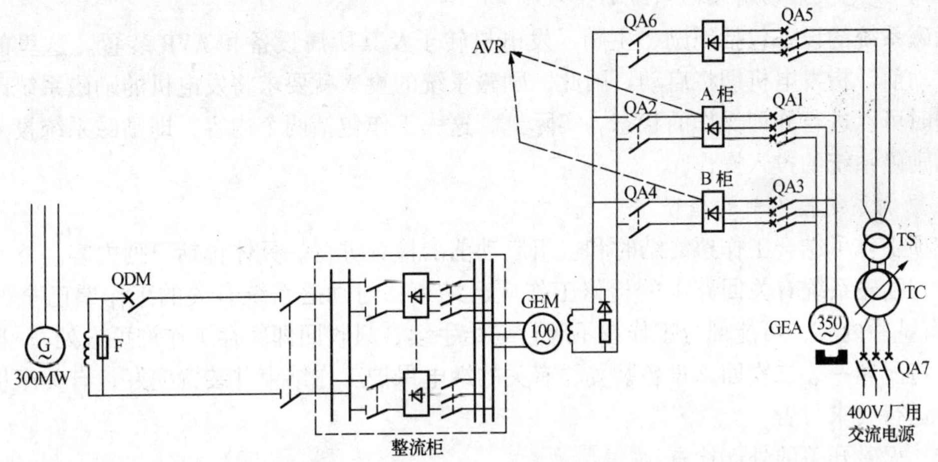

图 4-32 300MW 发电机组静止硅整流励磁系统接线示意图

由图中可以看出，发电机转子绕组的励磁电流由静止硅整流装置供给。静止硅整流装置（下称整流柜）的交流电源则由 100Hz 交流主励磁机 GEM 经整流柜交流侧开关和直流侧隔离开关提供。

1．100Hz 主励磁机转子励磁电流的供给

当发电机的自动励磁调节器（以下简称 AVR）投入时，由 350Hz 永磁式副励磁机 GEA 的三相交流电源经交流开关 QA1、QA3 供给 AVR 装置内的晶闸管整流后，由直流输出开关 QA2、QA4 供给。

400V 低压厂用母线提供的交流电源经交流开关 QA7、感应调压器 TC、隔离变压器 TS、

交流进线开关 QA5，由二极管整流后，经直流输出开关 QA6 供给。

2. 励磁系统的正常运行方式

以 350Hz 永磁副励磁机 GEA 提供的交流电经 AVR 中的自动或手动控制，由晶闸管整流后，作为正常工作励磁电流。同时，400V 低压厂用交流电源经手动控制，由二极管整流提供的励磁（以下简称 50Hz 手动励磁）作为备用励磁电源。运行中，经常将后者的直流输出电压跟踪前者，使 QA6 处于热备用状态，当正常工作励磁电源异常时，随时可自动或手动投入而不影响发电机的正常运行。我们以这种运行方式作为正常运行方式，即 AVR 加 50Hz 手动励磁方式。

需要指出，进口机组和有的国产机组不采用以 50Hz 手动励磁作为备用励磁电源的方式。运行中应根据各单位的现场规定执行。

3. 自动励磁调节器的运行方式

微机型自动励磁调节器采用冗余配置，由两套性能相同，俗称 A、B 柜的调节器组成。正常时双柜并联运行。一柜因故停用时，单柜仍能满足发电机强励要求。调节器使用 PID 或 P 运算方式，并具有电力系统稳定功能 PSS。

AVR 有自动、手动方式。自动功能受阻时自动切到手动方式。AVR 双柜并联运行时，双柜间各自具有检测它柜故障和均流功能。

以上功能及方式的改变是通过改变装设在调节柜就地面板小开关和控制室远方方式切换开关的位置来实现的。

（二）发电机启动前励磁系统的投入

励磁系统的设备包括副励、主励、发电机转子及其所属设备和 AVR 装置。这里的“发电机启动前”指发电机即将启动。因此，励磁系统的投入就要求将发电机的励磁系统改成发电机随时可以进行并列操作的状态。实际上，这一工作包括两个内容，即励磁系统投入前的检查和励磁系统的投入操作。

1. 励磁系统投入前的检查

该项工作可结合工作票终结时和机组启动前的检查进行。具体包括下列内容。

（1）励磁系统有关回路上的检修工作应已结束；与励磁系统有关的工作票已全部终结（如果有试验内容，可能部分工作票不履行终结手续，只收回即暂存工作许可人处）；且检修人员已将所属一、二次回路设备装妥，有关的继电保护工作结束并装置完好；有关压板已处在符合运行要求位置。

（2）灭磁开关的外部检查。

（3）磁场隔离开关应在合上位置；转子过电压保护用隔离开关应合上（即转子过电压保护投入）。

（4）100Hz 整流柜的检查。

（5）50Hz 手动励磁用隔离变压器、感应调压器及调压电动机外部应无异常；感应调压器在降压最终位置；手动、电动控制旋转把手应推入电动位置。

（6）AVR 的检查。

2. 励磁系统投入的操作

这里的励磁系统投入实际上是指将励磁系统操作到发电机并列前的热备用状态。

（1）灭磁开关的操作

1）送上灭磁开关的合闸用直流电源。

2）送上磁场电压表熔断器和转子一点接地保护及绝缘监察用熔断器。

（2）100Hz 整流柜的操作

1）送上 100Hz 整流柜风机用总电源（包括甲、乙两路）。

2）合上各组整流柜的直流出线隔离开关。

3）送上各组整流柜交流开关操作用的直流控制电源。

4）送上各组整流柜风机的交流电源后，启动各组整流柜风机。每组整流柜有一台风机，每台风机由两路电源供电，正常时可任意选择其中一路，另一路作为备用。为了便于记忆，可将奇数整流柜风机由甲路电源供电；偶数整流柜风机使用乙路电源，备用电源控制开关放在另一路电源位置。运行中，因电源故障而使风机失电时，可自动切至另一路电源。这也为运行中巡查时的分析提供了方便。

5）合上各组整流柜交流电源开关，并全面检查合闸指示灯正常，无熔断器熔断报警信号。

（3）AVR 的操作

1）检查 A、B 柜跳它柜压板在放上位置。

2）将调节器 A、B 柜面板各控制小开关置于“主控”、“运行”、“自动”、“均流退”、“置位退”、“PID”、“PSS 退”位置。

3）合上调节器 A、B 柜电源小开关，并检查各电源指示正常、无异常报警。

4）合上调节器 A、B 柜交流开关。

5）检查调节器 A、B 柜控制面板上 02 通道显示值正常。

（4）50Hz 手动励磁的操作

1）送上 50Hz 感应调压器的调压电动机电源。

2）检查 50Hz 手动励磁交流电源开关在断开位置后，合上 50Hz 手动励磁用的交流电源开关（即 400V 低压厂用交流电源隔离开关）。

按照上述内容进行操作后，励磁系统已具备了机组启动并列的条件，即灭磁开关、调节器 A、B 柜直流开关、50Hz 手动励磁直流开关均已可实现遥控操作，100Hz 整流柜已投入运行，AVR 也已具备了运行条件。

（三）励磁系统运行中的监视和调节

发电机在正常运行中，励磁系统处于相应的正常运行状态。此时，励磁系统的所有组件及仪表都不应有异常情况出现。正常运行时，运行人员对励磁系统应该进行的工作主要是监视、调节和检查。

在发电机的仪表盘上，与励磁系统有关的表计有：无功负荷表；发电机转子和主励转子的电压、电流表；副励交流电压表；AVR 输出电压、电流表；50Hz 手动励磁输出电压表等。当发电机在额定工况运行时，上述各表计均应指示在相应的额定值附近。

AVR 正常时，励磁电流的调节用“AVR”调节开关进行。如果因 AVR 无法使用或副励磁机发生故障时，可人为将励磁方式切换至 50Hz 手动励磁方式，无功负荷的调节利用 50Hz 感应调压器的手动调节开关遥控进行。

无论使用何种励磁方式，运行人员都应始终严密监视机组表计的指示，并根据电网电压曲线的要求，按时调节机组励磁电流，使电网电压符合要求。例如，在电网“高峰”（指电网用电高峰）期间，应使机组无功负荷按高限控制。所谓高限，是指在定、转子电压电流及各部温度均不超限的情况下，尽量打足发电机无功负荷。当然，调节过程中还应注意本厂高压母线电压应不超过允许的最高值。一般情况下不会超过，但如发生超限时，应对机组的励磁电流进行调节，降低机组无功出力。

相反，电网“低谷”时，应尽量将发电机的无功负荷控制在低限。但必须注意，在“低谷”期间，由于机组的无功负荷普遍降低，应控制发电机的功率因数不得超过现场对各发电机规定的最高值。

在调节发电机无功负荷的同时，还必须注意与之并列运行的机组间无功负荷的分配情况。因为每台发电机组的AVR都具有不同的调差特性，采用发电机—变压器组接线的发电机组，其AVR的调差特性均为负调差（这是为了补偿运行中变压器的电压降）。发电机间无功负荷的分配会因一台机组无功的变化而同时相应变化。例如，两台300MW发电机通过主变压器在高压母线并列运行，当降低其中一台机组的励磁电流时，另一台机组的无功负荷由于AVR的作用会自动升高，如果不加注意，就可能造成另一台机组过负荷运行。相反，也可能造成另一台发电机功率因数过高甚至进相的情况。这些，在进行发电机励磁电流的调节时，都必须注意避免。

正确的调节方法如下：

（1）幅度要小。

（2）调节过程中不能只注意某一个表计指示的变化，而应综观全部表计。这样既不会造成过调节使机组发生异常运行，也可以防止调节时搞错设备的错误动作。

（3）调节时，要同时监视相关联机组的表计指示变化，最好对相关联机组的无功负荷同时进行增加或降低。

对于检修后初次投运的发电机，为了鉴定励磁系统的运行情况是否正常，还应将运行参数与以往技术记录进行比较分析。

（四）*励磁系统常见的异常运行*

励磁系统常见的异常运行主要有两大类，即励磁回路一次系统（包括：主、副励磁机，整流柜，磁场隔离开关，灭磁开关，连接电缆及滑环等设备）的异常运行和AVR回路的异常运行。

由于励磁系统一次回路发生故障时可能造成发电机失磁，而300MW发电机不允许无励磁运行，因此，发电机将由失磁保护动作跳闸。至于其他一般缺陷（如接头发热等）与一般电气设备处理相同。下面重点介绍100Hz整流柜和AVR的异常运行。

1. 100Hz整流柜异常运行和处理

（1）整流柜风机故障跳闸

100Hz整流柜共有5组。每组整流柜顶部均装设了冷却风机（下称整流柜风机），其作用是保证整流柜在正常运行时的散热，否则，将会影响硅整流组件的正常工作，甚至使整流组件烧坏。运行中的整流柜风机发生故障时，由热继电器动作使风机开关跳闸。整流柜风机电源失去时，也会因开关的励磁绕组失压释放而停止运转，进而影响该组整流柜的正常运行。为了提高整流柜风机运行的可靠性，设计中考虑了风机的双电源回路，每台风机正常时由其中一路电源供电，另一路备用，并有自动切换投入装置。

当整流柜风机运行中因故跳闸时，发出“整流柜故障”的声光信号，运行人员应立即赶现场检查，确认系整流柜风机跳闸时，应根据下列具体情况分别处理。

1）一组整流柜风机开关跳闸。因为4组整流柜可承担发电机的全部励磁电流，且能满足强励时2倍额定励磁电流的要求，所以，在处理时可首先隔绝跳闸风机的电源，并拉开相应的整流柜交流进线开关，然后寻找风机故障的原因。如为风机本身故障时，应通知检修人员处理。如为电源故障且备合不成时，应尽快恢复电源并寻找备合不成的原因。单一风机两路电源同时发生故障的情况一般不会出现，一旦出现且短期无法恢复时，应停用该组整流柜。

2）两组整流柜风机开关跳闸。如果因两组整流柜风机发生故障而拉开相应整流柜的交流开关后，仅剩3组整流柜运行，即整流柜能承担的电流仅可满足机组的额定励磁电流，但不能满足强励时的要求。所以，为防止随时可能出现的强行励磁，应将AVR的控制方式由"自动"切至"手动"，或改50Hz手动励磁方式，然后，按"1)"方法处理。

3）3组整流柜风机开关跳闸。因为两组整流柜已不能承担发电机的额定励磁电流，所以，此时必须迅速地将发电机转子电流降至两组整流柜的额定电流以下。降低时，应注意机组的功率因数不得超过规定值，否则，只能同时降低机组的有功负荷。AVR的控制方式亦应先切至"手动"，或改50Hz手动励磁方式。

在机组保护设计中，考虑到当3组整流柜交流开关同时跳闸时，整流组件可能因过热而损坏，为此设置了"3组整流柜故障"跳发电机的保护，所以，在发生3组整流柜风机跳闸时，应先解除这一保护，然后逐台拉开无风机整流柜的交流进线开关，以免发电机跳闸。

4）4组或全部整流柜风机跳闸。一般来说，这种情况只能出现在所有整流柜风机的两路电源同时失去时。风机同时发生故障的可能性极小。一旦出现这种情况，应迅速设法恢复一路电源以维持风机的运行。如果短期内无法恢复时，可按硅整流组件无风冷却时电流限额暂时维持机组运行。无风冷却的硅元件长期允许电流由组件本身决定。这种运行是不安全的，也是不可能长期运行的。

在处理上述异常运行的过程中，运行人员必须谨慎从事，绝对防止误动。

(2) 整流柜交流进线开关跳闸

整流柜内部发生故障时，过流保护将动作，使交流进线开关跳闸。其影响和处理方法可参照整流柜风机开关跳闸处理的内容。

(3) 硅整流组件熔断器熔断

该熔断器为快速熔断器，作为整流柜短路故障的保护。每只熔断器都带有副触点，熔断器熔断后，该触点闭合，一方面接通信号回路发出信号，同时经中间继电器将该熔断器所在整流柜的交流开关跳闸，并由其副触点向控制室发出"整流柜故障"信号。运行人员应立即进行现场检查，如确系熔断器熔断时，应将该组整流柜隔绝，通知检修人员更换组件或熔断器，待正常后，再将该组整流柜恢复运行。

如果一组以上的整流柜发生熔断器熔断，应参照整流柜风机跳闸的处理办法处理。

需要指出，曾经发生过熔断器熔断后副触点不动作，整流柜交流开关也未跳闸的情况，这种情况运行人员无法及时发现。因此，在巡视时，应按规定正确抄录各组整流柜的运行电流，并分析其均流度。当发现均流度有明显变化时，应对电流减小的整流柜进行重点检查。必要时，可用电压表（或万用表的电压档）测量熔断器两侧的电压。正常的熔断器两侧电压为零，如果发现有电压（约为数十伏）时，应隔绝整流柜并通知检修。同时应汇报值长。

(4) 整流柜内载流导体发热

这是常见的异常运行之一。原因主要是接头的接触电阻增大。处理方法与一般电气设备发热相同。应注意的是，必须考虑机组励磁回路的运行情况，及时和值长取得联系，绝对不允许不经联系随意停用整流柜。如果原来已有某组整流柜停用而无法再停用时，也可采取装设临时通风机强制冷却的措施。但要加强监视，以免故障发展。遇到情况严重时，只能隔绝后通知检修处理。

2. 励磁机冒烟着火

励磁机冒烟或着火是励磁系统异常运行中影响最大的情况之一。产生的原因很多，主要由绕组短路、绝缘击穿、接头过热、铁芯局部过热等引起。故障发生时，往往在其附近有焦味，并可能看到冒烟或着火。

主励磁机发生冒烟着火时，发电机的有关运行数据，如定子电流、转子电压、无功负荷等通常降低很多。如果仅仅是冒烟，特别是故障初始阶段，由于尚未殃及主回路，表计显示可能无明显变化，甚至冒烟本身也不易被发现。

遇有明显的主励磁机冒烟着火现象时，为了避免事故的扩大和设备的进一步损坏，一般应采取紧急停机措施，然后进行灭火。灭火的注意事项与发电机冒烟着火相同。

为了能尽早发现励磁机的冒烟着火，值班人员应严格执行设备的定期巡视制度。特别是对不正常的气味，绝不能轻易放过，必须追根寻源，仔细查找，直至找出气味的根源。

如果在主励磁机冒烟的初期即能被发现，应立即汇报主管领导，有条件的单位可尽快切至备用励磁电流运行，使冒烟的励磁机脱出负载状态，切断其励磁电流，在加强监视的前提下，发电机仍可继续运行。如没有条件退出，则必须尽早停用发电机。

当副励磁机冒烟着火时，可根据情况分别处理。

如果副励磁机冒烟严重或已经着火，应迅速解列停机，然后灭火，并通知检修人员。

如果副励磁机冒烟并不严重或属于及时发现的早期冒烟，只要能迅速使副励磁机由负载状态转变为空载状态，即能继续短期维持发电机运行。处理方法是：一方面迅速将励磁方式由 AVR 供电切换至 50Hz 手动励磁；另一方面，立即拉开副励磁机的输出开关。在以后的运行过程中，应有专人监视副励磁机冒烟情况的发展。因为永磁式电机使副励磁机仍保持空载电压，如果冒烟是由副励磁机绕组对地击穿引起的，则冒烟情况肯定将会继续发展，一旦发现这种情况，应立即解列停机。

第五章

单元机组的试验

单元机组的试验主要分为以下几部分内容。

1. 单元机组的启动调整试验

单元机组的启动调整试验（以下简称启动调试），是指新建、扩建或改建的火力发电厂在施工工作结束之后，使发电设备从静到动、从单体到系统、从分部到整套，最终按设计标准竣工投产的一系列试验性工作。

机组启动调试是全面检验主机及其配套系统的设备制造、设计、施工和调试质量的试验性工作。一般分为分部试运、整套启动调试和试生产三个阶段。

分部试运阶段是指从高压厂用母线受电开始至整套启动试运开始为止，对全厂各类辅机及其系统的单项调试和试运。其中，系统试运包括对其动力、电气、热控等所有设备进行空载和带负荷的调整试运。

分部试运项目全部合格后，才允许进行机组的整套启动试运。

从第一次整套启动的锅炉点火开始，到完成机组的空负荷调试、带负荷调试及满负荷连续运行 168h 为止，为整套启动调试阶段。

满负荷试运结束后的六个月期间为试生产阶段，期间除完成施工、调试遗留项目和继续完善提高自动调节品质外，还要全面考核机组的各项性能、技术经济指标和运行稳定性。

图 5-1 给出了一个 300MW 机组启动调试进度网络图的例子，它包括了从厂用电受电到 168h 连续试运行完成的全过程。其中有厂用电受电、锅炉酸洗、锅炉点火吹管、机组整套启动试运等四个大的控制点。

在升压站受电、启动变压器受电和开关室受电后，才能进行转动部件的试运转，进入分部试运阶段。这一阶段的工作量很大，既要对各单机进行检查和试运转，又要由热机、电气、热控等专业联合按系统对其动力、电气、热控等设备及其系统进行调整试验。

严格地说，锅炉的化学清洗和蒸汽吹管都应属于分系统试运，由于这两个试运项目涉及的系统大，对整个试运工期安排影响较大，因而把它们作为工程进度的一个标志。在网络图中标出了各个重点项目开始前应完成的调试项目，并对各阶段所用时间作了一个大体安排。原则上把厂用电受电到锅炉酸洗前安排两个半月的时间，以确保分部试运工作能有充足的时间。在考虑锅炉点火的各项条件能得以满足的情况下，确定锅炉化学清洗的时间，使得清洗后的锅炉能在 25 天左右进行蒸汽吹管。汽轮机的油循环应尽早开始进行，带有 EH 抗燃油阀门控制的动力油的机组，要留有足够的抗燃油循环过滤的时间，以保证机组整套启动前油质能满足规定的标准。

锅炉点火吹管完成后，应抓紧时间拆除临时措施，恢复系统正常，清理施工现场，这段时间约需 20 天左右。空负荷试运阶段是机组从静态调整到动态试运的重要阶段，它包括机组冷态启动、并网前的电气试验、汽门严密性试验和机组超速试验等，若机组存在影响带大负荷的问题则需要停下来进行必要的处理，若机组一切正常，可以直接进入带负荷试运阶段，这一阶段一般安排 10～15 天时间。

机组带负荷试运是对机组带负荷和负荷变动能力的全面考核，期间需要完成锅炉酸洗、燃烧调整、机组振动监测和处理、汽水品质监督和调整、自动调节系统的参数整定和试投、保

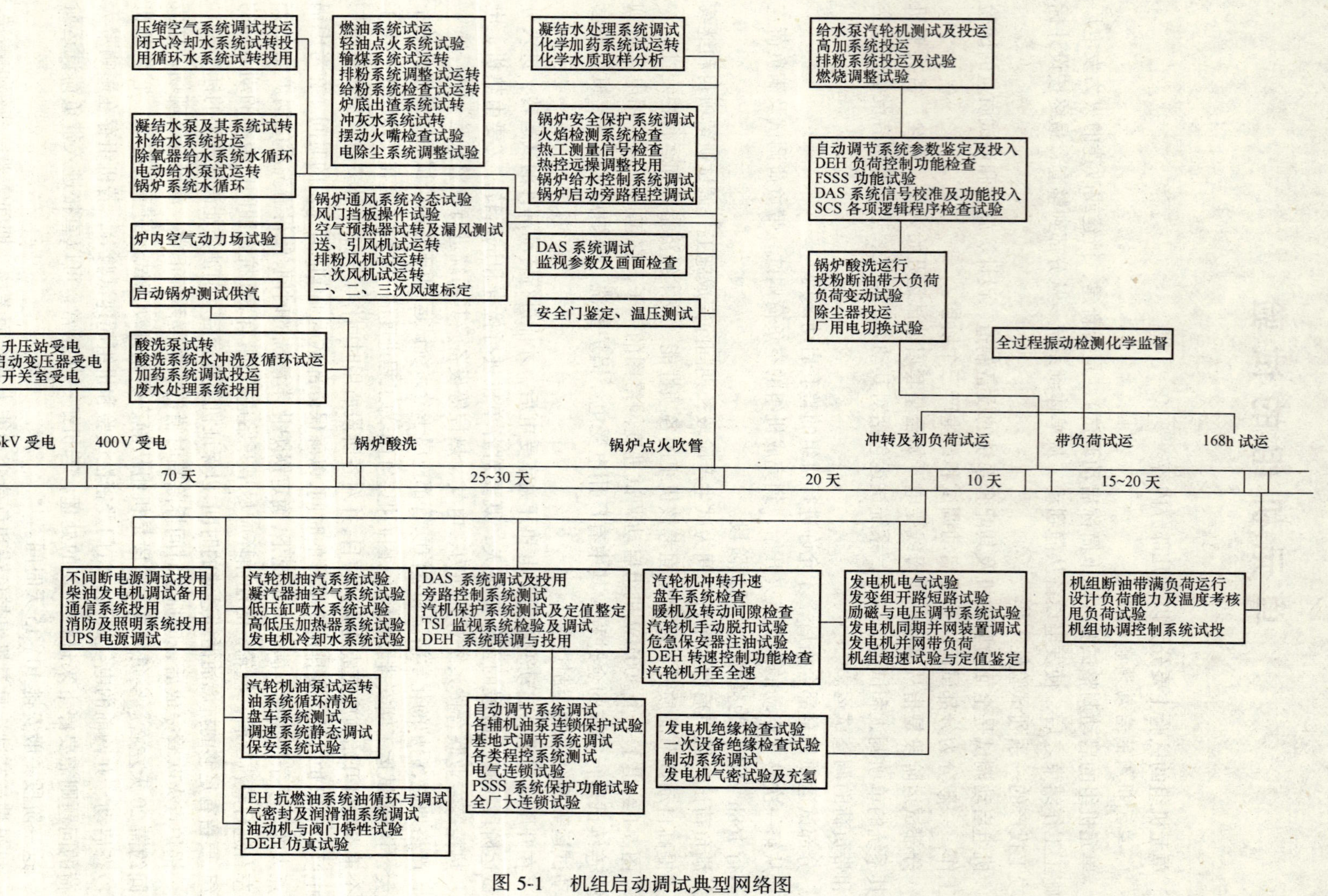

图 5-1　机组启动调试典型网络图

护装置进行各项功能考核试验等重要调试工作，因此一般安排15天左右的时间。如果机组运行一切都正常，可以直接进入168h连续试运阶段，但一般都应在这一阶段的调试任务完成后对机组存在的缺陷进行一次较彻底的处理，特别是按照机组达标投产的要求，对一些渗漏点进行认真处理，使机组以最佳状态进入168h连续试运行。机组进入168h试运后，一般不做过多的调整试验，这一阶段主要是考核机组带满负荷连续运行的能力。机组甩负荷试验原则上应在带负荷期间完成，根据实际情况也可在168h试运结束时利用停机前的机会进行。因此如果前期工作做得很充分，用10～15天时间完成这一阶段的任务是可行的。

2. 单元机组检修后的设备验收试验

单元机组检修后的设备验收是保证检修质量和检修工期的一项重要工作。验收工作分为分段验收、分部试运行、总验收和整体试运行三个阶段。

单元机组检修后的验收试验是指设备检修工作结束后，在投入运行前的检查、整定、试验和试运行工作。它包括主辅机设备和系统的分部试运，热工仪表、控制设备和回路的调试，电气设备及回路的调试，发电机组的整套保护连锁及联合试运转等在内的整个过程。

现以300MW及以上发电机组大修后的整套启动试运为例，看一下在机组启动过程中所涉及到的一些常规试验。在完成分部试运工作及做好整套启动前的检查工作后，按启动顺序进行的试验有：

启动冲转冷态试验→低转速定速摩擦检查，定速运行检查，调节系统的有关参数整定和调试→发电机空载、短路特性等电气试验→打闸试验、危急保安器充油试验、汽门严密性试验→并网带10%～15%额定负荷稳定运行4～6h后，解列超速试验→高、低压旁路系统动态联动试验→带50%额定负荷，磨煤机及燃烧初调整试验、锅炉洗硅及发电机组甩负荷试验→停机检查，清扫凝汽器和消除缺陷，发电机组停运试验→温态启动试验→热态启动试验→带75%额定负荷，制粉系统或磨煤机调整试验；燃烧调整试验；自动调节和程控系统调整投入及切换试验；汽轮机真空严密性试验→带额定负荷，试验带75%额定负荷时的项目，并做甩负荷试验，负荷变动试验→MFT动作试验后，停机检修。

3. 单元机组正常运行中的维护试验

对正常运行中的机组进行日常维护，其目的是通过检查，掌握机组运行状况，发现机组存在的缺陷和事故隐患并及时予以处理，以便改善设备的使用状况，保证机组的安全经济运行。

单元机组正常运行中的日常维护工作内容有：

(1) 通过监盘、定期抄表、巡回检查等方式监视有关设备仪表，进行仪表分析，检查运行的经济性、安全性情况。

(2) 调整有关运行参数和运行方式，贯彻负荷经济分配原则，尽可能使设备在最佳工况下运行，降低热耗率和厂用电率，提高运行的经济性。

(3) 加强对缺陷设备、故障系统和特殊运行方式下的设备的监视，预防事故的发生，防止事故的扩大，提高设备利用率，保证设备长期安全运行。

(4) 定期进行各种保护试验及辅助设备的正常试验和切换工作。

机组正常运行期间，一般应完成下列定期试验工作，见表5-1。

表 5-1　　　　机组正常运行期间的定期试验

<table>
<tr><th>项目名称</th><th>时间间隔</th><th>备注</th></tr>
<tr><td>机组热工、电气信号试验</td><td>每班一次</td><td></td></tr>
<tr><td>锅炉点火油枪试验</td><td>每十天一次</td><td></td></tr>
<tr><td>锅炉事故放水门活动试验</td><td>每月一次</td><td>两道门分别实际开关</td></tr>
<tr><td>抽汽逆止门活动试验</td><td>每天一次</td><td></td></tr>
<tr><td>锅炉过、再热器对空排汽门活动试验</td><td>每月一次</td><td>两道门分别实际开关</td></tr>
<tr><td>汽轮机高、中压主汽门及中压调节汽门活动试验</td><td>每天一次</td><td>无卡涩</td></tr>
<tr><td>汽轮机抗燃油泵、交流油泵、密封油泵、事故油泵试验</td><td>每周一次</td><td>启、停、正常运行 3 ~ 5min</td></tr>
<tr><td>汽轮机盘车电机试验</td><td>每月一次</td><td>空载启停</td></tr>
<tr><td>汽轮机危急保安器充油试验</td><td>运行 2000h</td><td></td></tr>
<tr><td>真空严密性试验</td><td>每月一次</td><td></td></tr>
<tr><td>小汽轮机主汽门活动试验</td><td>每天一次</td><td>无卡涩</td></tr>
<tr><td>小汽轮机抗燃油泵、交流油泵、事故油泵试验</td><td>每月一次</td><td>启、停、正常运行 3 ~ 5min</td></tr>
<tr><td>锅炉过、再热器安全阀电气回路传动试验</td><td>每月一次</td><td>试验时主安全阀不动作</td></tr>
<tr><td>汽轮机危急总管泄压电磁错油门活动试验</td><td>每月一次</td><td>由运行人员通过 ETS 系统进行</td></tr>
<tr><td>汽轮机润滑油压低保护试验</td><td rowspan="4">每半年一次</td><td rowspan="4">汽轮机主系统及热控系统具备在线试验条件时，由电厂生产主管主持，通过 ETS 系统进行</td></tr>
<tr><td>汽轮机超速保护试验</td></tr>
<tr><td>汽轮机轴向位移保护试验</td></tr>
<tr><td>汽轮机凝汽器真空保护试验</td></tr>
<tr><td>主燃油跳闸阀活动试验</td><td>每月一次</td><td>本试验应在锅炉断油、负荷大于 75%额定负荷工况下进行</td></tr>
<tr><td>锅炉汽包水位高、低保护试验</td><td rowspan="4">每半年一次</td><td rowspan="4">锅炉主系统及热控系统具备在线试验条件时，由电厂生产主管主持，通过 MFT 系统进行</td></tr>
<tr><td>锅炉炉膛压力高、低保护试验</td></tr>
<tr><td>锅炉炉膛灭火保护试验</td></tr>
<tr><td>锅炉燃料中断保护试验</td></tr>
<tr><td>炉、机、电大连锁动作试验</td><td>不定期</td><td>每次机组启动前必须进行</td></tr>
<tr><td>主要自动调节系统定值扰动试验</td><td>每半年一次</td><td></td></tr>
<tr><td>事故照明试验</td><td>每月一次</td><td></td></tr>
<tr><td>汽轮机抗燃油泵、交流油泵、密封油泵备用联动试验</td><td>每月一次</td><td></td></tr>
<tr><td>密封油箱补、排油电磁阀检查试验</td><td>每周一次</td><td></td></tr>
<tr><td>气体控制站电磁阀、安全阀检查试验</td><td>每周一次</td><td></td></tr>
<tr><td>内冷水泵备用联动试验</td><td>每月一次</td><td></td></tr>
<tr><td>内冷水过滤器及其冷却水滤网检查试验</td><td>每周一次</td><td></td></tr>
<tr><td>发电机轴承绝缘检查</td><td>大、小修后</td><td></td></tr>
<tr><td>机组常规热力试验</td><td>大修前、后</td><td></td></tr>
<tr><td>考核性热力试验</td><td>新投产或改造后</td><td></td></tr>
</table>

通过上述介绍可知，单元机组试验涉及的专业广，试验项目多。限于篇幅，以下只介绍炉、机、电专业的一些比较典型的试验（试验的具体操作步骤应视不同类型的机组、制造厂家和生产单位等而有所差异，不具备通用性）。

第一节　单元机组的典型试验

一、锅炉部分

锅炉试验主要集中在验收阶段。

（一）锅炉水压试验

1. 水压试验的目的

水压试验是锅炉承压部件的一次检查性试验。锅炉承压部件在安装或检修后，必须进行水压试验，以便在冷态下检查承压部件的严密性，保证承压部件安全运行。

冷态下的水压试验是必要的，但它不能完全检查出设备在热态下可能出现的问题。因为随着温度的升高，钢材的强度及承压部件的严密性会降低。

2. 水压试验的种类和条件

水压试验分为工作压力的水压试验和超压水压试验。

工作压力的水压试验是锅炉大小修或局部受热面检修后必须进行的试验。超压水压试验是只有当锅炉具备下列条件之一时才进行：

(1) 新装或迁装的锅炉投运时。

(2) 停运一年以上的锅炉重新运行时。

(3) 受热面大面积更换总数达到50%以上时。

(4) 运行中的锅炉，每6年进行一次。

(5) 根据设备的具体情况，要求进行超压水压试验时。

超压水压试验的压力按制造厂规定执行，制造厂无规定时，压力规定见表5-2。

表5-2　超压水压试验压力

名　　称	超压水压试验压力
锅炉本体（包括过热器）	1.25倍汽包工作压力
再热器	1.5倍再热器进口压力
直流锅炉	过热器出口计算压力的1.25倍，且不得小于省煤器计算压力的1.1倍

3. 水压试验范围

(1) 高压汽水系统。给水泵出口至汽轮机电动主汽门前范围内的省煤器、汽包、水冷壁、过热器、减温器及联箱和汽水管道、截门，以及与其相关的空气门、疏放水门和锅水取样门、仪表取样门同时进行水压试验。

(2) 低压蒸汽系统（再热器）。汽轮机高压缸排汽逆止阀后至再热器出口范围内的再热器、减温器、联箱和汽水管道、截门，以及相关的空气门、疏放水门、锅水取样门和仪表取样门。

安全门、水位计不做超压试验。

4. 水压试验的合格标准

(1) 关闭进水门，停止升压泵后，5min内降压不超过0.5MPa。

(2) 受压部件金属壁和焊缝没有任何水珠和水雾的泄漏痕迹。

(3) 受压部件无明显残余变形（水冷壁下联箱在允许限度内的下移不算作残余变形）。

5. 试验前的准备工作

(1) 检查各承压部件无影响试验的较大漏点。

(2) 确定试验部位及试验压力的监视位置，并校准试验压力表。

(3) 试验系统进行可靠分离。

(4) 在进行超水压试验之前，应将安全阀暂时锁死，防止动作。

(5) 水压试验时环境温度应不低于5℃，否则要有防冻措施。

(6) 水压试验时必须有快速泄压的措施，防止超压。

6. 高压汽水系统的水压试验

(1) 启动给水泵或其他泵向锅炉上水，最好是除氧水，如条件限制，也可以是除盐水，水温应执行制造厂家的规定，如厂家无规定，一般控制在30~70℃。当锅炉最后一个空气门见水后关闭，且水位计指示满水时，上水结束。

(2) 上满水后应对承压部件进行一次全面检查，了解有无渗漏的地方，如果没有，即可开始升压。在达到工作压力前，应控制升压速度不超过0.2~0.3MPa/min。

(3) 当压力升至工作压力的10%时，应暂时停止升压，进行全面检查，如无渗漏现象，则可继续升压。当达到工作压力时，应立即停止升压，并在5min内监视压力下降情况，进行全面检查。在较高压力下，若发现有较大的渗漏，且情况比较严重时，可随时停止升压。

(4) 如果是超水压试验，则需要根据压力达到工作压力时的检查情况，决定是否继续进行超水压试验。在从工作压力升至超压试验压力值的过程中，应控制升压速度不超过0.1MPa/min。当压力升至超压试验压力值时，应立即停止升压，并停止上水，若5min内压力降不超过0.5MPa为合格。

(5) 在锅炉超压试验压力值下，保持5min后，应立即将压力降至工作压力，然后再进行全面检查。降压也应缓慢进行，一般降压速度不超过0.3~0.5MPa/min。

(6) 水压试验结束后，应将水全部放尽。如试验合格，还应将系统恢复至正常状态。

7. 低压蒸汽系统（再热器）的水压试验

再热器进行水压试验时，应通过再热器入口事故喷水门向再热器系统充水和升压。导汽管为两侧布置时，应同时充水和升压，以免损坏设备。升压速度由再热器的事故喷水门进行控制。压力在1.0MPa以下时，升压速度不超过0.1MPa/min；当压力升至1.0MPa时暂时停止升压，检查承压设备，如没有问题，可继续升压。升压至试验压力时，关闭上水门，保持5min，压降不超过0.5MPa为合格。检查完毕后，用疏水门降压，当压力降至零时，将水放尽。再热器系统的超压试验与高压系统相同。

(二) 锅炉漏风试验

平衡通风锅炉的炉膛及烟道设计为负压运行。炉膛和烟道的严密性对机组的经济性和安全性都有一定的影响。漏风直接导致排烟热损失增加，而且烟道的漏风处越接近炉膛，其影响越大。漏风还会增加送、引风机的负荷及电耗，严重的漏风将影响锅炉的出力。炉膛漏风会使燃烧恶化，导致过热蒸汽超温等不正常现象。

锅炉投产前或大小修后，应在冷态下进行炉膛、风道、烟道、除尘器及其所有孔门的严密性试验。

1. 炉膛和烟道的漏风试验

检查炉膛和烟道是否漏风，一般有正压法和负压法两种方法。

(1) 正压法。保持炉膛和烟道为正压状态，检查其是否漏风的方法称为正压法。具体做法为：对于平衡通风锅炉，将引风机入口挡板和炉膛、烟道各炉门全部关闭，在送风机入口处撒入白粉或施放烟雾，启动送风机保持炉膛正压为50~100Pa，这时，如果炉膛和烟道及其孔门有不严密的地方，则白粉或烟雾就会从此处冒出，并留下痕迹。试验后寻找痕迹，进行堵塞处理。

(2) 负压法。保持炉膛和烟道为负压状态，检查其是否漏风的方法称为负压法。具体做法为：启动引风机，开启挡板，保持炉膛负压为150~200Pa，然后用火把或蜡烛靠近炉墙和烟道的外表面各处移动，若不严密，则火焰或蜡烛会被吸向该处，检查人员做好标记，待试验后作堵塞处理。

2. 空气预热器、风道和挡板的漏风试验

检查空气预热器、风道和挡板是否严密，一般采用正压实验法。具体做法如下：

(1) 用上述的负压法试验完毕后，适当调整引风机入口挡板，保持炉膛负压为100~200Pa。

(2) 将送风机入口挡板及各风门全部关闭，启动送风机，待其达到正常转速时，记录电动机电流。缓慢开大送风机入口挡板，观察电动机电流的变化情况，如果电动机电流与送风机空转时的电流相等或接近，则表明自送风机、空气预热器直至各风门，在这个区域的送风系统中严密不漏；如果电动机电流增大，则说明这个区域的送风系统中有不严密处，此时应对系统进行全面检查，可采用施放烟雾或移动羽毛的方式检查具体漏风点，在漏风处均应划上记号。为查清空气预热器的漏风地点，可以进入空气预热器两端的烟道，进行详细检查。

(三) 锅炉的连锁及保护试验

1. 锅炉辅机连锁试验

为保证锅炉系统运行中的平衡和稳定，转动机械在某些故障情况下能安全停运，大功率机组配置了完善的辅机连锁装置。运行中，某些辅机的局部或整体发生故障时，能够按照既定的程序自动进行切换或停运与其相关的其他辅机，从而达到防止设备损坏和稳定锅炉运行的目的。锅炉辅机的主要连锁试验项目有：空气预热器连锁试验、引风机连锁试验、送风机连锁试验、给水泵站（汽动给水泵、电动给水泵）连锁试验、制粉系统连锁试验、锅炉辅机总连锁试验等。

2. 锅炉保护试验

锅炉系统设置保护装置的目的是保证机组在某些异常运行状态下的安全运行，防止发生事故，避免设备和人身受到伤害，减少事故造成的损失，延长设备的使用寿命。

锅炉系统设置保护装置试验的目的在于对保护装置的可靠性进行校验，对其监测、控制、信号传输装置、保护的整定值以及保护执行系统或设备的动作情况等分别进行调整和校验，确保其动作无误。

锅炉系统一般设有汽包锅炉水位高低、直流锅炉断水、主汽压力高、汽温高、炉膛压力、锅炉灭火、炉膛安全监控等各种保护措施。

保护装置试验不宜在动态（机组运行）中进行，因为保护项目多数的最后任务是紧急停止锅炉的运行，甚至还要涉及汽轮机和发电机的停运。锅炉的保护项目一般需几次或十几次的试验才能全部做完，机组在热态下短时间内频繁启停会影响金属材料的使用寿命，此外，在试验中若调整不当或保护失灵时还会危及设备安全。所以保护装置的可靠性校验应与检修工作同时进行，如需进一步验证其准确和可靠，可在锅炉启动前的静态下以下列方法检查保护装置的动作情况：

(1) 汽包锅炉水位高低、直流锅炉断水、锅水循环泵故障等项目的保护试验。在锅炉上水阶段或启动前进行真实工况的试验，即人为调节水位或控制流量变化至保护值，检查保护装置动作是否符合要求。

(2) 炉膛压力试验。在炉膛压力测量装置处拆开管接头，用嘴吹或吸的方法使压力达到保护值，检查保护装置动作是否符合要求。

(3) 火焰监测装置。在信号放大器处用专用仪器给其输入一个电压或电流信号，在改变其信号强弱的同时，检查信号传输是否满足要求或保护动作是否正确。

(4) 无法采用上述方法进行时，也可用信号短接的方式进行验证。试验时选择距离实地测量最近的接线端子处进行线路短接，检查保护装置动作的可靠性。

大、小修后的锅炉启动前应做连锁及保护试验。辅机的各项连锁及保护试验应在分部试运行前做完。主机各项保护试验应在总连锁试验合格后进行。动态试验必须在静态试验合格后进行。机组正常运行时，严禁无故停用连锁及保护。

(四) 安全门试验

锅炉过热器、再热器安全门在锅炉大小修后必须进行可靠性试验。试验前，应将压缩空气送至安全门处，且压力应大于规定值。

1. 试验条件

(1) 热态试验前，必须先保证冷态试验合格；

(2) 试验前应先校准各试验用压力表。

2. 试验方法

(1) 对滑压运行的机组，应做安全门滑压起座试验。当安全门的动作压力与滑压运行压力超过一定偏差值后，安全门动作，操作台上相应的指示灯亮。

(2) 当压力升至工作压力的80%左右时，进行安全门远方手动起座试验：放开试验按钮后，安全门停止排汽，回座，就地检查安全门动作行程和严密性。安全门动作起座时间一般不超过1min。

(3) 超压动作试验在冷态下进行，热态情况下，一般不做超压试验。

(4) 试验期间应加强燃烧和水位调整，防止满水、缺水和超压。

二、汽轮机部分

汽轮机启动前的主要试验项目：汽轮机调节系统的静态特性试验；汽轮机全部跳机保护试验及机炉电大连锁试验；高排逆止门、抽汽逆止门、控制阀、调节阀开关及保护连锁试验；除氧器、回热器等主要辅助设备的保护试验；各种油泵、水泵、风机的启停及保护连锁试验；转动设备应经一定时间的连续可靠运转。

汽轮机启动中的主要试验项目：危急保安器就地及远方打闸试验；主汽门、调节汽门严密性试验；危急保安充油试验；超速试验；甩负荷试验等。

此外，汽轮机正常运行中还应进行高、中压主汽门及调节汽门的活动试验；抽汽逆止门的活动试验；真空严密性试验；在线进行的低真空、润滑油压低、抗燃油压低保护试验及各种泵类、辅机等的切换试验等。

（一）DEH调节系统的静止试验

新安装的300MW及以上机组广泛采用了DEH系统。新安装机组的DEH系统在机组的调试过程中已进行过全面的整定，但为了确保DEH系统工作正常，机组启动前还需进行全面的模拟试验检查。

调节系统的静止试验是指汽轮机在静止状态下，测取DEH系统各环节的静态特性，并检查其特性是否满足设计要求。

（1）位置反馈装置的静态特性：线性位移差动变送器LVDT的电压和油动机行程的关系。

（2）凸轮特性：DEH输出的信号电压与凸轮环节输出电压之间的关系。

（3）油动机静态特性：阀位指令和油动机行程之间的关系。

（4）伺服系统的静态特性：DEH输出到油动机位移变化的关系，是反映LVDT特性、凸轮特性和油动机特性的综合特性。

（5）转速回路的静态特性：通过模拟转速变化，测取转速与油动机行程的关系。

（二）汽轮机的热工保护装置试验

在进行试验前，应先由热工人员在测量回路中人为地加入保护动作信号，然后由运行人员检查保护回路的动作情况，以确保机组在运行中达到保护动作条件时，能准确地动作。

大型汽轮机一般要对以下热工保护进行传动试验：

（1）超速保护。当转速升至超过保护整定值时，汽轮机应跳闸，并发出声光信号。

（2）轴向位移保护。当轴向位移超过允许值时，轴向位移保护能自动跳闸停机。试验时，注意轴向位移保护的零位要准确，指示方向正确，模拟动作应正确可靠。

（3）低真空跳闸保护。当真空降至保护动作值时，汽轮机应跳闸，并发出声光信号。

（4）低油压保护。当润滑油压低于正常要求数值时，首先发出报警信号；油压继续下降至某一数值时，自动投入辅助油泵以提高油压；即使辅助油泵启动后，油压仍然继续下跌到某数值时自动停机；当停机后，油压再下降至某数值时则停止盘车。抗燃油压低Ⅰ值，启动备用泵；低Ⅱ值时停机。低油压试验时，应实际升降油压以检查低油压接点开关，回差应小于5kPa。

（5）其他保护项目。大型机组通常还设有轴承温度高保护，胀差大保护，轴振动大保护，主、再热蒸汽温度高保护，高压缸排汽压力高保护以及发电机氢、油、水系统保护等，这些保护项目也必须进行联动试验，试验时应采取措施，使模拟试验尽量接近实际情况。

（三）危急保安器充油试验

为了能在正常运行条件下，检查危急保安器动作是否灵活准确，以防卡涩，大型机组都装有充油试验装置。

此活动试验是将油喷到飞锤中以增大其离心力，使之飞出。但飞锤因喷油试验飞出不应打闸。为提高可靠性，采用了冗余设计，即二个飞锤，二个危急遮断器滑阀，用杠杆将它们联系起来。通过移动杠杆，使飞出的飞锤不会遮断汽轮机。

充油试验的允许条件：充油试验钥匙开关在试验位；转速在2985～3015r/min内。危急保安器充油动作转速应略小于3000r/min，否则无法在正常运行时进行充油试验。复位转速应略高于额定转速，否则在带负荷的情况下进行充油试验后，危急保安器无法在正常转速下复位。

（四）自动主汽门和调节汽门的严密性试验

机组大修或解体检修后的自动主汽门和调节汽门要做汽门严密性试验。汽门严密性试验的目的，是检查主汽门和调节汽门关闭后的严密程度。如果汽门关闭不严，当机组甩负荷后，即使危急保安器正确动作，也将导致机组超速。

试验在额定汽压、正常真空和汽轮机空负荷时进行。做主汽门严密性试验时，调节汽门保持全开状态。同时在控制盘上手动关闭两侧主汽门；相反，做调节汽门严密性试验时，主汽门保持全开，而将调节汽门关闭。具体操作步骤如下：

(1) 检查交、直流润滑油泵及密封油备用泵连锁合格；

(2) 汽轮机维持空负荷运行，主蒸汽压力稳定在额定值或50%额定压力以上的某一恒定压力，并保持正常真空；

(3) 做主汽门试验前，将"主汽门关闭"信号解除；

(4) DEH置"二级手动"运行方式；

(5) 手动关闭两侧高压主汽门（或调节汽门），此时高压调节汽门（或主汽门）全开；

(6) 记录降速时的转速与时间，从3000r/min开始，每隔30~60s，记录一次转速、高中压进汽参数、真空值；

(7) 降速过程结束后打闸停机。然后重新挂闸，并启动升速至3000r/min；如上述操作方法，继续进行调节汽门（或主汽门）试验；

(8) 试验结束后，DEH恢复原自动方式运行，恢复"主汽门关闭信号"。

汽门严密性试验的标准，对于进汽压力为9MPa及以上的汽轮机，汽门的最大漏汽量应不致影响转速降至1000r/min以下。如果试验时，蒸汽压力低于额定值，但并不低于额定压力的50%时，转速下降值 n 可按式（5-1）修正：

$$n = \frac{p}{p_0} \times 100\% \tag{5-1}$$

式中 p——试验时主蒸汽压力，MPa；

p_0——额定主蒸汽压力，MPa。

（五）汽轮机超速试验

超速保护是汽轮机的重要保护装置之一。在下述情况下必须做汽轮机的超速保护试验：

(1) 汽轮机新安装或大修后；

(2) 停机一个月后再启动；

(3) 甩负荷试验前；

(4) 危急保安器解体或调整后。

1. 超速保护试验应具备的条件

(1) 机组并网带10%~15%额定负荷，稳定运行至少4h，待中压转子末级中心孔金属温度达到低温脆性转变温度以上时，然后迅速减负荷，解列至3000r/min空负荷运行。

(2) 机跳炉保护已解除。

(3) 主机交流润滑油泵运行，低油压连锁投自动。

(4) DEH运行方式为"操作员自动"。

2. 超速试验的内容和方法

汽轮机超速试验有以下内容：103%超速保护试验、110%电气超速保护试验、机械超速保护试验。

做超速试验时，将DEH的目标转速设置为3360r/min，慢慢提升汽轮机转速，到达被试验的一路超速保护动作时，此路超速保护动作，遮断汽轮机。因此超速试验也叫提升转速试验。DEH可自动记录汽轮机遮断转速以及最高转速。为保证超速保护的动作准确性，对每一路超速保护都应进行试验验证。

(1) 103% n_0 超速保护（OPC）试验

试验步骤如下：

1）将超速保护试验开关置于“试验”位置。

2）按下“103%”键，灯亮，设定目标值3100r/min，升速率50r/min。

3）按“进行”键开始提升转速，当转速升至3090r/min时，OPC应动作，高、中压调节汽门迅速关闭，GV、IV开度指示到零，记录OPC动作转速。

4）当转速降至2950r/min时，按下“103%”键，灯灭。高、中压调节汽门重新开启，机组恢复至3000r/min运行。

5）将超速保护钥匙开关置于“投入”位置。

(2) DEH110% n_0 电气超速保护试验

试验步骤如下：

1）将超速保护试验开关置于“试验”位置。

2）将ETS超速钥匙打至“禁止”位置。

3）将机械超速手柄扳至试验位置。

4）按下“110%”键，灯亮，设定目标值3300r/min，升速率50r/min。

5）按“进行”键开始提升转速，当转速升至3300r/min时，DEH电超速保护动作，高中压主汽门、调节汽门及抽汽逆止门应迅速关闭。

(3) ETS110% n_0 电气超速保护试验

试验步骤如下：

1）将ETS超速钥匙打至“投入”位置。

2）将超速保护试验“危急遮断”键按下，灯亮。

3）以下试验步骤同DEH电超速试验。

(4) 机械超速保护试验

试验步骤如下：

1）将超速保护试验开关置于“试验”位置。

2）将ETS电超速钥匙打至“禁止”位置，将DEH超速保护试验开关打至“禁止”位置。

3）按下“危急遮断”键，灯亮。

4）设定目标值3360r/min，升速率100r/min。

5）按“进行”键提升转速，当转速升至3300～3330r/min时，保护应动作，高、中压主汽门、调节汽门及抽汽逆止门关闭。记录动作转速值。

6）转速降至3000r/min，飞锤回座后，重新挂闸，恢复3000r/min运行。

7）重复上述步骤，再试验一次。要求两次试验的动作转速差值不超过18r/min；每次试验危急保安器脱扣后应能复位，其复位转速一般不应低于3030r/min，而且跳闸及复位信号指示均应正确无误。

8）将 ETS 电超速钥匙打至“投入”位置，DEH 电超速保护试验开关打至“投入”位置。

9）机组并列，按规程要求带负荷。

超速保护等级从低到高依次为 DEH 超速保护、ETS 超速保护、机械超速保护。

（六）真空严密性试验

汽轮机的真空系统包括凝汽器的汽侧、低压缸的排汽部分以及运行时处于真空状态下的辅助设备与管道。

真空系统严密性试验的目的，是检查汽轮机真空系统的严密程度是否达到标准和满足运行要求。

试验规定如下：

（1）真空严密性试验每月进行一次，同时切换备用泵运行。

（2）试验时，机组带 80%额定负荷以上运行。

（3）试验时，机组真空不低于 90kPa。

（4）试验时，机组负荷及其他运行参数稳定。

试验步骤如下：

（1）断开低真空保护开关（真空泵联动开关）。

（2）启动备用真空泵，试转正常后停止。

（3）记录试验前的真空和排汽温度。

（4）关闭真空泵入口空气总门（最好停真空泵）。

（5）30s 以后开始，每 0.5min 记录机组真空值一次，共记录 8min，取其中后 5min 的真空下降值。试验过程中，如真空下降过快，影响机组正常运行时，应停止试验。

（6）试验完毕后，开启真空泵入口空气总门，恢复正常运行。

（7）真空恢复正常后，投低真空保护。

真空严密性的评定标准为：小于 0.1kPa 为优良；小于 0.3kPa 为良好；小于 0.4kPa 为合格。

（七）汽轮机甩负荷试验

1. 试验目的与要求

甩负荷试验是机组在带负荷工况下进行的汽轮机调节系统的动态特性试验。甩负荷试验的主要目的是测取机组甩负荷时调节系统特性参数的动态变化过程，考核调节系统的运行性能，并检验炉、机、电各主机及其配套辅机系统在甩负荷工况下的适应能力。

甩负荷试验的要求如下：

（1）机组甩负荷过程中，最高飞升转速不应使危急保安器动作，且 DEH 控制系统的动作过程能迅速稳定，并能有效地维持空负荷运行。

（2）锅炉不超压，汽包、过热器及再热器的安全门不动作，发电机不过压。

（3）炉、机、电的相关辅机及系统工作正常。

2. 试验方法

甩负荷试验的方法有两种：常规法和测功法。

（1）常规法甩负荷试验

常规法甩负荷试验是在额定蒸汽参数、额定真空，回热系统全部正常投入的方式下进行的。当准备工作就绪后，断开发电机主断路器，机组与电网解列，甩去全部负荷，同时测取机组转速变化的过渡过程。试验一般分甩50%和100%额定负荷两级进行。如果甩50%额定负荷时，转速超调量大于或等于5%，则应中断试验，不再进行甩100%额定负荷试验。甩负荷3~5min后，测试和检查工作完毕，恢复至空负荷运行，并尽快并网，接带负荷。甩负荷结束后，试验人员应按《汽轮机甩负荷试验导则》的要求，对试验数据进行整理，并作出评价。

(2) 测功法甩负荷试验

测功法甩负荷是模拟常规法甩负荷运行工况，即在额定参数，回热系统全部投入等正常运行方式下，机组不与电网解列，迅速关闭进汽门，测取发电机有功功率变化的过渡过程。然后，通过计算得出转速飞升曲线。具体操作方法有两种：

1) 手操或遥控超速危急保安器，迅速关闭主汽门、调节汽门和抽汽逆止门。当出现逆功率时，联跳（或手操）发电机主断路器，机组与电网解列。

2) 手操或遥控超速危急保安器，关闭调节汽门和抽汽逆止门。当出现逆功率时，联跳（或手操）发电机主断路器，与电网解列，关闭主汽门；或即刻恢复超速保护装置，控制机组空负荷运行，并迅速并网、接带负荷。

测功法与常规法甩负荷试验相比，其优点为：

1) 测功法甩负荷是在不解列的状态下进行的，因而不会引起转速飞升，对设备的安全有利。

2) 由于测功法不会引起超速，因此，试验应具备的条件可适当放宽，免除了很多复杂的准备工作。

3) 测功法甩负荷不必分级，可直接甩100%额定负荷。

4) 测功法甩负荷可以利用停机前来做，不必采用过多的临时措施，试验过程和工作量大为简化，节省了费用和时间。

但是，测功法甩负荷，在用测量结果推算机组最高转速时，需要用到转子的转动惯量。由于转动惯量的设计值与实际值有一定误差，因而会影响到计算飞升转速的准确性。此外，测功法虽能计算出最高飞升转速，但不能预测调节系统在甩负荷后是否能有效地控制转速迅速稳定。由于测功法的应用时间不长，试验手段和计算方法还不够成熟和规范，因此目前还不能用作第一台新型机组的考核。对于其他的同型机组，新机组投产时仍可用这种方法来做甩负荷试验。另外，也可作为调节系统验收、校核试验的方法。常规法甩负荷，由于其直接、全面、成熟、精确度高，所以被用来作为考核汽轮机调节系统的标准试验方法。

三、发电机部分

1. 发电机启动时的有关试验项目

(1) 励磁机空载特性试验（大修后）；

(2) 发电机短路特性试验及负序过流保护动作试验；

(3) 发电机空载特性试验；

(4) 定子85%接地保护动作试验；

(5) 励磁系统在A及B方式下的机组升、降电压试验；

(6) 断线闭锁装置的动作试验；

(7) 核定机组相序、相位及假同期试验;

(8) 工作与备用励磁调节切换试验;

(9) 发电机测绝缘;

(10) 发电机出口开关拉、合闸试验;

(11) 整流柜风机连锁试验;

(12) UPS电源切换试验;

(13) 发电机氢系统严密性试验。

2. 空载特性试验

空载特性是发电机的一个基本特性。空载特性试验是在发电机空载和额定转速条件下,测得定子电压与转子电流关系的试验。

(1) 试验目的

1) 测定发电机的有关特性参数,如电压变化率、纵轴同步电抗、短路比、负载特性等。

2) 通过三相电压表读数,判断三相电压的对称性。

3) 结合空载特性试验进行定子绕组层间耐压试验。

4) 将测量结果进行比较,用以分析转子绕组及定子铁芯有无故障。

(2) 进行空载特性试验时的注意事项

1) 维持发电机转速为额定转速。

2) 应缓慢进行转子电流调节,调到一定数值时,待表计指针稳定后再读数,并要求同时读取所有表计指示数。

3) 在升压(或降压)过程中,磁场变阻器只可向一个方向调节,不能随意变动方向,否则将影响试验准确度。根据记录绘制的特性曲线,一条曲线对应电压上升,另一条曲线对应电压下降,最后取其平均曲线作为空载特性曲线。

4) 空载试验前应将电压调整器、强行励磁和强行减磁装置退出,但发电机保护如差动保护、过流保护等可以投入。

5) 试验过程及记录中发现空载特性曲线较出厂或历年的试验有下降时,若试验准确性没问题,则发电机转子可能存在层间短路缺陷。

6) 在额定转速下试验电压的最高值,对于汽轮发电机应为定子额定电压的130%;对于发电机—变压器组,只做发电机—变压器组的整组空载特性试验,电压加至定子额定电压值的105%。

7) 发电机的空载特性试验一般在大修后或更换绕组后进行。

3. 短路特性试验

短路特性也是发电机的一个基本特性。短路特性试验是发电机在三相短路条件下运转时,测量定子电流与转子电流关系的试验。

(1) 试验目的

1) 求取同步发电机的重要参数,如饱和同步电抗、短路比等。

2) 检查定子三相电流的对称性。

3) 由短路特性曲线判断励磁绕组有无匝间短路故障。

(2) 进行短路特性试验时的注意事项

1) 三相短路线尽量用铜(铝)排,同时要有足够的容量;定子绕组必须对称短路,连接必须良好，防止由于连接不良而造成发热、损坏设备。

2）维持发电机转速为额定转速。

3）在试验过程中，调整励磁电流时不要往返来回调。

4）在试验中，当励磁电流升至额定值的15%～20%时，应检查三相电流的对称性，如不对称，应立即断开励磁开关，查明原因。

5）发电机的短路特性试验一般在大修后或更换绕组后进行。

4. 发电机绝缘测量

(1) 发电机定子线圈的绝缘电阻可在不通水的情况下，用2500V摇表测量或在通水的情况下用水内冷发电机绝缘测试仪测量。在相同的温度和湿度的条件下，不得低于前次的1/5～1/3，吸收比不小于1.3倍；定子线圈在不通水干燥后接近工作温度时，用2500V摇表测量其对地的绝缘电阻值应不低于200MΩ。

(2) 发电机通水前用摇表测定绝缘，应在汇水管未与外接水管接上之前进行，并将两端汇水管用导线联接起来，接在摇表的屏蔽端而后测量，测毕接好外接水管。

(3) 发电机通水后用水内冷发电机专用绝缘测试仪测量，测量前先用万用表测量汇水管与线圈间的绝缘电阻不低于100kΩ，汇水管与机座间的电阻不低于30kΩ，用测试仪测量不低于前次的1/3～1/5。

(4) 发电机定子线圈绝缘电阻测量结果与前次比较，如有明显下降时，应查明原因，消除后方允许启动机组。

(5) 励磁回路绝缘电阻的测量（包括发电机、主励磁机）应采用500V摇表进行测量，发电机转子绕组绝缘电阻值不小于5MΩ，主励磁机定子、转子绕组的绝缘电阻不小于1MΩ。

(6) 整流器的控制部分及电子装置禁止用摇表测量绝缘，如需测量时应由专业人员进行。

(7) 发电机底板及电刷架之间电阻用1000V摇表测量，绝缘电阻值不低于1MΩ。

第二节　单元机组能量平衡和热力试验

一、火力发电厂（单元机组）的能量平衡

1. 能量平衡的定义

火电厂能量平衡是以整个发电厂或单元机组为研究对象的各种能量平衡，它包括以下能量的收入和支出，消耗、利用和损失之间的平衡。

(1) 燃料平衡：煤、油。

(2) 汽水平衡：发电、供热、生产、生活等的用汽、用水。

(3) 电平衡：发电量、供电量、生产和非生产厂用电量及购入量的平衡。

(4) 热平衡：从进入锅炉的热量开始到电、热出厂为止的各环节生产、生活用热的热量平衡。

2. 能量平衡的原则方法

单元机组能量平衡测试是新设备验收的主要内容之一，也是计算设备能量消耗、利用和损失的基础，其主要内容包括以下两个方面。

(1) 发电机组投产半年之内的保证值测试。其方法根据设备供货合同执行，其结果应包

括设计煤种，折算至额定循环水温度，不同负荷（额定负荷的100%、75%、50%）下单元机组的热耗率、汽耗率、汽轮机及锅炉效率、厂用电率、水耗、点火油耗，化学水补水率和汽水损失率等。

保证值测试中的发电机组应使设计的热力系统、自动调节系统全部按要求投入。

（2）发电机组大修后的热平衡试验，是在规程规定的参数下进行的试验。要求在发电机组额定负荷和经济负荷下与保证值试验的热耗率或热效率进行对比，以及时指导发电机组的经济运行。热平衡试验的目的是弄清单元机组各环节热能有效利用和损失情况，查明节能的潜力所在，为提高热能利用水平提供科学依据。

二、单元机组的热力试验

单元机组热力试验的主要目的是验证有关保证热耗、机组出力及机组变工况后机组安全经济的性能指标，它是单元机组的维护工作之一。

在下列情况下需进行热力试验：

（1）新机组安装投运后；

（2）机组长期运行或大修前后；

（3）机组的结构、热力系统明显改进前后；

（4）考核机组是否达到了制造厂设计或供货条件中保证的经济指标；

（5）监督、鉴定机组运行是否正常，并为技术改造提供指导；

（6）绘制相应的曲线图表，为电网经济调度、合理启停提供选择依据；

（7）鉴定机组改进或检修效果。

（一）锅炉热力试验

锅炉机组的热力试验可分两类，第一类试验是确定锅炉机组运行的热力性能，如锅炉效率、蒸发量、热损失等，以了解锅炉机组的运行特性和结构缺陷；第二类试验是对新产品、新设备、新技术的研究性试验。

锅炉机组的第一类试验即所谓的现场热力试验。它可分为三个级别：

1. 第一级试验

第一级试验是保证性能验收试验，主要验证制造厂的供货是否达到要求。要验收和鉴定的内容有锅炉蒸发量、效率、蒸汽参数及蒸汽品质、锅炉辅机的运行参数等。试验中必须求出运行负荷范围内的各项热损失、炉膛的风平衡和受热面的总吸热量等数据。

2. 第二级试验

第二级试验是运行（热平衡）试验。试验目的是在额定蒸汽参数下测定锅炉机组的标准运行特性。凡新投产的锅炉按设计功率试运转结束之后、锅炉改装之后以及由于燃料品种变化，或发生参数值偏离额定值的情况下，均需进行此类试验。

3. 第三级试验

第三级试验是运行工况调整试验。进行这类试验的目的是调整锅炉的运行工况并求出其某些单项指标值。运行调整试验时的工作量有：确定锅炉机组某些组件运行工况的变化范围，查明这些变化对锅炉设备各项技术经济指标的影响，以及消除已暴露出来的缺陷和偏差。

第一级和第二级的试验，是按照所提出的课题条件相当精确地求出所求量的绝对值大小；而第三级试验则用较为简单的试验方法进行。第二级和第三级试验的差异在于，试验的次数和主要指标的测量精确度有所不同。

锅炉热力试验一般可分为：

(1) 炉膛冷态空气动力场试验；

(2) 在不改变辅助设备运行方式和燃烧器数量的工况下确定锅炉最低持续负荷；

(3) 在变动辅助设备运行方式和燃烧器数量的工况下确定锅炉最低持续负荷；

(4) 锅炉热效率；

(5) 确定最佳过量空气系数；

(6) 炉膛和烟道的漏风；

(7) 新旧热力设备性能鉴定。

(二) 汽轮机热力试验

汽轮机组热力试验可分为性能鉴定或验收试验和电厂常规例行试验。其任务、目的以及主要特点见表 5-3。

表 5-3 汽轮机热力试验的任务、目的及主要特点

试验类别	性能鉴定或验收试验	电站常规例行试验
试验任务和目的	(1) 为取得机组在设计或保证条件下的热耗率、汽耗率、汽耗量、出力、热效率、内效率等指标，用以鉴定、考核汽轮机或汽轮机组整套装置是否达到设计性能或供货条件中所保证的性能指标 (2) 为取得机组在设备或系统改造前后的性能和性能指标的变化，用以检验和评价改造所取得的效果和效益，并为制订适合于设备状况的经济指标提供依据 (3) 通过专门的热力试验，测定凝汽器真空变化时汽轮发电机组的微增出力和热耗变化，用以绘制真空变化对热耗和功率的修正曲线，并可为确定循环水系统的经济运行方式提供可靠的依据 (4) 通过专门试验，测定蒸汽参数变化时机组热耗和出力的微增量，借以绘制热耗和出力修正曲线	(1) 为取得机组在实际运行条件下对应于不同负荷工况的热力特性和性能指标，为电厂制订运行经济指标和运行调试提供依据 (2) 为取得机组大修前后的性能指标变化，用以检验和评定机组大修效果 (3) 通过定期例行试验，监测和判断汽轮机通流部分的工作状况、机组负载能力的变化现象和其原因；监测和判断回热加热设备、凝汽器、水泵等辅助设备的性能变化及其原因，借以发现问题，寻找节能降耗潜力，为制订有针对性的大修项目或改造方案提供依据
主要特点	重视测量的绝对精确度，要求试验结果有较低的不确定度 影响试验结果的所有参数均用精确的测试仪表测量。仪表精度等级及一次测量元件符合所用试验规程要求 机组运行方式和蒸汽参数接近设计或规定条件，使修正量减至最小	重视测量的相对精确度，要求试验有较高的再现性 对试验结果影响大的重要参数用精确的测试仪表测量，其余可采用运行指示或记录仪表测量 机组运行方式和蒸汽参数接近正常运行情况，使试验结果更具实际意义

其主要试验项目有：

(1) 调节系统和执行机构的试验；

(2) 汽轮机通流部分的试验；

(3) 汽轮机凝汽设备的试验；

(4) 回热系统的试验。

(三) 热力试验的主要工作程序

(1) 试验前的准备工作。全面了解设备系统，安装试验所需测点、仪表。

（2）拟定试验大纲。主要内容包括：试验项目及目的；试验工况及内容；测点布置、测量方法和所用的测量设备；试验负荷点的选择和保持负荷稳定所采取的措施；试验时要求设备具备的条件以及达到这些要求需采取的措施；根据试验要求，确定计算方法；试验中的组织与分工等。

（3）确定试验组织和职责。

（4）按大纲进行预备试验、正式试验。

（5）试验结果的计算分析。

（6）编写热力试验报告。

第六章

单元机组的事故处理

第一节　单元机组事故特点及处理原则

一、单元机组事故的特点

(1) 在单元机组事故中，辅机的事故占有相当高的比例。单元机组的锅炉、汽轮机、发电机之间联系紧密，其中任一环节事故将影响整个机组的运行。同时辅机及辅助设备随着机组容量的增大而增大，其要求也增高。因此，不论是主机、辅机还是辅助设备损坏，都可能造成机组停运或限制出力。

(2) 由于参数超限、管壁超温而造成的设备事故占相当大的比例。单元机组均为高参数大容量机组，金属材料处于严峻的工况下，设计时在材料性能方面留有的裕量是极为有限的，所以对运行参数及管壁温度有严格的限制。

(3) 单元机组容量较大，机组结构复杂，发生事故造成设备损坏所需检修时间长、费用大。即使没有造成设备损坏，机组启停也会带来发电量的损失和机组启停所需要的费用。

(4) 单元机组发生严重的主设备损坏事故，检修难度大，往往难以使设备恢复至原来状态，从而影响设备正常使用。

(5) 大容量单元机组控制系统的自动及保护装置十分复杂，由于设备和人为的各种原因，往往不能正确使用，甚至有的自动及保护装置长期不能投运。在这种情况下，若发生事故，极易造成主设备的重大损坏。

二、机组事故处理的原则

发生事故时，运行人员应沉着冷静，对机组工况进行全面分析后迅速找出故障点和事故根源，判断故障的性质和影响范围，并进行正确和迅速的处理。

(一) 事故处理中应遵循的总原则

(1) 尽快消除事故根源，迅速隔绝故障点，以便解除对人身和设备的威胁，防止事故蔓延和扩大。

(2) 在确保人身和设备不受损害的前提下，尽可能保持和恢复机组的正常运行，其中包括尽量发挥正常设备的最大出力和将部分设备的负荷进行必要的转移和调整，以满足厂用电系统和电网负荷的需要。只有确实已经丧失运行能力或运行条件时，以及对设备和人身安全构成威胁时才可停止机组的运行。

(3) 发生事故后如有关连锁、保护装置未能按规定要求动作，运行人员应手操使其动作，以免造成设备损坏事故。

(4) 当由于连锁或保护装置动作而骤减负荷或紧急停用时应迅速查明事故原因，并设法消除后方可恢复机组的正常运行。凡故障跳闸的设备，在未查明真相前，不可盲目将其恢复运行。

在上述总原则下，要求运行人员在处理事故中应以认真负责的态度，始终保持清醒的头脑，沉着冷静、正确判断、迅速果断地将事故消灭在萌芽状态。

（二）事故处理的组织和调度原则

（1）事故发生后，应在值长、单元长（或班长）的统一指挥下，各岗位互通情况，密切配合，及时将故障情况和采取的措施逐级汇报，以便主要岗位的值班人员能及时掌握事故的动态，以利于事故处理和防止故障蔓延。

（2）发生事故时，对于尚未影响到的那些岗位的值班人员，应严阵以待，坚守岗位。与运行无关的一切人员均应远离故障现场。协助处理故障的人员不可擅自操作，必须在当班值长、单元长（或班长）指挥下以当班值班人员为主进行协助操作。

（3）在事故现场的各级领导及专业人员，应根据现场实际情况给予必要的指导，但不得与值长、单元长（或班长）的命令相抵触。值班人员对于值长、单元长（或班长）的命令，除对人身、设备有直接危害者外，均应坚决执行。

（4）事故处理过程中，应暂停交接班工作，接班人员应在上一班值长、单元长（或班长）的统一指挥下进行协助处理，并待故障处理结束后方可进行交接班工作。

（5）事故处理结束后，各岗位值班人员均应将事故发生的现象、时间、地点及处理经过详细记录交班，以便进行总结和分析。

第二节 单元机组的事故及处理

一、锅炉典型事故及处理

（一）锅炉灭火

锅炉炉膛灭火事故是发电厂的常见事故，一旦处理不当将引起炉膛爆炸。因此为了防止锅炉发生爆炸，必须首先防止锅炉灭火。对300MW机组的锅炉还应充分发挥计算机保护系统的作用和制定合理的锅炉灭火处理方法，以便杜绝锅炉灭火后由于处理不当而造成的爆炸事故。

1. 产生锅炉灭火事故的原因

（1）运行中锅炉主要辅机故障或电源中断。

（2）MFT动作时切断进入锅炉的所有燃料。

（3）锅炉风量或炉膛负压过大造成炉火吹熄或抽熄。

（4）锅炉配风不合理，燃料风门、辅助风门均未调好，一次风量太大、风速太高，风粉比例不当，造成锅炉燃烧工况不稳。

（5）制粉或燃油系统故障、燃料品质突变、挥发分或发热量过低等，将造成炉火不稳、锅炉实际燃料量大幅度减少甚至中断，导致炉膛热负荷和炉膛温度突降而造成灭火。

（6）锅炉吹灰或除灰、除焦操作不当使燃烧室进入大量蒸汽或冷风，造成炉膛温度突降，燃烧不良，严重时也会锅炉灭火。

（7）锅炉负荷过低时操作或调整不当、锅炉减负荷速度过快或发生负荷突降以及受热面（特别是水冷壁）严重爆管、炉膛内大量塌灰、塌焦等扰动都可能引起锅炉灭火。

此外，火焰检测器探头积灰、炉膛火焰中心严重偏移、炉膛内大量灰渣、焦渣塌落等，都有可能造成火焰检测器测不到火焰信号而导致灭火保护动作。

2. 锅炉灭火的现象

锅炉炉膛灭火时常见的现象有：炉膛负压突然增大，炉膛风压表指示在最大负值；一、二次风风压表指示减小，炉膛内变暗发黑，从看火孔看不到火焰；汽压、汽温、水位、蒸汽流量急剧下降。若是因锅炉辅机事故而引起的灭火（如送风机、引风机、给粉机以及制粉系统电源中断等），则有事故信号以及这些事故发生时应有的各种现象。

3. 锅炉灭火事故的处理方法

发生锅炉灭火事故时，绝对禁止采用关小风门、继续向炉膛供给燃料来恢复着火的操作。当锅炉发生全熄火、角熄火或临界火焰时，如保护装置未动作，应手动 MFT，按紧急停炉的操作方法和要求进行处理，查明灭火原因并加以消除。对锅炉设备进行全面检查，确认烟道内无再燃烧现象、设备无损坏时做好重新启动的准备。

（二）锅炉尾部烟道再燃烧

1. 锅炉尾部烟道再燃烧的主要原因

发生烟道再燃烧的主要原因是烟道内沉积了大量燃烧物质（煤粉或油垢），在一定条件下复燃。其具体原因如下：

(1) 燃烧品质或运行工况变化时，燃烧调整不及时或调整不当。风量过小、煤粉过粗或自流、油枪雾化不良，使未燃尽的碳黑或油滴等可燃物随烟气进入烟道沉积在尾部烟道内或受热面上。

(2) 锅炉低负荷运行，点火初期或停炉过程中，由于炉膛温度过低，燃料着火困难，燃烧过程长，使部分燃料在炉膛内无法完全燃尽被烟气带至烟道内，发生烟气中可燃物的沉积。

(3) 紧急停炉时未能及时切断燃料，停炉后或点火前炉膛吹扫时间过短或吹扫风量过小，使可燃物质沉积在尾部烟道内或受热面上。

(4) 运行中烟道和预热器吹灰器长期故障或停止使用，使尾部受热面上的积灰和可燃性沉积物不能得到及时清除而越积越多，造成了受热面外表粗糙，使之更易黏附烟气中的固态物质，使尾部烟道受热面上的可燃物质逐渐积聚起来。

2. 锅炉尾部烟道再燃烧的现象

尾部烟道再燃烧的常见现象有：再燃烧处烟温、工质温度不正常地升高。引风机投自动时，引风机动叶动作频繁、开度增大，引风手动时烟道及炉膛负压剧烈变化并偏正，严重时烟道防爆门动作打开。烟气监视仪指示发生异常变化，排烟温度不正常地升高，从引风机轴封和烟道不严密处向外冒烟或喷火星。如果再燃烧现象发生在预热器部位时，则一、二次风温亦将不正常地上升，回转式预热器电流指示晃动，严重时外壳烧红，转子与外壳可能有金属摩擦声。对于 UP 型直流锅炉，如果再燃烧现象发生在省煤器处，则有可能造成省煤器出口工质汽化，使水冷壁各垂直管屏的流量分配遭到破坏，水冷壁管或管屏出口工质温度可能超限。当再燃烧现象发生在过热器或再热器部位，将出现过热汽温或再热汽温不正常地升高。

3. 锅炉尾部烟道再燃烧的处理方法

当发现排烟温度不正常地升高时，应检查炉内燃烧工况，增加空气量，使炉内燃烧充分。如排烟温度急剧上升，炉膛负压波动剧烈，采取措施无效且当检查确定锅炉尾部烟道二次燃烧时，应即紧急停炉，切断煤粉，并将送、引风机停止，严密关闭所有风烟挡板隔绝空气，切不可通风，否则将愈烧愈旺。将炉膛和烟道的各部分人孔门关严，烟道保持密闭状态，然后向锅炉尾部烟道内充入蒸汽灭火。必要时保持锅炉连续少量进水，打开省煤器再循环门以保护省煤器；打开过热器疏水门以保护过热器；对再热机组应开启旁路系统并打开事故喷水以保护过热器和再热器。当确认烟道内燃烧完全扑灭后，可启动引风机，逐渐开启其挡板，抽出烟道中的烟气和蒸汽，待锅炉冷却后，应对烟道内受热面进行全面的检查。如果是在引风机外壳内发现火星或火焰，应立即关闭其挡板并停止引风机的运行，以免风机损坏或变形。

（三）锅炉受热面损坏事故

1. 引起受热面损坏的原因

在锅炉设备的各类事故中，受热面泄漏、爆破等损坏事故最为普遍，约占各类事故总数的30%左右。锅炉受热面一旦发生泄漏或爆破，大多需要停炉后方可处理，由此造成的经济损失将是巨大的。当受热面发生爆管时，由于大量汽水向外喷出，将对锅炉运行工况产生较大的扰动，爆破侧的烟温将明显降低，使锅炉两侧烟温偏差增大，给参数的控制带来了困难。水冷壁发生爆管时，还将影响锅炉燃烧的稳定性，严重时甚至会造成锅炉灭火。当受热面发生泄漏或爆管后，如不及时处理，还极易造成相邻受热面管壁的吹损，并对空气预热器、电除尘器、引风机等设备带来不良影响。因而，防止和消除受热面爆破损坏事故，对保证安全经济运行尤为重要。造成受热面损坏的主要原因有以下几种：

（1）管壁金属超温。在现代大型锅炉中，锅炉受热面的管壁金属温度已非常接近其安全极限。当锅炉钢管的外表面金属温度升高到某一数值时，则在管子外表面形成氧化皮，甚至使金属的金相组织发生改变。在水冷壁辐射受热面中，由于该受热面的热负荷最大，并且经常改变，如壁温过高，则产生氧化皮现象更为严重。过热器和再热器在锅炉总受热面中占了很大比例，处在烟温更高的区域，其工作条件是锅炉受热面中最为恶劣的，受热面管壁温度接近于钢材允许的极限温度。当金属的温度升高时，它的持久强度下降，因此，受热管的工作温度应满足钢材的强度要求，如果受热管超温，将导致受热管胀粗、鼓包、起氧化皮等，直至引起爆破。

（2）金属管壁温度长期波动。即使金属温度未超过容许温度，当金属温度长期波动时，也会导致氧化皮脱落和金属疲劳破坏。这种受热面的金属温度波动，主要是由于管内工质冷却金属的条件变化而引起的。在疲劳损坏时，金属将产生裂纹。对于有焊缝的金属管，特别当焊接质量不高时，在工质流量和温度发生剧烈变化时，不仅会产生很大的交变应力和发生疲劳损坏，而且因焊缝中存在金属的不同性、焊渣及其他因素，会加剧腐蚀，更助长了产生金属的疲劳损坏事故。

（3）管内腐蚀、结垢和积盐。锅炉受热管的管内腐蚀，主要为汽水腐蚀、电化学腐蚀以及电化学和机械作用共同产生的腐蚀等。锅炉停炉备用期间，保养得不好也易产生氧化性腐蚀。由于水垢的导热性比金属差得很多，在热负荷很高的受热管中形成水垢后，将使金属管壁温度急剧升高，以致爆管。此外，给水品质差易发生汽水共腾现象，造成过热器管内严重积盐而超温爆破。

（4）管外磨损。使用高灰分燃料的锅炉，省煤器管和再热器易被烟气飞灰磨损。烟速愈高，磨损愈剧烈，极易引起爆破事故。喷燃器附近的水冷壁管易被煤粉磨损而减薄引起爆破，故应经常检查喷燃器工作情况，防止煤粉气流偏斜。此外，打焦、吹灰方式不正确，也易磨损管子。大块焦渣落下来时还可能砸坏管子。

（5）启动、停炉工作不符合要求。冷炉进水时的水温或进水速度不符合规定，点火时，升压、升温和升负荷速度过快，停炉时冷却过快，放水过早等，都会使炉内冷热不均，产生过大热应力，导致受热面管爆破。

(6) 运行中负荷变动过大。运行中锅炉负荷的突增突减，也将对受热面管子带来威胁。如果外界负荷骤减过多，一方面汽压突然升高，易使原来受热较弱的水冷壁管中的水循环变慢或停滞；另一方面，炉内需要减弱燃烧，在停止运行的喷燃器周围的水冷壁管热负荷急剧下降，也可能引起这些管中发生水循环停滞现象。

(7) 运行调整不当。运行中燃烧调整不正确，喷燃器运行方式不合理，风量、燃料量使用不当，炉膛负压控制不好，引起火焰中心偏斜或炉膛结渣等现象，都容易使水冷壁管、过热器和再热器等设备管壁局部过热损坏。燃烧调整不当或者煤粉过粗，烟气中携带较多的固体可燃颗粒，沉积在尾部受热面上，也易引起煤粉再燃烧，致使再热器和省煤器管子损坏。经常保持高水位运行或水位控制调整不当，造成缺水或满水事故，以致引起水冷壁管或过热管爆破损坏。

2. 锅炉受热面损坏的常见现象和处理原则

锅炉受热面损坏时炉膛或烟道内可听到泄漏声或爆破声，锅炉各参数由于自动调节虽基本保持不变，但给水流量却不正常地大于主蒸汽流量，锅炉两侧烟温差、汽温差将明显增大，受热面损坏侧的烟温将大幅度降低，炉内燃烧可能不稳，严重时甚至造成锅炉灭火。在炉膛负压投自动的情况下，引风机开度将自动增大，电流增加。在引风未投自动时，炉膛负压将偏正，此时应立即手操开大引风，维持炉膛负压。

当受热面泄漏不严重尚可继续运行时，应及时调整燃料、给水和风量，维持锅炉各参数在正常范围内运行。给水自动如动作不正常时应及时切至手操控制，必要时还可适当降低主蒸汽压力或降低锅炉负荷运行，严密监视泄漏部位的发展趋势，做好事故预想，并做好停炉前的准备工作。

如受热面泄漏严重或爆破，使工质温度急剧升高，导致管壁严重超温，不能维持锅炉正常运行或危及人身、设备安全时，应立即按手动紧急停炉进行处理。停炉后为防止汽水外喷，应保持引风机运行，维持炉膛正常负压，直到泄漏或爆破处蒸汽基本消失后方可停用引风机。为了防止电除尘器极板积灰，应立刻停止向电除尘器供电，保持电除尘器连续振打方式。为了防止灰斗堵灰，应将电除尘器、回转式空气预热器、省煤器灰斗内的积灰放尽。

此外，还应做好泄漏或爆破点附近及周围（如省煤器灰斗等）防止汽、水喷出伤人的安全措施。

若受热面爆破引起锅炉全灭火或角灭火时，则应按锅炉灭火 MFT 处理。由于受热面损坏引起蒸汽温度、再热蒸汽温度过高、过低或两侧偏差过大时，还应结合汽温异常的有关要求来进行处理。

（四）锅炉水位事故

在锅炉汽包中，水位表示蒸发面的位置。汽包正常水位的标准线一般定在汽包中心线以下 100～200mm 处，在水位标准线的 ±50mm 以内为水位允许波动范围。

锅炉的水位事故是锅炉最易发生且后果又十分严重的事故之一。锅炉水位事故可分为满水、缺水和汽水共腾等几种情况。

1. 锅炉缺水事故

缺水分为轻微缺水和严重缺水两种。当水位虽低于规定的最低水位，但在水位计上仍有读数时，为轻微缺水；当水位不但低于规定的最低水位，而且在水位计上已无读数时，为严重缺水。

造成锅炉缺水的原因大致有水位计指示不准确、给水自动调节失灵、给水压力下降、水冷壁和省煤器等受热面泄漏以及机组的负荷、汽压、燃烧工况等扰动影响。

锅炉发生缺水事故时，有许多现象可判断，如水位警报器发出低水位报警信号、各种水位计指示汽包水位低或不见水位、蒸汽流量不正常地大于给水流量，严重缺水时还使汽温升高。当水位低于最低允许水位，严重缺水时致使低水位保护动作主燃料跳闸（MFT），停止锅炉运行。若锅炉汽包水位下降是因给水泵发生事故，造成给水压力下降，应立即启动备用给水泵，恢复正常给水压力，增加给水流量，逐渐恢复正常水位。

若锅炉正在进行定期排污，应立即停止排污。若属排污门不严密而大量泄漏，应立即关闭排污系统的隔绝门。如采取了恢复水位的措施后，汽包水位仍继续下降，则降低锅炉负荷。如汽包水位继续下降，发生严重缺水时，应立即熄火停炉，严禁向锅炉进水。若不是由于运行人员监视疏忽而造成的缺水，判明汽包缺水尚不严重时可增加锅炉的给水量，缓慢地向锅炉进水，消除事故后，可重新点火带负荷。

2. 锅炉满水事故

满水也有轻微满水和严重满水两种。当水位虽高于规定最高水位，但在水位计上仍有读数时，为轻微满水；当水位不但高于规定最高水位，而且在水位计上已无读数时，为严重满水。

当锅炉发生满水事故时有以下现象：水位计水位高或不见水位、高水位报警、给水流量不正常地大于蒸汽流量、过热汽温下降；严重满水时过热汽温急剧下降、发现主蒸汽管道有水锤声并发生振动、阀门门杆及汽轮机轴封处向外冒白汽。

锅炉满水事故发生时，当汽包内的水位超过规定的正常值，应减少给水流量，必要时开启事故放水阀门，如无事故放水门，则开启水冷壁下联箱放水门；如汽包内水位继续上升，如经处理无效，且证实为严重满水时，应立即停炉，且继续加强放水，严密监视水位。如主蒸汽温度急剧下降时，应立即关闭减温水门，开启集汽联箱和侧墙疏水门，以及主蒸汽管道和汽轮机侧疏水门。停止锅炉机组运行后停止向锅炉上水。确认满水时，可增加锅炉放水，尽快使汽包水位恢复正常。

二、汽轮机典型事故与处理

（一）汽轮机进水事故

高压大容量汽轮机，尤其是大型再热汽轮机，由于进水或进冷汽造成的设备损坏事故，在国内外多次发生。由于进水之后将造成叶片的损伤、动静部分碰磨、汽缸裂纹或产生永久变形、推力轴承损坏等严重事故，因此，运行人员应高度重视。

1. 汽轮机进水的原因

（1）来自锅炉及主蒸汽系统方面。由于误操作或自动调节装置失灵，锅炉蒸汽温度或汽包水位失去控制，有可能使水或冷蒸汽从主蒸汽管道进入汽轮机。当由于某种原因使汽轮机负荷突然增加、滑参数启动和停机过程中，汽轮机调节汽门突然关小造成汽压突然升高，都有可能使蒸汽带水，严重时会使汽轮机发生水冲击。

（2）来自再热蒸汽系统。再热蒸汽系统中设有减温水装置，用以调节再热蒸汽温度，若减温水门不严或误操作，水有可能从再热蒸汽冷段反流到高压缸，造成高压外下缸金属温度降低，使上下缸温差增大，发现上述现象应立即通知锅炉运行人员将减温水门关闭。如果是机组在启动中发生，应检查Ⅰ级旁路后汽温，如果汽温过低应进行调整。另外，再热系统疏水设计不合理，也可能使疏水进入汽轮机。由于中间再热系统比较庞大，而疏水管径又太小，启动时疏水不畅，造成暖管时间过长，延误启机时间。

(3) 来自抽汽系统。水或冷蒸汽从抽汽管道进入汽轮机，多是加热器管子泄漏或加热器系统故障引起的。加热器水位升高；加热器汽侧压力高于抽汽压力；壳体或管道有水击声；抽汽逆止门门杆冒白汽或溅水滴。发现上述情况，如果是加热器疏水调整门失灵，应立即开大旁路门；如果确认是加热器泄漏应立即将其停止。另外，若除氧器满水，水可能从四段抽汽管道、门杆漏汽管道返入汽缸。

(4) 来自轴封系统。汽轮机启动时，如果轴封系统暖管不充分，疏水将被带入汽封内。在停机过程中，当切换备用汽源时，轴封也有进水的可能。尤其在机组甩负荷时，需要投入轴封高温汽源，如果这时暖管不充分，将积水带入轴封，高温的大轴表面将受到不均匀的骤冷冲击，对大轴的危害是非常严重的。

发现汽封进水时，应立即开启轴封供汽管道的疏水门，适当控制进汽量，检查除氧器水位、轴封抽气器水位、轴封风机的运行情况，分别进行处理。如在短时间内处理不好或轴封大量冒水时，应紧急停机。

(5) 来自凝汽器。汽轮机正常运行时，凝汽器的水位是受到重视的，因为当水位升高后，就会严重地影响真空，所以在汽轮机正常运行时，凝汽器内的水一般不会到灌入汽缸的。但停机以后，则往往忽视对凝汽器水位的监视，如果进入凝汽器的联络水门（如除盐水补水门等）关闭不严，就会发生凝汽器满水，并灌入汽缸的事故。

(6) 来自汽轮机本身的疏水系统。从疏水系统向汽缸返水，多数是设计方面的原因造成的。例如把不同压力的疏水接到一个联箱上，而且泄压管的尺寸又偏小，这样压力大的疏水，就有可能从压力低的管道返回汽缸。这时事故的现象表现为：上下缸温差大，继而使汽缸变形，引起动静部分摩擦。

2. 在运行维护方面应采取的措施

在运行维护方面，要做到如下几点：

(1) 当主蒸汽温度和压力不稳定时，要特别注意监视，一旦汽温急剧下降，通常为直线下降50℃时，应按紧急停机处理。

(2) 注意监督汽缸的金属温度变化和加热器、凝汽器的水位，即使在停机以后也不能忽视，当发现有进水的危险时，要及时地查明原因，注意切断可能引起汽缸进水的水源。

(3) 热态启动前，主蒸汽和再热蒸汽要充分暖管，保证疏水畅通。

(4) 高压加热器水位保护要进行定期检查试验，保证其工作性能符合设计要求，高压加热器保护不能满足运行要求时，禁止高压加热器投入运行。

(5) 在锅炉熄火后，蒸汽参数得不到可靠保证的情况下，一般不应向汽轮机供汽。如因特殊需要（如快速冷却汽缸等），应事先制定必要的监督措施。

(6) 对除氧器水位进行监督，定期检查水位调节装置，杜绝发生满水事故。

(7) 滑参数启动和停机的过程中，汽温、汽压都要严格按照规程规定保持必要的过热度。

(8) 定期检查再热蒸汽和Ⅰ、Ⅱ级旁路减温水门的严密性，一旦发现泄漏情况要及时检修处理。

(9) 只要汽轮机在运转状态，各种保护就必须投入，不得退出。

(10) 运行人员应该明确：在汽轮机低转速下进水，对设备的威胁要比额定转速下或带负荷运行状态下大得多。因为在低转速下一旦发生动静摩擦，容易造成大轴弯曲事故，另外在汽轮机带负荷的情况下进水时，因蒸汽量较大，汽流可以使进入的水均匀分布，从而使因温差引起的变形小一些，一旦进水排除后，汽缸的变形也可以很快地恢复，所以在汽轮机低转速下运行时，尤其要注意监督汽轮机进水的可能性。

(二) 汽轮机大轴弯曲事故

汽轮机大轴弯曲事故是汽轮机发电机组恶性案件事故中最为突出的一种，这种事故多数发生在高压大容量的汽轮机中，这是因为高压大容量汽轮机运行中的热膨胀和热变形都远比中低参数的中小型汽轮机复杂得多，而且高压大容量汽轮机组整锻转子运行中发生大轴弯曲的危险性要比中低压机组通常采用的套装转子大得多。

1. 汽轮机大轴弯曲的现象

汽轮机大轴弯曲事故，多数发生在机组启动时，也有少数是在滑停过程和停机后发生，其事故的现象是：运转时，汽轮机发生异常振动，轴承箱晃动，胀差正值增大，轴端汽封冒火花或形成火环；停机后转子惰走时间明显缩短，严重时产生“刹车”现象。转子刚静止时盘车投不上，即使能够投入电动盘车，盘车电流较正常值大，周期性摆动，用晃动表测量大轴晃动时远远超过正常值，尽管转子逐渐冷却，但大轴晃动值仍然固定在一个较高的数值上，即确认大轴产生永久弯曲。

2. 汽轮机大轴弯曲的原因

汽轮机发电机组大轴弯曲的原因是多方面的，从运行方面主要有以下几种原因：

(1) 热态启动前，大轴晃动超过规定值。在机组大轴弯曲的情况下启动，必然引起振动，而且在中速以下就反映出来。如果停机不及时，弯曲的转子必然加剧和汽封的摩擦。结果产生愈磨愈弯，愈弯愈磨的恶性循环，以致使大轴产生永久弯曲。

(2) 上下汽缸温差大。上下汽缸温差过大（如达到60℃以上时），将使汽缸产生热弯曲，甚至导致端部汽封和隔板汽封径向间隙消失，引起转子轴的高点与汽封摩擦，摩擦后，转子局部表面过热便产生热弯曲，如果处理不及时，可能扩大或造成大轴永久弯曲。所以，上下缸温差大，常常是造成大轴永久弯曲的初始原因。

(3) 进汽温度低。热态启动时，如果进入汽轮机的蒸汽温度低于汽缸金属温度，不仅使转子胀差负值过大，还会引起上下汽缸温差增大。

(4) 汽缸进水。停机后，在汽缸温度较高时，凝汽器满水倒入汽缸，或者是再热器减温水倒入高压缸，使汽缸突然冷却，或使大轴产生径向温差而弯曲。

导致大轴弯曲的一个经常原因是机组振动超标时，没有采取果断措施打闸停机。

3. 运行方面防止大轴弯曲事故的技术措施

(1) 汽轮机冲转前的大轴晃动度、上下缸温差、主蒸汽及再热蒸汽的温度等必须符合有关规程的规定，否则禁止启动。

(2) 冲转前进行充分盘车，一般不少于2~4h（热态启动取最大值），并尽可能避免中间停止盘车。若盘车短时间中断，则应适当延长连续盘车时间。

(3) 热态启动时，应对机组进行认真全面地检查，保证汽封送汽温度、主汽温度与金属温度匹配，并充分疏水。

(4) 启动升速中应有专人监视轴承振动，如果发现异常，应查明原因并进行处理。中速以前，轴承振动超过允许值时应打闸停机。过临界转速时振动超过 0.10mm 应打闸停机。严禁硬闯临界转速开机。

(5) 机组启动中，因振动异常而停机后，必须经过全面检查，并确认机组已符合启动条件，仍要连续盘车 4h，才能再次启动。

(6) 启动过程中疏水系统投入时，应注意保持凝汽器水位低于疏水扩容器标高。

(7) 当主蒸汽温度较低时，调节汽阀的大幅度摆动，有可能引起汽轮机发生水冲击。

(8) 机组在启、停和变工况运行时，应按规定的曲线控制参数变化。当汽温下降过快时，应立即打闸停机。

(9) 机组在运行中，轴承振动超标应及时处理。

(10) 停机后应立即投入盘车。

(11) 停机后应认真检查、监视凝汽器、除氧器和加热器的水位，防止冷汽、冷水进入汽轮机，造成转子弯曲。

(12) 汽轮机在热状态下，如主蒸汽系统截止阀不严，则锅炉不宜进行水压试验。如确需进行，应采取有效措施，防止水漏入汽轮机。

(13) 热态启动前应检查停机记录，并与正常停机曲线比较，发现异常情况应及时处理。

(14) 热态启动时应先投轴封后抽真空，高压轴封使用的高温汽源应与金属温度相匹配，轴封汽管道应充分暖管、疏水，防止水或冷汽从轴封进入汽轮机。

(三) 汽轮机油系统事故

油系统运行中引起的事故在汽轮机事故中占有相当大的比重。油系统一旦发生事故且处理不当时，往往扩大为灾难性的事故。油中进水、油质劣化使调节保安系统锈蚀阻涩；甩负荷时超速甚至飞车或漏油着火；供油中断或油质不洁造成轴承及轴颈磨损、轴承乌金熔化；机组漏油导致火灾事故。

1. 主油泵工作失常的原因

主油泵工作失常的主要原因，通常是由于本身机械部分的损伤或破坏。对于离心式主油泵还可能是注油器工作失常，使主油泵入口油压降低，影响出力，调节系统和润滑油系统油压也降低。在运行中发现油系统压力降低、油量减少以及主油泵声音失常，可断定是主油泵事故，应立即启动辅助油泵，紧急停机。

2. 油系统漏油的现象与处理

油系统的管道、阀门、冷却器等部件，由于安装检修不良，运行中机组振动而松弛，以及贮油设备破裂或误操作等原因，均可能使油系统漏油，使油箱油位降低或油压下降，或两者同时出现。其处理方法如下：

(1) 油压和油箱油位同时下降时，表明主油泵后的管道发生严重漏油，应及时检查主油泵出口的高、低压油管道及有关管件，并采取有效措施堵漏，同时向油箱内补油至正常油位。若经检查，无漏油时，则可检查冷油器出口的冷却水内是否含有汽轮机油，以判别冷油器内的铜管是否破裂而漏油。当确认冷油器漏油时，应迅速切换备用冷油器。当漏油不能及时消除，致使油箱油位降至允许的最低油位以下时，应启动辅助油泵，紧急停机。

(2) 油压降低而油箱油位不变时，应检查主油泵的工作情况。如主油泵工作正常，可能是辅助油泵的逆止阀不严，压力油经此而漏回油箱，或是汽轮机前轴承箱内压力油管漏油返回油箱等原因。此时启动备用油泵保持油压，同时查明原因消除漏油。如漏油在短时间内无法处理时，应按事故停机进行处理。

(3) 油压不变而油箱油位降低时，应检查油位指示器是否失灵，以及油管道有无微量漏油，油箱放油阀是否误开等。查明原因后应及时处理，同时向油箱补油至正常值。若漏油不能及时消除，而油箱油位降至最低允许油位以下时，应紧急停机。

3. 油系统进水

汽轮机油中进水将导致透平油油质酸化、乳化，引起调节系统的部件锈蚀、腐蚀，导致调节系统事故或使轴承严重磨损。

油中进水在电厂中比较常见，其原因一般有：

(1) 轴封间隙大。组装时轴封间隙偏大或由于启动不慎或汽缸刚度差使轴封间隙被磨大。

(2) 轴封系统不完善。压力调节器工作不正常，高压轴封和低压轴封供汽不能分别调整。

(3) 排油烟机未调整好，汽轮机轴承回油室负压过高。

(4) 轴封冷却器不正常或轴封抽汽器容量不足。

以上情况出现会使蒸汽通过轴承窜入油系统，造成油中进水。此外也可能是汽缸结合面漏汽时使汽水进入油中；油冷却器铜管泄漏使冷却水进入油中。近年来还发现有些机组油中泡沫增多的现象，致使油箱油位虚假上升，甚至溢流；回油管空间被泡沫充满以致油流不畅，轴承油挡漏油；油管振动增加；以及排油烟机抽出泡沫等。如不及时处理，可能造成断油。可用加入消泡剂的方法进行处理，但需注意确定剂量并充分稀释后缓慢加入，以防泡沫突然消失，影响油系统的稳定运行。

为防止油系统进水，在运行中应保持冷油器的油压大于水压，以免冷油器管破裂或管板渗漏时，水由裂口处渗入油中；对高压轴封适当调节；定期化验油质，发现油中带水要及时采取措施。

4. 油系统着火

(1) 油系统着火的原因

由于设备结构上存在缺陷、安装检修不合标准及法兰质量不佳，运行不当引起油管道振动使管道破裂，油管接头螺纹部分断裂变形、脱落等，均能造成漏油。当油落至附近没有保温或保温不良的高温部件（如高压汽缸、高温蒸汽管道）上时，将引起油系统着火。

(2) 防止汽轮机油系统着火的措施

1) 油系统的布置应尽量远离高温管道，油管应尽量减少法兰，油管最好能布置在低于高温蒸汽管路的位置。

2) 汽轮机油管道要有牢固的支吊架和必要的隔离罩、防爆箱。油系统仪表管应尽量减少交叉，以防在运行中发生振动磨损。高压油管的管接头宜按高一级压力选用，不许采用铸铁或铸铜的阀门。在大型机组上使用抗燃油和将压力油管放在无压力的油管内，油泵、冷油器安放在主油箱内，这种对防火非常有利。

3) 汽轮机油系统的安装和检修，必须保证质量，阀门、法兰接合面不渗不漏。

4) 油系统的阀门、法兰盘及其他可能漏油的部位附近敷设有高温管道或其他热体时，这些热体的保温应牢固完整，并外包铁皮或玻璃丝布涂油漆。压力油管的法兰接头处应有护罩，防止漏油时直接喷射。保温层表面温度一般不应超过50℃，如有油漏至保温层内，应及时更换保温层。必要时装设低位油箱，收集流入轴承座沟槽内的油，疏油管应经常保持畅通。

5）油系统有漏油现象时，必须查明原因，及时修复，漏出的油应及时拭净。运行中发现油系统漏油时，应加强监视，及时处理。如运行中无法消除，而又可能引起火灾事故时，应采取果断措施，尽快停机处理。

6）事故排油门的标志要醒目，油门的操作把手处应有两个以上的通道可以达到，且操作把手与油箱或与密集的油管区间应有一定的距离，以防油系统着火后被火焰包围，无法操作。

7）油系统管道、阀门、接头、法兰等部件一般应按工作压力的两倍来选用。油系统管子厚度最薄不得小于1.5mm，油系统不要采用铸铁或铸铜的阀门、考克。油系统安装完毕或大修后，应进行超压试验，以便及早发现问题。

8）汽轮机在运行中发生油系统着火，如属于设备或法兰结合面损坏喷油起火时，应立即破坏真空停机，同时进行灭火。为了避免汽轮发电机组轴瓦损坏，在破坏真空后的惰走时间内，应维持润滑油泵运行，但不得开启高压油泵。有防火油门的机组，应按规定操作防火油门。当火势无法控制或危及油箱时，应立即打开事故放油门放油。

（四）汽轮机真空下降事故

汽轮机运行中，凝汽器真空下降，将导致排汽压力升高，可用焓降减小，同时机组出力降低，排汽缸及轴承座受热膨胀，轴承负荷分配发生变化，机组产生振动，凝汽器铜管受热膨胀产生松弛、变形，甚至断裂。若保持负荷不变，将使轴向推力增大以及叶片过负荷，排汽的容积流量减小，末级要产生脱流及旋流，同时还会在叶片的某一部位产生较大的激振力，有可能损伤叶片。汽轮机真空下降分为急剧下降和缓慢下降两种情况。

1. 真空急剧下降的原因和处理

（1）循环水中断。循环水中断的故障可以从循环水泵的工作情况判断出。若循环泵电机电流和水泵出口压力到零，即可确认为循环泵跳闸，此时应立即启动备用循环泵。若强合跳闸泵，应检查泵是否倒转，若倒转，严禁强合，以免电机过载和断轴。如无备用泵，则应立即将负荷降到零，打闸停机。

循环水泵出口压力、电机电流摆动，通常是循环水泵吸入口水位过低、滤网堵塞等所致，此时应尽快采取措施，提高水位或清除杂物。

如果循环水泵出口压力、电机电流大幅度降低，则可能是循环水泵本身故障引起。

如果循环水泵在运行中出口误关，或备用泵出口门误开，造成循环水倒流，也会造成真空急剧下降。

（2）真空泵工作失常。如果发现真空泵出口压力、电机电流同时到零，说明真空泵跳闸。如真空泵压力、电流下降，说明泵本身故障或水箱水位过低。发生上述情况时，均应启动备用泵，水位过低时应补水至正常水位。

（3）凝汽器满水。凝汽器在短时间内满水，一般是凝汽器铜管泄漏严重、大量循环水进入汽侧或凝结水泵故障所致。处理方法是立即开大水位调节阀并启动备用凝结水泵，必要时可将凝结水排入地沟，直到水位恢复正常；铜管泄漏还表现为凝结水硬度增加，这时应停止泄漏的凝汽器，严重时则要停机；如果凝结水泵故障，可以从出口压力和电流来判断。

(4) 轴封供汽中断。如果轴封供汽压力到零或出现微负压，说明轴封供汽中断，其原因可能是轴封压力调节器失灵，调节阀阀芯脱落或汽封系统进水。此时应开启轴封调节器的旁路阀门，检查除氧器是否满水（轴封供汽来自除氧器时）。如果满水，迅速降低水位，倒换轴封的备用汽源。

2. 真空缓慢下降的原因和处理

因为真空系统庞大，影响真空的因素很多，所以真空缓慢下降时，寻找原因比较困难，重点可以检查以下各项，并进行处理。

(1) 循环水量不足。循环水量不足表现在同一负荷下，凝汽器循环水进出口温差增大，其原因可能是凝汽器进入杂物而堵塞。应进行凝汽器水侧反冲洗，或停用半侧凝汽器，清扫管板垃圾。对于凝汽器出口管有虹吸的机组应检查虹吸是否破坏，其现象是：凝汽器出口侧真空到零，同时凝汽器入口压力增加。出现上述情况时，应使用循环水系统的辅助抽气器，恢复出口处的真空，必要时可增加进入凝汽器的循环水量。

凝汽器出入口温差增加，还可能是由于循环水出口管积存空气或者是铜管结垢严重。此时应开启出口管放空气阀，排除或投入胶球清洗装置进行清洗，必要时在停机后用高压水进行冲洗。

(2) 凝汽器水位升高。导致凝汽器水位升高的原因可能是凝结水泵入口汽化或者凝汽器铜管破裂漏入循环水等。凝结水泵入口汽化可以通过凝结水泵电流的减小来判断，当确认是由于此原因造成凝汽器水位升高时，应检查水泵入口侧法兰盘根是否不严，漏入空气。

(3) 真空系统漏入空气。真空系统是否漏入空气可通过严密性试验来检查。此外，空气漏入真空系统，还表现为凝结水过冷度增加，并且凝汽器端差增大。在运行中发现机组真空下降时必须采取如下措施：①发现真空下降时首先要对照表计。如果真空表指示下降，排汽室温度升高，即可确认为真空下降。在工况不变时，随着真空下降，负荷相应减小。②确认真空下降后应迅速检查原因，根据真空下降原因采取相应的处理措施。③启动备用射水抽气器。④在处理过程中，若真空继续下降，应按规程规定降负荷，防止排汽室温度超限，防止低压缸大气安全门动作。

(五) 机组甩负荷及严重超速

1. 机组甩负荷

在运行中，机组的负荷突然大幅度减少或降到零，这种事故称为汽轮发电机组甩负荷。

(1) 引起机组甩负荷的可能原因有：电网或发电机发生事故；汽轮机调节系统事故；汽轮机发生事故；锅炉或锅炉辅机事故；电调控制回路发生事故。

(2) 机组甩负荷时的主要现象为：机组有功负荷表指示突然减小或到零；过热蒸汽流量急剧减小；过热蒸汽压力急剧上升，调节级压力及各段抽汽压力急剧降低；锅炉汽包水位急剧变化；调节系统二次油压、调节汽门开度变化较大；主开关动作引起甩负荷后，转速升高并维持一定值。

(3) 机组甩负荷事故的处理原则

1) 根据现象和各表计的指示，应迅速分析确定机组甩负荷的原因。如果由于电网、发电机、汽轮机及其调节系统发生事故，根据负荷下降程度，立即减少锅炉的燃煤量，必要时从上至下切除运行制粉系统。燃烧不稳定时，应及时投油助燃，稳定燃烧。检查厂用电系统是否正常，如不正常立即倒为备用电源。注意监视锅炉水位变化，防止水位波动造成缺水或满水。抽汽压力不能满足小汽轮机、除氧器需要时，应检查确认其备用汽源切换正常，必要时开启电动给水泵供水。汽轮机在3000r/min转速下停留时间应不超过10min。恢复时注意检查机组各支持轴承和推力轴承金属温度、回油温度、轴向位移、胀差、汽压、汽温、振动等是否正常；倾听汽轮机内是否有异常声音；调节轴封汽压力、凝汽器水位、除氧器水位、加热器水位。

2）进行全面检查。当锅炉未熄火且主蒸汽温度过热度符合要求，并且汽温高于高压内上缸温度，无冷汽冷水倒入汽轮机时，方能短期维持3000r/min或重新启动到3000r/min。

3）发电机突然甩负荷。对发电机本身来讲，可能引起端电压升高。端电压升高是由两方面原因造成的，一是因为转速升高使电压升高，这是因为电势和转速成正比的缘故；二是因为甩负荷时定子的电枢反应磁通和漏磁通消失，使此时的端电压等于全部励磁电流产生的磁场感应电势。发电机自动跳闸引起的甩负荷要注意应迅速增加机组励磁机的磁场电阻，维持发电机电压，注意厂用电流是否自动切换，恢复和保护厂用电的供应，检查发电机各保护动作情况，以判断事故的性质。

2. 汽轮机严重超速事故

超速事故是汽轮机事故中最为危险的一种事故。转速超过危急保安器动作转速并继续上升，称为严重超速。严重超速主要发生在汽轮发电机与系统解列（空负荷）或运行中甩负荷的情况下。当机组严重超速时，则可能使叶片甩脱、轴承损坏、大轴折断，甚至整个机组报废。所以，为了防止汽轮机超速，在设计时已考虑了多道保护措施。但是，在运行时仍应对汽轮机超速事故给予足够的重视。

（1）汽轮机超速的原因

汽轮机超速事故除由于汽轮机调节、保护系统事故和设备本身的缺陷造成的以外，还和运行操作维护有着直接的关系。按照不同的事故起因和事故环节，将引起汽轮机超速的原因分为以下几种情况进行讨论：

1）调节系统有缺陷。如果汽轮机甩掉全负荷以后，不能正常保持空载运行，就可能引起超速。汽轮机甩负荷后，转速飞升过高的原因通常有以下几个方面：调节汽门不能正常关闭或漏汽量过大；调节系统迟缓率过大或部件卡涩；调节系统不等率过大；调节系统动态特性不良；调节系统整定不当等。

2）汽轮机超速保护系统事故。如危急保安器不动作或动作转速过高。危急保安器的动作转速一般规定为高于额定转速的10%～12%。如果在汽轮机转速升高时，危急遮断器不动作或动作转速过迟，将会引起超速事故，危急遮断器滑阀卡涩，自动主汽门和调节汽门卡涩，抽汽逆止门不严或拒绝动作。

3）运行操作调整不当。如轴封漏汽过大，造成油中进水，引起调节和保护部套卡涩；运行中同步器调整超过了规定调整范围，这时不但会造成机组甩负荷后飞升转速过高，而且还会使调节部套失去脉动，从而造成卡涩；蒸汽带盐，造成主汽门和调节汽门卡涩；超速试验操作不当，转速飞升过快。

（2）运行中防止汽轮机超速事故的措施

1）坚持调节系统静态特性试验。汽轮机大修后或为处理调节系统缺陷更换了调节部套以后，均应做汽轮机调节系统试验。

2）对新装机组或对机组的调节系统进行技术改造以后，应进行调节系统动态特性试验，以保证汽轮机甩负荷后，飞升转速不超过额定值。

3）机组大修后、甩负荷试验前、危急保安器解体检查以后或运行2000h以后，都应做超速试验。对具有注油试验设备的机组，在运行2000h后可用注油试验代替超速试验。但在注油试验不合格时，仍应做超速试验。

4）高中压主汽门、调节汽门要开关灵活，严密性合格。机组大修后、甩负荷试验前，必须进行主汽门和调节汽门严密性试验，并保证符合技术要求。若制造厂没有明确规定，则主汽门和调节汽门单独关闭时，机组在额定参数下的最高稳定转速不得超过1000r/min。

5）按照规定定期进行自动主汽门、调节汽门的活动试验，以及抽汽逆止门的开关试验。当汽水品质不符合要求时，要适当增加活动次数和活动行程范围。增加活动行程时，应注意主汽门前后的压差不宜过大，防止因其压差过大而自动关闭。

6）汽轮机的各项附加保护，如电超速保护、微分器、磁力断路油门等，要进行严格的检查试验，保证符合技术要求，并经常投入运行。

7）在汽轮机运行中，注意检查调节汽门开度和负荷的对应关系以及调节汽门后的压力变化情况。发现主汽门、调节速汽门卡涩时，要及时消除，消除前要有防止超速的措施。主汽门卡涩不能立即消除时，要停机处理。

8）采用滑压运行的机组以及在机组滑参数启动过程中，调节汽门开度要留有裕度，不应开到最大开度，以防止同步器超过正常调节范围时，发生甩负荷超速。

9）在停机时，采用先打危急保安器关闭主汽门和调节汽门，确信发电机电流倒送后，再解列发电机的方法，可以避免发电机解列后由于主汽门和调节汽门不能严密关闭造成的超速。但应注意打闸至发电机解列时间不能拖得过长，因这时机组处于无蒸汽运行状态，时间过长，会使排汽缸温度升高，胀差增大。

10）加强对油质的监督，定期进行油质分析化验，防止油中进水或杂物造成调节部套卡涩或腐蚀。加强对蒸汽品质的监督，防止蒸汽带盐使门杆结垢，造成卡涩。

（六）汽轮机轴承损坏事故

造成轴承损害事故的因素很多，如设计结构、安装检修工艺及运行操作等。

1. 轴承油温升高和轴瓦断油的原因

轴承油温的升高分为所有轴承的温度均升高和某一轴承的温度升高两种情况。

汽轮机在运行中，如果发现所有轴承的温度均有升高现象时，应首先检查润滑油压和油量是否正常。如润滑油压和油量均正常，可确认是因冷油器工作失常所致。如冷油器冷却水量不足，夏季冷却水温过高以及冷油器脏污使传热不良等，此时应增大冷却水量。若冷却水温升高时，可投入备用冷油器加强冷却，降低润滑油温。如发现某一轴承油温局部升高，应检查是否该轴承有杂物堵塞使油量减少，不足以冷却轴承而使油温升高，或轴承内混入杂物，摩擦产生热量使温度升高。当发现轴承温度升高后，应采取措施控制轴承油温在允许范围内，这些措施如下：

（1）若轴承进油温度即冷油器出油温度升高，可开大冷油器冷却水出水门，增加冷却水量，降低轴承进油温度；

（2）若轴承油压降低，应分析原因，加以消除，必要时启动润滑油泵，维持正常轴承进油压力；

(3) 检查转子振动情况有无异常，如果所采取的措施无效，轴承进油压力降低到运行极限值，或轴承回油温度升高到运行极限值时，应立即紧急停机。

2. 推力轴承烧损的原因及处理原则

推力瓦烧毁表现在推力瓦轴承乌金温度升高，当达到一定值时，会使轴承乌金熔化。推力瓦轴承乌金温度的升高，除了由于轴承油压、油温的影响外，主要还由于汽轮机轴向推力的增加，或者由于汽轮机载荷过大（新蒸汽温度低，而又保持额定功率），或者由于汽轮机发生了水冲击并又延缓了停机。对于推力瓦轴承乌金温度，目前许多电厂规定最高为90℃。发现推力瓦轴承乌金温度升高，并接近规定最高值时，应立即着手处理。如降低进油温度；降低负荷，减小推力；改变高中压缸的抽汽量以平衡正向、反向推力；合理调整主蒸汽及再热蒸汽温度等。

推力瓦烧损的事故现象主要表现为轴向位移增大，推力瓦乌金温度及回油温度升高，外部现象是推力瓦冒烟。为保证轴向位移表的准确性，还应和胀差表的指示值相对照。

当发现轴向位移逐渐增加时，应迅速减负荷使之恢复正常。特别注意检查推力瓦块金属温度和回油温度，并经常检查汽轮机运行情况和倾听机组有无异音，并检查测量振动。如果轴向位移增大，推力瓦温度急剧升高，并伴随不正常的响声、噪声和振动，或轴向位移超过规程规定时，应迅速破坏真空紧急停机。

3. 轴承损坏事故的防止措施

为杜绝断油事故，必须严格执行以下几点：

(1) 低油压保护一定要可靠；

(2) 直流油泵要做全容量启动运行试验一段时间，以考验泵的性能和熔丝是否合适；

(3) 直流油泵在检修期间，如无特殊措施，不允许主机启动运行；

(4) 注意在切换高压油泵为主油泵运行的操作过程时要缓慢，并密切注意油压变化，切换冷油器操作时，要严格监护，防止误操作，并密切注意油压；

(5) 油系统的油质和清洁度必须完全合格，以防止油系统内的设备卡涩和油泵入口滤网的堵塞。

（七）汽轮机叶片损坏事故

叶片损坏事故的原因是多方面的。它与设计、制造、安装工艺、运行维护等因素有关。此外，电网低周波运行、某些机组不适当的超出力、低参数运行等，也是加剧叶片损坏的重要因素。

叶片损坏的情况包括叶片断落、裂纹、围带飞脱、拉金开焊或断裂、叶片水蚀等。在正常运行中，如发生叶片断裂，断落的叶片将夹在间隙很小的动静部分中造成碰磨，或断落的叶片在本级碰磨后，其残骸沿汽流进入后几级造成动静部分碰磨，造成设备严重损坏。其破坏力很大，并具有突发性。

1. 运行方面造成叶片损坏的原因

(1) 偏离额定频率运行。汽轮机叶片的振动特性都是按运行频率为50Hz设计的，因此，当电网频率降低时，可能使机组叶片的共振安全率变化而落入共振状态下运行，使叶片加速损坏和断裂。

(2) 过负荷运行。一般机组过负荷运行时各级叶片应力增大，特别是最后几级叶片，除叶片应力随蒸汽流量的增大而成正比增大外，还随该几级焓降的增加而增大。

(3) 汽温过低。新蒸汽温度降低时，带来两种危害，一是最后几级叶片处湿度过大，叶片受冲蚀，截面减小，应力集中，从而引起叶片的损坏；二是当汽温降低而出力不降低时，流量势必增加，从而引起叶片的过负荷，这同样能引起叶片损坏。

(4) 蒸汽品质不良。蒸汽品质不良会使叶片结垢，造成叶片损坏。叶片结垢使通道减小，造成焓降增加，叶片应力增大。另外结垢也容易引起叶片腐蚀，使强度降低。

(5) 真空过高或过低。真空过高时，可能使末级叶片过负荷和湿度增大，加速叶片的水蚀，容易引起叶片的损坏。另外，真空过低仍维持最大出力不变时，也可能使最后几级过负荷而引起叶片损坏。

(6) 水冲击。运行时汽轮机进水的可能性很多，特别是近代大容量再热机组，由于汽水系统相应复杂，汽轮机进水的可能性更有所增加。蒸汽与水一起进入汽轮机，产生水击和汽缸等部件不规则冷却和变形，造成动静部件碰磨，使叶片受到严重损坏。

(7) 机组振动过大。机组振动过大，容易造成动静碰磨致使叶片损坏或使叶片进入共振区域而损坏。

(8) 启动、停机与增减负荷时操作不当。如改变速度太快、胀差过大等，使动静部分发生摩擦，导致叶片损坏。

(9) 叶片腐蚀。停机后主汽阀关闭不严而未开启疏水阀使叶片腐蚀等。

2. 叶片断落的现象

在运行中叶片或围带脱落的一般现象如下：

(1) 单个叶片或围带飞脱时，可能发生金属碰击声或尖锐的声响并伴随着突然振动，有时会很快消失。

(2) 当调节级覆环铆钉头被导流环磨平，覆环飞脱时，如果堵在下一级导叶上，则将引起调节级压力升高。机组发生强烈振动或振动明显增大，这是由于叶片断落而引起转子平衡破坏或转子与断落叶片发生碰撞摩擦所致。但有时叶片的断落发生在转子的中间级，发生动静部分摩擦时，机组就不一定发生强烈振动或振动明显增大，这在容量较大机组的高、中压转子上有时会遇到。

(3) 当叶片损坏较多而且较严重时，由于通流部分尺寸改变，蒸汽流量、调节汽阀开度、监视段压力等与功率的关系都将发生变化。

(4) 若断落叶片落入凝汽器，则会将凝汽器的铜管打坏，使循环水漏入凝结水中，从而表现为凝结水硬度和导电度突增。

(5) 若机组抽汽部位叶片断落，则叶片可能进入抽汽管道，使抽汽逆止阀卡涩，或进入加热器使管子损坏，导致水位升高。

(6) 停机过程中，听到机内有金属摩擦声，惰走时间减少。

(7) 在停机或升速过程中越过临界转速时，机组振动有明显的增大或变化。

3. 防止叶片断裂事故的措施

在运行方面上，应采取以下措施：

(1) 电网应保持在额定频率和正常允许变动范围内稳定运行。

(2) 避免机组过负荷运行，特别要防止既是低频率运行又是过负荷运行。

(3) 加强运行中的监视。机组启停和正常运行时，必须加强对各运行参数（例如汽压、汽温、出力、真空等）的监视，运行中不允许这些参数剧烈波动。严格执行规章制度，启停必须合理，防止动静部件在运行中发生摩擦。

(4) 加强汽水品质监督，防止叶片结垢、腐蚀。

(5) 机组运行中振动突然增加，听到甩脱叶片的撞击声，机组内部有摩擦声以及凝汽器管子突然泄漏等情况是掉叶片的事故象征，应按规程规定，果断停止机组运行进行检查，切不可拖延时机，否则会对高速转动的机组造成严重损坏。

(6) 停机后加强对主汽阀严密性的检查，防止汽水漏入汽缸。停机时间较长的机组及为消除缺陷安排的工期较长的停机，应认真做好保养工作，防止通流部分锈蚀损坏。

三、发电机—变压器组故障及处理

(一) 发电机—变压器组的事故处理

1. 励磁回路一点接地

一点接地后，产生的现象是“转子一点接地”光字牌出现，转子绝缘监视电压表正、负对地指示改变。

处理方法如下：

(1) 全面检查励磁回路有无明显接地。

(2) 分别试选整流柜是否接地（试选前把自动改为手动）。

(3) 若备励可运行，倒备励运行。

(4) 检查励磁回路各表计，保护装置有否接地。

(5) 若确认为发电机转子一点接地，则投入两点接地保护。

2. 励磁回路两点接地

两点接地后，产生的现象为：励磁电流异常（降低或增大），励磁电压降低或接近零；无功指示降低，机组振动加大；两点接地保护投入时，发电机跳闸。

处理方法如下：

(1) 保护本身动作跳闸，应立即解列发电机。

(2) 若为转子回路故障，应停机处理。

(3) 若为整流柜直流故障，经全面检查并取得上级同意后以备励运行。

3. 发电机振荡（或欠励）

电力系统发生重大事故，例如短路或突然切除带大量负荷的发电机和线路时，往往使个别的发电机或全厂的发电机与系统之间发生电流和功率的激烈振荡，有时可能出现个别发电机与系统失步。

发电机发生振荡，就是发电机的电磁功率与汽轮机的机械功率之间的平衡遭到破坏，发电机转子获得了加速度（包括正的和负的）。因此，发电机在振荡时间内，一瞬间向系统送出功率，另一瞬间又从系统吸收功率。这种振荡现象如果得不到及时的有效处理，就可能导致机组失步，甚至可能损坏机组，并破坏电力系统的稳定性，导致更大事故。

当发电机发生振荡或失步时，仪表的反应如下：

(1) 静子电流表的指针来回剧烈摆动，并有超过正常值的情况。

(2) 发电机和母线上的电压表指针发生剧烈摆动，通常是电压降低。

(3) 有功、无功电力表在全盘上摆动。

(4) 转子电流、电压表在正常值附近摆动。

(5) 频率表摆动。

同时，发电机发出鸣音，其节奏与表计的摆动合拍，振荡机组表计摆动与其他机组表计摆动方向相反。

这时，电气值班人员应采取下列措施：

(1) 对无自动调整励磁装置的发电机，应尽可能增加其励磁电流，以创造恢复同步的有利条件。

(2) 对有自动励磁调整器的发电机，应减低发电机的有功负荷，使机组容易恢复同步。

(3) 如果采取上述措施仍不能恢复同步时，则根据现场规程的规定，经一定时间将发电机或发电厂的一部分与系统解列。解列点要选择负荷电流尽量小的地点，以便解列后各小系统的频率和电压不致突然增高或降低。因为当小系统中电源发出有功功率大于（或小于）系统有功负荷时，系统频率升高（或降低）；当发出无功功率大于（或小于）系统中无功负荷时，系统电压升高（或降低），会给再同步造成困难。

电力系统振荡可能发展为失步，但在很多情况下能再度同步。电力系统中采用快速继电保护、高速开关、自动重合闸、自动调整励磁装置、自动切机、电气制动、电力系统稳定器等，都能增进电力系统的稳定，减少电力系统的振荡和失步事故。

4. 半导体励磁系统失常

半导体励磁系统是比较复杂的，因而也是很容易出问题的系统。半导体励磁系统失常有以下方面：

(1) 组件故障或快速熔断器熔断，应检修处理。

(2) 控制开关跳闸，应检查跳闸开关和整流柜系统。若无异常问题可试送一次，不成功，应联系检修检查处理，可考虑倒备励运行。

(3) 自动电压调节异常，应切换手动调压运行。

(4) 主励或副励故障，倒备励运行。

(5)“强励限制”光字牌出现，可倒备励运行。

5. 发电机定子线圈内冷水中断

发电机内冷水中断的现象为：出现“发电机内冷水中断”光字牌，水压、流量消失，发电机可能跳闸。

处理方法如下：

(1) 如工作泵跳闸，备用泵未联动，应立即手动强送备用泵开关。

(2) 尽快恢复内冷水，若 20s 内没恢复，保护动作跳闸。

(3) 若发电机没跳闸或保护未投，立即将负荷减至零，否则立即解列并灭磁发电机。

6. 发电机定子接地

发电机的外壳都是接地的，因此，发生定子绕组因绝缘破坏而引起的单相接地短路比较多。当单相接地短路电流比较大，能在事故点引起电弧时，将烧坏绕组绝缘和定子铁芯，并且也容易发展成为相间短路，造成更大的危害。

发电机定子接地后的现象如下：

(1) 中央信号盘发“定子接地”预告信号；

(2) 保护屏定子接地信号灯亮；

(3) 中性点电流表有指示；

(4) 按零序电压按钮，电压表有指示。

发电机定子接地可按以下方式处理：

(1) 确认发电机系统接地后，应做好事故停机准备；

(2) 对封闭母线及发电机电压互感器、电流互感器进行外观检查有无接地、漏水现象；

(3) 若外部未发现事故点，应视为发电机定子绕组接地，按照事故停机的有关规定进行停机处理，接地时间不得超过30min。

7. 发变组自动跳闸

发变组跳闸后的现象为：发变组主开关、MK开关、厂用工作电源开关跳闸，厂用备用电源开关联动合闸；发变组各表计指示为零。

此时的处理方法如下：

(1) 6kV厂用备用电源开关如未联动，立即手动强送合闸。

(2) 根据保护动作情况判断查找故障点。

(3) 确系发电机内部故障（差动保护动作），应对发电机排氢充二氧化碳。

(4) 检查发变组一次、二次回路并测绝缘，如未发现问题，且跳闸时无冲击现象，可取得上级同意，发电机零起升压至额定无异常时，再并列。

(5) 如因外部故障，引起过流保护动作或人员过失的误动跳闸，可不进行内部检查，只进行外部检查即可重新并列。

四、厂用电系统故障及处理

(一) 厂用电停电时的事故处理

厂用电的停止与运行，关系到发电厂的停止与运行，因此事故时确保厂用电是极为重要的。

厂用电系统事故处理的原则是尽可能保持厂用设备的运行（特别是重要厂用设备）。考虑到事故中，瞬间故障较多，故厂用电停电时强送电的方法在很多情况下采用，特别是在当停电可能引起严重事故时，更是如此。

1. 厂用母线（或段）只联接一个电源时

当厂用母线（或分段）只联接有一个电源，而此电源由于继电保护动作而被切断时，如有备用电源，而且安装了备用电源自动投入装置，则自动投入备用电源；如未装有备用电源自动投入装置，则应手动投入备用电源。

如没有备用电源，可采用下列方法：

(1) 若厂用电停电不致引起严重事故，可用倒闸操作的方法自系统取得电源，或迅速启动发电机供给厂用（排汽启动）。

(2) 若厂用电停电可能引起严重事故，而且经判断厂用电停电非厂用系统内部故障引起，可立即重合强送。

2. 当厂用母线（或段）联接数个电源时

在这种情况下，如保护动作，数个电源均被切断，则可初步判断为厂用母线发生短路。此时，如厂用电停电可能引起严重事故，也应立即重合。如重合不成，可能为永久性故障，则在可能的条件下，应检查母线室。检查中如发现母线有短路现象，则应停电处理；如果未发现明显的短路现象，应尽量用发电机对该母线（或分段）做从零起的加压试验，如没有发电机做此项试验，则应把厂用馈线全部拉开后使用厂用变压器或用邻段对厂用母线强送，无问题后依次合上各馈线，合闸中如发现哪一馈线有短路现象，立即手动切断该线路，而后恢复其他馈线送电。

当不是由单独的厂用变压器对厂用母线强送，而是由邻近的厂用母线段强送时，还应检查分段开关，并将其过流保护暂时整定为瞬时动作，以便在本段一旦发生短路，分段开关能迅速跳开，以免影响邻段。

(二) 厂用电系统与直流系统接地事故处理

1. 厂用电系统接地

一般发电厂厂用电系统多为两级电压，高压系统（6.3kV）和低压系统（380/220V），下面分别讨论它们的接地事故处理。

(1) 厂用电高压系统接地。当厂用高压系统接地时，应迅速报告有关技术领导，同时迅速寻找接地点。

寻找接地点的办法是将厂用电系统分成若干电气上不相联系的部分，然后在发现接地的部分顺次把馈线做短时间切断。

在顺序切断前，应详细检查配电装置和分电盘。其顺序如下：

首先检查接地指示器本身是否误动作，其次检查高压厂用电的配电装置，然后检查本部分内的分电盘和无接地保护装置的厂用电源，最后检查电动机和低压厂用变压器。在检查的同时，应向现场值班员询问在发生接地时，有无异常现象，以便分析和查找事故点。

若经检查未查出接地点，则可采用如下顺序进行顺序切断：

1) 将具有自启动能力的电动机短时切断，如接地未消失，再重新合上。

2) 如果设备具有汽动备用设备和电源从其他部分取得的电动备用设备（联动设备），则可将这样的厂用设备短时切断，如接地未消失，再重新合上。

3) 将对运行影响较小的次要厂用机械电动机短时切断，若接地未消失再重新合上。

4) 对不允许停电的重要厂用机械可将其转至其他母线供电，如在转移中发现接地亦随同转移了，即可发现接地线路。

经上述作法后，接地现象仍未消失，则说明接地点在母线或电源上，可进一步查找。

(2) 厂用低压系统接地。厂用380V系统一般是采用中性点直接接地的，接地便造成单相短路并作用跳闸。在中性点不直接接地的低压（380V及以下）厂用电系统发生接地时，应迅速查找排除。

低压系统接地查找也是采用短时切断法，切断时采用以下顺序：

1) 先查找照明回路，而照明回路先查找事故照明回路。先将事故照明切断，此时事故照明自动切至直流，如发现直流随之出现接地现象，则说明事故照明回路接地，可再切回交流电源，在事故照明回路进一步查找。切换事故照明至直流时要特别注意，若直流系统已有一点接地，则必须停掉直流电源，才可把事故照明切过去。若无接地现象，则可将事故照明改由蓄电池带，一直到照明回路检查终了为止。

2) 短时切断对较次要的辅助机械供电的线路，检查接地现象是否消除。若仍存在，短时切断供给重要厂用机械的动力线，但如这些机组不能自启动，必须启动备用机组，以免停电。

如果上述被切断的动力线路并不是只供给一个厂用机械电源，而是供电给数个厂用机械，则不能把主动力线路切断。使这些机械同时停电，而应当把这些厂用机械按顺序逐一切断，切断同时检查接地线路；若接地现象仍然存在，可先将主动力线路的备用馈电线路接上，再将主动力线路切断，以便检查接地点是否在主线路上。

在寻找厂用低压线路接地时，操作较多，厂用分支也较复杂，故应特别注意以下几个问题：不要使重要的厂用机械被切断（在启动或联动可备用设备情况下可以例外）；操作时不要使不同期的部分并列，不要使联络线和馈电线过负荷。

2. 直流系统接地

直流系统接地事故较多，而且最不易查找，因为任何绝缘状况的变坏、环境的影响（如污垢和潮湿等），都可能导致直流系统接地。

在正常情况下，要经常监视直流系统对地绝缘电阻。发电厂设有专门的绝缘监察装置，直流系统对地绝缘电阻一般不低于0.5MΩ。

直流系统接地后造成的危害是严重的，当发生一点接地时，虽仍可继续运行，但此时应视为事故状态。因为如再发生一点接地则可造成保护与自动装置的误动，而且两点接地后可造成直流系统的短路，将保险熔断切断直流电源，从而使二次系统失去作用。

直流系统接地后，应通知系统调度，并迅速着手查找接地点，加以排除。查找接地时间应避开系统高峰负荷时进行。

由于直流系统的接线复杂，接地原因较多，查找接地是较为困难的事。一般都是采用将直流系统中所有设备分成几部分，然后再采用“瞬时停电法”查找接地。

具体操作步骤，根据各厂接线系统不同而有所不同。

第三节　电力系统事故对单元机组运行的影响及处理

电力系统和发电厂、变电所的系统事故后果严重，事故发生后处理不及时、不正确将使事故继续扩大，甚至造成系统瓦解，带来巨大损失。

电力系统事故基本上可归纳为两大类，一类是只使部分系统和用户受到影响的，称为局部性的事故；另一类是电力系统解列成几部分，大量用户受到影响的，称为系统性的事故。

电力系统值班调度员为系统事故处理的指挥者，地区调度员、发电厂和变电所的值班负责人应严格执行调度命令（对人身设备安全有威胁者除外）。

电力系统发生事故时，现场值班人员应立即向调度员汇报跳闸的开关，事故时的频率、电压、潮流的变化情况，继电保护和自动装置的动作情况，以及设备运行的异常状态。事故时，现场与调度的电话联系不应中断。

处理事故时，调度员与值班员不仅应注意发生事故的设备和单位，而且对仍在运行的系统要严加监视，否则可能继续扩大事故。

发电厂和变电所与电力系统是一个整体，系统发生事故肯定会影响到发电厂、变电所的运行。因此，现场值班人员应具有一定的系统知识，以便事故时能有正确的配合与行动。

一、频率与电压的调节

（一）频率的调节

电力系统频率的调节分为人工调频与自动调频。下面仅介绍人工调频方法。关于系统自动调频（AFC）和实时经济调度控制（EDC）统属于自动发电控制（AGC）内容，在此不作叙述。

在电力系统中，为保证频率的调节，一般将系统中发电厂分为三类：第一调频厂、第二调频厂与负荷监视厂。

第一调频厂选择系统中容量最大，且能适应负荷变化的发电厂，如水电厂和大容量煤粉炉电厂担任，它的调频范围是50±0.2Hz。

第二调频厂选择系统中容量于第二、三位的电厂，它的调频范围为49.5~49.8Hz或50.2~50.5Hz。

系统中其他电厂为负荷监视厂，平时按负荷曲线发电，频率在49.5~50.5Hz为正常，当频率脱离此范围时，即为不正常，应改变出力调频。

下面分两种情况来说明频率的调节。

1.频率低于允许值的调节

当电力系统频率降低至49.5Hz以下，但在48.5Hz或48Hz以上时，如系统出力具有储备，例如机组未全投入或机组未带满负荷，则各发电厂的值班人员无须等待调度命令，应即自行增加出力，直至频率恢复至49.5Hz以上或已达各该发电厂运行中机组的最大可能出力为止。

上述的调频可用以下例子说明。

当系统频率下降至49.2Hz时，系统中各发电厂均应立即提高出力使系统频率升至49.5Hz，第一、第二调频厂继续提高出力使系统频率自49.5Hz升至49.8Hz，第一调频厂再继续提高出力使系统频率自49.8Hz升至50.0Hz。

如果系统增加的出力足够，上述调节可无须再采用其他措施而进行到理想的程度。但如运行中机组出力已达到最大可能出力（有时对系统联系薄弱的电厂即使机组未达到最大出力但怕联络线过负荷，该厂机组提高出力仅到联络线允许的极限即可），频率仍未能升至49.5Hz以上，调度员应命令立即将系统备用容量投入运行。但如此时系统频率还不能恢复至49.5Hz以上，若限制负荷后还达不到此目的，则调度员应下令拉闸限电，直至频率升至49.5Hz以上。在调节中，一般情况下频率低于49.8Hz的持续时间不超过30min，频率低于49.5Hz持续时间不超过15min，频率高于50.2Hz时间不超过15min。超出此项规定也为频率异常，实际执行时较此规定严格。例如有的系统规定频率变化±0.2Hz时间持续5~10min时，所有电厂应主动增加出力，并联系调度。

当频率降至48.5Hz或48Hz以下时，分下面不同情况处理：

(1) 对各发电厂和变电所的值班人员来说，当频率降至48.5Hz或48Hz以下时，应检查装设的按频率自动减负荷装置的动作情况，并注意频率的改变。如果相应的按频率自动减负荷的各级在整定频率下未动作，值班员应手动切断相应的线路。如果系统中未装有按频率自动减负荷装置或装置容量不足时，值班员应按调度规定的减负荷规定，实行按频率手动减负荷。

(2) 对系统调度员来说，当频率低于48.5Hz或48Hz以下，但稳定在46Hz以上时，可等待一定时间（一般可为1~2min），在这段时间内可观察按频率自动减负荷装置的动作或现场值班员手动减负荷的效果。如未见频率恢复到49Hz以上时，则应下令继续切断部分负荷，使频率恢复至49Hz以上，然后，调度员再继续采取措施，将频率恢复至49.5Hz以上，使频率低于49.5Hz的持续时间不超过15min。

(3) 当系统频率降低至46Hz以下时，系统值班调度员应立即切断部分负荷，甚至切断整个变电所。

2. 频率高于允许值的调节

当系统频率高于50.5Hz时，担任调频的第一、第二调频厂首先降低出力，直至频率恢复至50.5Hz以下为止。如经过一定时间，频率不能恢复至50.5Hz以下，则其余发电厂应自行降低出力至频率恢复到50.5Hz以下为止。

(二) 电压的调节

在电力系统内，无论在正常运行还是在事故状态下，都要求维持系统电压在一个相应的水平和范围内。

在正常运行时，对电压的调节是依据系统编制的中枢点电压调节曲线进行的，当电压超出了曲线规定的范围，具有调压能力的发电厂和变电所便应调节。

所谓中枢点，是指系统中那些具有大地区负荷的发电厂与变电所的母线。这些点的电压监视并维持住，系统中其他各处的电压便被决定了。

正常运行时，系统的调压方法是：

(1) 改变调相机与发电机励磁。

(2) 投入或切除安装在变电所内的静电电容器。

(3) 变更主变压器的分接头。

(4) 改变系统接线方式，达到潮流和电压的改变。

电力系统发生事故后，常常伴随着频率与电压的变化，有时这种变化甚至是较大的。

事故时的电压下降给系统运行带来了很多不利影响，例如稳定性下降，厂用电动机自启动性能变坏，继电保护的不正确动作，对负荷的影响等。这样，系统事故时对迅速调整电压到一定范围就提出了要求。

在系统中，从保持系统静态稳定出发，调度部门对系统中若干中枢点规定了事故极限电压值；若上述各点电压下降至此值时，发电厂和装有同期调相机的变电所值班人员应利用发电机和调相机的事故过负荷能力，增加无功出力以维持电压，并报告值班调度员，调度员应迅速利用系统中的有功、无功备用容量来维持电压，并消除上述过负荷，必要时可切负荷。

事故时电压调整的一般措施是：

(1) 发电机和调相机装设的自动调节励磁装置动作达到极限励磁以维持系统电压及稳定。

(2) 若未装上述装置，可手动调节发电机或调相机励磁，将其电压升至最大，事故后调回到原位置。

(3) 改变系统接线方式和调整变压器分接头（指有带负荷调压装置的变压器）。

(4) 当系统解列为几个部分时，在频率电压较高的部分，分出一台或数台发电机并入频率电压较低的部分，以升高其频率电压，然后将系统恢复并列。

(5) 投入备用发电机或调相机调压。

(三) 频率或电压降低危及发电厂正常运行时的处理

1. 频率降低至足以破坏发电厂厂用电系统正常运行时的处理

前面已讨论过，当频率降低时，对厂用机械，特别是对某些重要的厂用机械影响严重。例如，频率下降将使引风机、送风机出力下降，而使高压给水泵出力大为下降，这样就使风压下降和给水量下降（给水母管压力下降），从而使蒸汽量及汽压亦减小，进而使发电机出力更低，系统频率更低，造成恶性循环，发展下去可能造成全厂停电和系统性事故。此外，频率下降还将使循环水泵、凝结水泵出力下降，使汽轮机真空下降，汽耗加大，出力降低，同样也产生上述的后果。

关于足以破坏厂用电系统正常运行的频率值，应根据每一发电厂厂用设备的特点（例如锅炉给水泵的静压头较高和风机容量较大时，则破坏厂用电系统正常运行的频率值可定得高些；当给水泵的静压头较低和风机的容量较小时，则破坏厂用电系统正常运行的频率值可定得低些），经过计算和试验后确定。当电力系统的频率降低至足以破坏厂用电系统的正常运行值时，发电厂值班人员应根据事先的规定，采取下列不同措施：

(1) 当有蒸汽带动的厂用设备时，首先将重要的厂用设备改用蒸汽带动。

(2) 当有专用厂用发电机时，将厂用发电机与系统解列，单独供给厂用电。

(3) 将供给厂用电的一台或数台发电机连同一部分可与系统分割的线路（包括最重要的用户）自系统中分出，单独运行。

(4) 将全厂及该地区全部负荷自系统中分出，单独运行。

在采取上述第 (3)、(4) 项措施时，应使解列的机组数尽可能少，并使解列后单独运行的机组带尽可能多的负荷，以免系统频率进一步下降。

具体的执行办法应在现场规程中明确规定。

2. 为消除发电机或调相机过负荷而使电压降至事故极限时的处理

当发电机或同期调相机的电流突然甩负荷时，发电厂或变电所的值班人员可以降低励磁电流以减少或消除过负荷。但减少励磁的结果也将使电压下降，若电压下降至事故极限而发电机或调相机仍过负荷时，则应根据过负荷的多少，采取下列不同措施。

(1) 如果过负荷小于15%，则首先将过负荷的情况报告值班调度员，由值班调度员负责处理。同时，发电厂或变电所的值班人员可将备用机组投入，以消除过负荷，但不允许降低有功出力或进一步降低励磁电流，因为这都能导致系统静态稳定的破坏。此时，值班调度员应利用系统中所有的无功和有功的备用容量来消除上述发电厂或变电所的过负荷，而此时应特别注意，当用系统中备用容量来减轻上述发电厂或变电所负荷时，并不是在所有情况下都是可以的。如果过负荷发电厂位于系统中的受电端，而另一端是经过长距离重负荷线路向本地区送电时，则降低过负荷发电机的有功出力不仅不能降低电流的过负荷（有时增加出力反而可以使电流下降），还可能由于线路阻抗较大致使输出功率极限下降，如再输送重负荷则可能引起系统稳定的破坏。在这种情况下，应该限制或切断受电端用户的负荷。

(2) 如果过负荷大于15%而频率正常，则发电厂或变电所的值班人员应一面尽速报告调度员，一面在事故过负荷所允许的时间，采取如下措施，将过负荷消除。

若过负荷的发电厂是在送电端，则可降低发电机有功出力。

若过负荷的发电厂是在受电端，则可切断用户的负荷（如发电厂内无地区负荷可以切断时，则可由附近的变电所值班人员根据值班调度员或过负荷发电厂值班人员的要求切断用户）。

在发电厂或变电所值班人员采取措施的同时，值班调度员在接到现场报告后，亦应尽快采取措施，利用系统中一切备用无功容量来提高电压并消除过负荷。

二、系统解列

电力系统发生事故跳闸后，将电力系统分成两个或两个以上的部分，称为系统解列，此即为前面提到的系统性事故之一。

系统解列的解列点可能在变电所，也可能在发电厂，从而将发电厂系统分为两个以上的部分。

系统解列后，缺少电源的部分频率会下降，同时也常常伴随着电压的下降；电源过多的部分频率暂时会高起来。

系统解列后，各电厂与变电所应迅速与调度建立联系并向调度报告解列后的运行情况，同时调度员在掌握了系统情况后，除指定电厂调频外，应向电厂或变电所值班负责人通知当时的系统情况、自己电厂或变电所在事故时所处的地位等。从而使值班负责人能够正确地考虑运行方式，安排出力及协助调度员处理事故，不会陷于盲目被动。

系统解列后处理事故时，值班调度员和现场值班负责人首先应迅速设法恢复系统的并列运行，同时迅速启动备用机组。至于由于解列而停电的用户的送电，以及系统的频率、电压的恢复正常，均有待系统并列完成后才能解决。

使解列后的各部分再并列时，为了避免非同期并列时的冲击，应使解列的各部分尽量满足同期条件，不要相差太多。

如果分成的两部分频率相差太大，可采用以下方法恢复并列：

(1) 在发电机的容量和用户的运行条件所允许的范围内，可采用增加、减少出力的办法把一部分频率增加，把另一部分频率降低。

(2) 从频率较高的系统中分出机组并至低频率系统，使之提高至正常频率后二系统再并列。此法虽好，但也有很多缺点，例如分出机组的电厂需将负荷转移到其他机组，有时还需空出母线，在系统中可能还需要进行较多的倒闸操作，比较费时间，并列也就较慢。但如果能迅速空出机组，倒闸操作不多，利用此法来提高缺电系统频率，再恢复并列，则还是有必要的。

(3) 若电源多余的系统，机组单机容量过大，无法分出机组，则可从频率较低的系统将一部分负荷转移至频率较高的系统，待频率赶齐后恢复并列。或者在缺电系统频率过低时，切断一部分负荷，使频率升高后再并列。切断负荷应按事先规定的紧急减荷程序进行，大量的频率下降事故则由系统中装置的按频率自动减负荷装置自动逐轮切除。

(4) 启动备用机组与频率低的系统并列，以提高其频率，然后恢复系统并列。

在系统解列后处理事故中的机组，事故并列要求越快越好。但事故时频率很不稳定，若想达到准同期条件很不易，而且此时自动准同期装置由于同样原因并列时间也很长，为此对于做过试验的机组，事故并列应尽量采取自同期的办法，因为这能大大缩短并列时间。如机组未做过试验，不能采用此法而采用准同期方法时，在经过大电抗的系统中（如长距离送电线路、变压器等），电压相差20%，频率相差0.5Hz亦可进行并列。

系统解列后，运行人员应注意，除了频率与电压下降影响安全运行外，其他因为正常接线方式被破坏，潮流随之变化，有的设备势必会过负荷，如输电线路、联络变压器、发电机组等。运行人员应严密监视设备的过负荷，使之不要超过现场规定的事故过负荷规定。

此外，在恢复并列时，为了使并列迅速或因原有的同期开关不能使用，可采用以下办法：如果原有的同期开关并列后，即可合上另一个开关而构成环路者，则可以用眼睛看着原有的同期开关上的同期装置，而用上述的另一开关实行并列。

三、系统非同期振荡的事故处理

系统产生非同期振荡，即系统出现稳定问题时有两种趋势：一种是趋向稳定的振荡，即摆动幅度愈来愈小，振荡很快衰减下去，达到新的稳态运行；一种是振荡发展下去，造成失步，即产生了系统性事故。

对前者振荡现象，值班人员无需处理，只要严密监视就可以了。

对后者因振荡而发生失步后，则需采取措施以恢复同步运行。

一般情况下，产生振荡的可能是一台机组或全部机组与系统间产生振荡，或是系统的这一部分与另一部分间失去同期，产生非同期振荡。其现象是：线路、发电机和变压器的电压、电流、功率均周期性摆动。振荡中心的电压摆动最大。联络线的输送功率也往复摆动，且每个周期内的平均功率接近于零。它们虽有电气联系，但送端系统频率升高，而受端系统频率降低，且略有摆动。

（一）非同期振荡的事故处理

产生非同期振荡后，调度员应命令：频率降低部分系统的发电厂增加有功出力提高频率，必要时切除部分负荷，并将电压提高到最大允许值；频率升高部分系统的发电厂降低有功出力，使送端与受端部分系统频率一致，并将电压升至最大允许值。

所有发电厂和值班人员，无须等待调度命令，立即利用设备的过负荷能力提高电压，促使系统迅速恢复稳定。

在采取上述措施后，经 3～4min，非同期振荡仍未消除，系统调度员应在事先规定的适当地点将系统解列运行，解列后两个系统都可以保持稳定，只不过频率不同，此后可按系统解列处理。解列点的选择应使失去同期的部分系统分离，并使解列后的两个系统电源与负荷尽量平衡。

待系统恢复稳定后，应再将两系统恢复并列运行。

（二）提高运行稳定的措施

非同期振荡是系统失去稳定的结果，提高系统静态和动态稳定能力是防止非同期振荡，避免产生大面积停电后果的系统性事故的根本性方法。

提高运行稳定的方法很多，大致有以下几种方法：

(1) 运行中应设法提高电气中枢点电压。

(2) 处于负荷中心的发电厂，应尽可能带满负荷运行。

(3) 在低谷时相应地降低远距离输电容量。

(4) 减少处于负荷中心电厂发电机组的惯性常数。

(5) 采用单相重合闸、快速保护、快速开关、快速励磁系统强行励磁。

(6) 采用连锁切机，串联补偿等。

第四节　单元机组事故案例

一、受热面损坏事故案例

（一）水冷壁爆破事故

某厂 1000t/h 锅炉，在运行时，监盘人员发现锅炉除电负荷、各排粉机挡板开度（能调整）显示正常外，其余参数呈现紫色（数值异常），各项操作均不能进行，同时炉侧 CRT 画面显示各自动已处于解除状态。机侧给水母管压力、4 号、5 号给水泵进、出口压力、蒸汽流量等参数均呈紫色，调自检画面发现 3 号机 3 号 DPU 离线。运行人员联系热工处理，同时借助汽轮机侧主蒸汽系统 CRT 画面监视汽温、汽压，监视电接点水位计和水位 TV，汽压在 9.0～9.6MPa 波动、汽温在 510～540℃波动、水位在 +75～-50mm 波动，维持运行。

热工人员赶到现场首先检查自检画面，发现 3 号 DPU 离线，自动控制手操失灵。经过多次检查处理启动后，3 号 DPU 恢复升为主控状态。为确认 3 号 DPU 是否正常工作，释放个别不重要的模拟量，发现正常，在恢复时监盘人员发现汽包水位急剧下降，水位由 -50mm 降至 -100mm，就地检查发现旁路给水调节门在关闭状态，手动摇起三次均自动关闭，水位急剧下降，随后 3 号炉正压并伴有响声，手动紧急停炉。根据 5 号给水泵电流历史趋势曲线，在 3s 时间内给水泵电流由 222.2A 降低到 182.8A，表明旁路给水调节门处于关闭状态，因此缺水时间可能为 3min 左右。

停炉后，经宏观检查，发现炉左墙水冷壁后数第 39 及 71 两根水冷壁管爆破，爆口约 250～300mm，同时左墙水冷壁管子有水哧痕迹，个别管束有轻微变形现象；经蠕胀测量及测厚、金相分析情况，为确保锅炉将来的正常运行，本次抢修扩大了换管范围，共更换水冷壁管 43 根。

（二）低温再热器泄漏事故

1. 因焊接质量造成再热器泄漏事故

某机组运行时，运行人员检查发现 3 号炉甲侧低温再热器处有泄漏声。经现场检查确认为低温再热器管发生泄漏。停炉后现场检查发现在低再左数第 40 排、前数第 5 根管垂直焊口断裂；经进一步检查周围其他管子存在吹损现象。产生该事故的原因是该管段焊口存在原始缺陷（夹渣），运行中发生断裂泄漏。

2. 因磨损造成低温再热器泄漏

某机组运行值班员巡视设备发现 2 号炉 B 侧包墙管有蒸汽泄漏，停机后经检查发现，2 号炉后烟井 B 侧墙在标高 41m 靠中间隔墙处低温再热器侧，从隔墙向炉前数第 1 根管子，靠炉前侧鳍片焊缝部，因局部严重磨损而泄漏，泄漏的蒸汽将 2 号炉后烟井 B 侧墙从隔墙向炉前数第 2 根管子吹伤，将两管之间的鳍片吹穿造成外漏，并将 2 号炉低温再热器 B1 排 1 号、2 号、3 号管圈及 B2 排 1 号、2 号管圈的弯头处吹爆管。共有 8 根管子泄漏，分别为 2 根后烟井侧墙管子 $\phi44.5\times6$，6 根低温再热器管子 $\phi63\times4$。另外在检修中又发现 2 号炉后烟井 B 侧墙低温过热器侧，从隔墙向炉后数第 1 根管子，从标高 42m～38.5m，靠炉前侧管子与鳍片焊缝部位，磨损异常严重。

二、一次风机故障引起停炉、停机事故

某 300MW 机组运行时，发生炉一次风机 B 轴承温度高报警，监盘人员调出一次风机 A、B 轴承温度画面。发现 DCS 系统画面中，一次风机电机轴承温度测点显示有变化，电动机电流 79A（属正常），值长命令副值将温度测点及电流做成曲线进行分析，并立即派人到现场检查。就地发现一次风机振动大，冷却水管已断裂喷水（据事后分析此时轴承座已断裂），即汇报集控主盘，要求立即停用。集控人员立即进行风机停用操作，当操作到投用油枪时，此时现场检查人员觉得一次风机振动剧烈，已无法运行，决定就地紧急停用。紧急停用风机后，锅炉 MFT 动作（原因为炉一次风压与炉膛压差低保护动作跳三台磨煤机造成炉 FSSS "失去燃料" 和 "失去火焰"，保护动作）。跳机后，由于 2 号机 A 侧主汽门卡涩未关到位（有 6%的开度，主机转速下降缓慢。）发电机逆功率报警，电气主开关未跳闸（由于主汽门卡涩未关到位，主汽门关闭信号未送到电气）。经值长同意后，按 "紧急停机" 按钮，发电机解列停机。

停机后现场检查一次风机轴承，发现一次风机轴承及轴承座损坏严重。事后经分析认为，由于轴承低油位引起轴承磨损振动最终导致轴承座损坏。

三、汽封进水事故

某厂4号机运行时发生炉膛掉焦，引起锅炉MFT动作，在汽轮机跳闸后，轴封供汽由除氧器汽平衡切至抽汽母管汽源时，运行人员监视调整不当，造成高压缸前后、中压缸前汽封冒汽水，冷汽水通过轴封进入汽缸，并导致上下缸温差大，汽缸变形，盘车不动，造成事故停机47h。

四、通流部分磨损事故

某台200MW机组发生严重的通流部分磨损事故。事故前，机组带90MW负荷运行，仪表指示正常。因发电机差动保护误动作，突然甩负荷到零。由于Ⅰ、Ⅱ级旁路未能投入，锅炉熄火。汽轮机利用锅炉余汽空转65min后锅炉重新点火。当发电机并网时，中压胀差由1.3mm很快增加到2.8mm，低压胀差由3.5mm突增到5.0mm（表计极限），这时发现5号轴承处冒烟起火，被迫打闸停机，转子隋走9min静止。经揭缸检查发现，第28、29、30级动叶片出口与下一级静叶入口级第33、34级反流向的静叶出口与末级动叶入口严重磨损。

造成这次事故的主要原因是中压缸膨胀收缩受阻所致。此次事故发生在甩负荷后的空转过程，中压缸金属温度从430℃降到250℃，而中压缸绝对膨胀却未发生变化。当并网后，由于工况变动及开大低压缸喷水门的影响，汽缸的收缩力大于卡涩的摩擦力，于是中压缸的绝对膨胀从5.7mm急剧收缩到3.5mm，致使中、低压胀差正值的突增。

五、大轴弯曲事故

某厂1号机在运行中，发现锅炉再热器泄漏，决定滑参数停机。开始滑停的1h，降温速度为2.7℃/min，规程规定降温速度为1～1.5℃/min。随后1h降温速度为3.6℃/min。从额定参数滑降到汽压2MPa、汽温260℃时，按规定应为6h，而这次仅用2.5h。由于降温速度过快，使汽缸急剧冷却变形。当差胀急剧变化并达到负值时，运行人员没有及时打闸停机，延误了停机时间，致使大轴弯曲值达0.23mm。

六、汽轮机油系统火灾事故

某厂一台300MW机组，运行中高压油动机活塞上压力表管漏油，检修人员用胶皮包住漏点并用铁丝缠紧，交待运行人员10min检查一次。后在检查间隔中突然断开，运行人员跑到漏油点脱下工作服堵漏，油管断开约4min后，值长下令停机，随即油动机下部着火并发展到机头附近地面的油气爆燃，形成火线，将一人封在火区内，撤出时从10m平台掉落到0m造成死亡，另一人被烧伤。

油系统火灾事故案例表明，透平油系统漏油，特别是高压油系统漏油遇到高温热体时就会立即起火燃烧，并迅速形成大火，大火又烧坏油系统设施（如法兰塑料垫、胶皮垫等），增加新的漏油点形成恶性循环，越烧越大。因此，对汽轮机油系统防火工作决不能有所松懈。

七、超速事故

某厂200MW机组运行中，发电机开关跳闸甩负荷后，转速上升，危急保安器虽然动作，基本上关闭了高压自动主汽门、调节汽门，但由于右侧中压主汽门自动关闭器滑阀活塞下部压力油进口缩孔旋塞在运行中退出，支住滑阀活塞不能移动泄压，造成右侧中压主汽门延时关闭，再热器余汽的能量使机组转速继续上升。约在3800r/min时，机组剧烈振动，中、低压转子间的加长轴对轮螺栓断裂拉脱，高、中压转子继续上升到4500r/min左右，轴系断裂成5段，高中压转子、汽缸通流部分严重毁坏，轴承、油管损坏后透平油漏出起火，经奋力抢救扑灭。事故后经鉴定，汽轮机本体报废，发电机修复后继续使用，经8个多月耗资1400多万元才恢复运行。

八、叶片脱落事故

某电厂200MW凝汽式汽轮机在带满负荷运行中，轴向位移大保护动作掉闸。运行人员未做详细检查和分析，便错误地判断为保护误动作，进行挂闸，升速后汽轮机又跳闸。运行人员解除保护，重新挂闸。负荷带到30MW时，发现轴向位移与胀差变化异常，下令打闸停机。事故后检查设备损坏情况：推力瓦10块工作瓦块乌金严重磨损，厚度接近3mm；中压缸第13级叶片覆环全部甩出，叶片出口边全部被打瘪；第14级隔板的导叶全部脱出，全部叶片（132片）前侧叶根被磨出深沟，叶片连同覆环全部甩出；第10级隔板、导叶、叶片和叶轮损伤情况与第14级相近。

造成这次事故的直接原因，首先是第13级动叶片的一组覆环甩出，甩出的覆环打在外围的轴封围板和第14级隔板、导叶上，使之覆环掉下，叶片打弯，引起轴向推力增大。保护动作后如立即解列停机，设备不致造成如此严重损坏，至少第15级及第16级叶片、隔板不会有重大损伤，但由于盲目地两次挂闸，扩大了事故。

九、全厂停电事故

某厂因1号发电机汽侧密封瓦氢侧回油窗镜面爆破，造成发电机内部的氢气通过该回油窗喷射，发电机氢压急剧下降，机组手动紧急停机。

在1号发电机解列后，厂用电自投过程中由于备用电源自投装置的快切逻辑中无同期鉴定，手动紧急停机时，厂用备用电源与母线残压非同期，备用进线开关合闸时产生较大的冲击电流，加上220kV启备变差保护（带比例制动和涌流制动）A相定值漂移导致误动跳闸，失去了备用电源，1号机组厂用电中断。1号机组循环水泵A、B失电，造成两机三循环水泵运行的2号机因单泵运行时凝汽器循环水压力低，低真空保护动作跳机，厂用电中断，酿成全厂停电重大事故。

第七章

单元机组计算机监控

第一节 发电厂的控制方式

大机组发电厂的控制方式可分为单元集中控制室兼网络控制室及单元集中控制室与网络控制室相互独立的两种类型。

一、单元控制室及网络控制室的控制方式

300MW及以上大容量发电机组，通常将一个单元的机、炉、电的所有设备和系统集中在一个单元控制室中进行控制。一般情况下，一个单元控制室控制两台机组。大型电厂，为了提高热效率，趋向于采用亚临界或超临界压力，或高压的机组，其热力系统和电气主接线都是单元制，各机组之间的横向联系较少，在进行启动、停机和事故处理时，单元机组内部的纵向联系较多。采用单元控制室的控制方式，便于机、炉、电的协调控制。

采用单元制控制方式的发电厂，当高压网络出线较少或远景规划明确时，电力网的控制部分可设在第一单元控制室（当发电厂中有两台以上机组时）内，各操作控制在网控屏上进行。当高压网络出线较多或配电装置离主厂房较远时，一般应另设网络控制室。在单元控制室网控屏或网络控制室内控制的设备和元件有：联络变压器或自耦变压器、高压母线设备、110kV及以上线路、高压或低压并联电抗器等。此外，还有各单元发电机—变压器组以及高压厂用备用或启/备变压器高压侧断路器的信号和必要的表计。

高压网络采用一台半断路器接线时，发电机—变压器组设备较重要。为防止误操作，与此有关的两台断路器在单元控制室控制，而在单元控制室的网控屏或网络控制室内，有上述断路器的位置信号，以使网控人员掌握发电机—变压器组的运行状态，尤其是中间断路器的运行状态。

二、单元控制室的布置

大型电厂单元控制室通常设计成单机一控或两机一控，布置在主厂房机炉间的适中位置，以热控专业为主。当技术经济比较合理时，单元控制室也可布置在汽轮机房A排柱外侧，使电气控制离开关站较近。

控制室内的布置，对两机一控单元控制室，炉机电屏（BTG）的布置多采用门型布置；两台机组控制屏的布置，按相同的炉、机、电顺序排列，整体协调一致。当在单元控制室布置网控屏时，一般将网控屏布置在第一单元控制室两台机组控制屏的中间。由于单元控制室受面积的限制以及技术经济条件等因素的影响，网络部分的继电保护、自动装置和变压器屏布置在靠近高压配电装置的继电器室内，发电机组的调节器、保护设备、自动装置及计算机等电子设备屏均布置在主厂房内的电子设备室内。

特别是300MW及以上机组的大型电厂，通常采用分布式微机控制系统（亦称集散控制系统），其CRT显示操作器是人机联系的主要手段，因而，通常将集散系统的CRT布置在BTG屏的前面，以便通过CRT实现全厂的控制监视。

图7-1为两台600MW机组，并有网控屏的单元控制室平面布置的一种布置方式。从值长台看去，BTG屏、网控屏呈门型，网控屏在中间。

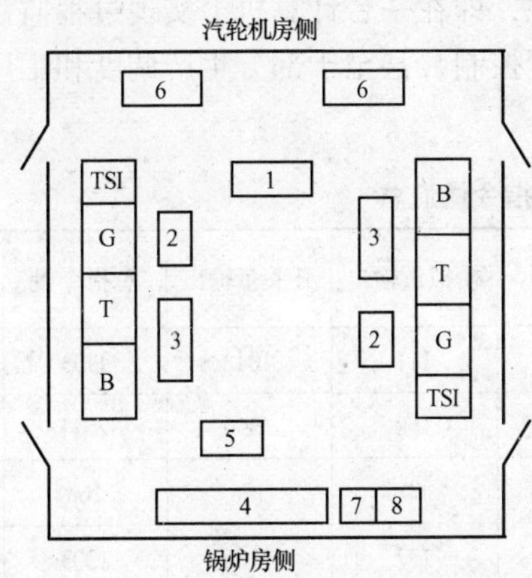

图 7-1　单元控制室的平面布置图

B、T、G—炉、机、电控制屏；TSI—发电机本体监测盘；1—值长台；2—汽轮机电液控制操作员站；3—操作员站（CRT）；4—网控屏；5—远动通信台；6—打印机；7—消防控制盘；8—暖通报警盘

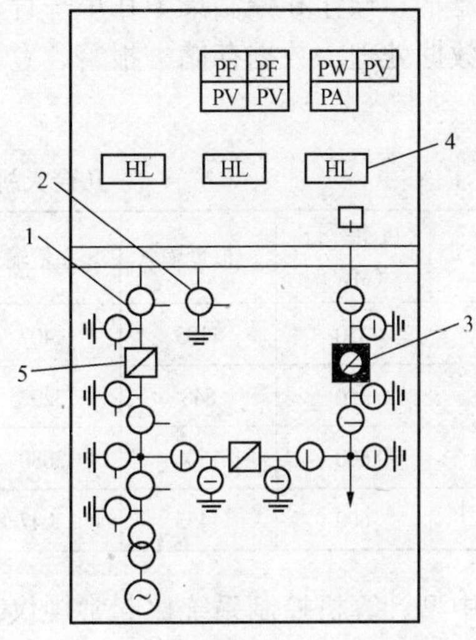

图 7-2　网控屏屏面布置图

1—隔离开关位置指示器；2—接地开关位置指示器；3—同步选择开关（控制开关）；4—光字牌；5—500kV 断路器灯光模拟

三、网控屏屏面布置

控制屏通常选用制造厂的定型产品，BTG 屏应统一配套。控制屏上一般有开关控制手柄或按钮、指示灯、光字牌、仪表、调节手柄等设备。操作设备与安装单位的模拟接线相对应，功能相同的操作设备布置在相对应的位置上，为避免运行人员误操作，操作方向全厂一致。

图 7-2 为网控屏屏面布置的一种布置型式。

此屏模拟接线为 500kV 一台半断路器接线。与发变组有关的 500kV 断路器控制在发电机 BTG 屏，在网控屏上只设模拟灯光信号。500kV 线路母线侧断路器控制开关为手柄带灯的不对应指示接入式操作开关。正常灭灯运行，当被控对象的状态位置与控制开关手柄指示位置不一致时指示灯光亮。

第二节　计算机监控系统在发电厂中的应用

一、电厂采用计算机监控系统的必要性

随着火电机组单机容量的增大、参数的提高，热力系统变得更加复杂，在运行中必须监视的信息量和用于控制的指令量迅速增加。表 7－1 统计了几台进口大容量机组的信息量和指令量，其信息量和指令量的总和达到 4000～6000 多个。

对于如此大量的信息量和指令量，如果仍采用常规仪表、独立工作的控制装置和控制开关是很难胜任的。不仅要用很多、很长的监控仪表盘、台和多人监盘，且很难实现复杂的控制任务，如机组的协调控制，也很难保证机组的安全、经济运行。为此，从 60 年代起，国外就开始将电子计算机技术应用于火电厂的监视和控制中。早期的计算机控制系统是集中型计算机控制系统出现的。集中型计算机控制系统把几十个甚至几百个控制回路及数千个过程

变量的显示、操作和控制集中在单一计算机上实现，即在一台计算机上实现过程监视、数据采集、数据处理、数据存储、报警、登录以及过程控制，甚至于部分生产调度和工厂管理等功能。

表 7-1　　几台大机组信息量和指令量汇总

电厂名	机组容量（MW）	模拟量输入	开关量输入	总信息量	模拟量输出	开关量输出	总指令量	总计
南通	350	1105	1407	2512	111	1042	1153	3665
利港	350	848	3292	4140	188	2356	2544	6684
北仑港	600	1506	2680	4186	60	106	166	4352
石洞口二厂	600	1455	3047	4502	137	1166	1303	5805

集中型计算机控制系统比起常规仪表控制系统来有很大的优越性。然而，集中型计算机控制系统中，单台计算机控制着几十个甚至几百个回路，为机组的所有参数提供显示，一旦计算机发生故障，将导致生产过程的全面瘫痪。另外，系统处理的信息多，负荷重，实时性差；系统的开发比较困难。这些缺点影响了集中型计算机系统的应用。

随着计算机技术、控制技术、通信技术、CRT 技术（称为“4C”技术）的发展，特别是微处理机（具有体积小、可靠性高、功能强、性能价格比高等优点）的问世并迅速商品化，为以微机为基础的分散控制系统（Distributed Control System，DCS）的研制和开发提供了基础。因此从 20 世纪 70 年代后期到 80 年代初，国外各控制系统制造厂商都先后推出了各自的分散控制系统，并且很快在电力、石化、冶金等行业广泛应用。到 20 世纪 80 年代末，美、日、西欧、加拿大等新建电厂几乎全部采用了不同类型的分散控制系统。在我国，20 世纪 80 年代后期由华能国际电力开发公司整套引进的机组，也都配套引进了分散控制系统。国产 300MW 及以上容量的机组从 20 世纪 90 年代中期开始大多数也都配置了各种型号的微机分散控制系统。目前，我国火电厂中应用的 DCS 共有 14 种型号。由于行政指令和市场的竞争，火电厂应用主要集中在 N－90（INFI－90）、WDPF、TELEPERM、MAX－1000、PROCONTROL－P 和 HIACS－3000 等六种上。

采用微机分数控制系统（DCS），对单元发电机组进行数据采集、协调控制、监视报警和连锁保护，在技术上和经济上都已取得了良好的效果，使我国火力发电机组的自动控制和技术经济管理水平发展到了一个新的阶段。

二、发电厂计算机监控系统的组成

分散控制系统（DCS）是融计算机技术、控制技术、通信技术、CRT 技术为一体，对生产过程进行监视、控制、操作和管理的一种新型控制系统。它既具有监视功能（如 DAS），又具有控制功能（如 CCS、SCS、FSSS、DEH），其监视功能和各控制功能之间可通过网络或总线进行数据、信息通信，实现信息共享，还可通过接口与全厂管理计算机联网。针对火电厂的特点和要求，还可实现设备的寿命管理、能量损耗分析和运行操作指导等高级处理功能。目前，国内 600MW 机组发电厂的电气量（模拟量和开关量）也已进入 DCS 系统。凡涉及发电机、主变、厂变和厂用电的保护信号、断路器及隔离开关状态信号以及电流、电压、有功/无功、有功电量/无功电量模拟量都送入机组热工 DCS 系统，实现事件记录、打印和画面显示，机组有关电气部分的参数及接线方式在热工 CRT 上实现画面显示。在网控屏上控制的与高压系统有关设备的开关量/模拟量显示和记录，通过远动装置 RTU 来实现。DCS 系统与 RTU 之间通过数据通道相连，交换信息。电气系统和设备的调节、控制是否进入 DCS 系统，由计算机控制，虽然在国外已有经验，但在国内尚在试点阶段。

(一) 分散控制系统的特点

分散控制系统一般由集中监视、管理部分、分散控制部分和通信部分等组成。其中集中监视、管理部分通常是在主控制室内，由运行人员通过 CRT 实现人机对话，达到监视、控制、操作、管理机组的目的。分散控制部分则由各个控制单元，如分散处理单元（Distributed Processing Unit，DPU）或过程控制单元（Process Control Unit，PCU），按工艺流程控制数个回路或整个子系统，实现控制危险的分散，使系统发生局部故障时，不会威胁到整个单元机组的安全运行。分散控制系统具有几十种甚至上百余种的算术、逻辑、控制的运算功能，其软件一般由实时多任务操作系统、数据库管理系统、数据通信软件、组态软件和各种应用软件所组成。其中组态软件工具，可以按用户要求生成实用系统。

与常规仪表控制，以及集中型计算机控制系统相比，分散控制系统具有十分显著的优点，概括起来有下面几个方面：

(1) 综合应用计算机技术、控制技术、现代通信技术和屏幕显示技术，易于实现先进的控制算法，如多变量、解耦、非线性、自适应等控制功能，采用多功能 CRT 屏幕显示取代模拟显示表时，可以大大缩小监视操作台面；系统的高度自动化功能，既能保证机组的安全、经济运行，又有助于减轻操作人员的劳动强度，并可减少运行人员的数量。

(2) 自律性极强的单元结构，即单元功能齐全，可靠性极高，是一个自治的系统。

(3) 采用基本控制模件组合可以做到真正的分散控制，局部故障不会影响到整个系统，系统安全性好。

(4) 系统易于扩展，既可用于小型系统，也可方便地组成大规模系统。由于使用软件技术，控制策略的改变只需改变软件组态即可，而不必像常规仪表那样要增减设备，重新接线。因而，系统灵活性好。

(5) 硬件和通信回路可采用冗余配置，系统设有自诊断程序，有容错、自恢复功能，有故障报警显示，因而系统可靠性和可用率大大提高，目前系统可用率已达 99.8%～99.9%。

(6) 优越的人机接口，统领全局的窗口功能，有 CRT 操作站（包括工程师站和操作员站），用键盘、鼠标或球标器以及触摸屏幕进行操作，可显示总貌、分组和单元等各种数据，模拟图、趋势图等各种画面，以及操作、报警等各种功能和信息。

(7) 分散控制系统可接上位计算机，由多个分散控制系统组成超级网络，实现对全厂生产的最优控制和管理，系统管理功能强。

(二) 分散控制系统的信息综合管理及分层体系结构

分散控制系统的主要特点是控制功能分散，但当前的发展趋势更注重于全系统的信息综合管理。分散控制系统从层次上可分成四级，如图 7-3 所示。

1. 直接控制级（过程控制级）

这一级是分散控制系统的基础，在这一级上，分散控制单元直接与现场各类装置，如变送器、执行器、各类开关接点等相连，完成如下主要任务：

(1) 进行过程数据采集，即对被控设备中的每个过程变量和状态信息进行实时采集与处

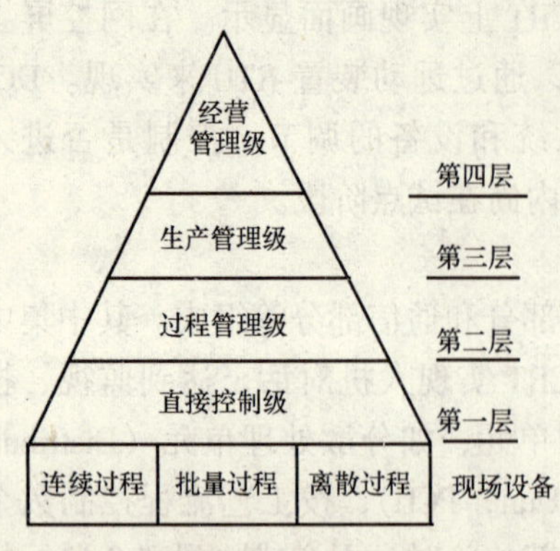

图 7-3 分散控制系统的四层结构模式

理，保证闭环控制、开环控制、设备监测、状态报告等获得所需要的输入信息。

(2) 进行直接的数字过程控制，根据控制组态数据库、控制算法模块来实施连续控制、顺序控制和批量控制等。

(3) 进行设备监测和系统的测试和诊断，根据过程变量和状态信息，分析并确定是否对被控装置实施调节，并判断计算机硬件的状态和性能，在必要时实施报警、诊断报告等措施。

(4) 实施安全性、冗余化方面的措施，一旦发现计算机系统硬件故障，及时切换到备用硬件，以确保整个系统的连续安全运行。

2. 过程管理级

在这一级上，过程管理计算机主要有监控计算机、操作员站和工程师站。它综合监视过程各站所有信息，集中显示、操作、控制回路组态和参数修改、优化过程处理等，可完成的功能有：

(1) 优化过程控制。根据过程的数学模型以及所给定的控制对象，实施和达到优化控制。

(2) 自适应回路控制。在过程参数希望值的基础上，通过数字控制的优化策略，当现场条件发生改变时，经过过程管理级计算机的运算处理，得到新的设定值和调节值并传送到直接过程控制层。

(3) 优化单元内各装置，根据生产的工艺流程，以优化准则协调相互的关系。

(4) 通过获取直接控制层的实时数据以进行单元内的活动监视，如各种 CRT 画面显示、打印机打印制表、键盘（鼠标、球标、光笔、触摸屏）操作、故障检测存档、历史数据存档、状态报告等。

3. 生产管理级（产品管理级）

在这一级上，管理计算机根据生产工艺流程和过程特点，协调各单元级的参数设定，是生产过程、产品的总体协调和控制者。主要有以下功能：

(1) 具有比系统和控制工程更宽的操作和逻辑分析功能，可根据用户的订货情况、库存情况、能源情况来分析规划各单元中的产品结构和规模。

(2) 具有产品重新组织和柔性制造的功能，可以适应由于用户订货变化所造成的不可预测事件。在一些复杂的工厂还实施了协调策略。

(3) 具有综观全厂生产和产品监视，以及产品报告的功能，并与上层交互传递数据。

4. 工厂经营管理级

这一级居于中央计算机上，并与公司（工厂）的经理部门、市场部、计划部以及人事部等办公自动化管理信息系统（Management Information System，MIS）连接起来，担负起包括工程技术方面、经济方面、商务方面和人事方面等的总体协调和管理，实现整个生产系统的最优化。

某电厂建立的计算机管理信息系统（MIS），通过建立生产实时信息、辅助决策查询、运行管理、计划管理、生产技术管理、安全管理、燃料管理、劳动人事管理、财务管理、物资管理、办公室管理、教育管理、党群管理、后勤管理、治安保护、职工医院管理等16个子系统，实现如下功能：

（1）建立生产、管理有关数学模型、管理模型，为高层管理人员提供辅助决策支持，为生产管理和经济分析提供依据。

（2）建立共享数据库、各类专用数据库，向中层管理人员提供计划信息和统计信息，向基层管理人员提供具体的事务处理和生产操作信息。

（3）建立各子系统，各自具有较强的处理能力，能完整、及时、可靠地收集各种有关信息，实现对信息的整理、统计、分类查询等处理，向管理人员提供统计、分析的图形、报表和文字说明等。

（4）建立生产过程实时数据采集网。它作为生产现场设备安全经济运行的综合自动化装置，实现对整个电厂运行设备实时信息的采集、加工处理和统计分析，并与综合信息库联结，一方面服务于现场，另一方面为企业决策提供辅助信息。

（5）系统具有良好的人机界面，操作简便，使用灵活，能改善工作环境，提高办公效率。

（6）系统能与省电力局、省网内各发、供电厂（局）乃至公用数据网进行信息交流。

（三）分散控制系统的硬件

分散控制系统的主要特点是系统结构简单以及软硬件模块化，实际上最基本的分散控制系统其硬件仅由三部分组成：工作站（Workstation），分散处理单元（DPU）或称过程控制单元（PCU），以及将二者连接在一起的数据高速公路（Data Highways）或称数据网络（Data Network）。工作站，包括操作员站（Operetor Workstatin）和工程师站（Engineer Workstation），是人机接口（MMI）装置，它们是由微处理器、高分辨率CRT、键盘（或鼠标、球标、光笔、触屏）、外存、打印机、拷贝机等组成的人机系统，其主要功能是实现对分散处理单元进行组态和操作监视，对全系统进行集中显示和管理。分散处理单元（DPU），由CPU、ROM、RAM、A/D和D/A、多路转换器、内总线、输入/输出（I/O）模件板、电源和通信接口等组成，是与生产过程直接联系的计算机设备。其主要功能是进行数据采集和处理，模拟量闭环控制，顺序控制等。数据高速公路（网络），由通信电缆或光纤、数据传输管理指挥装置（接口）等组成，用来实现工作站和分散处理单元之间的物理通信连接。

随着控制对象数量和复杂程度的增加，或者考虑系统的冗余度，只需增加分散处理单元和工作站，系统和组态可以很灵活地随着用户的要求不断变化。正是由于这种简单的软硬件模块化方法，任何复杂的用户控制策略都能用标准单元的各种组态实现。

1. 工作站

工作站主要指操作员站（OS），它是一个综合性的CRT过程控制及信息管理系统。分散控制系统应用于单元机组监控，操作员站承担监视、控制和管理整个单元机组的任务，它通过总线或网络将各分散处理单元（或过程控制单元）送来的信息在CRT上以模拟图、表格、趋势图等不同表现形式显示出来或用打印机打印出来，还可用拷贝机原样拷贝；操作员通过操作员站可监视单元机组的生产过程、各参数和主辅设备的运行情况，并对电厂的相关设备，如阀门、挡板、风机、泵以及其他主辅机的电动机进行远方操作或过程控制，以控制单元机组的运行。操作员站的硬件设备主要有：分散控制系统的模件、工控 PC 机、键盘（鼠标、球标、光笔、触屏）、总线、磁盘/光盘、打印机、电源等，其中分散控制系统的模件、工控 PC 机是操作员站的核心。

2. 分散处理单元 DPU

分散处理单元 DPU（过程控制单元）是用于工业生产过程控制的关键部件，由它实现 DCS 与生产过程的联系。来自现场的过程输入/输出（I/O）信息经 DPU 处理后，一方面用于显示、报警、打印等，另一方面按需要反馈到现场，控制执行机构的动作，实现对过程的直接数字控制以及逻辑顺序控制。DPU 主要由三大部分组成：与网络的接口装置、功能处理器、I/O 模件。DPU 作为 DCS 的一个"站"（或称"节点"）需与系统网络相连接，才能进行系统间的信息交流；通过各种 I/O 模件与生产过程相连接，方能进行原始数据的采集和生产过程的控制；同时，数据的处理、控制策略的实施需有智能的功能处理器。

3. 数据高速公路（网络）

分散控制系统是以微型计算机为核心的 4C 技术（计算机技术、自动控制技术、通信技术和 CRT 显示技术）竞相发展并紧密结合的产物，而通信技术在分散控制系统中占有重要的地位。计算机数据高速公路（网络）连接分散处理单元（或称过程控制单元）、监视操作单元（或称操作员站）和系统管理单元（也称管理计算机）。工业控制用通信系统具有以下特点：

(1) 快速实时响应能力。分散控制系统通信网络是工业计算机局部网络，它应能及时传输现场过程信息和操作管理信息，因此网络（数据高速公路）必须具有很好的实时性。响应时间应为 0.01～0.5s，高优先级信息对网络存取时间应不超过 10ms。

(2) 具有极高的可靠性。分散控制系统的通信系统必须连续运行，通信系统的任何中断和故障都可能造成停产，甚至引起设备和人身事故。因此通信系统必须具有极高的可靠性。一般采用双网冗余方式，以提高可靠性。

(3) 适应恶劣的工业现场环境。工业现场存在各种干扰，如由电源系统串入网络的脉冲干扰、雷击干扰、电磁干扰、地电位差干扰等。为克服各种干扰，现场通信系统采用了种种措施，如对通信信号采用调制技术、光电隔离技术，以避免雷击或地电位差干扰。

(4) 分层结构。分散控制系统是分层结构的，因此其通信网络也具有分层结构，每层有适用于自己的网络系统。现场总线是连接现场安装的智能变送器、控制器和执行器的总线。其中包括智能压力、温度、流量传感器、可编程逻辑控制器（PLC）、单回路或多回路调节器，还有控制阀门的智能执行器和电动机等现场设备。机组级网络系统用于直接交换现场分散处理单元与监视操作单元（工作站）之间以及各现场控制单元之间的数据，以完成对生产过程的控制。厂级网络系统完成全厂信息的综合管理。

4. 现场总线

现场总线可以定义为用于现场仪表与控制室之间的一种全数字化、双向及多站的通信系统。形象地说，现场总线即是用全数字化、双向多变量的通信方式来代替传统的 4～20mA 单变量单向模拟传输方式。

现场总线的采用有以下特点：①以微处理器为基础的现场仪表能完成各种先进功能，如工程单位转换、报警、补偿及自动控制；②便于工程设计、维护及仪表管理自动化；③提高了检测精确度；④减少了 I/O 装置，提高了可靠性，降低了成本。

（四）分散控制系统的软件

DCS 系统的软件包括操作系统和应用软件两部分。

1. 操作系统

由于 DCS 系统是生产过程的综合控制和监视，其任务是多项的，且要求有很高的实时响应性能，因此 DCS 系统的操作系统需采用实时多任务操作系统。目前使用的实时多任务操作系统有 UNIX、IRMX、VRTX、AMS、QNX 等。实时多任务操作系统具有快速处理在时间上异步出现的事件的能力，支持多个任务或进程在互不影响下同时运行的特点。UNIX 多任务实时操作系统采用较为广泛，如 N－90、MAX－1000、WDPF 等 DCS 系统均采用 UNIX 多任务实时操作系统。IPMX 是 Intel 公司的早期产品，其特点是系统庞大、复杂；QNX 是美国 Quantum 公司的产品，其特点是内核小，使用方便；美国 Ready System 公司的 VRTX 是一个嵌入式实时多任务操作系统，其特点是内核结构简单紧凑，可靠性高，与 MS－DOS 兼容，VRTX 在国际同类产品中的市场占有率约为 85%。

国内的组态软件，如北京康拓公司的 CONTROL STAR 是基于 MS－DOS 操作系统的工控组态软件，其优点是配有汉卡，操作简单，硬件适配能力强，从 STD 总线工控机到 386 以上微机均可使用，其缺点是多任务能力不强。国外的一些著名软件，如 Wonderware 公司的 Intouch、Iconics 公司的 Genesis、Laboratory 公司的 Labtech、Intec Controls 公司的 Paragon 等基于 Windows 的软件，具有 Windows 的风格，可通过图形界面实现应用功能的组成从而形成最终应用系统。

2. 应用软件

DCS 系统的应用软件其功能包括对模件的数据采集、通信、实时数据库生成、工业流程画面生成、打印管理、历史数据管理、过程控制等。例如，N－90 系统的软件系统包括 MCS 系统软件包、UNIX 操作系统、MCS 脱机辅助软件以及应用程序软件包等。N－90 软件系统的主要部分是 UNIX 操作系统支持下的大型应用软件系统，此外，还加上 DOS 操作系统支持下的辅助工具软件系统。N－90 的应用软件主要由下列部分组成：

(1)“操作/组态”软件。此软件是 MCS 上最重要的应用软件。对用户而言，它包括了所使用的大部分功能。它的使用完全实行菜单引导，既简单明了，又操作简便，具有良好的人机界面。它的软件本身也很复杂，功能十分齐全。它为用户提供的菜单流程是个树状结构的多极系统。

(2) MONITOR 68K 软件。此软件提供了 DDT 文件管理监控系统，是系统安装、诊断和维护的重要软件工具，它是面向系统管理人员的软件。

(3) 应用 PCU 软件包，即过程监视/控制用软件。N－90（INFI－90）的过程监视/控制用软件以功能码的形式组成功能码库。功能码库包括：站功能、控制、计算（包括三角函数、多项式、矩阵、对数等复杂运算功能）、信号选择、信号状态、逻辑、模件总线、工厂总线 I/O、工厂回路 I/O、现场 I/O、执行及其他功能块。INFI－90 的功能码数已由 80 年代末的 N－90 的 174 个增加到目前的 200 多个，且功能码库仍在不断丰富中。用户可选用 N－90（1NFI－90）的功能码来设计控制/监视回路，回路的控制策略被存放在 MFC（MFP）的非易失性存储器（EEPROM）中，MFC（MFP）可执行 N－90（1NFI－90）功能码库中的几乎全部功能，此外还具有 BASIC 或 C 语言编程能力。

(4) N－90MCS 辅助软件。MCS 除了利用数据终端作为维护工具外，还有一个更高级的工具，这就是工程师工作站（EWS）。EWS作为整个N－90系统设计和开发必不可少的工具，为MCS提供了强有力的开发手段。

N－90的软件系统极为庞大、复杂，但其软件系统却给用户提供了极其完整的菜单操作，并且其功能齐全、使用方便。它除了现有的控制、监视和管理功能外，还为用户提供了C语言和FORTRAN语言编程能力，用户也可以通过修改组态和画面来改变或增减所需监视和控制的过程信息，因此它具有良好的扩充能力。

EWS硬件系统是利用一台IBM或与之兼容的个人计算机，再增加上一块贝利公司自己的专用图形模件板所构成。它具有三种控制设计软件，分别为文本（STXT）、计算机辅助设计（SCAD）和梯形逻辑结构图（SLAD）。

（1）文本软件（STXT）利用“菜单”驱动格式指导操作员完成N－90的各种指令功能。按照“菜单”上的各种提示的回答，操作员可以对系统模件进行定义、组态、监视和维护等工作，也可以选择菜单中的各种功能，例如，增加、修正、删除、改变、拷贝及改变功能块的技术条件等；改变模件的工作模式，可以用来完成模件初始化、组态、执行或复位等功能；选择在线和脱机（离线）工作方式，可以监视一个或一组变量值，可以监视模件的状态、调节功能块，修改数据扫描频率；可以定义一个或一组输入/输出点，以便进行调节和监视；还可以把磁盘或模件中的组态数据列在屏幕上，或打印出来；可由磁盘保存或加载模件组态数据；可以拷贝、删除、比较或重新命名各种数据文件；可以维护数据文件的目录。

（2）计算机辅助设计（SCAD）软件的绘图符号及一系列指令提供了简易快速地设计N－90（INFI－90）的控制功能。利用各种绘图符号和一台彩色显示器，可以直接在屏幕上完成新的组态设计，或修改现有的控制逻辑图；利用编辑技术，可以移动、修改、拷贝或删除原有的方案；可以选择图形的某一部分进行定义和处理。在作出设计框图时，功能块的各种技术规格都将被显示出来，各种输入值根据需要被采纳或被改变。SCAD软件装有一个ISA（美国仪表学会）和SAMA（美国科学设备制造商协会）功能符号库、宏指令逻辑块和结构图。

（3）梯形图软件（SLAD）可以把梯形图的一整套标志符号转换为标准的N－90功能块。利用各种绘图符号，可以直接在屏幕上设计逻辑阵列，可以把游标放在阵列的任意梯级内，并选择适当的符号。所有的接触器和线圈测点都使用了便于记忆的函数名称。有些逻辑组件，例如定时器、计数器或者其他一些功能组件则可能需要更多的信息量来表示。SLAD软件提示了各种必需的信息。当控制逻辑被制定后，SLAD将保留一份完整的、内容广泛的有关符号的标记参考清单。输入/输出控制点可以被强迫处于开或关状态，在定义了控制逻辑后，SLAD将产生带有各种注释的结构图，显示出逻辑组件、符号标记和有关的注释。整个硬件模件的功能块都可以按照梯形逻辑结构图进行组态。

随着DCS的发展，组态生成工具软件逐渐普及，其特点是通用性强，系统的执行程序代码部分一般是不变的，用户通过选择组合即可适用于不同的应用对象。这样，既缩短了系统的开发时间，又保证了软件的成熟性与可靠性。

（五）数据处理与信息共享

1. 数据处理

DCS系统的微处理器和存储器有很强的数据处理功能。进入DCS的大量数据通常都要经过一系列的预处理和处理，如滤波、隔离、A/D转换、标度变换、校正和线性化等。

(1) 滤波。由于被测参数自身的高频波动，如锅炉炉膛压力的随机高频波动，或由测量通道引入的高、低频干扰，需通过滤波环节滤去信号中的各种高/低频杂波。早期的滤波电路由电阻、电容、电抗等元器件组成，如（电）阻（电）容滤波器、（电）阻（电）抗滤波器等，按形式又可分为Γ式滤波器、Π形滤波器、多级滤波器等。应用微处理器技术，采用数字滤波，可以提高滤波效果。

(2) 隔离。在现场（电厂）环境中，弱电或低电子的测量信号回路常常会串入或感应产生较强电压。如用热电偶测量温度，信号是“毫伏”级的，而周围环境存在的220V、380V交流，甚至6kV交流可能感应或直接串入热电偶测量回路，产生数十伏甚至数百伏的感应电压，如不隔离，这些强电进入计算机回路势必会损坏芯片、卡件。目前常用的隔离方法是变压器隔离和光电隔离。在DCS系统中大多采用光电隔离。

(3) A/D、D/A转换。过程参数，如温度、压力、差压（流量、液位）等均为模拟量信号进入DCS系统。在由微处理器进行各种数据处理之前必须转换为数字量信号，即需经过A/D转换；同样经过微处理器处理过后的各种数据，如控制数据要对控制对象实施模拟量控制，则必须将微处理器处理后的数字量信号转换为模拟量信号，即需D/A转换。A/D转换的精确度取决于A/D转换器的位数，常用的A/D转换器有12位、14位（其中一位为符号位）、16位（其中一位为符号位），对应的精确度分别为0.0244%、0.0122%、0.00328%。

(4) 校正和线性化。对于数据块，通过所选择的过程输入的周期性的反复校准，可用于补偿预期的传感器老化或漂移，将已知输入值和希望输出值送入系统，通过最小二乘法拟合得到多阶（如7阶）多项式的计算系数，这样的校正方程及拟合系数存储于DPU中，用于数据校正。

至于流量测量中的差压信号的开平方和热电偶（TC）、热电阻（RTD）的线性化，如在MAX-1000系统中是通过使用模拟（过程）输入页或模拟并行输入（API）数据点来规定的。检测器类型选择是用数据点组态码中的LL值域来确定的。LL编号00/01是线性、平方根；LL编号02/13则表示标准的线性化检测器，如J、K、T、E和S型热电偶，以及100Ω铂电阻；LL编号14/15允许使用交互页面上规定的其他特殊线性化检测器，如R、B、N、G、C和D型热电偶，以及一些不同阻值和材料的热电阻等。

(5) 标度变换。各种模拟量信号输入到DCS系统时，都以相对量的形式输入，如常采用的4~20mA直流信号、热电偶的直流毫伏信号、热电阻的桥路输出直流毫伏信号等。而在CRT上显示出给运行人员监视用的或制表打印出的参数量和单位必须以符合国家计量法法定单位的工程单位。如温度采用摄氏度，即“℃”，压力单位采用Pa、kPa、MPa，流量单位采用m^3/h、t/h等。为此需将DCS系统内需显示、打印的各模拟量参数通过标度变换转换为工程单位。

(6) 数据处理。广义的数据处理包括各种数据的计算、转换和数字事件处理，其中包括变化率、超前或滞后滤波、加权平均值、时间平均值、最大值和最小值、平均值或中值、求和或求积、质量流量计算、折线函数或三角函数、取整、与/或/异或逻辑、每个函数的多项式校正、定时器、事件计数等等。

2. 信息共享

DCS系统的一个特点是信息共享。由于DCS系统是一个多级网络信息系统，任何一个来自现场的过程信息或人机指令信息都可以通过网络传送到网络的任何节点（工作站、

DPU、管理计算机、PLC系统、现场总线网络等），为系统所共享，这样可以减少信息源、节省电缆。例如，对汽包锅炉来说，汽包水位是一个很重要的参数，在显示、控制、保护、报警等各个功能方面均需要这一重要信息；汽包水位又是一个很重要的控制参数，锅炉的安全稳定运行，必须维持汽包水位在一稳定水位上（如0水位），而为了汽包水位控制系统的可靠工作，被控参数（汽包水位）的测量需冗余配置，如“三取中”，则需三个独立的汽包水位信号；汽包水位过高或过低，则对锅炉的安全产生严重的威胁，必须设置锅炉汽包水位过高或过低的保护。为了保护系统的可靠工作，汽包水位保护信号需冗余配置，常用的方法是“三取二”，即要有三个独立的汽包水位越限保护的开关量信号，如用水位开关，则高、低共需6个；汽包水位的CRT显示或指示表的显示，记录表的记录，为了可靠，通常是“三取中”或“二取一”，则又需要2~3个汽包水位信号；此外，汽包水位的高、低报警也需汽包水位信号。如果控制、显示、保护、报警都各自独立地配置汽包水位信号，则需近10个汽包水位信号，配置10台汽包水位变送器，这显然是不经济的，而设置多达10个的水位测量平衡容器也是不现实的。采用DCS系统，信息可以共享，上述汽包水位信号，可以通过网络通信或硬接线，只要配置三个汽包水位变送器，便可满足控制、显示、保护、报警等的功能要求。具体做法是将三个汽包水位变送器的信号（4~20mA DC）接至水位控制的DPU中的三个I/O卡件上，就可满足“三取中”的模拟量控制冗余原则；这个中值通过网络信息传输又可作为CRT显示或打印机打印的汽包水位测量值。三个独立的汽包水位模拟量信息经DPU内的比较器进行高、低限比较，各产生三个独立的开关量信号，通过网络通信或DPU间的输出/输入硬接线，可满足“三取二”的开关量保护冗余法则，自然“三取中”的模拟量中值经DPU内的比较器进行高、低限比较产生的开关量信号就可用于报警（CRT报警窗口或常规光字牌报警器）。其他主要参数，如主蒸汽压力、主蒸汽温度、主蒸汽流量、炉膛压力等，如此处理既满足了控制、显示、保护、报警功能的要求，对一台单元机组来讲，还可以节省大量的变送器（或一次测温组件）和电缆/补偿导线，其经济效益是可观的。

（六）分散控制系统的人机接口

常规监控系统人机接口是通过常规控制盘（BTG）上面的模拟仪表（包括指示表、记录表等）、窗口报警仪等对生产过程进行监视。通过控制盘上的开关、按钮进行主、辅设备的启停和阀门、挡板的开大或关小。这种常规控制方式的特点是监控盘台长；监视、操作点多；因自动化水平较低，人工干预多，操作人员多。由于DCS在电厂中广泛应用，已改变了机组监控方面人机接口的面貌，作为过程监控的重要组成部分，DCS的人机环境比过去更加完善，特别是以RISC技术为基础的Workstation引入DCS的人机接口（MMI），极大地丰富了MMI的图形功能、编程功能及人机对话功能，并满足过程监控的简捷、方便、实时性高的要求。DCS人机接口监控方式的特点是监视和控制都通过CRT进行，在CRT屏幕上进行生产过程的监视，用键盘（鼠标、球标）进行生产过程的控制和调用画面等，这样可以大大缩短监控盘台的长度，减少操作人员数。随着自动化水平的提高，操作人员对生产过程的干预更少，生产过程主要是自动进行。

DCS的人机接口显然优越于常规的以模拟仪表和开关、按钮为主的常规监控方式。从CRT获取机组运行工况，并通过键盘（鼠标、球标、光笔）进行软手操的分散控制系统在运行监视和控制操作方面与常规监控系统有极大的区别。就分散控制系统而言，它的设计思想是将整个单元机组的监视集中到几台CRT上，而将各项控制任务分散到各个分散处理单元

DPU（或过程控制单元 PCU），即分散到模件级，这样就将各种可能产生的故障分散到了模件级，当某一装置故障时，其危害不会被扩大。DCS 将运行工况变化时需要进行的调节和设备操作分散到各个模件中完成，调节与操作的动作由模件内部的控制软件根据机组运行工况自动产生。在模件与实际被控设备之间的操作是直接的，这种控制关系有很高的实时响应性和安全性。由于微处理器的大量使用，使分散控制系统可以进行各种复杂的数学计算和逻辑判断。因此 DCS 系统越来越广泛地被应用于大型单元火电机组的监控。但如果机组的可控性差，大量的调节与操作动作不是由模件级自动完成，而要由运行人员通过键盘（或鼠标、球标）软手操来完成，则分散控制系统的安全性、响应性就都被破坏了，反而造成操作的繁琐、响应的迟缓与危险的集中。其中的原因有以下几点：

（1）在常规的 BTG 盘控制时，操作员可以非常直观、迅速地选择他所要控制的设备的操作开关；而以键盘（鼠标、球标）操作为主的分散控制系统，操作员得先选取有这一操作站的 CRT 画面，再选择对应的操作开关，最后再选择相应的按键进行操作，这远没有前者方便。而且因为外文显示、CRT 显示对视觉的影响问题以及显示与操作位置的不平衡问题，操作员的反映速度和操作感觉、操作的正确性都将大受影响，特别是在事故发生时，心理压力将导致操作员操作的速度、感觉和正确性的严重障碍。即使是一个优秀的操作员也很难避免这些问题所带来的操作障碍，这使得这种通过软手操实现设备控制的方法有很大的不安全因素。避免这一不安全因素的一个重要方法是将调节与操作在模件级自动完成，尽可能地减少通过键盘（鼠标、球标）的人工软手操的项目数，特别是那些与安全运行有较多关系的操作项目。

（2）常规的 BTG 盘监控，操作员可以很快地观察机组运行工况。因为机组运行的绝大部分信息都同时显示在 BTG 盘上，包括各种控制系统的状态和操作开关的位置，操作员都可以一目了然。特别是经过一段时间的运行以后，操作员熟悉了 BTG 盘的布置，可以在控制台上很快获取其所需运行信息，了解整个单元机组的运行工况。而在 CRT 画面上，操作员每次只获得一个局部区域的信息，尽管这里的信息量与详细程度远大于在常规 BTG 盘上所获取的信息量与详细程度，但只能是一个局部区域。操作员想得到整个机组的运行工况，就得调用许许多多的画面。由于信息分片出现，加上画面形成多变，除非报警产生，操作员很难做到像在常规 BTG 盘上监视那样及早发现异常情况。特别在事故处理时，由于很难及时观察整个机组的运行情况，且操作又要通过不同的 CRT 画面进行，因此极易造成顾此失彼，导致误判断和延缓操作时机。

（3）在常规 BTG 盘上操作时，操作开关大都直接与被控装置相连接，回报信号又直接与操作指示相连接，这样操作员有很直接的操作感觉，且可以很快得到反馈信息。但在以 CRT 和键盘为主的分散控制系统中，情况有很大差别。以 N－90 为例，如要打开一个隔离阀门，得通过各种选择，选中操作对象，在按下“开启”按键后，这一命令由 MCS 送至计算机接口单元 OIU，组成“例外报告”，以存储转发的方式将其送到高速数据公路，被目标 PCU 接收下来，然后送到目标模件进行控制运算，最后再送到实际的被控设备（隔离阀）实现“开启”控制，产生的回报信号再逆向送回 MCS，在 CRT 上显示。尽管计算机的速度很快，N－90 通信速度已达每秒 1000 万次，但在操作中仍有明显时间差存在。在人工处理事故时，由于新产生的信息量大，这一时间差就会更大，有可能产生信息的严重滞后，对机组的安全运行产生不利的影响。

随着单元机组容量的增大、参数的提高，单元机组自身的性能，特别是可控性的提高，对自动化的高要求，既对DCS的应用提出了高要求，也对DCS的应用提供了条件。由于大型单元机组有很高的可控性和很高的自动化水平，正常运行时操作员的监视和操作任务是很轻的，只有在出现报警时才需加强监视和少量的人工干预。在故障工况下，由于机组有完善的安全保护功能，机组会自动安全停机，不会造成设备的损坏。上述的以CRT、键盘为中心的监控方式存在的问题是不足为虑的。

DCS应用初期，人们熟悉、习惯和相信传统的监控设备和监控方式，因此在工程设计中仍配置了大量的传统监控设备作后备。目前工程设计中已取消大量传统的后备监控设备，仅保留少数几个紧急停机开关。预计不用太长时间，火电单元机组全CRT监控技术将被广泛接受。火电单元机组采用全CRT监控模式后，改善人机界面（包括功能、性能和型式等）就成为用户的强烈要求，也成为用户选择DCS的重要因素之一，这必将进一步促进DCS人机界面技术的发展。大屏幕显示技术引入DCS正是改善人机界面的努力之一。在单元机组向全CRT监控发展的同时，火电厂其他子系统和辅助车间也正在向全CRT监控模式发展。火电厂全CRT监控技术被广泛接受，必将简化自动化系统，缩小控制室和监控面，减少监控人员，节省投资并进一步提高电厂的安全经济运行水平。

第三节　发电厂计算机监控系统的发展趋势

一、DCS分散控制系统的发展趋势

分散控制系统在火电厂热工自动化方面有着广阔的应用前景，是目前过程控制的主流，其自身也在不断的发展和完善，大致有下列四个方面。

（一）控制器能实现高级、复杂的控制算法

DCS的控制器向自适应控制、模糊控制、解耦控制、预估控制、推断控制、非线性控制等方面发展。

1. 自适应控制

自适应控制的基本思想是，当对被控过程本身特性及外部环境了解甚少时，设计出一个能根据对象实际运行情况自动地调节控制规律的高性能控制系统。自适应控制以模型参考型和参数校正型为主，前者需知系统模型作为参考对象进行控制；后者针对对象模型难于或无法建立时，采用预报模型法来进行控制。目前已有大量的自适应回路在运行，其中PID参数自整定调节器已有成熟产品供应，如FOXBORO公司的SPEC200MICRO专家系统智能自整定PID调节。

2. 模糊控制

模糊控制理论，特别是模糊集理论和模糊数学的研究已达到相当高的深度后，模糊控制技术已进入实用化阶段。模糊控制方法是建立在人工操作经验之上的一种自然语言规则控制器，它不需要获得对象的数学模型，而是通过对被控对象的输出值与设定（目标）值之间的偏差和偏差的变化率的“察颜观色”后，再以“if x is A and y is B，then u is C”的语言操作形式来模拟熟练操作员的操作，得到满意的控制结果。它对被控对象参数的变化具有较强的鲁棒性，能很好地适应大延时、非线性、时变性及有随机干扰的较难控制对象。模糊控制对小偏差的敏感性差，因其没有常规PID调节的积分（Ⅰ）作用，故其不能消除调节系统的静

态偏差。将模糊控制和常规PID控制有机地结合在一起应用，既可收到满意的动态控制效果，又可达到无差调节的目的。模糊控制技术的应用，已成为改善调节品质的有效手段。

3. 预测控制

预测控制在模型不完全匹配时仍能很好地工作，优于一般动态最优控制系统，它有三个要素：一是内部模型，用以预测以后若干步的输出变量或偏差的数值；二是参考轨迹，即由当前的测量值到达设定值的预期途径，这条途径并非阶跃曲线，而是比较平滑的曲线；三是控制算法，依据是使测量值在若干步后到达设计值的要求去计算出控制作用，并应用滚动优化的原则。所谓滚动是指每走一步就要重新计算控制作用。与一次规定控制作用轨迹的方法比较，滚动优化有其独特的优点，能够允许模型有一定的失配，其主要根源就在于滚动调整，因此预测控制将会得到发展和推广。华能南通电厂将N－90分散控制系统中Smith预估器功能应用于350MW机组的协调控制系统主控系统，取得了成功。

4. 智能控制

智能控制起步较晚，但已引起人们的关注，可以说它将是控制发展的最高点。它采用人工智能法，实现一种近乎智能的控制，它是多学科交叉的产物，使从信息获取、加工处理到信息输出、系统间的协调、故障自诊断与自恢复等每个环节都得以实现智能化。目前人工智能技术不论在理论上还是在具体方法上都处于发展阶段。可以预计，在今后几年内智能控制的理论研究与应用试验将会有更大的进展。

（二）分散控制系统进一步向集成化、微机化、先进化方向发展

（1）随着微处理器及VLSI（超大规模集成电路）技术的发展，更新分散控制系统的主机，采用多微机计算机，由复杂指令系统计算机（CISC）向简化指令系统计算机（RISC）发展。微处理器的处理指令能力可达150～200MIps（百万条指令/s）。应用RISC工作站，从而使速度更快、容量更大。

（2）CPU向高集成度、低功耗方向发展。应用表面安装技术和模件封装技术后，其对环境的适应能力更强。采用64位CMOS RISC芯片作CPU，且通过搭载多个CPU，使系统能达到500～600MIps。节点工作站采用64位微机，实现各种复杂控制策略和先进控制功能，以及将反馈控制、顺序控制和批量控制集于一体。

（3）采用光纤通信，具有防水、抗腐蚀、抗电磁干扰（包括闪电和无线电干扰）能力。提高通信速率，如MAX－1000其光纤通信速度达15000个模拟量/s。

（4）采用大容量光盘存储器。如MAX－1000光盘容量达800MB，N－90用于历史数据存储的光盘容量为520MB。

（5）鼠标器（mouse）、跟踪球（trackball）、触屏（touch screen）或光笔的应用普及化，操作员的操作更加方便简洁。彩色CRT的分辨率进一步提高，已达2048×2048像素，彩色大屏幕（如对角线长度达2.5m）的应用将进一步改善操作员的视觉效果，进而改善人机界面。

（三）过程控制用现场仪表向数字化、智能化方向发展

现场仪表是构成过程自动化系统的基础。传感器的需要量每年以约20%的速率增长，特别是随着大规模集成电路和传感技术的发展，使传感器逐步趋向数字化、智能化。现代技术已可以在同一硅片上嵌有传感器、微处理器、A/D转换器等，使其具有信号转换、处理、诊断、补偿、校正及数字通信等能力。预计随着现场总线的应用，常规的变送器和传统的调

节阀将被装有微处理器和存储器的智能变送器与调节阀所取代，数字化智能仪表完全有可能取代模拟仪表。

（四）现场总线采用的普及化及现场总线标准的制定

现场总线的实施，并朝着开放的现场总线方向发展。现场总线是将通信总线一直延伸到现场智能仪表，使它们（如变送器、调节阀、记录仪、PLC、基地调节器等）可以同总线上进行双向多信息数字通信，它将替代目前使用的4～20mA单变量、单向、模拟传输方式，其优点有：①具有相互交换性和可靠性；②节省投资；③提高信号的测量精确度。因为通过现场总线传输的是数字量，比4～20mA模拟信号更可靠，且因取消了A/D与D/A转换环节，可使精确度从0.1%提高到0.01%。目前市场上出现了不少智能化仪表，但由于各厂家所采用的通信标准不一致，导致互不兼容，重新造成用户使用上的不便。为此，国际上已开始着手制定国际性的现场总线标准。

（五）DCS向综合化、开放化发展

（1）DCS在电厂自动化中的覆盖面已扩展到电气的发电机—变压器组和厂用电源系统，为实现单元机组的锅炉、汽轮机和发电机单元值班员制创造了条件。

（2）CIMS（计算机集成制造系统）、TFAS（工厂综合自动化系统）以及CIE（计算机、仪表、电器）综合控制系统都是DCS向综合化发展的结果，它们将进一步完善并得到广泛应用。DCS的通信趋势是向开放系统互连（OSI）方向发展，DCS各制造厂商竞相将自己的专用网络改造成符合国际标准，或将自己的专用网络与普通网络之间加入网关（gateway），使其与以太网、MAP网连接。新推出的分散控制系统都将采用开放系统的标准模型、通信协议或规程以满足MAP/TOP的要求，提高数据高速公路的吞吐能力，发展宽带的光纤传输介质等。经过MAP标准化协议，将使工业控制实现大统一：①传统的制造业控制与过程工业控制的统一；②工厂自动化与办公自动化的统一；③设计、计划及材料管理与计算机制造系统的统一；④市场活动的计算机管理与计算机制造系统的统一。

这种大统一趋势是计算机集成制造系统（CIMS）产生的基础，CIMS是分散控制系统的未来，是工业控制系统的未来。在这宏大而完善的CIMS中，传统的连续控制、顺序控制、计算机、仪表和电气控制，以及控制与管理等观念及界限都将被破除，而形成一个不可分割的大系统。

二、FCS（现场总线控制系统）

（一）现场总线的描述

现场总线（Fieldbus）是用于过程自动化或制造自动化中的、实现智能化现场设备（如变送器、控制器、执行器）与高层设备（如主机、网关、人机接口设备）之间互联的、全数字、串行、双向的通信系统。通过它可以实现跨网络的分布式控制。按照国际电工委员会IEC标准和现场总线基金会FV的定义，现场总线是连接智能现场设备和自动化系统的数字式、双向传输、多分支结构的通信网络。

1．现场总线的本质含义

（1）现场通信网络。现场总线作为一种数字式通信网络一直延伸到生产现场中的现场设备，使过去采用点对点式的模拟量信号传输或开关量信号的单向并行传输变成多点一线的双向串行数字式传输。

（2）现场设备互联。现场设备指位于现场的传感器、变送器和执行机构等。这些现场设备可以通过现场总线直接在现场实现互联，互相交换信息。而在 DCS 系统中，现场设备之间是不能交换信息的。

(3) 互操作性。所谓互操作性是指来自不同厂家的设备可以互相通信，并且可以在多个厂家的环境中完成所需功能。这体现在用户可以自由地选择设备和软件。

(4) 分散功能块。现场总线控制系统把功能块分散到现场仪表中执行，因此取消了传统的 DCS 系统中的过程控制站。例如，现场总线变送器除具有一般变送器功能之外，还可以运行 PID 控制功能块。

(5) 现场总线供电。现场总线除了传送信息之外，还可以完成为现场设备供电的功能。

(6) 开放式互联网络。现场总线为开放式互联网络，既可以同层网络互联，也可以不同层网络互联。现场总线是一个完全开放的协议，这意味着来自不同厂家的现场总线设备，只要符合现场总线协议，就可以通过现场总线网络连接成系统，实现综合自动化。

2.FCS 的优势

FCS 不是独立于 DCS 而发展起来的。与集中控制相比，DCS 将控制任务分散到不同的控制单元中，并采用冗余配置的方式，降低了控制机构自身故障所带来的风险。控制功能分散、操作显示集中，一直是 DCS 所被称道的优点。FCS 则继承并发扬了这一优点，将控制功能彻底分散到就地仪表及执行机构中，通过通信网络的互联，实现操作管理的集中。

与 DCS 相比，FCS 具有以下技术优势。

(1) 更低的成本。现场总线可以大大减少信号电缆、机柜、接线端子、信号隔离栅、过程控制器和电源的使用数量，减少设备费用及工程布线费用。实际上，FCS 能省掉几乎所有的 DCS 控制设备，而仅需一些网络通信接口和电源就能实现所有的控制功能。

(2) 更高的可靠性。仪表及就地设备数字化互联，减少信号在传输过程中的衰减和失真，大大降低了因信号受到干扰而出错的可能。仪表自身的自检及故障诊断能力保证了故障的定位及故障信号的隔离，使系统具有更好的鲁棒性。

(3) 更好的开放性和互操作性。现场总线是开放的国际标准，用户可以在世界各个厂商的产品中间做出最优选择，很方便地构成自己的控制系统，而不必考虑各个产品之间的兼容性。这样，用户不仅可以得到性能价格比最好的产品，也有利于仪表厂商间的公平竞争，促使整个行业的良性发展。

(4) 更高的性能。与 DCS 相比，FCS 的控制任务并不是在几个控制站中完成的，而是将控制任务分割成许多部分，在相关的现场仪表中并行完成，这将会形成很强的控制能力。另外，现场总线统一的标准使各个厂商的设备具有相同或类似的操作方式，这样可以减少操作人员的培训费用，降低误操作的可能性。与在 DCS 中操作人员只能获得控制子模件一级的信息相比，在 FCS 中，操作员更可以获得仪表及就地设备一级的信息，并可以直接对其操作，扩展了系统的可操作性。

(5) 更好的可维护性和扩展性。FCS 系统的简单性降低了故障的概率，设备的自诊断能力使故障的迅速定位成为可能，统一的标准使用户更换设备有着广泛的选择余地。而系统的更换或升级也可以灵活地根据需要进行，最大限度地保护了用户以往的投资。

(二) 现场总线技术在火电厂中的应用

从上面谈到的火电厂应用计算机的发展过程，可以得到这样的结论，根据火电厂在国民经济中的特殊地位和发供电同时进行的特点，电厂必须采用成熟可靠的技术，但又希望尽量采用先进技术，在实施过程中采取稳步前进的工作方法。

现场总线技术有着不少技术上的优越性，如能在电厂成功应用，将对简化自动化系统、降低造价、实现全厂信息管理（MIS）系统和全厂实时监控系统（SIS）带来极大方便，因而在电厂的应用前景是广阔的，也是进一步提高电厂自动化水平要采取的技术措施。但也必须解决可靠性、降低智能现场设备的价格、优化软件等问题。

1.FCS能否取代DCS

在电厂应用领域，从当前FCS的成熟程度和智能现场设备的配套品种和价格来看，目前还难以取代DCS，只能是在DCS基础上局部采用现场总线技术，组成混合式系统或称为“FDCS”，应用领域如下：

（1）在数据采集系统（DAS）中，对一些相对集中的模拟量参数，采用远程智能I/O。电厂的大型单元机组有大量的温度测点，如锅炉管壁温度、汽轮机金属温度、发电机静子温度、大型电动机静子温度、转机的轴承温度等都是相对集中的，且点数相当多，其点数占模拟量的60%~70%，粗略估计约在500点以上。采用DCS时，对重要的、比较独立的温度测点，都是将热电偶或热电阻直接接入DCS的I/O模件，而对相对集中的温度群体，多数采用远程智能终端。在智能终端上，对输入信号进行处理后输出统一的信号，接入DCS的I/O模件或直接接入上位机网络，这样做的好处是减少电缆的根数和长度，对热电偶来说，还可以减少大量价贵的补偿导线。如果这些温度测点都采用温度变送器，则将增加大量的投资，据了解，一台国产的智能温度变送器售价约为2000元/台，而一个20点的远程智能温度I/O约为10000元/台，平均每点为500元，两者相比，可节省投资3/4。至于一体化智能温度变送器，在机炉本体和高温管系的测点上是不适用的，因为环境恶劣且安装位置多在高空、高热地带，不便维护。

（2）对一些单参数调节回路，采用智能变送器或智能执行机构，实现PID调节和被调参数的监测，通过现场总线与上位机相联。在一台单元机组上，此类调节回路有30套以上，过去是采用气动基地调节器，因产品质量和气源的问题，多数运行情况不理想，因而有的电厂在技术改造时，把这些回路纳入了DCS，增加了DCS的负担。可以说是大材小用，浪费DCS的资源。

（3）在辅助车间或系统的监控上采用现场总线技术。电厂的辅助车间有水处理、除灰除渣、输煤和供水系统（水泵房），以及锅炉的定期排污和吹灰系统，对象比较简单，相互独立性强，且多系顺控、连锁或单参数调节，一般采用PLC来实现监控功能是完全可以满足要求的。对这些辅助车间采用现场总线技术可为无人值班或少人值班、实现全厂的实时监控系统（SIS）创造便利条件。

2.机组主控系统仍采用DCS

在没有成熟的FCS多功能控制器之前，对于复杂的调节回路仍以DCS的多功能控制器为宜。

参 考 文 献

1. 岑可法，周昊，池作和著．大型电站锅炉安全及优化运行技术．北京：中国电力出版社，2003.
2. 国家电力公司东北公司，辽宁省电力有限公司编．电力工程师手册·动力卷．北京：中国电力出版社，2001.
3. 国家经济贸易委员会电力司主编，中国电力企业联合会标准化中心汇编。电力技术标准汇编．北京：中国电力出版社，2002.
4. 高伟主编．300MW 火力发电机组丛书·计算机控制系统．北京：中国电力出版社，2000.
5. 山西省电力工业局编．全国火力发电工人通用培训教材．北京：中国电力出版社，1997.
6. 望亭电厂编著．300MW 火力发电机组运行与检修技术培训教材．北京：中国电力出版社，2002.
7. 章德龙．单元机组集控运行．北京：中国电力出版社，1993.
8. 刘爱忠主编．300MW 火电机组培训丛书 燃煤锅炉机组．北京：中国电力出版社，2002.
9. 岳保良主编．电气运行。北京：中国电力出版社，1998
10. 华东六省一市电机工程（电力）学会编．600MW 火力发电机组培训教材．北京：中国电力出版社，2001.
11. 中国华东电力集团公司科学技术委员会编著．600MW 火电机组运行技术丛书．北京：中国电力出版社，2000.
12. 樊泉桂，魏铁铮，王军编著．火电厂锅炉设备及运行。北京：中国电力出版社，2001.
13. 黄新元编著．电站锅炉运行与燃烧调整。北京：中国电力出版社，2003
14. 曾嫣主编．热力设备试验．北京：中国电力出版社，2002.
15. 吴季兰主编．300MW 火力发电机组丛书．北京：中国电力出版社，2000.
16. 陈庚主编．单元机组集控运行．北京：中国电力出版社，2001.
17. 华北电力集团公司．300MW 级火力发电机组集控运行典型规程．北京：中国电力出版社，2001.
18. 李子连主编．现场总线技术在电厂应用综论。北京：中国电力出版社，2002
19. 邓庆松，周世平主编．300MW 火电机组调试技术．北京：中国电力出版社，2003.